Wolfgang Iser

Der implizite Leser

Kommunikationsformen des Romans
von Bunyan bis Beckett

W0171578

Wilhelm Fink Verlag München

ISBN 3–7705–0793–2

© 1972 Wilhelm Fink Verlag, München
Satz und Druck: Kösel, Kempten
Gebunden bei der Großbuchbinderei Sigloch, Stuttgart
Einbandgestaltung: Alfred Krugmann, Stuttgart

INHALTSVERZEICHNIS

Der Archetyp als Leerform

Negativer Dialog

Ist das Ende hintergehbar?

Der Roman hat erst seit der Aufklärung eine kontinuierliche Geschichte, und diese entstand in dem Moment, da der Alltag des Menschen zu einem beherrschenden Interesse wurde. Wie keine andere Gattung nahm der Roman die sozialen und historischen Normen auf, die in seiner jeweiligen Umwelt Geltung besaßen, und erzeugte damit eine Nähe zur empirischen Wirklichkeit seiner Leser, die den Kunstwerken der literarischen Tradition in dieser Form fremd war. Galt es, die von den Kunstwerken repräsentierte Vorbildlichkeit zu kontemplieren, so konfrontierte der Roman seine Leser von allem Anfang an mit den aus ihrer Umwelt entstandenen Problemen, hielt aber zugleich mögliche Lösungen parat, an deren Ausarbeitung sie sich mit beteiligen mußten. So wird der Leser vom Roman in seine Welt verstrickt, damit er diese zu sehen lernt, wodurch schließlich alle Darstellung des Romans immer auch Teil seiner Wirkung ist.

In diesem Sinne bilden die hier zusammengestellten Aufsätze und Essays Vorstudien zu einer Theorie literarischer Wirkung, deren Zielrichtung aus der Anschauungsvielfalt jener Gattung gewonnen werden soll, in der die Sinnkonstitution des Textes zu einer unverkennbaren Aktivität des Lesers wird. Bedingungen für eine Theorie im Bereich der Literatur aus dem Umgang mit den Texten selbst zu entwickeln, ist deshalb eine unabdingbare Notwendigkeit, weil die Literaturwissenschaft allzu leicht geneigt ist, die Elemente ihrer Theorie den theoretischen Disziplinen, vornehmlich einer textfernen, da systemorientierten philosophischen Ästhetik zu entlehnen – mit dem oft bedauerlichen Erfolg, fiktionale Texte auf die geborgten Prämissen zurückzuschneiden. Zwischen den Texten und den Arsenalen der Theorie klafft folglich ein Niemandsland, dessen Topographie zur hermeneutischen Aufgabe einer Literaturtheorie werden sollte.

Die hier gesammelten Beiträge zum Roman stoßen von einer Seite an dieses Niemandsland und versuchen Zugänge zu gewinnen, ohne es damit schon aufgeschlossen zu haben, wozu es – in diesem spe-

ziellen Falle – einer Theorie literarischer Wirkung bedarf. Aus dieser
Zielrichtung erklärt es sich auch, daß die Folge der einzelnen Aufsätze sich nicht zu einer Geschichte des Romans zusammenschließt,
wenngleich diese Geschichte von ihren Anfängen bis zur Gegenwart
immer dort aufgesucht wurde, wo in ihr etwas passiert ist. Daraus
ergibt sich dann freilich auch eine Geschichte, die aber weniger das
Nacheinander immanenter Gattungsmerkmale registriert, sondern
viel eher eine Geschichte von Aktivitäten darstellt, die der Roman
von Bunyan bis Beckett seinen Lesern 'zugemutet' hat.

Wenn der Roman die sozialen und historischen Normen seiner
Umwelt aufnimmt, so heißt dies nicht, daß er damit zeitgenössische
Geltungen lediglich reproduziere. Allein die Tatsache, daß nicht alle
Normen in den Romantext eingehen, zeigt an, daß Selektionsent-
scheidungen gefallen sind, die ihrerseits weniger von der zeitgenössischen Geltungshierarchie gesteuert, sondern eher gegen sie getroffen werden. Normen sind gesellschaftliche Regulative, deren
Transponierung in den Roman zunächst ihre Entpragmatisierung zur
Folge hat. Sie rücken in einen neuen Kontext ein, der insofern ihre
Funktion verändert, als sie nun nicht mehr – wie im gesellschaftlichen Zusammenhang – als Regulative wirken, sondern selbst thematisch werden. Das von ihnen Bewirkte steht dann zur Diskussion,
und in der Regel erschöpft sich der Roman kaum in der Bestätigung
dessen, was sie als Regulative zu leisten haben. Wenn die sozialen
und historischen Normen das Repertoire des Romans bilden, so
erscheint dieses im fiktionalen Kontext in einer oft differenziert
abgestuften Negation. Diese Negation aber hat einen imperativi-
schen Charakter; sie fordert dazu auf, das 'Positive' anderswo als im
Umkreis des unmittelbar Vertrauten zu suchen. Diese implizite Aufforderung der Negation ergeht natürlich zunächst an den, für den die
negierten Normen das Vertraute sind. Das aber ist der Leser des
Romans, dessen Aktivität insoweit beansprucht wird, als er die vom
bekannten Horizont sich abkehrende Zielrichtung des Romans als
dessen Sinn konstituieren muß.

Dieser Akt bildet eine Grundstruktur des Romans; sie ist durch
den Titel der vorliegenden Aufsatzsammlung als die des impliziten
Lesers bezeichnet. Damit ist zweierlei gesagt: 1. Die Struktur kann
und wird historisch immer unterschiedlich besetzt sein. 2. Der impli-

zite Leser meint den im Text vorgezeichneten Aktcharakter des Lesens und nicht eine Typologie möglicher Leser.

Auch hier wird man sagen müssen, daß erst eine Theorie diesen Sachverhalt thematisieren kann, weshalb sich die Aufsätze nur auf einen – wenngleich, wie mir scheint – zentralen Aspekt einschränken, dessen historische Veränderung ihr gemeinsames Thema bildet: Es ist das der Entdeckung. Wenn die Sinnkonstitution des Textes von der Negation ihren Ausgang nimmt, wenn zugleich fiktionale Texte ihren fiktiven Charakter dadurch gewinnen, daß ihre Zielrichtung nichts denotiert, was in der gleichen Weise als Selbstgegebenheit in unserer Lebenswelt vorkommt, ja, wenn die Fiktion dadurch erst die Defizite deutlich macht, die sich aus den historisch herrschenden Geltungen, aber auch aus der Handlungsverstricktheit des Menschen ergeben, dann wird Sinn zu einer Sache der Entdeckung. Wiederum handeln die folgenden Aufsätze nur von den historisch verschiedenen Inhalten dieser Entdeckung, ohne daß sie den Sachverhalt selbst theoretisierten.

Immerhin ließe sich sagen, daß Entdeckung eine Kategorie ästhetischen Vergnügens darstellt. Denn sie bietet zwei elementare Chancen: mündet der Akt der Sinnkonstitution in eine Entdeckung, so ist durch diese zugleich ein Freiheitsgrad gewährt, sich – und sei es auch nur vorübergehend – von dem zu lösen, der man ist, bzw. das zu übersteigen, woran man im sozialen Leben gebunden bleibt. Darüber hinaus aber beansprucht die Entdeckung unsere Vermögen, ja vielleicht immer mehrere zugleich, in der Regel die emotionalen und die kognitiven. Betätigung von Vermögen aber ist immer schon als ein ästhetisches Vergnügen verstanden worden, zumal, wenn eine solche Beanspruchung zu Bedingungen erfolgt, die im Handlungszusammenhang der Lebenswelt eher verschwinden als zur Geltung kommen. So muß zwar eine Geschichte der Entdeckung als ästhetisches Vergnügen noch geschrieben werden, dennoch versuchen die hier zusammengefaßten Aufsätze, eine solche Linie zu visieren. Die Kategorie der Entdeckung ist dabei als ein leeres Prinzip verstanden, das insofern dem Charakter ästhetischer Prinzipien entspricht, als ihre Inhalte immer nur historisch artikulierte Gestalten sind.

Dies zeigt sich in der hier diskutierten Spanne zwischen Bunyan und Beckett. Am Ende des 17. Jahrhunderts galt die Entdeckung den

Bedingungen der Heilsvergewisserung, durch die das Defizit beseitigt werden sollte, das der prädestinatarische Heilsvorbehalt der kalvinistischen Theologie geschaffen hatte. Im 18. Jahrhundert galt es, das zu entdecken, worauf die herrschende Philosophie des Empirismus keine Antworten mehr zu geben vermochte: was die menschliche Natur sei, wie sich aus ihr überhaupt moralisches Verhalten entwickeln ließe, und wie man schließlich Wirklichkeit auffassen könnte, die im Erkenntnisverzicht des Empirismus genauso aus dem Blick geraten war wie in der auch von der Literatur geführten moralistischen Diskussion um das richtige Verhalten. Im 19. Jahrhundert bezieht sich die Entdeckung auf die Subjektivität, und zwar zunächst auf deren soziale Rolle, sodann auf ihre Struktur überhaupt. In dem einen Falle mußte sie kritisch gegen die Konventionen, in dem anderen gegen das herrschende Mythologem von der Selbstgenügsamkeit des einzelnen, und schließlich im Übergang zur Moderne gegen das der Identität entdeckt werden.

Wurde dem Leser im Roman des 18. Jahrhunderts durch das Gespräch, das der Autor mit ihm führte, eine explizite Rolle zugewiesen, damit er – bald durch sie, bald gegen sie – je nach der im Text wirksamen Steuerung die menschliche Natur und den Zugang zur Wirklichkeit zu konstituieren vermochte, so schwindet im Roman des 19. Jahrhunderts vielfach eine solche, dem Text eingezeichnete Rollenzuweisung. Statt dessen soll der Leser selbst seine Rolle entdecken, die er ständig von den sozialen Normen zugewiesen erhält, um dadurch in ein kritisches Verhältnis zu den gesellschaftlichen Zwängen zu gelangen. Damit aber der Leser diese Rolle entdeckt, darf ihm der Roman selbst keine zuweisen. Folglich komplizieren sich die Textstrategien, da sie nun den Leser ungleich indirekter und verhohlener auf die ihm zugedachte Entdeckung lenken müssen.

Dieser Vorgang kompliziert sich noch einmal im Roman des 20. Jahrhunderts, wo sich die Entdeckung auf das Funktionieren unserer Fähigkeiten bezieht. Der Leser soll sich der Art seines Wahrnehmens, der Form seiner passiven Synthesen zum Herstellen von Konsistenz, ja des Funktionierens seiner Reflexion bewußt werden. Dies setzt voraus, daß der Roman das Erzählen von Geschichten und das Erstellen von Zusammenhängen aufgibt, um in der Präsentation von Elementarbeständen der Erzähltechniken, ja in der Trennung von Darstellungsraster und dargestelltem Material einen solchen Grad der Irritation zu erzeugen, daß nun der Leser selbst Wahrnehmungs- und Reflexionszusammenhänge erstellt. Diese werden vom Text vielfach dementiert, um dem Leser zu bedeuten, daß die von ihm erstellten Konsistenzen zu kurz greifen und daher viel von dem, was der Text an Konstitutionsmöglichkeiten enthält, durch diesen groben Erfassungsraster fallen lassen. Ein solches Dementi macht dann den Leser nicht nur auf seine ihm selbst verborgenen Antizipationen aufmerksam, die aller Wahrnehmung und aller Bewußtheit vorausliegen, sondern läßt ihn auch entdecken, was in der Konsistenzbildung als Vorbedingung des Verstehens alles passiert und worin vielleicht am Ende diese Nötigung zur Konsistenzbildung überhaupt besteht. Darin liegt die Chance, daß wir uns in dem ständigen Verstricktsein in selbstproduzierte Illusionen und Fiktionen entdecken. Wenn es dann richtig sein sollte, daß die ästhetische Kategorie des Entdeckens immer auf die von den historischen Geltungshierarchien erzeugten Defizite hinführt, dann besäße gerade der Roman des 20. Jahrhunderts einen aufschlußreichen Indexwert für den Charakter sozialer Geltungen. Sollten wir am Ende selbst schuld daran sein, wenn diese Geltungen einen so dynamischen Charakter haben, weil unser Fiktionsbedürfnis als Möglichkeit, die Lücken des Nicht-Wißbaren zu schließen, so unauslöschlich ist? Wenn Beckett durch die Fiktion die Fiktion selbst dementiert, so scheint er uns in diese Richtung zu lenken.

Die Aufsätze von Bunyan bis Beckett konzentrieren sich nicht ausschließlich auf dieses Thema, wenngleich sie es alle mehr oder minder deutlich einkreisen. Vielleicht ergibt sich eine konkrete Gestalt dieses Themas überhaupt erst aus der Lektüre aller Beiträge. Die Aufsätze sind zu verschiedenen Zeiten und aus verschiedenen Anlässen entstanden. Das hat zwar ihre gemeinsame Zielrichtung im Grunde nicht beeinträchtigt, wenngleich nicht alle Spuren ihrer jeweiligen Entstehung durch eine oft starke, in jedem Falle aber durchgängige Überarbeitung getilgt worden sind. Das gilt insbesondere für eine Überschneidung, die sich daraus ergab, daß ein Aspekt des Romans von Ivy Compton-Burnett wegen seiner Relevanz für die Reduktionsformen der Subjektivität in dem gleichnamigen Aufsatz wiederkehrt. Wenn trotz der erfolgten Eingriffe manchen Aufsätzen noch ihre Entstehungsbedingungen anhaften, so kann ich nur hoffen, daß der zeitlichen Folge ihrer Abfassung eine wachsende Einsicht in den hier entwickelten Sachverhalt entspricht.

BUNYANS *PILGRIM'S PROGRESS*

Die kalvinistische Heilsgewißheit und die Form des Romans

I

Die religionssoziologische Bedeutung John Bunyans hat das wissenschaftliche Interesse stark beschäftigt. Herbert Schöffler [1] griff die Ergebnisse von Ernst Troeltsch [2] und Max Weber [3] auf, um die literatursoziologischen Zusammenhänge sichtbar zu machen, die sich aus dem Werke Bunyans sowie der schriftstellerischen Aktivität des Dissents ergeben hatten. In seiner Untersuchung über die soziale Herkunft der Autoren in der Frühaufklärung legte Schöffler auch die Bedingungen frei, die für die literarische Produktion des Dissents ausschlaggebend waren. Das ohne Zweifel interessanteste Phänomen, das er dabei herausarbeitete, bietet sich in der puritanisch-kleinbürgerlichen Trägerschicht einer neuen literarischen Gattung: des Romans. Da Schöfflers soziologische Orientierung dem Problem galt, wieso im Umkreis altkalvinistischer Literaturfeindlichkeit literarische Fiktion überhaupt hatte entstehen können, rückten für ihn die besondere Form dieser neuen Gattung und die sie charakterisierenden Verfahren nicht in den Blick. Die Polarität von absoluter Wahrheitstreue und von möglicher Erfindung begreift Schöffler als die zu klärende Thematik, die in der Erbauung das vermittelnde Glied besitzt. Deshalb genügt ihm die Feststellung: "Es ist klar, daß sich *Pilgrim's Progress* anreiht an den großen Zweig historisch-erzählender Erbauungsliteratur", die "aber deutlich . . . fortgeführt wird in das Allegorische, 'Erdichtete'" [4]. Mit einem nahezu parallelen Argument versucht Schöffler, die Entstehung von Defoes *Robinson Crusoe* einsichtig zu machen; der erste Dissenterroman sei aus

---

[1] Herbert Schöffler, *Protestantismus und Literatur*, Leipzig 1922.
[2] Ernst Troeltsch, *Gesammelte Schriften* I, Tübingen 1912.
[3] Max Weber, *Gesammelte Aufsätze zur Religionssoziologie* I, Tübingen 1920.
[4] Schöffler, p. 154.

Defoes moralischen Schriften, vor allem dem *Family Instructor*, hervorgewachsen, der "unmittelbar vor dem Beginn der emsigen Tätigkeit Defoes auf dem Gebiete des Romans liegt und klar den Weg weist, auf dem sich aus dem moralischen Vademekum heraus Romangattungen entwickelt haben"[5]. Was Bunyan nach Schöfflers Ansicht von Defoe unterscheidet, ist lediglich die zunehmende 'Erweichung' der altkalvinistischen Strenggläubigkeit. Mündeten die Seelentagebücher der Puritaner letztlich in eine exemplarische Fiktion, so entspringt Defoes literarische Fiktion der moralisch-religiösen Beispielhaftigkeit. Folglich stellt sich für Schöffler die Beziehung von Wahrheit und Erfindung als ein genetisches Problem, das sich durch das Säkularisationsschema auflösen läßt. "Es war ein entwicklungsgeschichtlich bedeutsamer Zufall, daß die Entstehung des *Robinson* bis auf die Wochen genau mit der Dokumentierung des inneren Zusammenbruchs des altkalvinistischen Dissents zusammenfiel, und es ist geistesentwicklungsgeschichtlich ebenso bedeutsam, daß der erste Roman seitens eines kirchlich gesinnten Kleinbürgerlichen zu der Zeit entsteht, da die allen religiösen Rigorismus mildernde Aufklärung ihre stärkste Wirkung auf den englischen Mittelstand ausübt"[6].

So wichtig die Schöfflerschen Ergebnisse für die Erkenntnis der literatursoziologischen Romanentwicklung auch sind, so lassen sie doch eine wesentliche Frage außer acht: was denn das Romanhafte sei und wodurch es bedingt ist. Schöffler versteht den Roman als säkularisiertes Erbauungsbuch, und die Säkularisation ist für ihn mit der Aufklärung identisch. Das Säkularisationsschema indes dürfte als Erklärung schon deshalb nicht ausreichen, weil das Erbauungsbuch – vornehmlich die als solche gelesenen Seelentagebücher – bereits stilisierte, wenn nicht sogar fiktive Elemente enthält, die sich allein aus der Intention ergaben, den prädestinatarischen Heilsvorbehalt der kalvinistischen Lehre mit der Gewissensnot der Einzelseele so zu vermitteln, daß überhaupt Erbauung entstehen konnte. Fiktion läßt sich daher viel eher aus dem Heilsvorbehalt als aus der

[5] Ibid., p. 156.
[6] Ibid., p. 165 f.

Säkularisation ableiten; denn als "concord-fiction"[7] muß sie die Glaubensangst kompensieren, die in den puritanischen Sekten durch die Prädestination verursacht worden ist. Wenn Schöffler zu der Ansicht gelangt, daß Bunyan "eine Ausgangsbasis zu allem, was Dissent und Puritanertum des 18. Jahrhunderts geschaffen haben"[8], darstellte, so ergibt sich die Frage nach der Eigenart dieser Bedeutung, die Schöffler nicht erörtert hat.

Zu dieser Erörterung fordert vor allem Tillyard heraus, der in seinem umfangreichen Werk über das englische Epos[9] in Bunyan einen puritanischen Epiker sieht. Obgleich Tillyard die Ausführungen von Schöffler nicht berücksichtigt, entwickelt sich die Anlage seines Buches in eine gegensätzliche Richtung. Ordnet Schöffler *Pilgrim's Progress* der Entwicklung des 18. Jahrhunderts zu, so nimmt Tillyard das literarische Werk Bunyans auf epische Formen zurück. Diese Reklamierung Bunyans für die epische Tradition ist jedoch nicht folgenlos; sie zeigt ihre Rückwirkungen in der Begriffsdehnung des Epischen: "I said in my introduction that ideally the epic writer must be open to the widest range of normal human feelings, from the simple sensualities to a susceptibility to the numinous. Whatever Bunyan's shortcomings in filling the area between these extremes, he was supremely well versed in the extremes themselves. Indeed, at one extreme, his aptitude for the numinous may extend from the normal to the pathological"[10]. Sofern sich Bunyan am 'Numinosen' orientiert, besteht die epische Definition seines Werkes zu Recht, denn es ist der überindividuelle Zusammenhang, der als eine höhere und substantiellere Realität das Einzelschicksal in bestimmender Form übergreift. Doch bereits die Orientierung an menschlichen Gefühlen ist nicht unbedingt als ein epischer Zug zu verstehen. Bezeichnenderweise verkennt daher Tillyard auch die "epische Distanz" als ein zentrales Moment des Epos, das sich um

---

[7] Dieser Begriff wurde von Frank Kermode, *The Sense of an Ending. Studies in the Theory of Fiction*, New York 1967, p. 63 f., entlehnt.

[8] Schöffler, p. 154.

[9] E. M. W. Tillyard, *The English Epic and its Background*, London 1954.

[10] Ibid., p. 386.

einen vergangenen geschichtlichen Kern lagert und sich an ihm entfaltet [11]. Die historische Distanz dient im Epos der Spiegelung einer idealen Vergangenheit, die ihre Idealität aus der unverbrüchlichen Geltung bestehender Normen gewinnt. Die menschlichen Gefühle aber, von denen Tillyard spricht, sind vor allem in ihren Extremwerten im Epos niemals Selbstzweck, da der Mensch im Epos als Ausdrucksträger einer überpersönlichen Gemeinsamkeit figuriert. Wenn die menschlichen Gefühle zur Thematik erhoben werden, verschwindet die epische Distanz hinter der Aktualität, die sich nun als die darzustellende Wirklichkeit bietet. Das Überdecken der historischen Distanz durch die Aktualität aber ist bereits ein romanhafter Zug.

Sofern sich Tillyard in seinen Beobachtungen auf Bunyan bezieht, sind seine Bemerkungen treffend; problematisch werden sie dann, wenn er sie als episch qualifiziert. In gelegentlichen Äußerungen beginnt diese Widersprüchlichkeit durchzuschimmern: "If the Pilgrim's Progress is a Puritan epic, it is so partly through luck" [12]. Als Epos 'wider Willen' aber wird *Pilgrim's Progress* zu einem interessanten literarischen Fall.

Tillyard und Schöffler markieren extreme Positionen in der Einschätzung von Bunyans *Pilgrim's Progress*. Für Schöffler wird Bunyan zum Vorläufer des Romans, weil die ersten Romanciers des 18. Jahrhunderts ebenfalls dem Dissent entstammen und daher verwandte Vorstellungen zur Geltung bringen. Für Tillyard ist Bunyan ein puritanischer Epiker, weil sich sein Werk vorwiegend an die Darstellung des 'Numinosen' bindet. Von dieser Sachlage geht die folgende Analyse des *Pilgrim's Progress* aus, die darauf abzielt, das Bedingtsein des Epischen und des Romanhaften zu ermitteln, um dadurch die Situation aufzudecken, aus der dieses für die Literatur so folgenreiche Buch entstanden ist.

---

[11] Die Struktur der epischen Distanz hat H. R. Jauss, *Zeit und Erinnerung in Marcel Prousts 'A la Recherche du Temps Perdu'*, Heidelberg 1955, im Anschluß an B. Groethuysen systematisch beschrieben; vgl. dazu bes. Kap. 1.

[12] Tillyard, p. 404. Tillyards Definitionen des Epischen sind für die Interpretation der anderen Werke Bunyans, besonders des *Holy War*, ungleich angemessener.

Die eigentümliche Doppeldeutigkeit epischer und romanhafter Züge ist seit Coleridge wiederholt als beherrschender Grundzug des *Pilgrim's Progress* empfunden worden. Das Überspielen der Allegorie durch die zunehmende Lebendigkeit der dargestellten Figuren schafft den Reiz des Werkes, den Talon in seiner grundlegenden Arbeit über Bunyan erneut herausgestellt hat. "... ils (d. h. die Figuren) ont trop de chair et de sang pour être allégoriques, mais ils donnent à l'œuvre cette vie et cette clarté qu'on y loue traditionnellement" [13]. Damit erhebt sich die Frage nach den Ursachen für diese 'Vitalisierung' der Figuren, deren kreatürliche Durchbildung zugleich ihr Herauslösen aus ihrer epischen Funktion bedingt.

Die Apologie, die Bunyan seinem Werk voranstellt, umreißt die Thematik wie folgt:

> This Book it chalketh out before thine eyes
> The man that seeks the everlasting Prize;
> It shews you whence he comes, whither he goes,
> What he leaves undone, also what he does;
> It also shews you how he runs and runs,
> Till he unto the Gate of Glory comes.[14]

Die Heilssuche des Menschen bildet den umfassenden Hintergrund des dargestellten Geschehens, das sich erst in der Zukunft erfüllen wird. Dadurch unterscheidet sich das Werk von der Epik im engeren Sinne, die die Idealität des normativen Verhaltens in einer entrückten Vergangenheit als verwirklicht vorstellte. Will man dennoch in *Pilgrim's Progress* epische Züge erkennen, wie es Tillyard versuchte, so nur in der paradigmatischen Heilssuche, die das menschliche Leben in allen seinen Äußerungen überspannte [15]. Doch Tillyard hat

---

[13] H. Talon, *John Bunyan: L'Homme et l'Oeuvre*, Paris 1948, p. 252; vgl. auch E. A. Baker, *The History of the English Novel* III, London 1929, p. 57.

[14] John Bunyan, *The Pilgrim's Progress* (Everyman's Library), London o. J., p. 6.

[15] Es war eine Konsequenz der normannischen Eroberung, daß es in England erst sehr spät zu Ansätzen einer volkssprachlichen Epik kam. Die

selbst die Aufmerksamkeit darauf gelenkt, daß Bunyans *Pilgrim's Progress* von jenem mittelalterlichen Schema der Pilgerfahrt abweicht, wie es in dem von Lydgate übersetzten Werk von Deguileville *Le Pèlerinage de la Vie Humaine* zum Ausdruck kommt. "...for Deguileville the pilgrimage is only partly the affair of the lonely soul, being largely the passage through the prescribed stages of an education in holiness by means of concrete religious acts" [16]. Deshalb erfolgt in den ersten 10 000 Versen eine detaillierte Belehrung des Pilgers, ehe er zur Reise aufbricht [17]. Im Blick auf die mittelalterliche Allegorie von Deguileville springt bei Bunyan die hervorstechende Bedeutung der Einzelseele vor den Gnadenmitteln, der Institution und der Hierarchie in die Augen. Dieser offenbare Wechsel in der Akzentuierung des Geschehens ist durch das kalvinistische Heilsschema bedingt, das die Orientierung für Bunyans Allegorie bildet [18].

Die kalvinistische Gnadenwahl macht die Heilsgewißheit, das Ziel der Pilgerfahrt, zu einem Problem. Die Prädestination schließt das tätige Mitwirken an der Erlangung der Gnade aus. Es kann deshalb für Bunyan keine stufenförmige Erziehung zur Heiligkeit geben wie für Deguileville; denn der Mensch ist entweder erwählt oder verdammt. Sollte er je ausziehen, um das Heil zu suchen, wird er sich anders verhalten müssen als derjenige Pilger, der an der Erfüllung vorgegebener Erfordernisse den Grad seiner Gewißheit ablesen kann. Nicht die graduelle Erziehung zur Heiligkeit, sondern das bohrende Fragen nach der Heilsgewißheit zeigt die veränderte Themenstellung zwischen der mittelalterlichen und der puritanischen Pilgerschaft an. Statt einer umfangreichen Belehrung findet sich daher zu Beginn der Bunyanschen Allegorie ein Bild, das den Pilger in angstgequälter Verzweiflung durch das Gewärtigen seiner Sündhaftigkeit zeigt.

---

englische Epik des ausgehenden Mittelalters und der Renaissance jedoch zeichnet sich im Gegensatz zur traditionellen Epik durch einen Mangel an Geschichtsgebundenheit aus. Das englische Epos steht auf einer Grenzlinie zwischen der Form antiker Epik und der Allegorie.

[16] Tillyard, p. 393.
[17] Vgl. C. S. Lewis, *The Allegory of Love*, London 1953, p. 268.
[18] Vgl. auch Tillyard, p. 393.

Dieser Vorrang des menschlichen Betroffenseins vor jeglichen Geboten theologischer Dogmatik entspringt dem zentralen Interesse des Puritaners: der Heilsvergewisserung. Die Prädestination verurteilte den Gläubigen zur Passivität, so daß sich die einzige, dem Puritaner verbleibende Aktivität auf das Ausspähen nach Heilszeichen richtete, von denen er sich eine Verbürgung der vorherbestimmten Erwählung versprach. Wenn man aber nur im Umkreis einer solchen Erwartung tätig werden konnte, so bedeutet dies, sich selbst und seine Umwelt unentwegt nach der Gewißheit der Verheißung zu durchforschen. So drängt die mangelnde *certitudo salutis* zu einer verstärkten Selbst- und Weltbeobachtung, die zu einer weitreichenden Revolutionierung des menschlichen Verhaltens am Ende des 17. Jahrhunderts führten. Obgleich die puritanische Heilslehre eine bestimmte methodische Stufung zeigt, die durch die Dichte der Heilszeichen bestimmt ist [19], so bleibt die *certitudo salutis* letztlich nur ein Näherungswert; sie ist lediglich subjektive Gewißheit. Dieser subjektive Charakter der Heilsgewißheit bedingt es, daß der Zweifel an der Erwählung bis in den Tod hinein lebendig bleibt, wie es Christian in *Pilgrim's Progress* bezeugt [20].

So ergibt sich aus der kalvinistischen Gnadenwahl eine besondere Form menschlichen Verhaltens. Der Gläubige ist hingespannt auf die zentrale Erwartung seines Lebens: das Heil. Da er sich die Heilsgnade durch den Prädestinationsbeschluß nicht zu erwirken vermag, verbleibt ihm nur die Suche nach Heilszeichen. Dadurch gewinnen die eigene Person und die empirische Wirklichkeit eine eminente Bedeutung, denn nur was hier geschieht, entscheidet über Gewißheit und Ungewißheit. Daraus ergibt sich die paradoxe Situation, daß der Heilsvorbehalt die Wichtigkeit des Menschen und der Welt zu erhöhen beginnt. Wenn es keine dogmatischen Forderungen gibt, deren Erfüllung eine Garantie des Heils verbürgt, dann vermag sich Gewißheit nach puritanischer Auffassung nur im Innern des Men-

---

[19] Vgl. hierzu G. Thiel, *Bunyans Stellung innerhalb der religiösen Strömungen seiner Zeit* (Sprache und Kultur der germanischen und romanischen Völker. A. Anglistische Reihe, VII), Breslau 1931, p. 136 ff. Thiel übersieht allerdings in seiner gut informierenden Untersuchung die zentrale Tatsache, daß die Heilsgewißheit nur eine subjektive ist; vgl. p. 142.
[20] Vgl. Bunyan, p. 156 f.

schen und in der Begegnung mit der Welt zu bilden[21]. Daraus entspringen für die Literatur bedeutsame Folgen. "Zwischen dogmatischen Heilsvorbehalt und menschliche Unzulänglichkeit schiebt sich eine vermittelnde Ebene literarischer Fiktion, die Sicherung, Orientierung, Heilung der religiösen Verzweiflung verheißt. Heilsvorbehalt der Dogmatik und absolute Transzendenz Gottes geben den Anstoß zum Entwurf eines fiktiven, humaneren Kosmos epischen Geschehens"[22].

Eine literarische Darstellung des exemplarischen Heilsweges bedarf daher eines stärkeren Abhebens auf die Menschlichkeit der agierenden Figuren, die sich damit der epischen Eindeutigkeit zu entziehen beginnen. Verwirklicht sich Heilsgewißheit im Inneren des Menschen, dann müssen die aus Epos und Allegorie vertrauten Figuren verändert werden, weil sie nicht mehr ausschließlich in der Funktion aufgehen, Ausdrucksträger eines überpersönlichen Zusammenhangs zu sein. Statt dessen müssen sie die Auswirkungen veranschaulichen, die sich im Inneren des Menschen aus der Selbstbeobachtung und der Weltbegegnung ergeben. Im Epos aber gab es noch kein Inneres, wie Lukács es einmal formulierte, "denn es gibt noch kein Außen, kein Anderes für die Seele. Indem diese auf Abenteuer ausgeht und sie besteht, ist ihr die wirkliche Qual des Suchens und die wirkliche Gefahr des Findens unbekannt: sich selbst setzt diese Seele nie aufs Spiel; sie weiß noch nicht, daß sie sich verlieren kann und denkt nie daran, daß sie sich suchen muß"[23]. Wenn nun die Qual des Suchens und die Möglichkeit des Sich-Verlierens ins Bewußtsein treten, zerbricht die Einheitlichkeit des epischen Geschehens. Wo die Angst um Gewißheit thematisch wird, beginnt die

---

[21] Die Konsequenzen für die Wirtschaftsgeschichte haben Max Weber und R. H. Tawney, *Religion and the Rise of Capitalism*, London 1926, ausführlich dargelegt. Vgl. hierzu auch H. Bock, "Typen bürgerlich-puritanischer Lebenshaltung in England im 17. und 18. Jahrhundert", *Anglia*, 65 (1941), p. 153 ff.

[22] Gerd Birkner, *Heilsgewißheit und Literatur. Metapher, Allegorie und Autobiographie im Puritanismus* (Theorie und Geschichte der Literatur und der schönen Künste, 18), München 1972, p. 102.

[23] Georg von Lukács, "Die Theorie des Romans", *Zeitschrift für Ästhetik und Allgemeine Kunstwissenschaft*, 11 (1916), p. 226 f.

Menschlichkeit der Figuren, den von ihnen repräsentierten Sinn zu durchkreuzen. Die Figuren entwickeln demzufolge eine auffallende Doppelpoligkeit; sie bleiben einerseits auf den ihr Leben überspannenden Zweck – das Heil – bezogen. Doch es bedarf andererseits des Herauskehrens ihrer Menschlichkeit, ja ihrer Innerlichkeit, um die subjektive Überwindung des Heilsvorbehaltes sichtbar machen zu können.

Die christliche Heilssuche vereinzelt den Menschen, weil das Heil immer ein individuelles ist; die kalvinistische Auslegung des Heils radikalisiert diese Vereinzelung und erhebt dadurch die Innerlichkeit des Menschen zur Stätte weitreichender Entscheidungen. Wird diese Vorstellung literarisch abgebildet, so muß das Geschehen in wechselnden Perspektiven aufleuchten. Soweit sich der Heilsgedanke als umspannende Klammer des Geschehens bezeugt, werden sich epische Züge bilden, denn die Darstellung ist in solchen Phasen von einem geschlossenen Horizont her stilisiert. Die Figuren indes erweisen sich nicht als Ausdrucksträger einer bestimmten dogmatischen Fassung des Heilsgedankens; sie lassen vielmehr erkennen, in welcher Form sich eine innere, subjektive Heilsgewißheit herausbildet. Sie drücken den Heilsgedanken nicht aus, sondern verhalten sich zu ihm und bedürfen daher einer unepischen Dimension – ihrer Menschlichkeit –, um die sich bildende Gewißheit augenscheinlich zu machen. Ihre Menschlichkeit bekundet sich in der Sorge und im Zweifel, die den Figuren zu ihrer äußeren repräsentativen Seite eine innere menschliche Dimension hinzugewinnen, die bis zum Schluß sichtbar bleibt. Aus der Überlagerung dieser polarisierten Aspekte der Figuren entsteht eine gewisse Dramatik des Geschehens, das die einzelnen Etappen des Heilswegs zu einem prozeßartigen Verlauf zusammenbindet.

In Umrissen zeigt sich diese Doppelpoligkeit schon im Vorwort. Hier appelliert Bunyan bereits an menschliche Befindlichkeiten und Stimmungen, auf die sein Werk zu antworten verspricht. Nach der paradigmatischen Ausrichtung aller Ereignisse auf den Heilsweg schließt die Apologie mit folgender Vordeutung:

> This Book will make a Traveller of thee,
> If by its Counsel thou wilt ruled be;
> It will direct thee to the Holy Land,

If thou wilt its directions understand:

...

This Book is writ in such a Dialect
As may the minds of listless men affect:
It seems a novelty, and yet contains
Nothing but sound and honest Gospel strains.
Would'st thou divert thyself from Melancholy?
Would'st thou be pleasant, yet be far from folly?
Would'st thou read Riddles, and their Explanation?
Or else be drowned in thy Contemplation?
Dost thou love picking meat? Or would'st thou see
A man i'th' Clouds, and hear him speak to thee?
Would'st thou be in a Dream, and yet not sleep?
Or would'st thou in a moment laugh and weep?
Wouldest thou lose thyself, and catch no harm,
And find thyself again without a charm?
Would'st read thyself, and read thou know'st not what,
And yet know whether thou art blest or not,
By reading the same lines? O then come hither,
And lay my Book, thy Head and Heart together [24].

Nachdem Bunyan den Heilsweg als umfassende Gemeinsamkeit der Darstellung herausgehoben hat, wendet er sich nun an das mögliche Verhalten seiner Leser. Das Buch will den einzelnen in seiner 'Jeweiligkeit' ansprechen; es berücksichtigt menschliche Befindlichkeiten mit dem Ziel, den Gläubigen auf sich selbst zurückzuführen. Dadurch enthüllt sich die Selbstbesinnung als ein wesentlicher Zweck des Buches. Wo sich eine solche Absicht bekundet, wird der überspannende Zusammenhang des Heilsweges vorwiegend in seinen menschlichen Auswirkungen dargestellt werden. Die Heilsgewißheit als Thema des *Pilgrim's Progress* bringt auf diese Weise einen subjektiven Zug in ein objektives Geschehen. Die Unsicherheit des endgültigen Wissens bedingt ein stärkeres Eingehen auf menschliche Gegebenheiten, weil erst innerhalb dieser im Zuge ihrer graduellen Verwandlung Zeichen des Heils zu ermitteln sind. Daraus ergibt sich die Eigenart von *Pilgrim's Progress:* Die Heilsidee ist transzendent und daher unbegreifbar. Folglich läßt sich über sie nur etwas in Erfahrung bringen, wenn man ihre Spiegelungen und Brechungen

---

[24] Bunyan, p. 6 f.

innerhalb menschlicher Verhaltensweisen beobachtet. Diese Beobachtung aber fordert in der literarischen Darstellung ein verstärktes Ausbreiten menschlicher Züge, die den epischen oder besser allegorischen Charakter des Werkes immer wieder aufbrechen. Dieser Vorgang zeigt sich in *Pilgrim's Progress* auf den verschiedensten Ebenen der Darstellung [25].

III

Eines der auffallendsten Momente des *Pilgrim's Progress* bezeugt sich in der unterschiedlichen Erzählhaltung. Das Geschehen ist eingekleidet in eine Traumvision, die jedoch auf weite Strecken des Buches nahezu ausgelöscht wird durch die Heftigkeit und Eindringlichkeit der von den Figuren geführten Dialoge. Da diese Dialoge das vom Traumerzähler berichtete Handlungsschema vielfach überwuchern, erhalten wir unterschiedliche Perspektiven des dargestellten Sachverhaltes.

Die Traumvision ist ein alter Eingangstopos der Allegorie. Es darf indes bezweifelt werden, daß Bunyan mit der Traumvision in *Pilgrim's Progress* an eine rhetorische Tradition anknüpfen wollte. Im Vorwort betont er, daß allein die Bibel sein 'literarisches' Unterfangen rechtfertige [26]. Wenn Bunyan sich daher rhetorischer Mittel bedient, so nicht im Bewußtsein, eine literarische Tradition zu pflegen; vielmehr ist er dabei von dem Bestreben geleitet, traditionalistische Elemente seinen Zwecken dienstbar zu machen. Die Traumvision bietet ihm die Möglichkeit, die Illusion der Überschau zu erzeugen, die der Mensch im puritanischen Horizont gerade nicht besitzt. In der Traumvision verkörpert sich der exemplarische Cha-

---

[25] R. Sharrock, *John Bunyan*, London 1954, p. 73 f., hat mit Recht die Einheitlichkeit des ersten Teils von *Pilgrim's Progress* herausgehoben, der auch hier als Basis dient. "The First Part of *The Pilgrim's Progress* is a complete and self-sufficient narrative; it has no need of a sequel to make plain either its religious meaning or its unity of atmosphere".

[26] Vgl. Bunyan, p. 4 u. 6.

rakter des dargestellten Heilsweges; denn in einer traditionell orientierten Welt eignet den Träumen eine auf das Schicksal vorausdeutende Funktion. Bunyans Traumvision bezieht sich jedoch nicht auf das alte Thema der Jenseitsreise, in der der Traum das Überschreiten in die andere Welt vermittelt. In *Pilgrim's Progress* figuriert der Traumerzähler lediglich als allwissende Instanz in dieser Welt. Er schafft die Fiktion der Überschaubarkeit des Heilsweges, die dem Pilger verschlossen ist. Da aber die Perspektive des Pilgers ebenfalls zur Darstellung gelangt, bietet sich das ganze Geschehen aus zwei verschiedenen Blickpunkten. Immer dort, wo der Traumerzähler direkt berichtet, ist die Handlung linear. Die Ereignisse und Personen sind dann nur insoweit von Belang, als durch sie das Exemplarische des Heilsweges zur Geltung kommt, wie es vor allem die Episode von Vanity Fair bezeugt. In der Konfrontation mit den verschiedenen Lastern werden Christian und Faithful zu reinen Verkörperungen von Tugenden. Ihr Charakter geht in ihrer Rolle auf und ist mit ihr identisch. Doch dieser Handlungsverlauf, den der Traumerzähler schildert, wird nicht nur des öfteren von Dialogen der Figuren durchbrochen, sondern bisweilen völlig verdrängt. Die souveräne Überschau des Traumerzählers schwindet zugunsten situationsbefangener Dialoge. Nur als Gelenk zwischen den Dialogen taucht der Traumerzähler auf, um die Situationen kommentarlos aneinander anzuschließen.

Je stärker im Erzählvorgang die Überschau zurückgedrängt und der Leser direkt mit den dialogischen Auseinandersetzungen konfrontiert wird, desto bewegter erscheinen ihm die miteinander debattierenden Figuren. Berichtet der Traumerzähler von ihnen, so erfaßt er nur ihren Funktionswert; in den Dialogen hingegen werden ganz andere Seiten an ihnen herausgekehrt. Statt einer Überschau zeigen die Gespräche die Unsicherheiten des menschlichen Verhaltens, die den Heilsweg als ein immer größer werdendes Wagnis erkennen lassen. Während der Traumerzähler weiß, daß der Pilger ankommen wird, vermag dieser selbst die Dunkelheit seines Weges nur durch Entschlossenheit zu meistern. Christian bekennt dann auch unterwegs: *If I can get to the Celestial City, I am sure to be in safety there. I must venture: To go back is nothing but death; to go forward is fear of death, and life everlasting beyond it. I will yet go forward*[27]. Die Geborgenheit liegt für Christian als mögliches Versprechen in der Zukunft. Da über dieses mögliche Versprechen jedoch keine endgültige Gewißheit zu erlangen ist, bleibt sein Weg ein mit Risiken behaftetes Wagnis. Folglich dominiert in den Dialogen die Unsicherheit des menschlichen Verhaltens, die sich nur in der fortwährenden Selbstbesinnung überwinden läßt. So sind die Gespräche durch die mangelnde Endgültigkeit des Wissens charakterisiert und stehen damit im Gegensatz zu dem, worüber der Traumerzähler verfügt.

Eine solche kontrastive Verspannung rückt die Heilsgewißheit in wechselnde Perspektiven. Dieser Kontrast ist bis hinein in Einzelheiten der Erzählung nachweisbar. Als sich Christian auf seiner Pilgerfahrt dem Palace Beautiful nähert, weiß er zunächst nicht, was diese Station für ihn bedeutet. Als er gar noch bemerkt, daß Löwen am Eingang des Tores wachen, wird er furchtsam und verzagt. Damit erscheint der Ort in der Perspektive des Pilgers. Doch diese wird sogleich von der des Traumerzählers durchbrochen, wenn er bemerkt: *The Lions were chained, but he saw not the chains*[28]. Eine solche Überlagerung der Blickpunkte bleibt nicht ohne Rückwirkungen auf den Leser. Würde er nicht über die ihm von Traumerzähler gegebene Information verfügen, so müßte er das Geschehen ganz aus der Perspektive Christians beobachten. Er würde dann dessen Empfindungen teilen, weil er ja nicht wüßte, ob hier Christian ein wirklich gefährliches oder ein nur dem Scheine nach prekäres Abenteuer bevorstünde. Da aber der Traumerzähler den Leser über den wahren Sachverhalt ins Bild gesetzt hat, wird er nicht mehr die Ängste Christians nachvollziehen, sondern vielmehr in dessen Haltung einen Ausdruck der menschlichen Situation sehen. Statt ausschließlich mit Christian die Vorgänge zu erleben, wird durch die vom Traumerzähler zusätzlich gebotene Information dem Leser die Möglichkeit eröffnet, Christians Position und sein Verhalten in ihr zu beurteilen. Ähnlich verhält es sich, als Christian der Verführung des Worldly Wiseman erliegt. Christian weiß nicht, in wessen Hände er gefallen ist, denn für ihn ist der Verführer ein nicht näher zu

---

[27] Ibid., p. 45.
[28] Ibid., p. 47.

charakterisierender Gentleman, während der Leser längst durch die ihm vom Traumerzähler berichtete Handlung erfahren hat, um wen es sich handelt. Christian hingegen muß erst nach der Verfehlung über die Bedeutung des Gentleman aufgeklärt werden [29]. Indem der Traumerzähler den Leser mit einem größeren Wissen ausstattet, wird dieser in die Position des Urteilenden gebracht, damit er die Gefahren und die Möglichkeiten des Heilsweges erkennen und abschätzen lerne.

So alterniert die Erzählhaltung zwischen Überschau und Dialog. Die fiktive Allwissenheit des Träumenden wechselt mit der perspektivischen Sicht situationsbefangener Gespräche. Die perspektivische Sicht ist eine menschliche Sicht, denn sie bleibt von den Motiven und Handlungsimpulsen abhängig, die das menschliche Verhalten charakterisieren. Das Übergewicht der Dialoge über die Erzählstationen des Heilsweges bezeugt die zunehmende Bedeutung der Subjektivität innerhalb eines objektiven Zusammenhangs. Der subjektive Charakter kalvinistischer Heilsgewißheit treibt zu einer detaillierten Darstellung menschlichen Verhaltens, das in den Dialogen ausgebreitet wird. Zugleich aber ist der Leser mit den beiden unterschiedlichen Blickpunkten konfrontiert, die es ihm ermöglichen, einen Einblick in die Bedingtheit menschlichen Handelns zu gewinnen. Diese Distanz soll ihn befähigen, sich aus dem Befangensein in die eigene Perspektive herauszuarbeiten. Damit stoßen wir auf ein erbauliches Element des *Pilgrim's Progress*, das durch den erzählerischen Kontrast von Überschau und Dialog für den Leser hervorgebracht wird.

Dieser Wechsel in der Erzählhaltung bedingt eine unterschiedliche Spannung des Geschehens. Während dem Leser aus der Sicht der Überschau gleich auf dem Titelblatt die sichere Ankunft des Pilgers im Gelobten Land angekündigt wird, lebt der Dialog aus der fragenden Ungewißheit, ob Christian das Heil auch wirklich erlangt. Diese Doppelorientierung der Pilgerfahrt bewirkt, daß das Endergebnis — die erlangte Heilsgewißheit — während des Handlungsverlaufs nicht immer gegenwärtig ist. Dadurch entstehen zwei un-

---

[29] Ibid., p. 23 f.

terschiedliche Spannungspole. Solange der Leser durch die Perspektive des ihm gleich zu Beginn mitgeteilten Wissens auf das Geschehen sieht, wird er nicht danach fragen, ob der Pilger ankommt. Er wird statt dessen daran interessiert sein, was der Pilger alles tun muß, um die in Aussicht gestellte Erfüllung tatsächlich auch zu erlangen. Daraus ergibt sich die epische Spannung der Fabel, die dadurch zustande kommt, daß der Ausgang der Abenteuer von vornherein feststeht.

Anders nimmt sich die Situation aus der Perspektive des Pilgers aus. Die Dialoge sind von der bangen Frage durchzogen, ob der Weg auch an jenes Ziel führen wird, auf das Christian zustrebt. Da die Dialoge über die Handlung dominieren, ja, sich die Handlung unterwerfen, um die Exposition für das Gespräch zu schaffen, bekundet sich darin das vorherrschende Interesse an der Art, in der sich die Heilsgewißheit im Menschen zu bilden beginnt. Wenn aber diese Gewißheit das Ergebnis einer Entwicklung ist, so wird sich erst am Ende herausstellen, ob denn das Ziel überhaupt erreicht wurde. Damit stoßen wir auf eine für den Roman charakteristische Spannung. "So ist in der Spannung des 'Ob überhaupt' ein Zeitmoment in Gestalt einer Zukunftsauffassung enthalten, für die der Akzent auf dem Dunkel-Undurchschaubaren alles Zukünftigen liegt" [30]. Als ein Entweder / Oder ist die Zukunft auf den Stationen des Weges gegenwärtig, und erst die Zeit wird letztlich zu erkennen geben, ob die Alternative in dem ersehnten Sinne entschieden worden ist.

Bildet die vom Traumerzähler direkt berichtete Handlung den exemplarischen Heilsweg ab, so vollzieht sich in den Dialogen das Wachsen der Gewißheit. Das Heil ist eine apriorische Voraussetzung des ganzen Geschehens in *Pilgrim's Progress*, die Gewißheit dagegen erst eine aposteriorisch zu erwerbende. Die Bestimmung des Menschen, das Heil zu suchen, steht am Anfang; die Gewißheit des Findens, die Vollendung seiner Bestimmung, ist mit dem Tod identisch. Aus dieser Doppelpoligkeit des Geschehens ergeben sich unterschiedliche Spannungen, die in Überschau und Dialog die Tatsache vermitteln, daß sich der umspannende Zweck des Heils nur in

---

[30] C. Lugowski, *Die Form der Individualität im Roman* (Neue Forschung, 14), Berlin 1932, p. 42.

der subjektiven 'Selbsterfahrung'[31] als einer in der Zeit verlaufenden Entwicklung realisieren läßt.

Der Leser ist gleichsam zwischen die beiden unterschiedlichen Spannungspole gerückt. Da ihm der Traumerzähler versichert, daß Christian ankommen werde, richtet sich seine Aufmerksamkeit auf die Taten des Pilgers, die das von ihm Ersehnte erwirken. Da er aber zugleich das fortwährende Bangen des Pilgers gewärtigt, findet er darin seine eigene Situation wieder, denn auch er weiß im Sinne des Prädestinationsbeschlusses nicht, ob er zu den Erwählten gehört. Darin zeigt sich erneut die erbauliche Wurzel des Werkes. Findet sich der Leser in der Ungewißheit des Pilgers wieder, so wird er mit brennendem Interesse jene Handlungen verfolgen, die es dem Pilger ermöglichen, angesichts der Gefahren und der dunklen Zukunft dennoch die zunehmende Gewißheit beginnender Erwählung zu erwerben. Die einzelnen Stationen des Pilgerweges werden ihm dann zu einem paradigmatischen Rahmen, der das Abschätzen der eigenen Situation ermöglicht. Ein solcher Sachverhalt besagt, daß Bunyans *Pilgrim's Progress* den Heilsweg des Menschen nicht in einem epischen Sinne zeigt; vielmehr konzentriert sich die Darstellung auf die wachsende Gewißheit des Heils im Innern des Menschen. Nicht das Heil also, sondern die paradigmatischen Formen seiner Vergewisserung bilden die zentrale Intention des auf Erbauung zielenden Werkes.

In der sprachlichen Gestaltung des *Pilgrim's Progress* wird der bisher sichtbar gewordene Umriß weiter ausgeführt. Die vorwiegend in Prosa geschriebene Allegorie geht an bestimmten Stellen in Verse über. Es ist unwahrscheinlich, daß Bunyan mit diesem Wechsel an die alte Form des Prosimetrums anknüpfen wollte. Rhetorische Mittel werden bei ihm stets den strategischen Zwecken unterworfen. Daher ist auch das Verhältnis von Vers und Prosa weithin unausgewogen. Die meist recht kurzen Versstellen bilden nur gelegentliche Unterbrechungen der sonst herrschenden Prosa.

Die Bedeutung des Dialogs in *Pilgrim's Progress* bedingt insofern

---

[31] Hier ist nur der Begriff der deutschen Übersetzung des Buches von E. Harding, *Selbsterfahrung*, Zürich 1957, entlehnt, nicht aber der damit verbundene psychologische Sachverhalt, den das Buch diskutiert.

die sprachliche Form des Werkes, als sich in den Gesprächen die Vergewisserung vollzieht. Vergewisserung der eigenen Situation und das Bestreben, im Partner die Einsicht in die Zeichen wachsender Heilserkenntnis zu wecken, bleiben das Thema der situationsbefangenen Dialoge. Die Sprache gewinnt dadurch zwangsläufig einen argumentativen Charakter; denn es gilt, die Erfahrungen der Pilger abzuwägen und diejenigen Momente auszusondern, die für die beherrschende Thematik ihres Weges wichtig sind. Das Argument verlangt eine sprachliche Differenzierung nicht allein, um seine Überzeugungskraft zu erhöhen, sondern auch, um die empirischen Gegebenheiten des Pilgerwegs mit umfassen zu können. Erst wenn es gelingt, auch das scheinbar Zufällige und Triviale der einzelnen Situationen im Dialog zur Geltung zu bringen, wird es möglich, den Blick der Gesprächspartner für ihre eigene Lage zu schärfen. Da sich nahezu alle Figuren des *Pilgrim's Progress* auf dem Heilsweg befinden, brauchen sie sich nicht gegenseitig über dessen Notwendigkeit zu belehren. Um aber zu wissen, wie es um das sie allein interessierende Unterfangen bestellt ist, bedarf es einer ständigen Analyse dessen, was sie sind, und der empirischen Situationen, in denen sie sich befinden. So zeigt die Mehrzahl der Dialoge einen bisweilen prozeßartigen Verlauf, indem in der Auseinandersetzung – sinnfällig durch die Dichte der Kausalpartikel – Erkenntnis wird, die nicht immer einen positiven Wert zu besitzen braucht, wie es das Gespräch zwischen Christian und Worldly Wiseman bezeugt. "Nur die Prosa kann ... das Leiden und den Lorbeer, den Kampf und die Krönung, den Weg und die Weihe gleich stark umfassen; nur ihre ungebundene Schmiegsamkeit und ihre rhythmenlose Bindung treffen mit gleicher Kraft die Fesseln und die Freiheit, die gegebene Schwere und die erkämpfte Leichtigkeit der vom gefundenen Sinn nunmehr immanent erstrahlenden Welt" [32].

So fächert die Prosa der Dialoge in *Pilgrim's Progress* das Schwanken der inneren Haltung sowie den Versuch, die Unsicherheit zu überwinden, und damit den Kampf um die Gewißheit aus. Daraus entsteht das Bild von der empirischen Lage des Pilgers. In ihm sah der puritanische Leser seine eigenen Seelenkämpfe gespiegelt. Doch

---

[32] Lukács, p. 247.

gerade weil die Prosa in ihrer nuancierten Form die empirischen Bedingungen des zum Heile aufbrechenden Menschen entwirft, gewinnen die Versstellen in *Pilgrim's Progress* ihre besondere Bedeutung. Denn sie vermitteln etwas, dessen sich der puritanische Leser durchaus nicht sicher war.

Manche Begebenheiten des *Pilgrim's Progress* schließen mit ein paar Versen; diese bilden das Fazit der voraufgegangenen Auseinandersetzungen. Nachdem Christian seine Verfehlungen erkannt hat, indem er Worldly Wiseman folgte, hebt der Vers an: *When Christians unto Carnal Men give ear* [33]. Im Vers wird vom konkreten Fall abstrahiert, um nun für alle Christen Verhaltensmaßstäbe zu setzen, die sich als Konsequenz aus der Besonderheit der jeweiligen Verfehlung ergeben. Darin liegt wiederum ein erbauliches Moment, denn der puritanische Leser erhält Hinweise darauf, wie er die Zweifel und Versuchungen überwinden kann, die er durch die Prosadialoge der Pilger gleichsam als seine eigenen erfahren hat. Damit aber das in den Versen herausgestellte Ergebnis in unverwechselbarer Deutlichkeit vor Augen tritt, ist es notwendig, daß im Vers die konkrete Situation abgeschirmt bleibt, aus der das Resultat herausgewachsen ist. So ist vielfach das Subjekt der Verse nicht mehr der einzelne Pilger, sondern die Pilger überhaupt [34]. Wird aber der Name des Pilgers in bestimmten Verspartien beibehalten, so kommt dem formulierten Sachverhalt eine gesteigerte Beispielhaftigkeit zu, wie sie etwa durch Faithfuls Haltung in Vanity Fair demonstriert wird [35]. Die Notwendigkeit, noch einmal in Versen die Bedeutung Faithfuls vorzuführen, beweist, wie sehr sich dessen Verhalten in den argumentativen Dialogen an Vorstellungen orientiert, die eher seiner Menschlichkeit entspringen und weniger Ausdruck seiner ideellen Personifikation sind. Diese Reduktion der Figuren auf ihren Beispielwert ist ein vorherrschender Zug der meisten Verse [36]. Doch gerade deshalb sind jene Versstellen besonders aufschlußreich, die vom Pilger selbst gesprochen werden. Sie besitzen zweifellos eine

---

[33] Bunyan, p. 24.
[34] Vgl. u. a. ibid., p. 44, 75 u. 134.
[35] Vgl. ibid., p. 94 u. 99.
[36] Vgl. u. a. ibid., p. 148.

gesteigerte erbauliche Wirkung. Nachdem Christian auf halbem Wege eine Rolle erhalten hat, die für ihn ein erstes untrügliches Zeichen der ihm allmählich zuteil werdenden Heilsgewißheit symbolisiert, erreicht er den Hill Difficulty. Als er den Hügel besteigt, fällt die Erzählung in folgende Verse:

> This Hill, though high, I covet to ascend;
> The difficulty will not me offend;
> For I perceive the way to life lies here:
> Come, pluck up, Heart, let's neither faint nor fear:
> Better, though difficult, the right way to go,
> Than wrong, though easy, where the end is woe [37].

Diese Verse stellen Christians Entschlossenheit zur Heilssuche heraus. Gerade weil er zuvor das erste Zeichen durch die Rolle erhalten hatte, schreckt er nun vor der Schwierigkeit seines Weges nicht mehr zurück, sagt aber zugleich, welcher Anstrengungen es bedarf, um Schwäche und Furcht als die Charakteristika seiner Menschlichkeit zu unterdrücken, damit der Weg nicht verfehlt werde. Wenn Christian selbst die Verse spricht, so ist damit seine Fähigkeit angezeigt, aus seiner eigenen Lage die für den Heilsweg richtigen Schlüsse zu ziehen. Damit aber befriedigt er ein zentrales Bedürfnis puritanischer Erbauung.

Die Verse streben in *Pilgrim's Progress* über den tastenden Charakter der Prosa hinaus. Was sie bieten, ist Resultat; sie abstrahieren vom konkreten Geschehen auf den allen Einzelheiten übergeordneten Zweck des Heils. Der Vers verleiht allem, was er trägt, "die formende Entrücktheit" [38] von der möglichen Bindung an eine bestimmte Lage, während die Prosa gerade diese Lagen ausschöpft. "Die selig daseiende Totalität des Lebens ist in prästabilierter Harmonie dem epischen Vers zugeordnet" [39]. Im Vers des *Pilgrim's Progress* reinigt sich das Dargestellte von aller Verhaftung an das Zufällige, weniger Bedeutende und menschlich Aktuelle. Während die Prosa

---

[37] Ibid., p. 43.
[38] Lukács, p. 247.
[39] Ibid., p. 246; vgl. dazu auch Ian Watt, *The Rise of the Novel*, London 1957, p. 27 ff.

auf eine Reproduktion des Seienden abzielt, sucht der Vers die gesteigerte Bedeutung. Verläuft der Prosadialog in *Pilgrim's Progress* prozeßartig, weil er Gegensätzliches ineinanderbildet, so ist der Vers Resultat. Arbeitet die Prosa die 'personificatio' der einzelnen Figuren stärker aus, so hebt der Vers auf die vom Personellen gereinigte 'significatio' ab. Der Vers bezieht sich auf die Eindeutigkeit der Idee, die Prosa auf das Ringen der Figuren um Gewißheit.

Aus dieser Sachlage ergibt sich eine Konsequenz. Das Vorherrschen der Prosa deutet an, daß das in den Dialogen sich vollziehende Geschehen das eigentliche Thema ist. Was wir von dem jeweiligen Charakter der Figuren wissen, erfahren wir durch die im Gespräch faßbar werdende Selbstenthüllung. Deshalb dominiert die Prosa, die unterschiedliche Nuancen zur Darstellung bringt. Nuanciert ist die menschliche Situation in ihrem Verhältnis zum Heil; das Heil selbst ist immer eine abstrakte Idee, und wenn die Idee Ausschließlichkeit gewinnt, fällt das Sprechen in den Vers. Die Dominanz der Prosa bezeugt, daß das Heilsgeschehen aus der Perspektive des Menschen und weniger aus den Erfordernissen der Heilsidee gesehen wird. Durch diesen Wandel der Perspektive hören die Figuren auf, bloße Funktionen eines übergeordneten Gedankens zu sein; sie beginnen, ein Eigenleben zu entfalten, das erst die Basis für die Auswirkungen des Heilsvorbehalts abgibt.

Was bisher an der Erzählhaltung und der Sprachgebung abzulesen war, wird nun in den Figuren selbst offenkundig. In *Pilgrim's Progress* lassen sich prinzipiell zwei Figurengruppen unterscheiden. Die eine Gruppe umfaßt solche, die sich in reiner Funktion erschöpfen. Die andere Gruppe besteht aus solchen, die über ihren funktionalen Charakter hinaus eine zusätzliche Dimension besitzen. Wenn man Figuren wie Evangelist, Pliable und Obstinate betrachtet, so fällt auf, daß sie immer nur an bestimmten Stellen des Geschehens auftauchen und dann wieder verschwinden. Evangelist stellt sich immer dann ein, wenn Christian einer überirdischen Führung bedarf [40]. Ist die Aufgabe gelöst, dann entzieht er sich ihm wieder. In der Anlage ähnlich verhalten sich Pliable und Obstinate. Sie haben die bestimmte

---

[40] Vgl. Bunyan, p. 12 f. u. 22.

Funktion, Christians Lage bei seinem Aufbruch zu allegorisieren. Pliable und Obstinate verkörpern den inneren Gegensatz, der in Christian aufgebrochen ist; Obstinate ist Christian insofern, als er um jeden Preis zum Heilsweg entschlossen zu sein scheint, Pliable ist er insofern, als er den Einflüsterungen anderer, die ihn davon abbringen wollen, durchaus noch zugänglich ist. Hat er sich aber einmal auf den Weg gemacht, so verschwinden Obstinate und Pliable; sie haben ihre Funktion erfüllt und treten ab. Der echte Funktionsträger ist so sehr mit seiner Funktion identisch, daß er nach deren Erfüllung verschwindet [41]. Solange die Figuren in ihrer Rolle aufgehen, sind sie nicht um ihrer selbst willen da, sondern dienen der Verdeutlichung eines ihnen übergeordneten Sachverhalts. Dadurch bleiben sie zwangsläufig abstrakt, denn in ihnen dominiert die darzustellende Bedeutung so stark, daß sie sich als Personen nicht entfalten. In dieser Verwendung entsprechen die Figuren dem epischen und dem allegorischen Stil.

In *Pilgrim's Progress* fällt jedoch auf, daß sich einzelne Figuren nicht in ihrer Rolle erschöpfen, ja, daß sie gelegentlich sogar 'aus der Rolle fallen'. Dazu gehören in erster Linie Christian, aber auch Hopeful und Faithful, die den Pilger auf langen Wegstrecken begleiten. Sie besitzen für das Geschehen eine ungleich größere Wichtigkeit als die reinen Funktionsträger, denn in ihnen muß sich der Leser sowohl in seinem Zweifel als auch in seiner Hoffnung wiedererkennen können. Es ist deshalb geradezu notwendig, daß diese Figuren aus ihrer Rolle fallen; verhielten sie sich wie ideale Pilger, so würde die Verbindung zum puritanischen Leser abreißen, wodurch das Werk seine erbauliche Wirkung verlöre. In einem äußerlichen Sinne wird die Wichtigkeit dieser Figuren dadurch angezeigt, daß sie aus einer unterschiedlichen erzählerischen Distanz gesehen werden. Wir empfangen von ihnen Eindrücke, die dem Charakter einer Nahaufnahme zu vergleichen sind und sich sehr deutlich von der sparsamen Beschreibung jener Figuren unterscheiden, die sich in ihrer Funktion erfüllen. Das gilt in besonderem Maße von Christian. Gleich zu Anfang wird ein sehr detailliertes Bild von ihm entworfen. Er liest, weint, zittert und bricht schließlich in den Schrei der Ver-

---

[41] Vgl. dazu Lugowski, p. 99.

zweiflung aus. Geplagt läuft er von seiner Arbeit nach Hause und versucht, zunächst, seinen Schmerz zu verbergen, denn Frau und Kinder sollen nichts von seinem Elend merken. Aber er vermag nicht lange zu schweigen, da sein Kummer ständig wächst. Schließlich erzählt er, was ihn bewegt. Darüber sind alle sehr erstaunt und glauben, *that some frenzy distemper had got into his head*[42]. Da der Abend hereinbricht, hoffen sie auf eine Besserung seines Gesundheitszustandes durch den Schlaf; sie bringen ihn daher rasch zu Bett. Doch Christian seufzt und weint die ganze Nacht, und am nächsten Morgen erscheint ihm alles noch viel auswegsloser als tags zuvor. Nun machen sich die Menschen seiner Umgebung lustig über ihn; bald schimpfen sie mit ihm, bald lassen sie ihn unbeachtet in der Meinung, so die Krankheit kurieren zu können. Christian aber zieht sich wieder auf seine Kammer zurück, weiß nicht, was ihn befallen hat, betet und bedauert sich selbst. Dann läuft er wieder auf die Felder hinaus, um bald wieder zu lesen, bald wieder zu beten in dem Glauben, dadurch die innere Unruhe beschwichtigen zu können[43].

Diese Schilderung der Eingangssituation des *Pilgrim's Progress* bringt eine Reihe konkreter Details, um Christians Lage plastisch zu machen. Er wird aus einer viel geringeren Distanz betrachtet als die anderen Figuren, und was dort abgeschirmt bleibt, wird hier ausgebreitet. Es kam Bunyan offenbar darauf an, das menschliche Verhalten des Pilgers in den Blick zu bekommen, denn in der Eingangsszene begegnet uns Christian nicht als der exemplarische Pilger, sondern als ein Mensch, in dem die Sorge um das Heil zu erwachen beginnt[44]. Damit wird eine bestimmte Perspektive aufgeblendet, die bis zum Schluß auf die Figur des Pilgers gerichtet bleibt. Als Christian an den Fluß des Todes kommt und jenseits davon schon die Türme der Celestial City sieht, fällt ihn trotz der vielen Heilszeichen, die ihm auf seinem Weg zuteil geworden sind, noch einmal die schwarze Verzweiflung an. Erneut dominiert die Menschlichkeit des

---

[42] Bunyan, p. 12.
[43] Ibid., p. 11 f.
[44] Vgl. dazu auch die Bemerkungen von A. West, *The Mountain in the Sunlight*, London 1958, p. 28.

Pilgers, die sich als Sorge, Angst und Hoffnungslosigkeit definiert. Christian ist daher auch am Anfang nicht von allegorischen Figuren umstellt, die sein Verhalten interpretieren. Vielmehr sind es Frau und Kinder, *Children of my bowels* [45], wie er sie nennt, die auf die menschliche Situation verweisen, in der sich die Heilsgnade nur als Unruhe manifestieren kann. Die Familie des Pilgers vermag sich daher die Undurchschaubarkeit der Heilsgnade nur als eine Form des Wahnsinns zu erklären. Da das Heil in seiner menschlichen Brechung gezeigt wird, unterbleibt eine allegorische Personifizierung der in Christian erwachenden Regungen.

Die Eingangsszene besitzt darüber hinaus noch einen anderen wichtigen Aspekt. Christian ist keineswegs auf Grund der verspürten Qual entschlossen, das Heil zu suchen, im Gegenteil; er möchte die Bedrückung, die er in einem bildlichen Sinne als schwere Bürde zu tragen beginnt, loswerden [46]. Er erscheint in der Ausgangssituation weniger als ein idealer Pilger, der sich anschickt, das Heil zu erwerben. Vielmehr wird er als Mensch gezeigt, der mit allen Fasern seines Herzens entschlossen ist, sich Erleichterung zu verschaffen. Gerade deshalb wird er unterwegs den verschiedensten Verführungen erliegen, denn er muß erst lernen, daß die von ihm begehrte Erleichterung ihm nur dann zuteil wird, wenn er das hinter sich läßt, was ihn als Menschen bestimmt. Daraus ergibt sich das Thema des Pilgerweges: Christian muß sich die Einsicht in die paradoxe Verquickung erwerben, daß er erst dann die ersehnte Erleichterung verspüren wird, wenn er diesen aus seiner Menschlichkeit entsprungenen Wunsch durch die Überwindung seiner Menschlichkeit aufhebt. Die Menschlichkeit des Pilgers erweist sich als die eigentliche Quelle der Versuchung – sei es, daß sie ihn dazu veranlaßt, vom rechten Weg abzuirren, sei es, daß sie die beginnende Gewißheit immer wieder verdächtigt, weil sie in dieser Welt niemals endgültig sein kann. Im Palace Beautiful bekennt daher Christian, daß die Menschlichkeit dem zum Heil Entschlossenen ein Ärgernis wird [47].

Die wechselnde Erzähldistanz, in der die Figuren des *Pilgrim's*

---

[45] Bunyan, p. 11.
[46] Vgl. ibid., p. 23.
[47] Vgl. ibid., p. 51 f.

Progress erscheinen, deutet darauf, daß ihre Darstellung aus zwei verschiedenen Blickwinkeln motiviert ist. Soweit sich die Figuren in der Funktion erschöpfen, dominiert die Darstellung des Heilsgedankens. Wo die Figuren aufhören, mit der Rolle identisch zu sein, beginnt sich eine menschliche Motivation hervorzukehren. Die Notwendigkeit dafür liegt im subjektiven Charakter der Heilsgewißheit beschlossen. Denn nur was der Pilger als Mensch erlebt, kann ihm Aufschluß über seine Erwählung geben. Dieser Sachverhalt jedoch bleibt nicht ohne Rückwirkungen auf den allegorischen Darstellungsmodus.

IV

Die Allegorie als *bellum intestinum* zeigt seit der *Psychomachia* des Prudentius bestimmte Strukturmerkmale [48], die sich bei aller geschichtlichen Veränderung bis in die Renaissance hinein durchgehalten haben. Die um die Seele kämpfenden Tugenden und Laster personifizieren keine psychischen Eigenschaften, sondern beziehen die Seele auf eine ihr übergeordnete Wirklichkeit [49]. Folglich ist die Seele nur das Objekt, die höhere Wahrheit hingegen das eigentliche Subjekt allegorischer Darstellung. Daraus ergibt sich der Grad relativer Abstraktheit, der sowohl die Seele – bei Prudentius noch als typologische Entsprechung der Kirche verstanden – als auch das

---

[48] Zur Frage der Auffassung der Allegorie in der älteren Tradition und zu der wiederaufgelebten Diskussion über die Unterscheidung von Allegorie und Symbol vgl. H. R. Jauss, "Form und Auffassung der Allegorie in der Tradition der *Psychomachia*", *Medium Aevum Vivum* (Festschrift für Walther Bulst), Heidelberg 1960, p. 179 ff.

[49] Vgl. hierzu auch H. E. Greene, "The Allegory as employed by Spenser, Bunyan, and Swift", *PMLA* 4 (1888/89), p. 145 ff., dessen Definitionen allerdings viel zu formalistisch sind. Die Unterscheidung zwischen Symbol und Allegorie, die er zu geben versucht, ist nicht überzeugend. Zum gleichen Problem aber vgl. W. Benjamin, *Schriften* I, Frankfurt 1955, p. 283. Zur Auffassung der Allegorie im 18. Jahrhundert vgl. B. H. Bronson, "Personification Reconsidered", *ELH* 14 (1947), p. 163 ff.

allegorische Ich der höfischen Allegorien des Mittelalters charakterisiert. "Ein allegorisches Wesen, wie sehr demselben auch menschliche Gestalt gegeben werden mag, bringt es weder zu der konkreten Individualität eines griechischen Gottes noch eines Heiligen oder irgendeines wirklichen Subjekts: weil es die Subjektivität, um sie der Abstraktion ihrer Bedeutung kongruent zu machen, so aushöhlen muß, daß alle bestimmte Individualität daraus entschwindet"[50]. Diese Vorstellung beherrscht den *Anticlaudianus* noch genauso wie den *Roman de la Rose*. Der homo perfectus und der Amant bleiben abstrakte Figuren und sind nur insoweit real, als sie sich auf eine andere, von den Regungen der Person unterschiedene Welt beziehen. Walter F. Otto bemerkte daher einmal, daß die Allegorie "in Wahrheit keine Personifikation, sondern nur eine Entpersonifizierung" darstelle[51].

Diese Rahmenbedingungen der Allegorie dürfen indes den Blick für die Interaktion nicht verdecken, die sich aus der Transponierung abstrakter Begriffe in konkrete Situationen ergibt. So wenig die Person in der Allegorie selbst thematisch wird, so wenig ist diese nur die Präsentation eines theologischen oder moralischen Kanons. "Als literarische Form bewirkt sie (d. h. die Allegorie) eine *concordia discors*. Ihre Leistung besteht darin, das zu vereinen, was dem diskursiven Denken nur getrennt vorstellbar ist. Sie verbindet die Bedeutungshaftigkeit des Allgemeinen mit der Situationspräsenz des Konkreten"[52]. Diese Verklammerung ergibt sich aus dem zentralen Charakteristikum des allegorischen *modus dicendi*, durch den "ein Substantiv mit begrifflich fixierter und allgemeiner Konnotation in eine textimmanente Situation"[53] gesetzt wird und dadurch die paradoxe Vorstellung "einer kontextuellen Verschmelzung der sich wechselseitig ausschließenden sprachlichen Pole Abstraktion und Situation"[54] ermöglicht. Diese Interaktionsstruktur macht allererst die

---

[50] G. W. F. Hegel, *Ästhetik*, hrsg. von F. Bassenge, Berlin 1955, p. 393.

[51] Zitiert nach *GRM* 39 (1958), p. 314.

[52] Birkner, p. 115; für diesen Aspekt der Allegorie bin ich der Arbeit von Birkner verpflichtet.

[53] H. Engels, *Piers Plowman – Eine Untersuchung der Textstruktur mit einer Einleitung zur mittelalterlichen Allegorie*, Diss. Köln 1968, p. 38.

[54] Ibid., p. 44.

Faszination begreiflich, die die Allegorie als Darstellungsmodus über lange Zeiträume hinweg auszuüben vermochte. Gleichzeitig aber bildet sie einen wichtigen Indexwert für historische Erkenntnis. Denn das Interaktionsschema, das sich in der 'kontextuellen Verschmelzung von Abstraktion und Situation' zeigt, ist historisch unterschiedlich besetzt gewesen, je nach der Funktion, der es zu dienen hatte.

Läßt die geschichtliche Entwicklung eine latente Aufwertung der 'Situation' innerhalb dieser Struktur erkennen, so gewinnt in Bunyans Allegorie die Situation wegen des prädestinatarischen Heilsvorbehalts eine unverkennbare Dominanz. Diese Gewichtsverschiebung bedingt eine weitgehende Veränderung in der Konzipierung allegorischer Figuren. In *Pilgrim's Progress* lassen sich drei voneinander unterschiedene Auffassungen der Figuren erkennen, deren Zusammenspiel die Neuartigkeit situativer Veränderung abstrakter Begriffe deutlich macht. – Es gibt personifizierte Tugenden und Laster, personifizierte Eigenschaften und die zentrale Figur des Pilgers, der sich an Wendepunkten seines Lebens dem allegorischen Schema entzieht. Daß die Tugenden und Laster nicht gleichzeitig um Christian streiten, gründet in der Reisemetapher der Allegorie. Die Gleichzeitigkeit hebt sich hier in ein Nacheinander der Stationen auf, in dem eine alte Konvention festgehalten ist. Indes, die Tugenden, von Good-Will bis zu Charity, Piety und Prudence, kämpfen ebenso wenig um den Pilger wie die Laster, die sich, von Worldly Wiseman bis hin zu Ignorance, ihm in den Weg stellen. Der Pilger wird nur ein einziges Mal in einen Kampf verwickelt. Dies geschieht in der Auseinandersetzung mit Apollyon, doch Apollyon verkörpert als Teufel den absoluten Gegensatz zur Heilssuche. Wie Evangelist markiert er einen Grenzpunkt des Geschehens, der nicht mehr allegorisiert, sondern symbolisiert wird. Apollyon und Evangelist sind reine Funktionsträger des Heilsgedankens und stehen folglich jenseits des allegorischen Schemas.

Das Verhältnis, das die Tugenden und Laster zu Christian unterhalten, gewinnt seine Eigenart durch die Gespräche, die sie mit ihm führen. Sie appellieren unentwegt an ihn und setzen dadurch voraus, daß es in Christian eine Seite gibt, auf die man einwirken kann. Folglich zielt der argumentative Zug der Gespräche auf Überzeugung ab, wodurch der allegorischen Figur eine Innerlichkeit unterstellt wird, die die Rolle des Pilgers doppeldeutig werden läßt.

Dieser Sachverhalt wird zunächst durch die zweite Gruppe der Figuren verdeutlicht, die – wie Faithful und Hopeful – personifizierte Eigenschaften darstellen und deren Bedeutung die der übrigen Figuren insofern überragt, als sie zu den engsten Weggefährten von Christian zählen. Wenn aber nicht Glaube und Hoffnung, sondern Faithful und Hopeful den Pilger begleiten, so ist damit eine deutliche Umakzentuierung im allegorischen Interaktionsschema angezeigt. Christian ist nicht mehr Objekt des Geschehens, er wird vielmehr Subjekt der Handlung, indem die in seinem Inneren auf die Heilserwartung angelegten Eigenschaften als seine Begleiter personifiziert werden. Als Christian den Palace Beautiful verläßt, erfährt er vom Wächter, daß Faithful auch auf dem Wege sei. Christian erwidert darauf: *I know him; he is my Townsman, my near Neighbour, he comes from the place where I was born.*[55] Die auf den Glauben gerichtete Eigenschaft ist zwar in Christian angelegt, sie wird jedoch erst aktualisiert, nachdem er die Qualen des Sündenbewußtseins durchlebt hat und diese nun als Zeichen der Verheißung zu gewärtigen beginnt. Doch ehe Christian mit Faithful auch tatsächlich zusammentrifft, muß er noch mit Apollyon kämpfen und durch das Tal der Todesschatten wandern, um die sich bildende Gewißheit des Glaubens zu erproben. In Vanity Fair schließlich legt die Glaubensbereitschaft durch den Tod, den Faithful zu erleiden bereit ist, Zeugnis von ihrer Unerschütterlichkeit ab. Folglich taucht erst nach dieser entscheidenden Bewährung Hopeful als der neue Begleiter auf, dessen Beistand Christian bis in den Tod hinein benötigt. Bildet das Nacheinander von Faithful und Hopeful zunächst die Unsicherheit des puritanischen Heilswegs ab, so zeigt es doch auch, wie die Glaubensbereitschaft in ein hoffnungsvolles Ausharren umzuschlagen vermag. Das allegorische Schema verbildlicht daher weniger den kalvinistischen Heilsvorbehalt, sondern versucht vielmehr, diesen durch eine Annäherung an die Erfahrungsmöglichkeiten des Gläubigen zu entschärfen. Wenn Faithful und Hopeful zu Begleitern des Pilgers werden, so bekundet sich darin ein Vorherrschen der

---

[55] Bunyan, p. 57.

menschlichen Situation, die innerhalb des allegorischen Interaktions-
schemas allein schon deshalb aufgewertet werden muß, weil eine
bevorzugte Allegorisierung prädestinatarischer Begriffe die Glaubensnot zur Verzweiflung treiben müßte. Folglich ringen die Tugenden und Laster nicht mehr ausschließlich um die Seele, wie es
der Struktur der mittelalterlichen Allegorie entsprochen hatte; vielmehr sehnt sich die Seele selbst kraft eigenen Entschlusses nach
einem jenseitigen Reich. Da die Sehnsucht die Erfüllung nicht ein-
begreift, werden Adjektive zu Trägern des allegorischen Sinnes. Das
Numinose allegorisiert sich durch Substantive, wenn es auf die
menschliche Seele trifft; das Ich allegorisiert sich durch Adjektive,
wenn die Sehnsucht nach der transzendenten Welt Ausschließlichkeit gewinnt.

Solange die Allegorie Abstrakta personifiziert, versteht es sich,
daß alle individuellen Eigenheiten ausgeblendet bleiben. Die 'significatio' dominiert so stark, daß ihre konkrete Darstellung auf die
Verbildlichung der Funktion beschränkt ist. Werden dagegen menschliche Eigenschaften allegorisiert, so braucht sich die allegorische
Figur nicht notwendigerweise in ihrer Rolle zu erschöpfen; denn
sie personifiziert nicht einen theologischen oder moralischen Kanon,
sondern bezieht die Innerlichkeit auf ein erstrebenswertes Ziel. Personifizierte Eigenschaften tragen daher in sich den Keim zu einer
Doppeldeutigkeit, die in Faithful und Hopeful auch zum Vorschein
kommt. Allegorisiert Faithful die Glaubensentschlossenheit des Menschen, so beginnt er, dort 'aus der Rolle zu fallen', wo er Dinge von
sich bekennt, die im Blick auf seine allegorische Funktion kontingent
sind. Wenn er daher von sich bekennt, daß er gelegentlich der Lust
des Fleisches [56] verfallen sei, so hat dieses Eingeständnis mit seiner
Funktion als Bedeutungsträger wenig zu tun. Denn die zum Glauben
bereite Eigenschaft des Menschen bedarf nicht der Lust des Fleisches, um sich angemessen personifizieren zu können. Wenn dies
aber geschieht, dann gewinnt die Personifikation konkrete Züge, die
mit der Verbildlichung des abstrakten Sinnes zu konkurrieren beginnen. So läßt sich im Verhalten Faithfuls bisweilen eine Emanzi-

---

[56] Vgl. ibid., p. 70.

pation der 'personificatio' von der 'significatio' beobachten[57], die ihre Rechtfertigung daraus gewinnt, daß hier nicht Abstrakta, sondern menschliche Eigenschaften personifiziert werden. Figuren dieser Art umfassen dann die Hinfälligkeit des Menschen genauso wie die Bedeutung, auf die sie das menschliche Verhalten beziehen. Für Hopeful gilt das gleiche, wenn er davon erzählt, welch eine Freude er an *Rioting, Revelling, Drinking, Swearing, Lying, Uncleanness, Sabbath-breaking, and what not*[58] gehabt habe. So bricht auch diese Figur in eine unverkennbare Doppelpoligkeit auseinander, in der die personifizierte Bedeutung zugleich mit der Hinfälligkeit des Menschlichen verklammert ist. Dadurch aber muß sich die Sinnrichtung solcher Figuren verändern. Denn sie personifizieren nun nicht mehr allein die Bereitschaft des Pilgers, zu glauben und zu hoffen, sondern lassen erkennen, daß eine solche Bereitschaft erst aus der Überwindung menschlicher Hinfälligkeit zu wachsen vermag. Damit fallen diese Figuren aus dem überlieferten Schema der Allegorie heraus und zeigen insofern den Ansatz zu Romancharakteren, als sie sich den Sinn ihrer Bestimmung erst erwerben müssen. In der mittelalterlichen Allegorie ist der Sinn a priori gegeben; Bunyans Werk hingegen zeigt auf weiten Strecken das Bemühen, die Hinfälligkeit des Menschen durch eine selbst erworbene Sinnerfüllung zu übersteigen. Damit aber versucht die literarische Fiktion, das zu leisten, was das kalvinistische Dogma ausgeschlossen hatte. Kein Wunder, daß man *Pilgrim's Progress* als Erbauungsbuch las, denn es beseitigte ein psychisches Defizit, das aus dem prädestinatarischen Heilsvorbehalt entstanden war.

In der Konzipierung des Pilgers werden die Anleitungen für die Erbauung konkret. Dominiert bei Faithful und Hopeful die Rolle über das menschliche Bedingtsein, so wird bei Christian die menschliche Seite dominant. Faithful und Hopeful erhalten ihre menschliche Zeichnung durch das gelegentliche Abirren von ihrer Funktion, ohne daß sie diesen Gegensatz bereits austragen müßten. Dies geschieht erst durch die Hauptfigur und zeigt sich dort in aller Deutlichkeit, wo Christian über das ihm Widerfahrene nachdenkt. Der

---

[57] Vgl. u. a. Talon, p. 232 f.
[58] Bunyan, p. 137.

Pilger führt verschiedene Selbstgespräche, in denen seine Handlungen Gegenstand der Reflexion werden [59]. Das Selbstgespräch setzt die Innerlichkeit als Adressaten voraus und überschreitet insofern die allegorische Anlage des Werkes, als die in Christian erwachenden Stimmen ihrerseits nicht mehr allegorisiert werden. C. S. Lewis hat im Blick auf die mittelalterliche Allegorie bemerkt, daß in dem Moment, in dem eine Figur über einen konfliktgeladenen Tatbestand 'nachdenkt', sich die Sachverhalte sogleich in allegorische Figuren umsetzen [60]. Wäre *Pilgrim's Progress* eine konsistente Allegorie, so müßten immer dann Personifikationen auftauchen, wenn sich in den Charakteren innere Stimmen regen. Unterbleibt aber die Personifizierung, so bringt sich darin die Fähigkeit des Pilgers zur Geltung, auf sich selbst zu reflektieren. Christian gelangt in ein direktes Verhältnis zu sich selbst und bedarf daher nicht mehr – wie es der überlieferte Modus der Allegorie immer vorausgesetzt hatte – der Beziehung auf eine überindividuelle Wirklichkeit, um sich dadurch Rechenschaft über seine Lage geben zu können. Im Verzicht auf die Personifizierung ist angezeigt, daß problematische Situationen nicht mehr durch ihre Beziehung auf eine überindividuelle Wirklichkeit zu lösen sind. Vielmehr fragt Christian nach den Beweggründen, die es ihm gestatten könnten, sich selbst zu korrigieren. In solchen Augenblicken schlägt die radikale Vereinsamung des Menschen durch den prädestinatarischen Heilsvorbehalt durch. Denn für den kalvinistischen Pilger gab es nichts zu erfüllen, um des Heiles teilhaftig zu werden. Er blieb nur auf sich selbst angewiesen, und diese Isolierung geschah angesichts einer Frage, die über mehr als Tod und Leben in dieser Welt entschied. So läßt sich durch die Verweigerung der Gnadengewißheit ein Aufschluß über das Lebensziel des Pilgers einzig und allein erst durch die Auseinandersetzung mit sich selbst gewinnen. Es versteht sich, daß diese Selbstgespräche angesichts der Glaubensnot der puritanischen Gemeinden ein gesteigertes Interesse finden mußten. Denn hier erhielten die Leser Anhaltspunkte dafür, wie sie sich im Blick auf die von Christian erzielten Vergewisserungen zu überprüfen hatten.

---

[59] Vgl. dazu u. a. ibid., p. 45 f.
[60] Vgl. Lewis, p. 30.

Der Lenkung eines solchen Vergewisserungsprozesses dient die Darstellung der Hauptfigur. Wenn der Pilger bereits durch seine Selbstgespräche aus dem allegorischen Schema herausfällt und dadurch – in der Terminologie Forsters – zu einem "flat character"[61] wird, so ist damit nur ein Beginn für die Zersetzung des allegorischen Schemas gemacht. Einer der hervorstechendsten Züge in der Darstellung Christians findet sich in der häufigen Wiederholung bestimmter Ereignisse. Nachdem Christian von Worldly Wiseman verführt worden ist zu glauben, daß der Heilsweg ein Irrtum sei, erscheint ihm Evangelist. Dieser nötigt ihn durch eine Reihe von Fragen dazu, die Begegnung mit Worldly Wiseman noch einmal zu rekapitulieren. Durch die im Überdenken geleistete Wiederholung seines Zusammentreffens mit dem Verführer klären sich für Christian die Zusammenhänge. Er gelangt nun zu einer richtigen Einschätzung seines Verhaltens und wird sich plötzlich seiner eigenen Verfehlungen bewußt. Das vergangene Geschehen erscheint ihm in einem neuen Licht, und er beginnt, die Folgen zu erkennen, die er in der Befangenheit des Handelnden nicht zu sehen vermochte[62]. Auf den weiteren Stationen seiner Pilgerfahrt kehren ähnliche Situationen wieder. Als Christian das Wicket-gate erreicht und auf den Wächter Good-Will trifft, erfolgt eine erneute Wiederholung der hinter ihm liegenden Begebenheiten. Auch hier fragt die ganz als Funktionsträger konzipierte Figur des Good-Will[63] in einer beinahe sokratischen Manier aus Christian die ihm bisher widerfahrenen Begebenheiten heraus. Das Geschehen gewinnt dadurch für Christian an Übersichtlichkeit, und aus dem Tasten und Suchen des 'Problemsubjekts' entsteht eine zunehmende Klärung der eigenen Verworrenheit. Die Wiederholung dessen, was geschah, ermöglicht es Christian, begangene Irrtümer selbst zu korrigieren. So wird das Abirren vom Heilsweg nicht durch Strafen belegt; vielmehr veranlassen die allegorischen Figuren bzw. die Funktionsträger den Pilger immer

---

[61] Vgl. dazu E. M. Forster, *Aspects of the Novel* (Pocket Edition), London 1958, p. 43 ff.

[62] Vgl. Bunyan, p. 23 ff.

[63] R. Sharrock, "Spiritual Autobiography in *The Pilgrim's Progress*", *RES* 24 (1948), p. 114, deutet das Wicket-gate als Eintritt in die Gemeinschaft der Gläubigen.

wieder dazu, seine Lage zu überdenken. Als sich Christian im Palace Beautiful — einer wichtigen Station seines Weges — abermals zur Wiederholung durchlebter Situationen gedrängt sieht, ist seine Erkenntnis schon so weit gewachsen, daß er seine Menschlichkeit als Gegensatz zur Heilserwartung begreift. Auf die Frage von Prudence:

> Do you not yet bear away with you some of the things that then you were conversant withal? antwortet Christian: Yes, but greatly against my will; especially my inward and carnal cogitations; with which all my countrymen, as well as myself, were delighted; but now all those things are my grief; and might I but choose mine own things, I would choose never to think of those things more; but when I would be doing of that which is best, that which is worst is with me.[64]

In dieser Einsicht bekundet sich ein wahrnehmbarer Fortschritt gegenüber der bangen Frage: *What shall I do?*[65], mit der uns der verzweifelte Pilger am Anfang begegnet war. Im Abklären gemachter Erfahrungen wächst in Christian das Bewußtsein, daß die Menschlichkeit auf dem Heilsweg ein Ärgernis ist, weil Ängste und Verzweiflungen die begehrte Gewißheit ständig verstellen. — Dieser Grundzug schattet sich im Geschehen ab. Aus der reflektierenden Korrektur begangener Handlungen entsteht Erfahrung, die es erlaubt, durch Einsicht die Kreatürlichkeit des Menschen zu überschreiten. So bietet die Selbstentdeckung des Fehlverhaltens die notwendige Voraussetzung dafür, eine Orientierung zu entwickeln, deren Verläßlichkeit in zunehmendem Maße zur Quelle der Gewißheit und zur Entschärfung des Heilsvorbehalts zu werden verspricht.

Die im ersten Drittel des Geschehens bis hin zum Palace Beautiful erworbene Erfahrung wird nun im Verlauf der weiteren Handlung des öfteren aktiviert. Wurde Christian bisher von allegorischen bzw. symbolischen Figuren immer wieder auf sich selbst aufmerksam gemacht, so beginnt er nun, nach der ihm gewordenen Einsicht, ganz im Sinne der puritanischen Mission seine neuen Weggefährten auf sich selbst zu lenken. Als er mit Faithful zusammentrifft,

---

[64] Bunyan, p. 51.
[65] Ibid., p. 11.

beginnt er, dessen bisherigen Lebensweg zu erkunden; denn es gilt, in ihm jene Einsicht zu erwecken, die Christian in der Begegnung mit den Tugenden und Lastern erfahren hatte. Da Faithful durch seinen Namen die Glaubensbereitschaft des Menschen personifiziert, hat er viele aus seiner Menschlichkeit entsprungenen Verfehlungen bereits als solche erkannt. Christian braucht daher den Anstoß zur Korrektur nicht mehr zu geben, wie es Evangelist, Good-Will und Prudence ihm gegenüber getan hatten. Dennoch ist die von Christian ausgelöste Befragung nicht ohne Bedeutung für den manchmal zu leichtgläubigen Faithful, der unversehens den aufgeputzten Reden von Talkative verfällt und sich daher von Christian, der den Schwätzer sofort durchschaut hat, zu erhöhter Wachsamkeit aufgerufen sieht [66].

Noch stärker indes wirkt sich Christians Erfahrung in der Begegnung mit Hopeful aus. Das dafür entscheidende Ereignis bildet das Gespräch, das Christian und Hopeful beim Überqueren des Enchanted Ground über die Heilsgewißheit führen [67]. Auch hier wiederholt sich zunächst die gewohnte Situation. Christian fragt Hopeful danach, wie sich in ihm die Heilserwartung herausgebildet habe. Hopeful reflektiert durch diesen Anstoß über sich selbst, und es gelingt ihm, zwischen den richtigen und den falschen Anzeichen unterscheiden zu lernen. Der Inhalt dieses Dialogs ließe sich als eine Psychologie des Heilsprozesses charakterisieren, denn das beherrschende Thema des Gesprächs kreist ausschließlich um die Art, in der die *certitudo salutis* im Menschen erwacht. In den Fragen spiegelt sich daher die Perspektive, unter der das Herausbilden der Heilsgewißheit erscheint: *Why, what was it that brought your sins to mind again? ... And how did you do then? ... And did you think yourself well then?* [68] Hopeful fühlt sich aufgefordert, seine menschliche Befindlichkeit mit seiner Heilserwartung zu konfrontieren, weil erst das Bewußtsein einer solchen Entgegensetzung die notwendige Sicherheit für die Bewertung von Zeichen zu schaffen vermag. Was in Christians eigenem Entwicklungsgang durch die allegorischen

[66] Ibid., p. 79 f.
[67] Vgl. ibid., p. 136 ff.
[68] Ibid., p. 138.

Figuren in Gang gebracht wurde, vollzieht er jetzt selbst an Hopeful. Nun beginnt sich seine eigene Erfahrung zu bewähren, und wir wissen, daß im Horizont kalvinistischer Strenggläubigkeit eine solche Bewährung ein wichtiges Stadium seelischer Rechenschaft über die beginnende Erwählungsgewißheit verkörpert. Durch die Korrektur seiner bisherigen Irrtümer wächst Christian eine Führerrolle zu; er ist nun der *presbyter.* Wie sehr ihn aber erst die Erfahrung für diese Rolle legitimiert, geht aus einer Äußerung Hopefuls hervor. Als Christian die entscheidende Frage nach dem Ursprung der Heilserwartung stellt, entgegnet ihm Hopeful: *Nay, do you answer that question yourself, for you are the older man.*[69] Die größere Erfahrung bildet das zentrale Kriterium für das Gewärtigen erwachender Heilsgewißheit, die im Blick auf den prädestinatarischen Heilsvorbehalt immer nur in Näherungswerten zu erfassen ist. Erfahrung indes entsteht erst dann, wenn durch die Selbstprüfung die eigenen Vormeinungen problematisiert werden. Diese Einsicht versucht Christian weiterzugeben, um zu verhindern, daß sich die Menschen angesichts der herrschenden Unsicherheit der Heilserwartung den Heilsweg selbst verstellen. Wie sehr die Reflexion eine entscheidende Vorbedingung dieses Anstoßes verkörpert, stellt Christian in der Auseinandersetzung mit Ignorance heraus:

There is none righteous, there is none that doeth good ... The imagination of man's heart is evil from his youth. Now then, when we think thus of ourselves, having sense thereof, then are our thoughts good ones, because according to the Word of God.[70]

Ignorance – dem diese Ermahnung gilt – hatte die Empfindungen des Herzens zur letzten Autorität gesteigert und dadurch die Möglichkeit verloren, Gewißheit von Täuschung zu unterscheiden. Er verkörpert die reine Subjektivität, die glaubt, der Erfahrung entbehren zu können, weil sie die Stimme des Herzens sowie das Gesetz als zureichende Orientierung des eigenen Verhaltens begreift. Den Regungen des Herzens zu vertrauen und sich an die Richtschnur des Gesetzes zu halten heißt aber, die Chance zu vergeben, sich der

---

[69] Ibid., p. 149.
[70] Ibid., p. 145.

eigenen Situation bewußt zu werden. Ein solches Bewußtsein jedoch ist nur durch Erfahrung zu erzeugen, in der sich die menschliche Not des Pilgers soweit mit dem Heilsgedanken vermittelt, daß die Unerträglichkeit seelischer Spannungen abgebaut und in wachsende Gewißheit überführt werden kann. Christian hat dies gelernt und korrigiert folglich die Naivität derer, die glauben, in den unbefragten Regungen des Herzens untrügliche Gewißheit zu besitzen. Durch eine solche Selbstbetrachtung entspringen Erfahrungen, die ihrerseits Ansätze zu einer Geschichte des Helden bilden [71], der auszieht und sich aufs Spiel setzt, um dadurch sich selbst zu gewinnen.

Ein solcher Weg macht die Bedeutung der Erfahrung einsichtig. Sie wird in einer der beziehungsvollsten Episoden des ganzen Geschehens herausgestellt. Christian erzählt Hopeful das Schicksal von Little-Faith, der auf dem Heilsweg von drei Räubern, Faint-heart, Mistrust und Guilt [72], überfallen und beraubt worden ist. An die kurze Exposition der Ereignisse schließt sich ein längerer Dialog zwischen Christian und Hopeful an, in dessen Verlauf die falschen Schlüsse, die Hopeful aus dem Verhalten von Little-Faith zieht, korrigiert werden. Dabei sind die von Hopeful geltend gemachten Gesichtspunkte theologisch durchaus relevant. Denn er bemerkt, daß es Little-Faith nach dem Überfall durch die Räuber an Beherztheit habe fehlen lassen, den von ihm als richtig erkannten Weg fortzusetzen. Man sollte meinen, Christian müßte mit einer solchen Beurteilung zufrieden sein, denn sie stimmt mit den Forderungen zusammen, die der Pilger angesichts der Unbill des Weges ständig an sich selbst stellen muß. Um so aufschlußreicher ist der Tadel, mit dem Christian in unverkennbarer Erregung [73] Hopeful antwortet. Denn für ihn sind abstrakte Argumente, die der konkreten Erfahrung entbehren, ein Ärgernis. Folglich verweist Christian in der Entgegnung auf die persönliche Erfahrung, um das Verhalten von Little-Faith plausibel zu machen:

---

[71] Vgl. hierzu auch W. F. Schirmer, *Antike, Renaissance und Puritanismus*, München 1924, p. 209 f. und W. Kayser, "Die Anfänge des modernen Romans im 18. Jahrhundert und seine heutige Krise", *DVJS* 28 (1954), p. 434.

[72] Bunyan, p. 125.

[73] Vgl. ibid., p. 128.

As for a great heart, Little-faith had none; and I perceive by thee, my Brother, hadst thou been the man concerned, thou art but for a brush, and then to yield. And verily since this is the height of thy stomach, now they (d. h. die Räuber) are at a distance from us, should they appear to thee as they did to him, they might put thee to second thoughts. But consider again ... I myself have been engaged as this Little-faith was, and I found it a terrible thing ... I was clothed with Armour of proof. Ay, and yet though I was so harnessed, I found it hard work to quit myself like a man: no man can tell what in that Combat attends us, but he that hath been in the Battle himself.[74]

Christian rechtfertigt die von Little-Faith gezeigte Reaktion, über deren Bedenklichkeit nur derjenige zu urteilen vermag, der sich in verwandten Situationen befunden hat. Denn erst die Gleichartigkeit solcher Erfahrung läßt den Grad der inneren Not nachempfinden, die die Pilger auf ihrem Heilsweg plagt. Würde diese Not lediglich an den abstrakten Erfordernissen des religiösen Bekenntnisses gemessen, dann schlüge sie unweigerlich in Verzweiflung um. Von einer solchen Verzweiflung aber sollte die Gemeinschaft der Gläubigen durch die Darstellung des exemplarischen Pilgerweges gerade geheilt werden. Deshalb erfolgt eine Rechtfertigung der Verzagtheit, die alle Pilger einmal anfällt. Zugleich aber ist sie ein Prüfstein dafür, was man aus solcher Furcht zu lernen bereit ist. Christian hat sie gebannt, doch wer sie durchlebt hat, vermag erst abzuschätzen, was sie für die eigene Erfahrung bedeutet.

Diese Episode stellt die Bedeutung der Erfahrung heraus; denn die Heilsvergewisserung wächst nicht aus der einseitigen Orientierung an theologischen Geboten. Folglich korrigiert Christian den von Hopeful formulierten Tadel, weil dieser sich nur daran orientiert und dabei die Spontaneität menschlicher Reaktionen in gefährlichen Augenblicken außer acht läßt. So wenig die Regungen des Herzens auf dem Pilgerweg Ausschließlichkeit gewinnen dürfen, so wenig ist dieser ausschließlich unter theologischen Forderungen zu sehen. In dem einen Falle verlöre sich der Pilger in die Selbstgerechtigkeit, in dem anderen in religiöse Verzweiflung. Wenn Christian nun die gleiche Verzagtheit wie Little-Faith durchlebt hat und dennoch des Heiles teilhaftig wurde, weil er bereit war, aus seiner Not so viel zu

---

[74] Ibid., p. 129 f.

lernen, daß er sie zu wenden vermochte, so zeigt sich darin die erbauliche Wurzel des *Pilgrim's Progress*. Die Mitglieder kalvinistischer Gemeinden entdeckten sich folglich in Christian nicht nur in ihrer kreatürlichen Menschlichkeit, sondern erhielten auch das Versprechen, in der Selbstprüfung dieses Hindernis zu überwinden, um dadurch wachsende Gewißheit erwerben zu können. – Im Aufbau des *Pilgrim's Progress* nimmt die Episode von Little-Faith insofern eine Sonderstellung ein, als sie die einzige Geschichte im gesamten Handlungsverlauf ist, die von einer Figur zum Zweck der Demonstration erzählt wird. Dadurch gewinnt die Episode den Charakter einer Beispielerzählung, die eine Absonderung von der zentralen Orientierung des Geschehens darstellt [75]. Denn in ihr kommen nicht die Stationen des Heilsweges und die sich aus ihnen ergebenden theologischen Forderungen zur Geltung, vielmehr ist sie ganz auf die menschliche Motivation zugeordnet. Hier rückt ein typisches Verhalten des Menschen in den Vordergrund, das eine andere Motivation der Zusammenhänge liefert, als sie die abstrakte Darstellung des Heilsweges verlangen – wenn überhaupt zulassen – würde. Deshalb verblaßt auch der allegorische Modus dieser Episode, vor allem in ihrem zweiten und entscheidenden Teil. Hopeful vermag das Verhalten von Little-Faith nicht restlos zu begreifen, weil es unter dem Aspekt des Heilsgedankens als widerspruchsvoll erscheint; für Christian dagegen schließt sich diese Widersprüchlichkeit durch die aus einer verwandten Situation gewonnene Erfahrung.

So hebt sich die Erfahrung als die entscheidende Vermittlung von Gegensätzlichem in *Pilgrim's Progress* heraus. Wenn sich die Erfahrung in der Vermittlung erfüllt, so ist damit die überindividuelle Orientierung des Geschehens in ihrer Einseitigkeit aufgehoben und durch eine menschliche Orientierung polarisiert. Das Erwerben von Erfahrung zeigt an, daß der christliche Pilger in dieser Allegorie aufgehört hat, die Verkörperung des abstrakten Heilsgedankens zu sein. Statt dessen beginnt er sich in ein 'Problemsubjekt' zu verwandeln, das in der Form eines zunehmenden Zu-sich-selber-Erwachens gleichzeitig die objektive Thematik des Geschehens: das Erwähltsein, realisiert. Die Bedeutung der Erfahrung zersetzt den

---

[75] Zur Form der Beispielerzählung vgl. Lugowski, p. 139 ff.

allegorischen *modus dicendi* von *Pilgrim's Progress* in wesentlichen Partien. Denn in der Erfahrung verhält sich der Mensch im wesentlichen zu sich selbst im Anblick dessen, was ihm widerfahren ist; die Darstellung der Idee hingegen bedarf der Erfahrung nicht, da ihre Geltung vor aller Erfahrung gegeben ist. Der Pilger aber braucht die Erfahrung insofern, als er sich durchschauen muß, um die Selbstkorrektur seiner kreatürlichen Natur im Hinblick auf die ersehnte Vergewisserung auch leisten zu können. Die Verborgenheit des Prädestinationsbeschlusses bewirkt hier den Umschlag der Akzentuierung. Deshalb hören die Hauptfiguren auf, Personifikationen des Heilsgedankens zu sein, da sie sich selbst zum Gegenstand werden. Wenn aber das Subjekt für sich selbst zur Erscheinung, zum Objekt wird, ist die Begrenzung der streng epischen und der allegorischen Form überschritten. Das Subjekt begreift sich jetzt als eigentliche Aufgabe, deren Bewältigung die Art seiner Erfahrung zu erkennen gibt. In der traditionellen Allegorie personifizierten die Figuren den abstrakten Kanon einer überindividuellen Moral und waren folglich als Personen nicht existent. Das 'Problemsubjekt' des Romans dagegen weiß nur insoweit von den Forderungen einer höheren Wirklichkeit, als es im Laufe seines Lebens ideelle Zwecke realisiert. Christian bewegt sich in *Pilgrim's Progress* fortwährend auf der Grenzlinie zwischen Personifikation und Problemsubjekt, um diese allerdings in der Herauskehrung einer nicht mehr allegorisierbaren Erfahrung eindeutig zu überschreiten. Denn in der Erfahrung liegt nunmehr die Möglichkeit, den theologischen Gewißheitsentzug durch die menschliche Selbstbehauptung auszugleichen.

V

"Überall dort, wo intensive religiöse Stimmung vorherrscht, wo das jenseitige Leben als das wahre, das diesseitige nur als Durchgang empfunden wird, wird dieses als Wanderung erlebt und gestaltet" [76].

---

[76] E. Dabcovich, "Syntaktische Eigentümlichkeiten der Fioretti", *Syntactica und Stilistica* (Festschrift für Ernst Gamillscheg), Tübingen 1957, p. 100.

Aus diesem Ansatz entspringt der Handlungsverlauf in *Pilgrim's Progress*. Die Wanderung als Abbild des Lebens bietet sich bei Bunyan jedoch nicht als eine einheitliche Vorstellung. Die Pilgerfahrt, die mit noch unbegreifbaren Heilszeichen einsetzt, bedingt zunächst eine Isolierung des Menschen. Der Beginn der Heilserfahrung von Christian liegt dort, wo er seine gewohnte Welt als Widerspruch erfährt. Er trennt sich folglich von seiner Familie und dem Ort seiner Herkunft, denn er spürt *the Powers and Terrors of what is yet unseen* [77]. Der zum Heil Entschlossene muß seine Bindungen an die vertraute Welt durchschneiden, und dieses Herauslösen macht ihn zum Einzelnen. Talon hat darauf hingewiesen, daß der Pilger erst nach diesem Entschluß den Namen Christian empfängt [78]. Der Pilger hat sich durch seine innere Not von der Anonymität der *City of Destruction* abgelöst; indem er sie hinter sich läßt, wird er zur Person. Doch mit diesem Aufgeben ist noch nichts gewonnen. Als Christian daher von Pliable gefragt wird, *but, my good Companion, do you know the way to this desired place?*, da vermag er nur zu antworten: *I am directed by a man, whose name is Evangelist, to speed me to a little Gate that is before us, where we shall receive instruction about the way* [79]. Der radikale Entschluß, sich von der gewohnten Welt zu trennen, kontrastiert mit der Unüberschaubarkeit des Weges, der sich nun vor Christian auftut. Folglich sind am Anfang alle seine Handlungen nur negativ bestimmt, weil der Widerspruch zur Welt nicht durch ein konkretes Versprechen anziehend gemacht wird. Christian orientiert sich daher nicht an der Zuversicht künftiger Seligkeit, sondern an seinem Widerspruchsverhältnis zur Welt. Er weiß nur, daß in der radikalen Entwertung seines bisherigen Lebens eine Annäherung an eine ihm noch verborgene Erwartung wachsen kann. Dadurch wird seine Wanderung zu einem tastenden Suchen, das deshalb gelegentlich in die Irre führt, weil dem Pilger noch die Gewißheit des Zieles fehlt und er daher nur den Widerspruch gegen die Welt und gegen die kreatürliche Natur des Menschen als Anhaltspunkte seiner Orientierung findet.

---

[77] Bunyan, p. 15.
[78] Vgl. Talon, p. 165 f.
[79] Bunyan, p. 15.

Der Widerspruch zur Welt, der den Beginn der Heilserwartung markiert, setzt sich in der abenteuerhaften Folge des Geschehens fort. Immer erneut wird Christian den Fährnissen und Verführungen der Welt ausgesetzt, die seine ganze innere und äußere Kraft beanspruchen. Im Gegensatz dazu gibt es Episoden in *Pilgrim's Progress*, in denen dieses Widerspruchsverhältnis des Pilgers zur Welt aufgehoben ist. Palace Beautiful [80], Plain Ease [81], The River of the Water of Life [82], The Delectable Mountains [83] und Country of Beulah [84] verkörpern Stationen, die von einer märchenhaften Übereinstimmung der Pilger mit ihrer Umgebung zeugen. Hier finden sich Etappen des Geschehens, in denen das Gefühl einer paradiesischen Geborgenheit vorherrscht; die Pilger spüren einen Vorklang der Seligkeit, die in den kämpferischen Auseinandersetzungen der übrigen Abenteuer höchstens als beflügelndes Ziel figuriert. Bei näherer Betrachtung solcher Episoden ergibt sich, daß diese der weltlichen mittelalterlichen Dichtung entstammen, die trotz der Literaturfeindlichkeit des Puritanismus in dieses exemplarische Seelentagebuch [85] eingedrungen sind. Der Palace Beautiful weist mit seiner Bezeichnung sowie mit seinen einzelnen Elementen auf die Ritterromanzen zurück, "deren Zauber", wie Schirmer betont, die Puritaner "in den Jahren der Kindheit selbst nicht unzugänglich waren" [86]. Das Schloß am Wegrand, die liebenswürdigen Damen, die ritterliche Tafel und das Zeigen der Schätze zählen zu den festen Bestandteilen der vulgarisierten höfischen Romanzen [87]. Die Veränderung die solche Schemata bei der Übernahme durch Bunyan erfahren, gründet darin, daß sie in ein anderes Bezugsfeld gerückt wer-

---

[80] Vgl. ibid., p. 47 ff.
[81] Vgl. ibid., p. 107.
[82] Vgl. ibid., p. 111.
[83] Vgl. ibid., p. 119 ff.
[84] Vgl. ibid., p. 153 f.
[85] Vgl. dazu Schirmer, p. 209 f. und Sharrock, "Spiritual Autobiography", p. 102 ff., der *Pilgrim's Progress* ganz aus der Perspektive des Seelentagebuchs faßt.
[86] Schirmer, p. 200.
[87] Vgl. hierzu H. Golder, "Bunyan and Spenser", *PMLA* 45 (1930), p. 216, der auch das schwierige Quellenproblem aufgreift und diskutiert.

den. So verwandeln sich der Palast in die Kirche[88], die Damen in Kardinaltugenden, während das Gespräch an der Tafel dem Heil und der Blick auf die Schätze der inneren Beruhigung gilt; Elemente der Ritterromanzen werden durch christliche Inhalte besetzt. Ähnliches gilt für die anderen Orte, an denen sich die Pilger zu seligem Verweilen verlockt fühlen. Wir stoßen in solchen Etappen des Geschehens auf die Ausstattungsrequisiten des *locus amoenus*, die mit solchen des *hortus conclusus* vermischt sind; sie vermitteln eine unverkennbare Paradiesesstimmung.

Das Motivrepertoire mittelalterlicher Romanzen findet sich in *Pilgrim's Progress* immer dort, wo der beherrschende Grundzug des Geschehens, der Widerspruch von Welt und Mensch, vorübergehend aufgehoben werden soll. Je mehr dieser Gegensatz verschwindet, desto idealer erscheint die Welt, deren Verklärung einen unerwarteten Einklang zwischen Mensch und Wirklichkeit anzeigt. Da im Horizont puritanischer Strenggläubigkeit jedoch nicht dieser Einklang, sondern der Widerspruch das Verhältnis bestimmte, ließ sich innerweltliche Seligkeit nur durch ein Repertoire abbilden, das der Tradition des Puritanismus fremd war. Daß Bunyan überhaupt danach griff, macht deutlich, wie sehr die kalvinistische Weltentwertung immer dann ihre Radikalität abstreift, wenn die Welt als Ort unmißverständlicher Erwählungsgewißheit genutzt werden mußte. Zog der Pilger aus, um in der Überwindung der Welt sich des Heils zu versichern, so verwandelt sich die Welt in dem Augenblick in einen Lustort, da er die ersehnte Erwartung zu verspüren glaubt. "Wie der Eintritt in den Sakralraum für den Gläubigen Teilhabe an der Hierophanie bedeutet, so eröffnet die literarische Fiktion der Topik des umgrenzten Raumes die Möglichkeit einer illusionären Integration des Selbst in das Heilsganze ... Die Form der Romanze, in der die Extrempunkte ... vermittelt sind, gibt eine literarische Matrix vor, in der die Binnenwelt des Gläubigen und die Heilstranszendenz, die der Kalvinismus aufs äußerste dissoziiert hat, erneut vermittelt werden können"[89]. Die in der Fiktion vorgestellte Erfüllungsgewißheit der von allen Puritanern geteilten Sehnsucht war für

---

[88] Vgl. hierzu Talon, p. 173.
[89] Birkner, p. 109 u. 150.

die Erbauung deshalb so entscheidend, weil sie die imaginäre Vollendung dessen bot, was der prädestinatarische Heilsvorbehalt ausschloß. Das Romanzenschema mit seinem Dreitakt von Kampf – Pathos – Erfüllung [90] entsprach insofern typischen Erwartungen, als sich hier die reale Glaubensnot im Spiegel ihrer möglichen Aufhebung zeigt. Wenn auf dem Pilgerweg die inneren Kämpfe und Auseinandersetzungen vorherrschen, so ist damit die von allen Gläubigen empfundene Situation repräsentiert. Doch erst der Reflex solcher Lagen schafft die Vorbedingungen dafür, den märchenhaften Schimmer, der über den Plätzen seliger Geborgenheit liegt, auch als reales Versprechen zu gewärtigen. So sichern die Verzweiflungen des Pilgers allerst die Glaubwürdigkeit der im Romanzenschema vorgestellten Erfüllungsgewißheiten. Es versteht sich, daß die Orte des Einklangs zwischen dem Pilger und der Welt immer nur kurz skizziert sind, denn sie bilden Abschluß und Übergang für die Reihe bestandener oder zukünftiger Bewährung. Gerade die Sparsamkeit, mit der Bunyan diese paradiesischen Stilisierungen in die vom Pilger als Widerstand erfahrene Welt eingesetzt hat, zeigt in ihrer Dosierung einen psychologischen Sinn für die Wirksamkeit der Erbauung. Zugleich zeugt die trivialliterarische Matrix der Romanze davon, wie unterschiedlich das Schema von Kampf – Pathos – Erfüllung historisch besetzt werden kann. Das gilt nicht nur für die höfische Literatur des Mittelalters im Unterschied zu der dem Schema hier zugedachten Funktion, sondern noch einmal für den sich nun entfaltenden Roman, der in der Aufklärung diese Matrix in nicht vorhersehbarer Weise nutzte.

Wenn das Romanzenschema seine trivialliterarische Komponente dadurch gewinnt, daß sie Nöte und Sehnsüchte als behoben und erfüllt zeigt, so hat diese Affirmation im Horizont des Puritanismus einen historischen Aussagewert, der den trivialliterarischen Aspekt erheblich übersteigt. Denn hier ist die Affirmation ein historischer Index dafür, wie groß die Not und die Verzweiflung des 'Publikums' gewesen sein müssen, wenn diese negative Lage vorwiegend durch massive Affirmation fiktionaler Texte zu entspannen ist. Historisch gesprochen wird sich dieses Verhältnis im Verlauf der nun mit

---

[90] Vgl. ibid., p. 152.

Bunyan einsetzenden Romanentwicklung tendenziell umkehren, bis in der Gegenwart die Negation der fiktionalen Texte die verfestigten Erwartungs- und Verhaltensstrukturen ihrer Leser aufzubrechen versucht.

VI

Gründen Epos und Allegorie des Mittelalters in der von Lukács einmal so benannten "Gottgesichertheit" [91], so entsteht Bunyans *Pilgrim's Progress* aus dem Entzug auch noch der letzten Sicherheit. Dieser vitale Mangel gibt der menschlichen Existenz eine ungeahnte Bedeutung, da man sich ihrer durch Beobachtung versichern konnte. Die Transzendenz des Heils wertet folglich den Menschen auf, dessen Existenz gerade durch den Heilsvorbehalt Gottes entschieden entwertet worden war. So kommt es in *Pilgrim's Progress* zu einem Herauskehren menschlicher Lagen. Dadurch wird sich die 'Individualität' in zunehmendem Maße selbst zum Ziel, "weil sie das, was ihr wesentlich ist, was ihr Leben zum eigentlichen Leben macht, zwar in sich, aber nicht als Besitz und Grundlage des Lebens, sondern als zu Suchendes vorfindet" [92]. Das Schicksal Christians bildet diesen Weg als zunehmendes Zu-sich-selber-Kommen ab, das insofern romanhafte Züge besitzt, als der Roman die Selbstbesinnung des Problemsubjekts zum Gegenstand hat. Diese Selbstbesinnung verlangt Erfahrung, die Christian in der Auseinandersetzung mit der Welt gewinnt. Im Roman wird daher die Erfahrung zur neuen Orientierung des Handlungsgeschehens, die im Epos und auch in der Allegorie durch die Idee verbürgt war. Die sich in *Pilgrim's Progress* herausschälende Bedeutung der Erfahrung zeigt an, daß nur durch sie die Folgen des prädestinatarischen Heilsvorbehalts aufgehoben werden können. Sie bietet in der 'gottverlassenen Welt' die Möglichkeit des menschlichen Selbstverständnisses. Durch sie werden

---

[91] Lukács, p. 394.
[92] Ibid., p. 260 f.

Ich und Welt auf eine neue Art vermittelt. Da aber eine solche Vermittlung nicht ein für allemal in einem paradigmatischen Sinne zu leisten ist, kann die literarische Fiktion immer nur situative Antworten auf die aus solcher Vermittlung resultierenden Probleme geben. Der Problemzusammenhang realisiert sich dann als die Geschichte des Romans.

Bunyan stand vor der paradoxen Aufgabe, das aus privatem Gesichtswinkel geschriebene Seelentagebuch – bei aller systematischen Orientierung, die es bereits enthielt – so zu verändern, daß sich die für die Erbauung notwendige Übertragbarkeit individueller Gewißheit sichern ließ. Die Seelentagebücher waren in erster Linie die 'Rechenschaftsberichte' ihrer Autoren und entfalteten insoweit eine erbauliche Wirkung, als sie die Möglichkeit, die Erwählungsgewißheit schon hier und jetzt zu erlangen, verbürgten. Doch diese Erbaulichkeit entsprang gerade der 'absoluten Wahrheitstreue' der protokollierten Erlebnisse, deren privatistischer Kern die volle Entfaltung einer erbaulichen Wirkung eher hinderte, als daß er sie gefördert hätte. Folglich garantierte erst die erfundene Geschichte, die Not und Gewißheit typisieren konnte, eine gesteigerte Erbauung, obgleich man doch annehmen sollte, daß das Erfundensein die Verläßlichkeit der in der Pilgerfahrt vorgestellten Erwählungsgewißheit hätte entwerten müssen. Da dies nicht der Fall war, wie es die Wirkungsgeschichte von *Pilgrim's Progress* bezeugt, ergibt sich daraus folgende Einsicht: Die von der literarischen Fiktion geleistete Humanisierung des theologischen Rigorismus muß einem elementaren Bedürfnis der historischen Situation entsprochen haben, wenn dabei der von kalvinistischer Strenggläubigkeit festgehaltene Unterschied zwischen Wahrheit und Erfindung zu sekundärer Bedeutung verblaßt. Dieser historischen Seite des Sachverhaltes entspricht eine strukturelle: Es charakterisiert die Fiktion, daß sie Defizite zu bilanzieren vermag, die von den jeweils historisch herrschenden Geltungen erzeugt werden.

DIE LESERROLLE IN FIELDINGS *JOSEPH ANDREWS* UND *TOM JONES*

I

Wenn Fielding für seinen Roman beansprucht, er sei eine *new province of writing*[1], so fragt es sich, wie das, was ohne Beispiel ist, überhaupt verstanden werden kann. Bekanntlich sind Innovationen als solche nicht begreifbar; erst wenn sie vor einem bekannten Hintergrund erscheinen, ergibt sich die Möglichkeit, sie wahrzunehmen. Setzt sich das Neue vom Gewohnten ab, so entsteht eine Differenz, die allein schon deshalb voller Spannung ist, weil ihr die Bestimmtheit des Vertrauten ebenso fehlt wie die unmißverständliche Benennung dessen, was das Neue sei. Denn dieses kommt in der Veränderung geläufiger Ansichten zur Geltung und verlangt oftmals deren Revision. Als Autor kann Fielding diese Revision schwerlich selbst formulieren, da er ja das Neue und nicht die bloße Revision eines Alten bieten wollte.

Um das Neue thematisch zu machen, bedarf es der Kooperation mit demjenigen, für den es ein Neues ist, im Falle des Romans also der Zusammenarbeit mit dem Leser; ihm soll es erschlossen werden. Kein Wunder, daß der Roman Fieldings wie der des 18. Jahrhunderts überhaupt mit so vielen Leserapostrophen durchsetzt ist, die man allerdings auf ihre ohne Zweifel auch gemeinte rhetorische Funktion weithin hat einschränken wollen. Diese Tendenz zeigt sich noch in dem gerade erschienenen Buch von John Preston, der dem Problem der Leserrolle im Roman des 18. Jahrhunderts eine erste Darstellung gewidmet hat:

> I make no attempt to provide a 'rhetoric of reading', though no doubt this would be worth doing. Rather I trust that the rhetorical principles in question will provide a unifying point of view for these four novels (*Moll Flanders, Clarissa, Tom Jones* und *Tristram Shandy*), and yet not seem unduly arbitrary or restrictive. And I should be glad to feel that

---

[1] Henry Fielding, *Tom Jones*, II, 1 (Everyman's Library), London 1957, p. 39.

such an approach might prompt other more radical enquiries into the
nature of the reader's role in fiction[2].

Die Empfehlung, radikaler zu fragen, leitet die folgenden Erörterun-
gen, und zwar nicht zuletzt deshalb, weil die Rolle, die der Fieldingsche Roman seinen Lesern zuschreibt, sich nicht in Appellen der
Überredung erschöpft. So gewiß der Leser dieser Romane im Akt der
Lektüre eine Verwandlung erfahren soll – etwa in dem Sinne, in dem
es W. Booth für fiktionale Prosa überhaupt beschrieben hat:

> The author creates, in short, an image of himself and another image of
> his reader; he makes his reader, as he makes his second self, and the
> most successful reading is one in which the created selves, author and
> reader, can find complete agreement[3],

– so gewiß kommt eine solche Wandlung des Lesers in das vom
Autor visierte Bild nicht durch Rhetorik allein zustande. Dem Leser
müssen vielmehr Aktivitäten zugemutet werden, die – wenngleich
durch rhetorische Signale vorgesteuert – etwas in Gang bringen, das
sich nicht mehr auf Rhetorik zurückführen läßt. Denn zu deren Erfolg bedarf es der deutlichen Formulierung eines Zieles, auf das hin
die Überredung erfolgen soll.

Das Neue indes, das Fielding seinen Lesern erschließen möchte, ist
eher ein Versprechen und vermag nur dann die notwendigen Erwartungen für seine Wirksamkeit zu erwecken, wenn es zunächst nicht
eindeutig formuliert ist. Es gilt vielmehr, den Sinn des Neuen in der
Lektüre zu erschließen, und diese Tätigkeit bildet eine wesentliche
Bedingung dafür, daß Kommunikation überhaupt zustandekommt.
Dazu bedarf es ohne Zweifel rhetorischer Signale, doch diese lenken
nur die verschiedenen Akte, in deren Verlauf der Leser den Sinn des
Textes konstituiert, und eine solche, dem Leser abverlangte Beteili-
gung ist nicht mehr mit den durch die Rhetorik bereitgestellten Steu-
erungsmechanismen identisch. Northrop Frye zitiert einmal eine
Polemik gegen Jakob Böhme, in der die Voraussetzungen für diesen
Konstitutionsakt gut benannt sind:

> It has been said of Boehme that his books are like a picnic to which the
> author brings the words and the reader the meaning. The remark may

---

[2] John Preston, *The Created Self. The Reader's Role in Eighteenth-
Century Fiction*, London 1970, p. 3.

[3] Wayne C. Booth, *The Rhetoric of Fiction*, Chicago [4]1963, p. 138.

have been intended as a sneer at Boehme, but it is an exact description of all works of literary art without exception [4].

Die Romanciers des 18. Jahrhunderts hatten für dieses Zusammenspiel mit dem Leser ein ausgeprägtes Bewußtsein. So bemerkte schon Richardson – freilich noch in der Korrespondenz und nicht im Text des Romans selbst –, daß die Fabel dem Leser etwas zu tun übriglassen müsse [5]. Laurence Sterne deckt dann in *Tristram Shandy* dieses für den Roman notwendige Verfahren mit der gleichen Unmißverständlichkeit auf, mit der er die Prinzipien der Fiktion, wie sie im Roman der ersten Hälfte des 18. Jahrhunderts praktiziert worden sind, bloßlegte. Im zweiten Buch des *Tristram Shandy* schreibt er:

> ...no author, who understands the just boundaries of decorum and good-breeding, would presume to think all: The truest respect which you can pay to the reader's understanding, is to halve this matter amicably, and leave him something to imagine, in his turn, as well as yourself. For my own part, I am eternally paying him compliments of this kind, and do all that lies in my power to keep his imagination as busy as my own [6].

Die Beteiligung des Lesers könnte sich gar nicht entfalten, wenn ihm alles vorgesetzt würde. Und das bedeutet doch, daß sich der formulierte Text über Andeutungen und Suggestionen in das von ihm Nicht-Gesagte, aber dennoch Gemeinte abschattet. Denn erst hier kommt die Einbildungskraft des Lesers zu ihrem Recht; der geschriebene Text stattet sie mit Anweisungen aus, sich das vorzustellen, was er selbst verschweigt.

Auch Fielding spricht des öfteren von dem Beteiligungsangebot, das dem Leser gemacht werden muß, damit er das vollziehen lerne, wozu ihn der Roman anleiten möchte. Ein deutlicher Hinweis auf die dem Leser abgeforderte Aktivität findet sich in *Tom Jones*:

> Bestir thyself therefore on this occasion; for, though we will always lend thee proper assistance in difficult places, as we do not, like some others, expect thee to use the arts of divination to discover our meaning, yet

---

[4] Northrop Frye, *Fearful Symmetry. A Study of William Blake*, Princeton [3]1967, p. 427 f.

[5] Vgl. Samuel Richardson, *Selected Letters*, ed. by J. Carroll, Oxford 1964, p. 296.

[6] Laurence Sterne, *Tristram Shandy*, II, 11 (Everyman's Library), London 1956, p. 79.

we shall not indulge thy laziness where nothing but thy own attention is required; for thou art highly mistaken if thou dost imagine that we intended, when we began this great work, to leave thy sagacity nothing to do; or that, without sometimes exercising this talent, thou wilt be able to travel through our pages with any pleasure or profit to thyself [7].

Dieser für Fieldings Roman charakteristische Appell an den Scharfsinn seiner Leser zielt darauf ab, den Sinn für Unterscheidungen zu wecken. Das Gewärtigen von Differenzen empfiehlt sich daher als Vergnügen, weil es dem Leser erlaubt, seine Fähigkeiten zu erproben. Und es verspricht auch noch Nutzen, weil der praktizierte Scharfsinn einen Lernprozeß anstößt, in dessen Verlauf sich das Urteilsvermögen zu differenzieren vermag. Damit wird der Umriß einer Leserrolle sichtbar, die sich in fortwährenden Stellungnahmen sowie im Nachdenken darüber erfüllt. Wird der Leser durch den Roman in eine solche Position manövriert, so heißt dies, daß er durch seine von den Signalen des Textes vorstrukturierten Reaktionen den Sinn des Romans hervorbringt, oder besser, daß sich der Sinn des Romans erst in diesen Reaktionen ereignet, da er als solcher expressis verbis nicht gegeben ist.

II

Diese gewiß grobe Kontur der Leserrolle gilt es nun im Blick auf *Joseph Andrews* und *Tom Jones* auszuarbeiten, um die dem Leser zugemutete Tätigkeit für die jeweilige Sinnkonstitution des Romans verdeutlichen zu können. Bereits im ersten Satz des *Joseph Andrews* spricht der Autor davon, daß der *mere English reader* [8] sicherlich andere Vorstellungen, gewiß aber andere Erwartungen im Blick auf die ihm nun bevorstehende Lektüre habe. Denn seine Lesegewohnheiten sind von Epos, Tragödie und Komödie geprägt, deren Prinzipien ihm ins Gedächtnis gerufen werden, um das Unternehmen des

---

[7] *Tom Jones*, XI, 9, p. 95.
[8] Henry Fielding, *Joseph Andrews*, Author's Preface (Everyman's Library), London 1948, p. XXVII.

Autors davon absetzen zu können. So gewiß die Verquickung des Romans mit den traditionsgeheiligten *genera* der antiken Literatur von Fielding auch – und vielleicht sogar in erster Linie – als Nobilitierung seiner Prosaerzählung gedacht war, so unverkennbar bleibt die Tendenz, die Form seines von den antiken Mustern her klassifizierten *comic epic poem in prose*[9] durch einen ganzen Katalog als Abweichung von eben diesen Mustern zu beschreiben. Folglich wird der *classical reader*[10] sein Vergnügen gerade aus den *parodies or burlesque imitations*[11] gewinnen, die als Umkehrung oder karikierende Nachzeichnung immer zugleich die virtuellen Vorbilder gegenwärtig machen, als deren Verwandlung sie gedacht waren.

Was hier geschieht, läßt sich zunächst mit dem von Gombrich in die kunstwissenschaftliche Diskussion eingeführten Begriffspaar von Schema und Korrektur fassen[12]. Fielding erinnert an ein bekanntes Repertoire literarischer Gattungen, um in der Anspielung auf den vertrauten Kanon bestimmte Erwartungen aufzurufen, von denen sein Roman nun abzuweichen beginnt. In diesem Sinne schaffen die herausgestellten Unterschiede eine erste Voraussetzung für die Erwartungslenkung des Lesers.

Sind im Vorwort die Differenzen zwischen Fieldings Roman und den klassischen Mustern noch benannt, so schwinden solche verdeutlichenden Hinweise, je mehr sich der Leser auf das Buch einzulassen beginnt. Dies zeigt sich bereits im ersten der romantheoretischen Essays, in dem ebenfalls ein bekanntes Repertoire wiederkehrt. Hier ist es jedoch weniger die ältere als vielmehr die zeitgenössische Literatur, die als Folie in den Roman eingezogen wird. Zwar spielt Fielding noch auf die antiken und mittelalterlichen Viten an[13], doch im Vordergrund stehen nun die Autobiographie von Colley Cibber und Richardsons *Pamela,* die beide ganz im Sinne der von Fielding in seinem Roman verfolgten Absicht auch eine Lebensbeschreibung geben[14]. Nun aber heißt es nicht mehr, daß sich Fieldings Unter-

---

[9] Ibid.
[10] Ibid., p. XXVIII.
[11] Ibid.
[12] Vgl. E. H. Gombrich, *Art and Illusion*, London ²1962, p. 99.
[13] Vgl. *Joseph Andrews*, I, 1, p. 1.
[14] Vgl. ibid., p. 2.

nehmen von den angespielten Mustern unterscheiden möchte. Vielmehr wird deren Vorbildlichkeit herausgestellt, der Fielding mit seinem *Joseph Andrews* nachzueifern vorgibt [15], und dies geschieht ungeachtet dessen, daß die eine Biographie eine fiktive, die andere eine wirkliche ist, wenngleich die Ironiesignale dieses Kapitels anzeigen, daß in der wirklichen Lebensbeschreibung viel Fiktion und in der fiktiven viel angemaßte Vorbildlichkeit für das wirkliche Leben steckt.

Hatte die Eingangspassage des Vorworts die Unterschiede zum zitierten Repertoire noch benannt, so wird nun die Gleichartigkeit herausgestellt, um den Leser die Unterschiede entdecken zu lassen, die durch die Ironiesignale auch dann noch deutlich bleiben [16], wenn man nicht mehr die Vertrautheit zeitgenössischer Leser mit den angespielten 'Vorbildern' besitzt. *Joseph Andrews* ist dann weder als Selbstglorifizierung des Helden im Sinne der Cibberschen Autobiographie noch als ein moralisches Vademecum für weltlichen Erfolg im Sinne des Richardsonschen Romans zu lesen. Auch hier werden Schemata korrigiert, doch die Korrektur selbst ist nicht benannt. Folglich entsteht eine Leerstelle, durch die die Beziehung der eigenen Absicht auf das im Roman parat gehaltene Repertoire gerade ausgespart wird.

Solche Leerstellen bilden Signale für eine gesteigerte Aufmerksamkeit; ihre Wirkung gründet darin, daß sie etwas vorenthalten, worauf es ankommt. Im Gegensatz zum Vorwort, das die Unterschiede zum angespielten Repertoire herausstellt, ist der Leser hier zusätzlich gehalten, die Unterschiede zwischen der ironisch behaupteten Gleichartigkeit von *Joseph Andrews* und dem eingezogenen Repertoire selbst zu entdecken. Zwar scheint die dem Leser zugemutete Entdeckung vergleichsweise einfach zu sein. Besagt doch die Ironie als Stilfigur, daß der formulierte Text das Gegenteil von dem meint, was er sagt; eine solche Einfachheit indes beginnt sich zu komplizieren, wenn man danach fragt, wie denn das Gegenteil zu Richardsons *Pamela* und Cibbers Autobiographie aussehen müßte. Es wird keinesfalls sofort in die Augen springen, so daß sich die ironische An-

---

[15] Ibid.
[16] Ibid.

spielung nicht mehr als bloße Umkehrung des Gesagten fassen läßt.

Hier negiert die Ironie vielmehr das im Roman parat gehaltene Repertoire, um in der Verneinung des Bekannten zu bedeuten, daß nun etwas mitgeteilt werden soll, von dem es bisher noch keine zureichende Vorstellung gibt. Die Negation zeigt an, daß diese Vorstellung – wie sich aus einer Lebensbeschreibung, die zwangsläufig privater Natur ist, allgemeine Vorbildlichkeit ableiten läßt – aus den Biographien, die einem solchen Anspruch nahezukommen scheinen, überhaupt nicht zu gewinnen ist. Demzufolge wirkt die Negation als Anstoß, eine solche Vorstellung jenseits der vertrauten Muster aufzusuchen, und dies bedeutet, daß der Bruch mit den Erwartungen des Lesers, die das Repertoire noch einmal eigens aufruft, die Voraussetzung dafür wird, den Leser zu Vorstellungsakten zu veranlassen.

Zum Repertoire des *Joseph Andrews* gehören indes nicht nur die in den Anspielungen gegenwärtig gehaltenen literarischen Muster, sondern auch die verschiedenen Normen, die der zeitgenössischen Vorstellungswelt entnommen sind. Die Transponierung solcher Normen in den Roman bewirkt deren Veränderung, da sie hier anders organisiert werden, als es ihrer Gegebenheit im 'Kollektivbewußtsein' der Epoche entspricht [17]. Diese ästhetische Organisation epochaler Normen ist für den Leser nicht folgenlos. Dies zeigt sich etwa bei der Vorstellung von Abraham Adams, dem eigentlichen Helden des Romans. Der von Fielding entrollte Tugendkatalog umfaßt nahezu alle Eigenschaften, die zum Ideal des vollkommenen Menschen zählen. Und doch macht gerade ihr Besitz Adams absolut untauglich für das Handeln in der Welt, wie es Fielding im Zusammenhang seiner Aufzählung eigens bemerkt [18].

Der Tugendkatalog wird nicht mehr aus dem Blickpunkt seiner

---

[17] Der Normbegriff ist hier und an den anderen Stellen des Aufsatzes so verstanden, wie ihn Jan Mukařovský, *Kapitel aus der Ästhetik* (edition suhrkamp), Frankfurt 1970, p. 43 ff. umschrieben hat. Zur Beschreibung des 'Kollektivbewußtseins' als eines sicherlich noch definitionsbedürftigen Hilfsbegriffs, vgl. ibid., p. 30 ff.

[18] Vgl. *Joseph Andrews*, I, 3, p. 5.

christlich-platonischen Verankerung, sondern aus dem der Welt gesehen. Durch diesen Umsprung der Perspektive scheint die Geltung der Tugenden aufgehoben zu sein; sie wirken so, als ob sie der Vergangenheit angehörten, da sie das Verhalten in der Gegenwart nicht mehr zureichend zu orientieren vermögen. Heißt dies aber nun, daß ein unmoralisches Verhalten als das der Welt angemessene plakatiert werden soll, oder bedeutet der Perspektivenwechsel als ästhetische Organisation zeitgenössischer Normen nicht viel eher, daß es nun erst ein Verhältnis zwischen Norm und Welt zu finden gilt? Dann aber wären Norm und Welt nur Pole einer Beziehung, deren Ausarbeitung sich dem Leser insofern aufdrängt, als die ihm vertrauten Vorstellungen – die zeitgenössischen Normen und die Gegebenheit der Welt – sich unablässig negieren. Die Tugenden können nur vor dem Hintergrund der Welt, und diese wiederum nur vor dem der Tugenden wahrgenommen werden. Indem sie sich wechselseitig stören, erhebt sich die Frage, wie ihre Beziehung zu motivieren sei, um diese Störung aufzuheben. Die Motive indes sind nicht benannt, sie bilden die Leerstellen im Text und eröffnen dadurch einen Motivationsspielraum, der es dem Leser erlaubt, die jeweils einander negierenden Pole so zu verbinden, daß sich daraus ein Sinn ergibt.

Darin gründet eine erste Einsicht in die vom Roman mobilisierte Aktivität seiner Leser. Das in den Text eingezogene Repertoire – sei dieses nun der literarischen Tradition, der epochalen Vorstellungswelt oder der sozialen Wirklichkeit entnommen – setzt den Horizont des Romans. Im Text kehrt Bekanntes wieder, doch indem es wiederholt wird, bleibt es sich nicht gleich. Denn das erneute Auftauchen ist keine Eigenschaft des Vertrauten, so daß in der Wiederkehr das Wiederholte zwangsläufig anders erscheint. Die Elemente des Repertoires sind verändert, ihr Bezugsrahmen ist weggeblendet, ihre Geltung oftmals negiert. Bietet sich aber der vom Repertoire gesetzte Horizont des Romans in abgestufter Negation, so heißt dies, daß seine Intention – oder sollte man hier vielleicht besser sagen: sein 'Positives' – jenseits dieses Horizontes liegt, den es im Lesevorgang zu rekonstruieren gilt. Eine solche im Repertoire vorstrukturierte Aktivität bezeichnen wir daher im folgenden als die Realisation des Textes, die zugleich die dem Leser abverlangte Leistung umfaßt.

Wie sehr Fielding diesen Aspekt der Leserrolle im Blick hatte, läßt sich wiederum von den Bemerkungen des Vorworts bis hinein in die Anweisungen der romantheoretischen Essays verfolgen. Nachdem er seinen Roman von den bekannten Mustern abgegrenzt hat, fährt er fort:

> Having thus distinguished Joseph Andrews from the productions of romance writers on the one hand and burlesque writers on the other, and given some few very short hints (for I intended no more) of this species of writing, which I have affirmed to be hitherto unattempted in our language; I shall leave to my good-natured reader to apply my piece to my observations [19].

Dem Leser wird die Aufgabe zugespielt, die ihm gegebenen Hinweise auf das vom Autor erzählte Romangeschehen anzuwenden; die Anwendung selbst stellt der Text nicht mehr dar. Sie fällt weitgehend mit der Realisation zusammen; der Anwendungsbereich indes wird im Vorwort skizziert. Fielding verspricht dem Leser, daß ihm die Quellen des Lächerlichen erschlossen werden sollen, die – wie er meint – dem Entdecken von Affektiertheit und Heuchelei entspringen [20]. Nicht Darstellung von Affektiertheit und Heuchelei also ist die Intention des Romans, sondern das Entdecken ihrer Lächerlichkeit, die sich immer dann einstellt, wenn der falsche Anschein durchschaut ist, durch den sich gesellschaftliche Laster tarnen.

Ein solches Entdecken indes vermag sich in bloßer Entlarvung nicht zu erschöpfen. Daher beschränkt sich Fielding auch nur auf den Hinweis, daß die durchschauten Verstellungen der Lächerlichkeit verfallen, ohne damit etwa zu sagen, daß die Lächerlichkeit bereits das richtige Verhalten anzeige. Mehr als eine Überlegenheit ist mit dieser Reaktion noch nicht bedeutet, und es fragt sich, worin eigentlich die Überlegenheit gründet, die sich im Gelächter zur Geltung bringt. Bestenfalls ist die Einsicht in das richtige Verhalten potentiell gegenwärtig, ohne damit auszuschließen, daß die gezeigte Überlegenheit auch auf einem Mißverständnis beruhen kann. Der Leser muß daher nicht nur den falschen Anschein durchschauen, sondern in verstärktem Maße die Voraussetzungen des richtigen Verhaltens

---

[19] Ibid., Author's Preface, p. XXXII.
[20] Vgl. ibid., p. XXX f.

entdecken, damit die in der Lächerlichkeit der Laster aufscheinende Überlegenheit nicht ihrerseits zum falschen Anschein wird. In diesem Vorgang zeigt sich ein beachtenswerter Funktionswandel des Lächerlichen; es hört auf, soziales Stigma niederer Gesellschaftsschichten zu sein, und wird zum Anstoß für die Reflexion des Lesers, die in der entlarvten Verstellung virtuell enthaltene Moral zu konkretisieren. Um eine solche Bewußtseinsoperation auszulösen, darf die vom Roman verfolgte Zielvorstellung nicht Gegenstand des Erzählens werden. Denn erst die Rekonstruktion des Nicht-Erzählten – des richtigen Verhaltens also – macht dieses für den Leser zur Realität.

Wie diese Realität zu konstituieren sei, hat Fielding in seinem letzten theoretischen Essay (III, 1), der etwa in der Mitte des *Joseph Andrews* steht, angedeutet. Er möchte den Roman als Spiegel verstanden wissen, damit sich die Leser in denjenigen Figuren wieder entdecken, über die sie in scheinbarer Überlegenheit gelacht haben. Es sei daher seine Absicht gewesen,

> not to expose one pitiful wretch to the small and contemptible circle of his acquaintance; but to hold the glass to thousands in their closets, that they may contemplate their deformity, and endeavour to reduce it, and thus by suffering private mortification may avoid public shame[21].

Wenn der Blick in den Spiegel dem Leser die Möglichkeit zur Selbstkorrektur bietet, dann wird die Rolle faßbar, die ihm hier zugedacht ist. Wahrt er seine Chance, so kann das nur heißen, daß er Seiten an sich selbst gewärtigt, von denen er bisher nichts wußte, oder – schlimmer noch – von denen er nichts hatte wissen wollen, um schließlich zu erkennen, daß sich das richtige Verhalten erst aus der Überwindung des gewohnten ergibt. Das aber besagt: richtiges Verhalten vermag sich zunächst nur als potentielle Gegenläufigkeit gegen das alltägliche Situationsverhalten des Menschen einzustellen; es ist gegenwärtig in der Störung habitueller Reaktionen. Deshalb stattet Fielding auch die Figuren seines Romans mit nahezu mechanisch ablaufenden, durch nichts zu erschütternden Reaktionen aus, um dem Leser ständig die Frage aufzudrängen, wie das Verhalten

---

[21] Ibid., III, 1, p. 144.

der Figuren ummotiviert werden muß, damit sie aus der oft fatalen Einförmigkeit ihres Reaktionsschemas befreit werden können.

Der Text indes spart diese Motivationen aus, wenngleich es nicht schwerfällt, sie zu finden. Solche Leerstellen wird der Leser durch seine Vorstellungsakte besetzen. Verlockt ihn der Text dazu, sich die Motivation des richtigen Verhaltens im Blick auf die erzählte Situation selbst vorzustellen, so macht sich der Leser die notwendige Korrektur bewußt, die als solche nicht ohne Rückwirkungen auf seine eigene Bewußtheit bleiben kann. Nötigen die Leerstellen des Textes den Leser dazu, die Motivation des richtigen Verhaltens selbst zu entdecken, so führen die daraus gewonnenen Vorstellungen zu Einsichten, die schwerlich von der Gewohnheit des eigenen Verhaltens zu isolieren sind. Im Gegenteil, die Entdeckungen des Lesers überschatten seine bisherigen Selbstverständlichkeiten mit der – wie Fielding hofft – unausbleiblichen Konsequenz, sich plötzlich als der zu sehen, der man ist. Deshalb gilt es, den Leser der ihm zugedachten Rolle anzuverwandeln, um ihm die Möglichkeit zur Selbsterziehung zu schaffen.

III

Soll diesem Ziel Erfolg beschieden sein, so darf die angestrebte Verwandlung nicht in das Belieben des Lesers gestellt, er muß vielmehr durch die Anweisungen des Textes entsprechend gelenkt werden, ohne allerdings das Gefühl zu erhalten, als ob ihn der Autor gängeln wolle. Wird der Leser jedoch zu den Bedingungen des Autors tätig, dann ergibt sich die Chance, daß er die ihm zugedachte Rolle annimmt. Um eine solche Tätigkeit zu steuern, sind bestimmte Strategien notwendig. Eine davon ist die im Blick auf das Repertoire bereits diskutierte Negation. Durch sie werden Erwartungen negiert, die sich im Leser aus Anspielungen auf ein bekanntes Repertoire einstellen; sie macht ferner deutlich, daß nun eine Erweiterung der aufgerufenen Vorbilder und Muster – allerdings nicht mehr zu deren Bedingungen – erfolgen soll. Diese bilden lediglich den Vergangenheitshorizont des Textes, und was nun geschieht, kann nicht mehr gesetzt, sondern muß realisiert werden. Die Negation erweist sich damit als der eigentliche Antrieb der Realisation, die als das Hervorbringen der Sinngestalt des Textes durch den Leser verläuft. Sie initiiert die Vorstellungsakte, durch die der Leser den virtuellen Bereich aktualisiert, der sich vom Vergangenheitshorizont des Textes bis zur Sinnkonfiguration spannt. Darin gründet zugleich der Eindruck, daß wir im Lesen oftmals die erzählte Geschichte wie ein Geschehen erleben.

Eine solche Erfahrung setzt voraus, daß die Distanz zwischen der erzählten Geschichte und dem Leser wenigstens zeitweilig schwindet, um aus dem privilegierten Zuschauer einen Akteur machen zu können. Die dafür charakteristische Strategie findet sich gleich zu Anfang des Romans, als Joseph das Liebesverlangen seiner Herrin und ihrer Domestike über sich ergehen lassen muß. Lady Booby ermuntert ihren Diener, den sie schon dazu bewegen konnte, sich auf ihr Bett zu setzen, zu allerlei Zärtlichkeiten, vor denen der keusche Joseph schließlich unter Berufung auf seine Tugend zurückschreckt. Statt das Entsetzen der 'Potiphar' zu beschreiben, fährt Fielding auf dem Höhepunkt der 'Krise' fort:

> You have heard, reader, poets talk of the statue of Surprise; you have heard likewise, or else you have heard very little, how Surprise made one of the sons of Croesus speak, though he was dumb. You have seen the faces, in the eighteen-penny gallery, when, through the trap-door, to soft or no music, Mr. Bridgewater, Mr. William Mills, or some other of ghostly appearance, hath ascended, with a face all pale with powder, and a shirt all bloody with ribbons; – but from none of these, nor from Phidias or Praxiteles, if they should return to life – no, not from the inimitable pencil of my friend Hogarth, could you receive such an idea of surprise as would have entered in at your eyes had they beheld the Lady Booby when those last words issued out from the lips of Joseph. 'Your virtue!' said the lady, recovering after a silence of two minutes; 'I shall never survive it' [22].

Indem die Erzählung auf die Darstellung der Reaktion verzichtet, entsteht eine Leerstelle, die der Leser im Blick auf die gegebenen Anweisungen auffüllen soll. Diese sind in zweierlei Hinsicht aufschluß-

---

[22] Ibid., I, 8, p. 20.

reich. Sie lassen zunächst gewisse soziale Differenzierungen des vom Roman intendierten Publikums erkennen. Die bereits im Vorwort getroffene Unterscheidung zwischen dem *mere English reader* und dem *classical reader* kehrt wieder. Der eine kann seine Phantasie durch Erinnerungen an gruselige Überraschungseffekte bekannter zeitgenössischer Schauspieler anregen lassen, der andere hingegen kann seine Vorstellung durch klassische Reminiszenzen beleben. Solche Stellen machen deutlich, daß Fielding nicht nur ein differenziertes Publikum vor Augen hatte, sondern auch bestrebt war, bildungsspezifische Begrenzungen zu überschreiten, weil sein Roman menschliche Dispositionen aufdecken wollte, die sich aus der jeweiligen Standeszugehörigkeit nicht mehr ableiten lassen.

Doch diese Differenzierung möglicher Lesertypen bildet allenfalls ein Hintergrundsmoment für die dem Leser gegebenen Anweisungen, sich das Entsetzen von Lady Booby vorzustellen. Die Anweisungen bestehen aus einer Folge "schematisierter Ansichten" [23], die aus wechselnden Blickpunkten auf das gleiche Ereignis gerichtet sind. Ihr Streubereich ist so groß, daß sie deutlich als 'Ansichten' zu erkennen sind, und d. h., der hier gewählte Darstellungsmodus ist als solcher so weit kenntlich gemacht, daß er mit dem Dargestellten – man müßte hier vielleicht besser sagen, dem von der Darstellung Ausgesparten – nicht zusammenfällt. Der Verzicht darauf, die "schematisierten Ansichten" mit dem intendierten Sachverhalt zur Deckung zu bringen, erlaubt es, die Unvorstellbarkeit des Entsetzens zu evozieren, um damit dem Leser zu bedeuten, er solle sich nun ein Bild von dem machen, was die gegebenen Bilder nicht mehr zu fassen vermögen.

Die ausgesparte Überraschung der Lady Booby sowie die Plakatierung ihrer Unvorstellbarkeit konturieren die Leerstelle in zweifacher Weise. Die Erzählung bricht ab, um dadurch einen Spielraum für die Beteiligung des Lesers zu eröffnen. Die "schematisierten Ansichten" lenken dann die Einbildungskraft. Damit jedoch diese Lenkung nicht als Einschränkung wirksam wird, erfolgt das Eingeständnis ihrer Unzulänglichkeit. Damit ist das Vorstellungsvermö-

---

[23] Vgl. zu diesem Begriff Roman Ingarden, *Das literarische Kunstwerk*, Tübingen ²1960, p. 270 ff.

gen des Lesers freigesetzt, sich die Szene 'auszumalen'. Statt eines bestimmten Bildes indes wird sich in der Phantasie viel eher der Eindruck einer gewissen Lebendigkeit einstellen. Ja, diese Lebendigkeit vermag sich überhaupt erst zu bilden, weil sie durch kein genaues Bild einzufangen ist. Dies ist der Grund, weshalb in diesem Augenblick die Figur im Leser plötzlich zu leben beginnt. So werden die entsprechend konturierten Hohlräume der Erzählung zur Bedingung dafür, daß der Leser die Lebendigkeit von Figuren und Szenen selbst zu erzeugen vermag.

Bringt der Leser in solchen Momenten das leibhaftige Verhalten der Romanfiguren durch seine Vorstellung hervor, so geschieht dies nicht ohne Vorbedacht. Zwei Gesichtspunkte verdienen in diesem Zusammenhang unsere Aufmerksamkeit. Wenn in der vorliegenden Szene die "schematisierten Ansichten" im Blick auf die zu visierende Reaktion der Lady Booby auch zu kurz greifen, so fragt es sich doch, ob ihre recht präzisen Verweisungen für die inhaltliche Lenkung des Vorstellungsvermögens völlig irrelevant sind. Klassische Reminiszenzen durchschichten sich mit solchen zeitgenössischer Gruseleffekte; die klassischen Anspielungen machen die Entgeisterung der Lady Booby pathetisch, die zeitgenössischen jedoch komisch, wenn nicht sogar trivial. Dem Pathos die Komik beizumischen, bewirkt das Zerplatzen des falschen Anscheins, durch den Lady Booby ihre Lüsternheit zu drapieren versuchte. Daraus ergibt sich die Chance für eine Entdeckung, und diese wird desto intensiver genutzt werden können, je mehr der Leser die Lebendigkeit solcher Szenen selbst hervorbringt.

In die gleiche Richtung weist der zweite Gesichtspunkt. Fielding hatte der Szene mit Lady Booby eine ganz ähnliche vorgeschaltet, in der Joseph den Liebeswallungen der Slipslop ausgesetzt war, und wie im Falle der Herrin, so erhält der Leser auch im Falle der Domestike lediglich Anweisungen, sich die nicht erzählten Attacken 'auszumalen' [24]. Am Übergang der beiden Szenen bedeutet Fielding allerdings seinem Leser:

> We hope, therefore, a judicious reader will give himself some pains to observe, what we have so greatly laboured to describe, the different

---

[24] Vgl. *Joseph Andrews*, I, 6, p. 14.

operations of this passion of love in the gentle and cultivated mind of the Lady Booby, from those which it effected in the less polished and coarser disposition of Mrs. Slipslop [25].

Fielding postuliert eine Differenz, derzufolge sich die Liebesleidenschaft in jedem sozialen Stand unterschiedlich auswirke. Die Szene mit Lady Booby erscheint daher unter dem Vorzeichen, sich die Leidenschaft einer Aristokratin anders als die einer Domestike vorstellen zu sollen. Der Zusammenbruch eines solchen Erwartungsschemas wird dann um so wirkungsvoller sein, je intensiver die Vorstellung des Lesers an der Beseitigung der postulierten Differenz beteiligt ist; am besten also, man überantwortet ihm die Produktion der ganzen Szene, um die dadurch bewirkte Lebendigkeit in der Schärfung des eigenen Urteils gipfeln zu lassen.

Zu der hier sichtbar werdenden Leserregie hat sich Fielding in *Joseph Andrews* verschiedentlich geäußert. Zwei Bemerkungen sind für die von ihm verfolgte Intention beachtenswert. Im zweiten romantheoretischen Essay spricht er davon, daß das Lesen seines Buches einer Wanderung gleiche, in deren Verlauf die vom Autor in den Roman eingestreuten Reflexionen für den Leser als Rastplatz zu verstehen seien, der ihm Gelegenheit zum Überdenken des bisher Erfahrenen geben soll. Da solche Kapitel die Erzählung unterbrechen, nennt Fielding sie folgerichtig *vacant pages* [26]. Die 'leeren Seiten' also bieten die Bedingung dafür, über das bisher im Roman vorgeführte Geschehen zu reflektieren. Solche Leerstellen sind insofern ein Reflexionsantrieb, als sie die Punkte markieren, an denen sich der Leser auf das Geschehen einlassen kann; indem er ausgesparte Beziehungen bilanziert, schafft er die Voraussetzung für die Sinnkonfiguration des Textes. Die Leerstellen erlauben ihm, wichtige Gelenke des Geschehens selbst zu motivieren, und diese Motivationen sind die Bedingung dafür, daß der Leser das Geschehen überhaupt erfahren kann. Eine solche Erfahrung verläuft als Gestaltbildung in der Lektüre, und es ist höchst aufschlußreich, daß sich auch dazu ein Hinweis Fieldings in *Joseph Andrews* findet.

---

[25] Ibid., I, 7, p. 15.
[26] Ibid., II, 1, p. 60.

Als Adams gegen Ende des Romans seinen vermeintlich ertrunkenen Sohn wieder in den Armen hält und im Überschwang der Freude die Tugenden der Mäßigung und Beherrschung vergißt, die er ansonsten immer zu predigen pflegte, da interveniert Fielding zu Gunsten seiner Hauptfigur mit folgender Bemerkung:

> No, reader; he felt the ebullition, the overflowings of a full, honest, open heart, towards the person who had conferred a real obligation, and of which, if thou canst not conceive an idea within, I will not vainly endeavour to assist thee [27].

Sich eine Gestalt von Ereignissen zu bilden, die sich nicht am Augenschein orientiert, sondern hinter diesen zurückgeht, um ihn schließlich durchbrechen zu können, erweist sich als der konkrete Inhalt der Leserrolle in diesem Roman. Damit ist zugleich angedeutet, in welcher Form der Leser durch die Gestaltbildung den Sinn des Geschehens überhaupt produziert.

Dieser Vorgang läßt sich am besten an der Figur des Parson Adams und an ihrer Konfrontation mit der Welt einsichtig machen. Hat das Beispiel der Lady Booby bereits gezeigt, wie der Leser aktiviert werden muß, damit in einer solchen Szene das Gefühl der Lebensnähe entsteht, so bedarf es dieses Eindrucks in verstärktem Maße dort, wo es den Sinn zu erzeugen gilt.

Die Lebendigkeit des Parson Adams entspringt zunächst den Überraschungen, die er dem Leser bereitet. Bereits sein Name, Abraham Adams, bezeichnet antagonisierende Seiten in ihm [28]. Die Unerschütterlichkeit seines Glaubens, die den biblischen Abraham auszeichnete, gilt für alle Überzeugungen des Pfarrers, und dennoch werden diese in bestimmten Augenblicken von dem Adam in ihm durchkreuzt. Diese kontrastierenden Schemata beeinträchtigen sich wechselseitig, ja drängen einander oftmals zurück, so daß die Figur weder als Abraham noch als Adam zu fassen ist; sie scheint sich von ihren charakteristischen Eigenschaften ständig zu emanzipieren.

---

[27] Ibid., IV, 8, p. 249.

[28] Vgl. dazu Ian Watt, "The Naming of Characters in Defoe, Richardson and Fielding": RES 25 (1949), p. 335, der im Blick auf seine ausgezeichnete Analyse der Namensgebung bei Defoe und Richardson leider sehr wenig über *Joseph Andrews* sagt.

Zurückgedrängte Schemata indes bilden elementare Bedingungen des individuellen Ausdrucks [29], der im Blick auf die Schemata ein Element der Karikatur, im Blick auf den Leser etwas Unerwartetes enthält. Karikaturen rufen ein virtuelles Bild mit der Absicht auf, ihm eine Veränderung einzuzeichnen. So wird in die aufgerufene Unerschütterlichkeit des Abraham die Menschlichkeit des Adam und in das Weltverhalten des Adam die abstrakte Entschlossenheit des Abraham eingeblendet. Diese Kollision der Schemata produziert singuläre Mischungsverhältnisse, deren – von Situation zu Situation – wechselnde Schattierungen den individuellen Ausdruck des Charakters hervorbringen, auf den wir insofern spontan reagieren, als die einander negierenden Schemata den Hintergrund dafür abgeben, den individuellen Ausdruck der Figur als Unerwartetes überhaupt begreifen zu können. Erst durch das Unerwartete erhält der Charakter sein Leben, und dieses teilt sich uns dadurch mit, daß wir es durch unsere Reaktionen einzufangen versuchen.

Wir schauen daher aus zwei gegeneinander laufenden Perspektiven auf Parson Adams. Und immer dann, wenn sie zusammenstoßen, blitzt dessen unverwüstliche Lebendigkeit auf, an deren Erscheinen wir nicht unbeteiligt sind, da wir diesen Eindruck nicht durch eine im Text gegebene Beschreibung erhalten, sondern durch die Notwendigkeit empfangen, oftmals durch beide Perspektiven gleichzeitig schauen zu müssen.

Diese Lebendigkeit ist jedoch kein Selbstzweck. Sie bindet vielmehr den Leser an ein Geschehen, dessen Sinn er zu entfalten hat. Die in der Hauptfigur angelegte Doppelpoligkeit ist ihr selbst nicht bewußt. Daraus ergeben sich Folgen für die Romanhandlung. Parson Adams wird in Unkenntnis dessen, was er ist, in den verschiedensten Konfrontationen mit der Welt immer spontan, und das heißt zumindest nicht immer situationsangemessen reagieren. Der Leser hingegen ist 'im Bilde'; er kennt nicht nur die Doppelpoligkeit der Figur. Er weiß auch durch die zahlreichen Hinweise des Autors, wie untauglich die idealen Eigenschaften von Adams für das Handeln in der Welt sind. Was aber macht der Leser mit diesem Wissen? Die Episoden des Romans wachsen sich oftmals zu einem Test für die

[29] Vgl. hierzu auch Gombrich, p. 279 ff., bes. p. 302 f.

Erprobung seiner Fähigkeiten aus. Er blickt durch die Augen des Helden genauso auf die Welt, wie ihm der Held immer wieder unter der Optik empirischer Situationen erscheint. Daraus ergeben sich kontrastierende Bilder, deren Gemeinsamkeit ihr durchgängig negativer Charakter ist. Aus der Sicht von Adams erscheint das Weltverhalten der Menschen als verschlagen, eigensinnig und niederträchtig, aus der Sicht der Welt wirkt Adams einfältig, borniert und naiv. Worauf es im Leben der Menschen anzukommen scheint, verschwindet in der Ausschließlichkeit der jeweils dominierenden Perspektive nahezu vollständig. Dieser Eindruck intensiviert sich für den Leser noch dadurch, daß in der Begegnung der Figuren keinerlei Bewußtsein davon herrscht, daß die Weltklugheit sich oft recht schamlos und die Idealität bisweilen höchst unpraktisch ausnehmen.

So trägt die erzählte Romanhandlung ausgesprochen negative Züge, die allerdings nicht darauf hinauslaufen können, die Niedertracht der Welt und die Torheit der Tugend zu bestätigen. Das geht allein schon daraus hervor, daß der hohe Eindeutigkeitsgrad, den die negativ gezeichneten Pole des Geschehens besitzen, zwangsläufig das von ihnen Ausgesparte mitkonturiert. Diese Kontur des Ungeschriebenen öffnet sich in der Lektüre auf den Leser hin, der nun die virtuelle Dimension des Textes zu entfalten beginnt. Virtuell ist diese Dimension insofern, als von ihr im Text nichts geschrieben steht; eine Dimension des Textes ist sie insofern, als es in ihr zum Ausgleich, wenn nicht gar zur Konvergenz der Pole kommt, die in der Romanhandlung immer aufeinanderprallen, um sich wechselseitig zu negieren. So ist die virtuelle Dimension zunächst die vom Text geforderte Gestaltbildung, in der die kontrastierenden Positionen zur Konsistenz gebracht werden; sie ist sodann die Sinnkonfiguration des Textes, in der die umformulierte Bedeutung konkret wird, und sie ist schließlich der Ort, an dem sich der Text im Leser ereignet.

Auf den ersten Blick scheint hier die Sinnkonfiguration dem Leser keinerlei Schwierigkeiten zu bieten, zeigt doch die polare Zuordnung der Hauptfigur auf die Welt allzu deutlich, was dem moralischen Verhalten von Adams und dem Weltverhalten der Menschen jeweils fehlt. Adams sollte lernen, sich besser auf die Welt einzustellen, und den Menschen in der Welt sollte aufgehen, daß die

Moral kein Vorwand für die Verbrämung der Laster ist. Der Leser gewärtigt die Unangemessenheit des jeweiligen Verhaltens. Diese scheinbare Symmetrie wechselseitiger Ergänzung indes verschiebt sich im Laufe der Romanhandlung und beginnt, die virtuelle Dimension zu dramatisieren. Hindern die unerschütterlichen Tugenden Adams daran, sich auf Situationen einzulassen, so ist damit noch nicht gesagt, daß ein fortwährendes Eingehen auf alle sich bietenden Umstände bereits der gesuchte virtuelle Ausgleich wäre. Denn alle jene Figuren, die sich jeder neuen Lage anpassen, demaskieren sich in ihrer Weltverfallenheit [30]. So vermittelt sich zwar in der virtuellen Dimension die Gegenläufigkeit der im Text markierten Positionen, jedoch nicht im Sinne einer wechselseitigen Ergänzung – denn das hieße, Unerschütterlichkeit mit Wankelmut und Pfiffigkeit mit Tugend zu versöhnen –, sondern im Sinne einer Konvergenz, in der beide Pole überstiegen sind. Eine solche Konvergenz besteht darin, daß nun der Leser über das verfügt, was den in dieser Polarität gezeigten Figuren gleichermaßen fehlt, aber gleichermaßen nottun würde: die Einsicht in das, was sie sind. Das Erwerben von Einsicht entspricht der von Fielding verfolgten Intention, denn erst sie ermöglicht die Demaskierung der Verstelltheit menschlichen Verhaltens.

Wenn der Lesevorgang mit dem Herausbilden der virtuellen Dimension des Textes zusammenfällt, so könnte der Anschein entstehen, als ob dem Leser durch das von ihm bewirkte Aufheben der verschiedensten Oppositionen eine graduelle Überlegenheit über die Figuren zuwachsen würde. Geschähe dies wirklich, dann könnte der Roman nicht mehr in dem von Fielding beabsichtigten Sinne zum Spiegel werden, der dem Leser die eigenen Verstelltheiten zurückwirft; und es wäre ferner unmöglich, Einsicht zu erwerben, da sich diese erst im Gewärtigen eigener Unzulänglichkeit, nicht aber in der Affirmation der eigenen Überlegenheit einzustellen vermag. Demzufolge muß die Strategie des Romans so angelegt sein, daß der Leser in der Aktualisierung der virtuellen Dimension zugleich in das ver-

---

[30] Diesen Vorgang hat Irvin Ehrenpreis, "Fielding's Use of Fiction: The Autonomy of *Joseph Andrews*", *Twelve Original Essays on Great English Novels*, ed. by Charles Shapiro, Detroit 1960, p. 23 am Beispiel von Lady Booby treffend analysiert.

strickt wird, was er hervorbringt. Erst dadurch gewinnt der Lesevorgang seine Dramatik, die insofern notwendig ist, als das vom Roman intendierte Verhalten ja nicht durch die Figuren abgebildet werden, sondern sich im Leser ereignen soll.

Das macht Strategien erforderlich, die von unterschiedlicher Zielrichtung sein müssen, um den Leser möglichst allseitig engagieren zu können. Zunächst soll ihm durchaus das Gefühl einer gewissen Überlegenheit gegeben werden. Der Autor zeigt sich daher auch bemüht, den Leser mit zusätzlichem, den Figuren nicht zur Verfügung stehendem Wissen auszustatten, damit seine Einsicht in die Vorgänge entsprechend zu wachsen vermag. Diese Privilegierung des Lesers ist aus zwei Gründen notwendig. Soll er der ihm zugedachten Rolle anverwandelt werden, so gilt es, ihn für die Dauer der Lektüre aus dem herauszulösen, was er ist. Das einfachste Mittel, um den Leser zu verlocken, sich dem erzählten Geschehen gegenwärtig zu machen, bietet sich in der ihm gewährten Überschau über die Vorgänge. Ihre dramatische Bedeutung indes gewinnt diese Privilegierung erst durch einen graduellen, ja oftmals sogar abrupten Entzug. Es gibt eine Reihe von Stellen, die solches bewirken. Ihr Kompositionsprinzip beruht auf der einfachen Tatsache, daß Adams in Situationen gestellt ist, die er nicht zu durchschauen vermag. So heißt es noch am Ende von ihm, als er Peter Pounce, dem Gutsverwalter Lady Boobys, begegnet: ... *Peter was an hypocrite, a sort of people whom Mr. Adams never saw through*[31]. Ausgerechnet diejenige Figur also, die über ein Höchstmaß an Aufrichtigkeit verfügt, verfehlt die von Fielding im Vorwort plakatierte Intention des Romans: das Durchschauen der Heuchelei.

Diese eigens benannte Unfähigkeit von Adams durchzieht die Episoden des Romans in so unverkennbarer Weise, daß sich ein deutliches Gefälle zwischen dem Leser und dem moralischen Repräsentanten des Geschehens herausbildet. Der Leser, so scheint es, vermag die Situationen, in die Adams gerät, ungleich besser einzuschätzen, als dies dem aus seiner Überzeugung heraus handelnden Pfarrer je zu gelingen vermag; folglich beginnt die Überlegenheit des Lesers zu wachsen. Doch das Erkennen des von Adams gezeigten

---

[31] *Joseph Andrews*, III, 12, p. 212.

unangemessenen Situationsverhaltens ist zweischneidig, denn es manövriert den Leser in die Position des Weltklugen und rückt ihn in die Nähe der Charaktere, für die Adams deshalb eine lächerliche Figur ist, weil ihm jeglicher Sinn für die pragmatische Opportunität des Lebens fehlt. So findet sich der Leser unversehens auf der Seite jener Figuren, deren Prätentionen es vornehmlich zu durchschauen gilt und die für ihn kaum die geeignete Perspektive zur Beurteilung von Adams abgeben dürften.

Folglich wird die dem Leser zugewachsene Einsicht ambivalent. Mit dem Blickwinkel der Weltklugen kann er sich nicht identifizieren, denn das hieße, diejenigen Einsichten wieder preiszugeben, die er aus ihrer vornehmlich durch Adams' Haltung bewirkten Demaskierung gewonnen hat. Wenn ihm aber Adams selbst in einer Reihe von Situationen oftmals so wie den Weltklugen erscheint, deren Sicht ihn nicht leiten kann, dann hängt der Leser dazwischen; seine Überlegenheit wird ihm zum Problem. Eine solche Problematisierung ist notwendig, um ihn in die von ihm hervorgebrachte Sinnkonfiguration des Geschehens zu verstricken; erst wenn das geschieht, vermag sich die Wirkung des Romans im Leser zu entladen.

Erscheint das von Adams gezeigte Verhalten dem Leser vielfach als naiv, so drängt eine solche Einsicht Adams in eine negative Position, und es fragt sich, ob der Leser in der Lage ist, die von ihm erzeugte Negativität aufzuheben. Denn der Grund für die empfundene Inopportunität der Reaktionen liegt doch in Adams' moralischer Unerschrockenheit; auf diese aber stößt der Leser in all den Situationen, in denen ihm seine Einsicht die unangemessenen Handlungen der Hauptfigur offenkundig macht. Sollte die Moral Bedingung des Fehlverhaltens sein, oder entdeckt der Leser erst jetzt, wie wenig seine Einsicht moralisch orientiert ist, obgleich er doch zu wissen meint, daß die Opportunität nicht ihr Maßstab sein kann? In solchen Momenten fehlt ihm die Orientierung, über die Adams ohne jeden Selbstzweifel verfügt; er fällt aus seiner Überlegenheit heraus, und die Sinnkonfiguration des Geschehens gewinnt dramatische Züge. Denn nun ereignet sich der moralische Konflikt des Romans – von dem die Figuren wie auch ihr Zusammenspiel nicht zuletzt durch die vielen providentiellen Zufälle weithin entlastet sind – im Leser selbst.

Die Lösung kann nur in der Konkretisierung der virtuellen Moral liegen. Sie ist durch die Strategien des Textes insoweit vorgezeichnet, als die dem Leser zugewachsene Einsicht ihn von der Gesellschaft der Weltklugen trennt und in seiner vermeintlichen Überlegenheit über Adams gewärtigen läßt, daß erst die ihm fehlende moralische Entschiedenheit die Einsicht überhaupt zu gründen vermöchte. So bewirkt die Überlegenheit des Lesers seine Verstrickung. Fühlt er sich den Weltklugen überlegen, weil er sie durchschaut, so kann er im Blick auf Adams eigentlich nur sich selbst durchschauen, weil er in den entsprechenden Situationen nicht so wie Adams, sondern anders reagiert hätte. Will er aber nicht sich, sondern Adams durchschauen, um seine Überlegenheit zu wahren, so teilte er die Sicht derer, die er ständig demaskiert. Fehlt den Weltklugen die Moral und den Moralisten die Reflexion auf ihr Verhalten, so zeigen die negativen Pole zugleich die virtuelle Idealität der Sinnkonfiguration an, die den Leser schon deshalb nötigt, sich an ihr zu messen, weil dieser Ausgleich das Produkt seiner Einsicht ist, hinter das er selbst nicht zurückfallen darf. Indem der Leser die virtuellen Brennpunkte entdeckt und zur Gestalt verbindet, formuliert er den ungeschriebenen Sinn des Textes. Zugleich aktiviert dieser Vorgang das unformulierte Entzifferungsvermögen des Lesers, das nun zu den Bedingungen des Textes beansprucht wird, um den zu formulierenden Sinn zu einer Erfahrung des Lesers machen zu können.

"A Book is a machine to think with" [32], hat I. A. Richards einmal gesagt, und es scheint so, als ob Fieldings *Joseph Andrews* einer der ersten Romane der Aufklärung sei, auf den eine solche Charakteristik zuträfe. Die dem Text eingezeichnete Leserrolle macht deutlich, daß sich der Roman nicht mehr in der Darstellung paradigmatischer Vorbilder erschöpft, die in dem etwa von Richardson noch beabsichtigten Sinne zur Nachfolge aufriefen; vielmehr bietet sich der Text als ein Instrument der Einsicht, das es dem Leser erlaubt, durch die ihm während der Lektüre ermöglichten Entdeckungen eine ver-

---

[32] I. A. Richards, *Principles of Literary Criticism*, London 1960; ¹1924, p. 1.

läßliche Orientierung zu erwerben. Für eine solche Auffassung des Romans spricht das in *Joseph Andrews* thematisierte Verhältnis von Buch und Welt.

Es gibt eine Reihe von Situationen, in denen Adams die ausgebrochenen Kontroversen und ihre dringlich gewordenen Klärungen durch Berufung auf Bücher – vor allem auf Homer[33] und Aischylos – allen Ernstes zu schlichten glaubt. Denn für ihn fallen Buch und Welt zusammen; ihn beherrscht noch die traditionsgeheiligte Ansicht, daß die Welt ein Buch und daß folglich im Buch die Bedeutung der Welt gegenwärtig sei. Für Adams ist es unbefragte Selbstverständlichkeit, daß die Literatur als Nachahmung der Natur das große Arsenal des richtigen Verhaltens verkörpert[34], weshalb die tatsächlichen Erfahrungen der Menschen immer nur an dieser Vorbildlichkeit gemessen werden können, hinter die sie ständig zurückfallen. Den Wert der Literatur in dieser Form zu affirmieren aber heißt, ein Leben in Phantasiegebilden zu führen, die das richtige Einschätzen empirischer Lagen geradezu verhindern. Die Welt ist längst über den Umfang der Bedeutung hinausgewachsen, auf die sie die alte Identifikation mit dem Buch festgelegt hatte. Hört dieses aber auf, Kodex der Weltbedeutung zu sein, dann muß sich die Funktion des Buches ändern. Demzufolge macht Fielding seinen Helden immer dort zu einer unverkennbar komischen Figur, wo Adams empirische Probleme literarisch reduziert in dem Glauben, sie dadurch lösen zu können.

In Ausnahmesituationen allerdings scheint sich Adams spontan von seinen Vorbildern zu trennen, wie es jene Szene erkennen läßt, in der er seinen geliebten Aischylos ins Feuer wirft. Dazu hat Mark Spilka in einem anderen Zusammenhang einmal bemerkt:

Here Adams has literally stripped off an affectation while revealing his natural goodness – the book is a symbol, that is, of his pedantry, of his excessive reliance upon literature as a guide to life, and this is what is tossed aside during the emergency. Later on, when the book is fished out of the fire, it has been reduced to its simple sheepskin covering – which

---

[33] Vgl. dazu u. a. *Joseph Andrews*, II, 17, p. 138 ff.
[34] Vgl. ibid., II, 9, p. 100 und III, 2, p. 151 f.

is Fielding's way of reminding us that the contents of the book are superficial, at least in the face of harsh experience [35].

In dieser spontanen Geste manifestiert sich die Inkongruenz von Buch und Welt, von der Adams noch nichts weiß, obgleich er in Ausnahmefällen bereits danach handelt. Dem Leser aber ist die Negation der alten Gleichung bewußt, durch die die neue Funktion des Buches angezeigt wird.

Statt die ganze Welt abzubilden, bildet der Roman Zugänge zur Welt ab, und dazu bedarf es für den Leser einer bestimmten Optik, damit er durch das Buch die Welt zu sehen lerne, um sich auf sie angemessen einstellen zu können. Ist die Welt über den Umfang des Buches hinausgewachsen, so vermag das Buch nicht mehr die Geltung von Vorbildern zu plakatieren, sondern muß repräsentative Zugänge zur Welt erschließen, die sich der Leser aneignen kann. Darin gründet die didaktische Absicht des Fieldingschen Romans, deren Notwendigkeit durch eine empirisch differenziertere Welt gegeben ist. Sie kontrollierbar zu machen, erfordert ein richtiges Verhalten, dessen Erwerb der Roman durch die Einstellungen und die dadurch möglichen Entdeckungen anbietet. Wenn aber das richtige Verhalten durch den Text nicht mehr dargestellt, sondern dem Leser als mögliche, wenngleich notwendige Entdeckung angeboten wird, dann heißt dies, daß Sinn nicht mehr in einer objektivistischen Weise gegeben ist, sondern vom Leser konstituiert werden muß. Dieser Sachverhalt ist durch die inzwischen zur Vergangenheit gewordene Identifikation von Buch und Welt herausgehoben. Solange die Gleichung galt, formulierte das Buch den Sinn in seiner Vorbildlichkeit, den der Leser zu kontemplieren hatte; jetzt aber, wo der Sinn konstituiert werden muß, entfaltet der Roman seine Positionen in abgestufter Negation, die über den Erwartungsbruch die Reflexion des Lesers soweit mobilisiert, daß eine kontrafaktische Aufhebung der dem Roman eingezeichneten Negativität erfolgen kann. In diesem Vorgang geschieht die Sinnkonstitution des Romans.

---

[35] Mark Spilka, "Comic Resolution in Fielding's Joseph Andrews": *Fielding. A Collection of Critical Essays* (Twentieth Century Views), ed. by Ronald Paulson, Englewood Cliffs 1962, p. 63.

Historisch gesprochen, liegt vielleicht einer der wichtigen Unterschiede zwischen Richardson und Fielding gerade darin, daß in *Pamela* der Sinn deutlich gegeben, in *Joseph Andrews* hingegen unmißverständlich aufgegeben ist.

IV

Bringt der Leser die Sinnkonfiguration des Romans hervor, so sind Kontrollen notwendig, die es verhindern, daß der gewährte Aktualisierungsspielraum beliebig ausgeweitet werden kann. Dieser Kontrollfunktion dient das Autor-Leser-Gespräch, das sich bei Fielding in dem Maße zu differenzieren beginnt, in dem die Komplexität des erzählten Geschehens steigt. Das ist in *Tom Jones* ohne Zweifel der Fall. Der fingierte Dialog mit dem Publikum verzichtet zwar darauf, dem Leser Beurteilungsnormen vorzuschreiben; dennoch gibt er ständig Leitlinien für die Betrachtung der Vorgänge an. Dem Leser werden Rahmenbedingungen für die Realisation geboten, die sich nicht allein auf die romantheoretischen Essays beschränken, sondern oftmals als Beobachtungsdirektive mitten im Geschehen selbst gegeben werden. Dieser ganze Signalkomplex ließe sich als die explizite Steuerung des Lesers bezeichnen; er ist darauf abgestimmt, die implizite Steuerung zu voller Wirksamkeit zu bringen. Die Komplexität des *Tom Jones* entspringt seiner Thematik, der Darstellung der menschlichen Natur, in deren Entfaltung das Durchschauen von Verstelltheit – die Thematik des *Joseph Andrews* also – nur noch einen Aspekt verkörpert; statt zu durchschauen, gilt es jetzt zu erkennen. Das hat John Preston im Blick auf die Fabel des *Tom Jones* deutlich gemacht:

> The plot of *Tom Jones*, then, may be best understood in terms of the way it is read. Its structure is the structure of successive responses to the novel. It exists in the reader's attention rather than in the written sequences. This means that its effect is epistemological rather than moral. It helps us to see how we acquire our knowledge of human experience; it is a clarification of the processes of understanding [36].

---

[36] Preston, p. 114.

Fällt das Abklären eines solchen Wissens mit der Einsicht in die menschliche Natur zusammen, so fragt es sich, wie der Leser zu dieser Realisation gebracht werden kann.

Die folgende Diskussion beschränkt sich auf die Entfaltung des Prinzips, das der Leserrolle in *Tom Jones* unterliegt. Das Interesse richtet sich vornehmlich darauf, wie die von einer Darstellung der menschlichen Natur verursachte Komplexität in der Sinnkonfiguration erhalten, zugleich aber in eine von den Strategien des Textes kontrollierte Gestalt umgesetzt werden kann.

Dafür liefert zunächst der fingierte Dialog mit dem Leser einige Aufschlüsse. Als Fielding die Gründe für die zahlreichen romantheoretischen Essays erläutert, benennt er ein zentrales Prinzip, das seinen Roman strukturiert:

And here we shall of necessity be led to open a new vein of knowledge, which if it hath been discovered, hath not, to our remembrance, been wrought on by any antient or modern writer. This vein is no other than that of contrast, which runs through all the works of the creation, and may probably have a large share in constituting in us the idea of all beauty, as well natural as artificial: for what demonstrates the beauty and excellence of anything but its reverse? Thus the beauty of day, and that of summer, is set off by the horrors of night and winter. And, I believe, if it was possible for a man to have seen only the two former, he would have a very imperfect idea of their beauty [37].

Wie wichtig Fielding das Kontrastprinzip dünkt, läßt sich an seinem Anspruch ablesen, es erstmals praktiziert zu haben. Sollte dies auch nur eine kühne Selbsteinschätzung sein, so ist dem Leser zumindest bedeutet, daß er mit der Kontrastrelation einen Schlüssel zum Geschehen in Händen hält. Vielleicht lassen sich am Ende sogar Gründe finden, die den von Fielding erhobenen Anspruch wenigstens plausibel machen.

Das skizzierte Kontrastprinzip enthält wichtige Hinweise für die dem Leser des *Tom Jones* zugedachte Rolle. Läßt sich ein Phänomen erst über einen Kontrast zureichend vermitteln, so besagt dies, daß der Leser die Differenz der Kontrastrelation zu überbrücken hat, wodurch er in einem eminenten Maße in die zur Erfassung des inten-

---

[37] *Tom Jones*, V, 1, p. 153.

dierten Phänomens notwendige Vorstellungsbildung eingeschaltet wird. Der von Fielding benannte Umkehrkontrast macht deutlich, daß eine Idee, eine Norm oder ein Ereignis sich erst dann im Leser mit zureichender Vollständigkeit zu konstituieren vermag, wenn eine Opposition hergestellt ist, in der das intendierte Phänomen und seine Negativform mehr oder minder zugleich erscheinen. Der Umkehrkontrast bringt folglich das heraus, was im Blick auf die bloße Gegebenheit des Phänomens noch verdeckt ist, so daß erst die Negativform durch ihren kontrafaktischen Charakter erkennen läßt, was das Phänomen bzw. die Idee eigentlich beinhaltet, indem sie das von ihr Ausgeschlossene konturiert. Daraus entsteht eine Interaktion, in der die aus der Opposition entstandene Differenz dynamisch wird. Diese Dynamik entfaltet sich jedoch nicht im Text selbst, der nur die Anordnung der Opposition organisiert, sondern in der Vorstellung des Lesers, in der ein Bild des über den Umkehrkontrast gebotenen Phänomens entsteht. Dieses Bild deckt sich mit keiner der beiden Oppositionen vollständig; vielmehr besetzt es die Leerstelle [38], die zwischen den kontrastiven Positionen entsteht, und macht dadurch etwas gegenwärtig, das im Text nicht explizit gegeben ist: die Auffassung des intendierten Phänomens. So bewirkt die Negativform eines Phänomens zweierlei: Sie bringt eine Opposition hervor und schafft durch die entstehende Differenz die zentrale Bedingung für das Begreifen des Phänomens. Fielding sah in diesem Verfahren zu Recht einen entscheidenden Zugang zum Wissen.

Das Kontrastprinzip ermöglicht aber nicht nur das Verstehen. Es verkörpert darüber hinaus eine wichtige Strategie der Leserlenkung, die das Verstehen in dem vom Autor beabsichtigten Sinne weithin sichern kann. Kontrastpaare lassen eine relativ klar umrissene Ansicht des intendierten Phänomens entstehen, und das heißt, der Autor vermag das Bilden dieser Ansicht über die Kontrastrelation entsprechend zu kontrollieren. Darüber hinaus schärft die kontrastive Opposition die Beobachtung, die zu einem genaueren, wenn nicht sogar einem reflektierten Lesen führt. Denn es kommt dadurch im

---

[38] Zur Funktion der Leerstelle für die Sinnkonstitution vgl. Wolfgang Iser, *Die Appellstruktur der Texte. Unbestimmtheit als Wirkungsbedingung literarischer Prosa*, Konstanz ²1971.

Verlauf der Lektüre zu vielen Vergleichswertungen, die sich nicht allein auf die kontrastive Absetzung der Phänomene von ihren Negativformen beziehen, sondern noch einmal auf die inzwischen im Gedächtnis des Lesers bewahrten Bilder, durch die die vorhergehenden Kontrastrelationen ausgeglichen worden sind und die nun einen kontrastiven Hintergrund für das im Lektüreprozeß jeweils entstehende Bild abgeben. In diesem Vorgang entfaltet sich die virtuelle Dimension des Romans[39], die durch kontrastive Oppositionen angestoßen wird und zugleich soweit vorstrukturiert ist, daß der Leser die Absicht des Ganzen zu realisieren vermag.

Die Kontrastrelationen des *Tomes Jones* besitzen nun keineswegs einen monotonen Charakter; sie sind zureichend differenziert, um ein gleichermaßen differenziertes Bild der menschlichen Natur in der Phantasie des Lesers hervorzurufen. Dabei gilt es allerdings eines zu bedenken: Das Kontrastprinzip ist primär eine Strategie des Romans, nicht aber die Entelechie der menschlichen Natur selbst, die bei aller kontrastiven Vielfalt einen virtuellen Konvergenzpunkt besitzt. Der Umkehrkontrast läßt sich auf den verschiedensten Ebenen des Romans beobachten: am massivsten auf der Ebene der Fabel, differenzierter bereits im Zusammenspiel der Figuren.

Die menschliche Natur, so meint Fielding zu Beginn des Romans, soll vor kontrastive Folien gebracht werden:

> ... we shall represent human nature at first to the keen appetite of our reader, in that more plain and simple manner in which it is found in the country, and shall hereafter hash and ragoo it with all the high French and Italian seasoning of affectation and vice which courts and cities afford. By these means, we doubt not but our reader may be rendered desirous to read on for ever[40].

Die menschliche Natur in der Verspannung sozialer Kontraste zu zeigen, kann zweierlei bedeuten. Zunächst die Bezugnahme auf ein sozial differenziertes Publikum, in dem unterschiedliche Grade der Vertrautheit im Blick auf die polare soziale Entgegensetzung von Stadt und Land herrschen. Wiederum zeigt sich – wie bereits in

---

[39] Zu diesem Begriff vgl. ibid., p. 24 ff.
[40] *Tom Jones*, I, 1, p. 3.

Joseph Andrews –, daß Fielding die Disposition seiner Leser über standesspezifische Orientierungen zu fassen versucht, um sie dann durch die Darstellung der menschlichen Natur zu überschreiten. Denn diese wird sich im Verlauf des Romans vor dem jeweiligen Hintergrund immer anders ausnehmen, so daß erst der Umkehrkontrast die verdeckten Seiten zum Vorschein bringt, die den Leser zwangsläufig stimulieren, die Identität der menschlichen Natur entdecken zu wollen. Deshalb, so meint Fielding, wird der Leser für immer weiterlesen wollen. Sodann aber deutet sich hier bereits ein Schema an, das die Kontraste der Fabel strukturiert [41]. Erscheint die menschliche Natur zunächst vor dem Hintergrund des Landlebens, so wird der Leser eine Reihe von Aspekten an ihr gewärtigen, die bei ihrer Transponierung in das Stadtleben verdeckt, wenn nicht sogar restlos unterdrückt werden. Damit aber verfügt der Leser über eine virtuelle Orientierung, die ihm zweierlei erlaubt. Er kann zunächst die menschliche Natur gegen ihren Anschein, den sie durch das Stadtleben gewinnt, gewärtigen, wodurch er zu einer verschärften Beobachtung derjenigen Umstände angehalten wird, die eine Entstellung des bereits gewonnenen Bildes von der menschlichen Natur verursachen. Nun entdeckt er nicht nur die virtuelle Güte in der korrumpiert erscheinenden Natur des Menschen, wie sie der Held zur Anschauung bringt; er begreift darüber hinaus die Bedingungen, die für diese Verkehrung verantwortlich sind.

Um diese Aktivität des Lesers zureichend zu sichern, sind in bestimmte Abschnitte der Fabel Verstärker eingebaut. Ein solcher ist die Geschichte des Man of the Hill, den ursprünglich eine dem Helden verwandte Disposition auszeichnete, die sich allerdings unter dem Eindruck von Erfahrungen in eine völlige Misanthropie gewandelt hat, so daß er nur noch an die Schlechtigkeit der menschlichen Natur zu glauben vermag [42]. Diese in das Romangeschehen interpo-

---

[41] Diesen Gesichtspunkt hat auch R. S. Crane, "The Concept of Plot and the Plot of 'Tom Jones'", *Critics and Criticism 'Ancient and Modern'*, ed. by R. S. Crane, Chicago 1952, p. 632, im Auge, wenn er die verschiedenen Gegensätze der Romanhandlung, die sich immer wieder entspannen lassen, in die Formulierung zusammenfaßt: "...we may say that the plot of *Tom Jones* has a pervasively comic form".

[42] Vgl. *Tom Jones*, VIII, 15, p. 386.

lierte Geschichte ist ein Stück cervantesischen Erbes, das hier noch die gleiche Funktion wie in *Don Quijote* erfüllt: eingelegte Geschichten verkehren die Intention der Haupthandlung in ihr Gegenteil, um dadurch den Blick des Lesers unmißverständlich auf das zentrale Thema zu lenken. Reduziert der Man of the Hill die menschliche Natur auf eine durch nichts aufzuhebende Verderbtheit, so begreift sie der Held gerade in diesem Augenblick als *utmost diversity* [43]. Je mehr die Positionen auseinanderschnellen, um Entgegensetzungen zu markieren, desto unverkennbarer wird der Leser angehalten, sie selbst zusammen zu bringen. Die Überschärfe des Kontrastes fordert die Veränderung der Pole, die sich in einer Ansicht von der menschlichen Natur aufheben, in der die Reduktion auf eine Eigenschaft genauso wenig dominieren kann wie die unkontrollierte Vielfalt. Wenn die eingelegte Geschichte des Man of the Hill langweilt, wie es viele Fieldingleser bezeugt haben, so liegt der Grund dafür in der Überdeutlichkeit der dem Leser nahegelegten Schlußfolgerung.

Anders verhält es sich mit jenen Kontrasten der Fabel, in denen die Pole nicht auseinandergezogen, sondern ineinander teleskopiert sind. Dafür finden sich vorwiegend zum Schluß des Romans eine Reihe von Beispielen, das schlagendste wohl dort, wo der Held durch das Rendezvous mit Lady Bellaston endgültig zu fallen droht. Doch bevor Tom der ominösen Einladung folgt, wird ein Kapitel vorgeschaltet [44], das ihn mit jenem highwayman zusammenbringt, dem er einst das Leben gerettet hatte. Der Leser sieht folglich die einzige, kaum entschuldbare Fehlleistung des Helden durch die Blende seiner selbst in prekären Lagen nicht zu verschüttenden Güte. Der teleskopierte Kontrast hat eine Bremswirkung, die den Augenschein der nun folgenden Ereignisse problematisiert, um den Blick für die Umstände zu schärfen, die das hervorkehren, was an der menschlichen Natur verdeckt bleibt, solange der Leser dem Helden in sympathisierender Anteilnahme folgt: die gerade in der Integrität liegende Gefährdung. Denn die menschliche Natur wäre unvollkommen, wenn sie im Sinne ethischer Postulate vollkommen wäre.

---

[43] Ibid.
[44] Vgl. ibid., XIII, 10, p. 192 ff.

So wird dem Leser nicht einfach eine Geschichte erzählt; er muß vielmehr ständig beobachten und folgern. Fielding bemerkt deshalb gleich zu Beginn, daß er seine Geschichte nicht vollständig ausgebreitet, sondern auf bedeutsame Ereignisse hin gerafft habe, damit der Leser die entstehenden Pausen zum Nachdenken nutzen könne:

> ... that by these means we prevent him (d. h. den Leser) from throwing away his time, in reading without either pleasure or emolument, we give him, at all such seasons, an opportunity of employing that wonderful sagacity, of which he is master, by filling up these vacant spaces of time with his own conjectures [45].

Die Leerstellen des Textes sind die dem Leser angebotenen Denkpausen. Sie geben ihm die Chance, sich so auf das Geschehen einzulassen, daß er dessen Sinn zu konstituieren vermag. Wie notwendig diese Aktivität erscheint, läßt sich dem Zusammenspiel der Figuren entnehmen. Zwei dem Leser gegebene Hinweise, die in die gleiche Richtung zielen, deuten ihm die Schwierigkeit an, vor die er sich hier gebracht sieht. In einem langen Exkurs über die unreflektierten Dispositionen der Leser fällt die Bemerkung: ... *life most exactly resembles the stage, since it is often the same person who represents the villain and the heroe* [46]. Diese Feststellung wird in einem anderen Zusammenhang nur variiert, wenn es heißt:

> For though the facts themselves may appear, yet so different will be the motives, circumstances, and consequences, when a man tells his own story, and when his enemy tells it, that we scarce can recognize the facts to be one and the same [47].

Wenn es sich so verhält, dann darf sich der Scharfsinn, den Fielding seinen Lesern unentwegt bescheinigt, weder auf die bloße Gegebenheit berichteter Tatsachen noch auf die widersprüchlichen Handlungen der betreffenden Personen beziehen; er muß vielmehr hinter diese zurückgreifen. Geschieht dies, dann produziert der Leser selbst einen Umkehrkontrast. Denn die erfahrene Unstimmigkeit ruft jene Erinnerungen auf, von denen sich die überraschenden Tatsachen wie auch die unerwarteten Handlungen abheben. Dadurch wird eine

---

[45] Ibid., III, 1, p. 71.
[46] Ibid., VII, 1, p. 254.
[47] Ibid., VIII, 5, p. 333.

Ausgleichsoperation in Gang gebracht, und diese zielt auf einen Konvergenzpunkt hin, der es erlaubt, Überraschungen und Widersprüche zu motivieren. Entdeckt der Leser die durch die Unstimmigkeit ausgesparte, jedoch erst durch sie zur Geltung kommende Motivation, so wird er nicht nur die Gründe für deren Deformation erkennen, sondern auch in den Verzerrungen eine entsprechend konturierte Negativform gewärtigen, die es ihm ermöglicht, das ursprünglich gehegte, aber durch die Situation verdeckte Motiv zu seiner Gestalt zu erwecken. Dieser Sachverhalt besitzt für die Beziehung des Lesers zum Helden eine nicht zu unterschätzende Bedeutung. Je mehr der Leser die verschütteten Handlungsmotive freilegt, desto größer wird seine Sympathie für den Helden, die allein deshalb notwendig ist, weil in ihm die menschliche Natur *in actu* gezeigt wird. Daraus folgt für die dem Leser zugedachte Beobachterrolle, daß er durch sie den Sinn für eine entsprechende Trennschärfe zwischen Motiv und Handlung erwirbt [48].

Diesen Sinn befördert das reichhaltige Repertoire zeitgenössischer Normen, das in den Roman eingezogen ist und als das jeweilige Orientierungsprinzip der wichtigsten Figuren vorgestellt wird. In der Regel sind diese Prinzipien als mehr oder minder explizite Oppositionen angeordnet. Das gilt für Allworthy *(benevolence)* im Verhältnis zu Squire Western *(ruling passion)* ebenso wie für die zwei Pädagogen (Square: *the eternal fitness of things;* Thwackum: *the human mind [as] sink of iniquity)* untereinander und für beide zusammen wiederum in ihrem Verhältnis zu Allworthy. Aber auch andere Bereiche des Romans sind kontrastiv abgebildet; so etwa die Liebe in der Reihe Sophia (als Idealität natürlicher Neigung), Molly Seagrim (als Verführbarkeit) und Lady Bellaston (als Verwerflichkeit). Nach diesem Muster ließen sich noch andere Kontrastrelationen angeben; sie bilden aber vielfach nur den Hintergrund für die Absetzung des

---

[48] Diesen Sachverhalt hat Fielding, *Tom Jones*, III, 1, p. 72 eigens herausgestellt: "Now, in the conjectures here proposed, some of the most excellent faculties of the mind may be employed to much advantage, since it is a more useful capacity to be able to foretel the actions of men, in any circumstance, from their characters, than to judge of their characters from their actions. The former, I own, requires the greater penetration; but may be accomplished by true sagacity with no less certainty than the latter."

Helden, die sich in eine Spannung transformiert. Diese wird noch einmal über das Verhältnis Tom – Blifil kontrastiv interpretiert: Blifil befolgt die Normen seiner Erzieher und wird korrumpiert; Tom hingegen verletzt sie und gewinnt an Menschlichkeit.

Die dem Roman immer wieder nachgerühmte Komplexität erweist sich zunächst darin, daß der Held in die sehr verschiedenartigen Horizonte der im Repertoire repräsentierten Normen eingerückt wird. Die daraus entstehenden Situationen zeigen in der Regel eine Diskrepanz: Das Verhalten des Helden läßt sich nicht unter die Normen verrechnen, während diese zu einem verdinglichten Aspekt der menschlichen Natur schrumpfen. Das aber ist bereits eine Beobachtung des Lesers, denn im Text des Romans werden solche 'Synthesen' nur in den seltensten Fällen wirklich gegeben. Die Diskrepanzen drängen zu einem Ausgleich, und dieser zeigt an, daß die kontrastierenden Positionen offenbar nicht gleichzeitig im Blick des Lesers bleiben können; dieser springt vielmehr zwischen den Ebenen der jeweiligen Situation um. Ein solches Umspringen zeichnet sich allerdings dadurch aus, daß im Wechsel der Ebenen die verlassene nicht völlig verschwindet. Geschwunden ist lediglich die thematische Dominanz der einen Position. Sie ist virtualisiert und folglich als Leerstelle gegenwärtig, in die die von Fielding apostrophierten *conjectures* des Lesers einrücken, damit die thematisch gebliebene Position begriffen werden kann. Diese Textstruktur steuert die unterschiedlich geforderte Aufmerksamkeit des Lesers, ja, sie vermittelt oftmals den Anschein, als ob der Leser durch den Umsprung der Ebenen die Perspektiven seiner Betrachtung selbst reguliere.

Verstößt der Held gegen die vorgestellten Normen – was außerordentlich häufig geschieht –, dann ergeben sich alternative Beurteilungen für die daraus resultierende Situation. Entweder erscheint die Norm als drastische Reduktion der menschlichen Natur – dann bildet der Held die virtuelle Ebene der Betrachtung –, oder die Verletzung läßt erkennen, was der menschlichen Natur zu ihrer vollen Entfaltung noch fehlt – dann wird die Norm zum virtuellen Blickpunkt.

Aus dieser Strategie ergeben sich Konsequenzen für die Art, durch die die menschliche Natur dem Leser vermittelt werden soll. Für diejenigen Figuren, die eine Norm repräsentieren – das gilt vornehmlich für Allworthy, Squire Western, Square und Thwackum –, zieht sich die menschliche Natur auf ein Prinzip zusammen, durch das zwangsläufig die anderen Möglichkeiten, die sich nicht mit diesem Prinzip harmonisieren lassen, als negativ gesetzt werden. Das trifft selbst auf Allworthy zu[49], dessen allegorischer Name eine moralische Redlichkeit anzeigt, die in ihrer Vereinseitigung allerdings seine Einsicht, ja oftmals sogar sein Urteil erheblich trübt. Das aber heißt, daß die von der Reduktion als negativ gesetzten Möglichkeiten der menschlichen Natur auf das Prinzip selbst zurückschlagen und es proportional zu seiner Begrenztheit problematisieren. So ergibt sich aus der Negation der anderen Möglichkeiten durch die jeweilige Norm eine virtuelle Differenzierung der menschlichen Natur, die in dem Maße Kontur gewinnt, in dem sie die Norm als eine restriktive Bestimmung der menschlichen Natur erkennen läßt. Die Negation zeigt hier jene imperativische und ermahnende Tendenz, die Kenneth Burke ihr als ein Charakteristikum zugeschrieben hat[50], denn sie konzentriert die Aufmerksamkeit des Lesers auf das in der vorgestellten Norm virtuell gebliebene Spektrum der menschlichen Natur.

Soll nun aber eine Ansicht der menschlichen Natur im Gegenzug gegen die herrschenden Normen gewonnen werden, so kann diese selbst keinen normativen Charakter besitzen. Denn dies würde die gleiche Verdinglichung zur Folge haben, die eigentlich durch die implizite Negation geltender Normen vermieden werden soll. Für die Strategie der Darstellung bedeutet dies, daß Fielding nicht einfach einen bestimmten Wert als das unverlierbare Kennzeichen der menschlichen Natur plakatieren kann, da dieser in affirmativer Darstellung genauso reduktionistisch wirken müßte wie die in abgestufter Negation präsentierten Normen. Zwar postuliert Fielding einen Wert – den des guten Herzens –, doch dieser wird erst über bestimmte Brechungen vorstellbar. Im Blick auf die Normen gewinnt das gute Herz des Helden eher den Anschein der Verderbtheit, weil

---

[49] Vgl. dazu Michael Irwin, *Henry Fielding. The Tentative Realist*, Oxford 1967, p. 137, der daraus bestimmte Funktionen für die Leserlenkung ableitet.

[50] Kenneth Burke, *Language as Symbolic Action*, Berkeley and Los Angeles 1966, p. 423.

es sich nur durch die Verletzung der Normen zur Geltung bringen kann[51]. Darüber hinaus wird der gute Kern noch einmal durch die verschiedenartigen Umstände gebrochen, in die der Held gerät. Nun befinden empirische Situationen darüber, in welcher Form sich dieser Wert überhaupt manifestieren kann. Die in solchen Situationen vorhandenen Beschränkungen lassen dann den Wert nicht als solchen, sondern viel eher in den situationsbedingten Deformationen erscheinen, so daß ein zureichendes Bild seiner virtuellen Gestalt erst über viele verzerrte Manifestationen erschlossen werden kann.

In diesem Verfahren wird die für die Vermittlung der menschlichen Natur wichtige Strategie des *Tom Jones* faßbar. Im Blick auf die Nebenfiguren wirkt die jeweils verkörperte Norm als Restriktion, die zugleich einen Fächer negierter Möglichkeiten der menschlichen Natur entstehen läßt; im Blick auf den Helden wirken sowohl die Normen als auch die empirischen Umstände als Restriktionen, die den guten Kern erst über den Fächer seiner in den Manifestationen erfahrenen Verzerrungen faßbar machen. Daraus ergibt sich eine deutlich differenzierte Negativform der menschlichen Natur, die durch den Leser aus ihrer Virtualität 'erlöst' wird.

Wenn es zur Realisierung der menschlichen Natur des von Fielding so häufig apostrophierten Scharfsinns bedarf, so heißt dies, daß ihr situatives und perspektiviertes Erscheinen auf ihre Motivation hin durchleuchtet werden muß, um in der Entdeckung des virtuell gebliebenen Motivs die Situation einschätzen, korrigieren und über das daraus resultierende Urteil die Situationsüberlegenheit der menschlichen Natur als ihr Kennzeichen zur Geltung bringen zu können. Was der Held erst noch zu lernen hat: *prudence* und *circumspection*[52], macht Fielding zum Thema seiner Übung, die er mit dem Scharfsinn des Lesers veranstaltet. In ihr verbindet sich dann auch die ästhetische mit der didaktischen Absicht des Romans: Die dem Leser angebotene Möglichkeit, zu entdecken und zu erschließen, bildet die zentrale Bedingung des ästhetischen Vergnügens; doch die Betätigung seiner Vermögen ist für den Leser nicht als

---

[51] In *Tom Jones*, III, 2, p. 73 heißt es daher auch von dem Helden: "... it was the universal opinion of all Mr Allworthy's family that he was certainly born to be hanged."

[52] Vgl. u. a. ibid., III, 7, p. 92 u. XVIII, Chapter the Last, p. 427.

Selbstzweck gedacht, vielmehr dient sie der Ausbildung seiner Urteilsfähigkeit.

Kein Wunder, daß Fielding seinen Lesern an kritischen Punkten die Rolle von Advokaten zuschreibt, *as I am convinced most of my readers will be much abler advocates for poor Jones*[53], und diese Rolle erhält der Leser gerade in kontrastiver Absetzung gegen die beiden Pädagogen, die Toms Verhalten ständig durch ihre eigenen Fehlurteile zensieren. Der wiederkehrende Gebrauch einer solchen Rechtsmetaphorik[54] unterstreicht die den Roman bestimmende Tendenz: den Leser zu abgewogenen Urteilen zu veranlassen. Denn nur so wird es möglich, die vielen in *Tom Jones* gebotenen Facetten der menschlichen Natur in ein perspektivisches Modell von ihr zu integrieren. Die individuelle Vielfalt des Menschen, die sich durch die Negation geltender Normen bildet, läßt sich ihrerseits nicht mehr durch Subsumtion unter Normen vermitteln. Der Leser muß folglich immer von Fall zu Fall über sie urteilen, da sich erst durch die Kette solcher Urteile die differenzierte Vorstellung von ihr herauszubilden vermag. Das situative Erscheinen der menschlichen Natur fordert vom Leser ein 'Denken in Situationen', durch das sich zugleich ein historischer Reflex der Epoche zur Geltung bringt: die im 18. Jahrhundert erfolgte Aufwertung empirischer Wirklichkeit gegenüber dem universalen Erklärungsanspruch normativer Systeme.

Die dem Roman eingezeichnete Leserrolle muß als Bedingung möglicher Wirkung verstanden werden; sie determiniert keinesfalls die Reaktionen, sondern hält einen Rahmen mit Selektionsentscheidungen parat, die – werden sie getroffen – zu individuellen Spielarten der Realisation führen, wie es sich dann auch in der Rezeptionsgeschichte des Fieldingschen Romans bezeugt[55]. Fielding war

---

[53] Ibid., III, 9, p. 95.

[54] Vgl. dazu besonders die Beschreibung des Gewissens als "Lord High Chancellor" und die 'Rechtsprechung', die es als die zentrale moralische Instanz des Romans ausübt; ibid., IV, 6, p. 118 f.

[55] Vgl. dazu F. T. Blanchard, *Fielding the Novelist. A Study in Historical Criticism*, New Haven 1926 u. Heinz Ronte, *Richardson und Fielding. Geschichte ihres Ruhms* (Kölner Anglistische Arbeiten 25), Leipzig 1935 (Nachdruck 1966).

sich bis zu einem gewissen Grade bewußt, daß sich dieser Spielraum der Realisation trotz des dirigierenden Autor-Leser-Gesprächs sowie der impliziten Rollenzuweisung vielleicht am Ende doch nicht vollkommen kontrollieren läßt. Er sprach daher gelegentlich von der Skepsis des Lesers [56], durch die manche seiner Absichten an ihrer Entfaltung gehindert werden. Darüber hinaus war er überzeugt, daß er mit seinem Roman dem Leser Einsichten anbietet, die diesem zunächst aufgrund seiner eigenen Erfahrung fremd sein müssen:

> For though every good author will confine himself within the bounds of probability, it is by no means necessary that his characters, or his incidents, should be trite, common, or vulgar; such as happen in every street, or in every house, or which may be met with in the home articles of a newspaper. Nor must he be inhibited from showing many persons and things, which may possibly have never fallen within the knowledge of great part of his readers. If the writer strictly observes the rules above-mentioned, he hath discharged his part; and is then intitled to some faith from his reader, who is indeed guilty of critical infidelity if he disbelieves him [57].

Wenn in der Rezeptionsgeschichte diese *critical infidelity* passiert, dann erfolgt immer eine Reduktion des Romans auf die Dispositionen seiner Leser, während die Leserrolle des Romans – trotz notwendiger Selektionen aus dem Angebot – dazu gedacht war, daß sich der Leser dem Geschehen gegenwärtig und folglich seine Dispositionen für die Dauer der Lektüre zur Vergangenheit macht.

---

[56] Vgl. *Tom Jones*, VIII, 1, p. 317.
[57] Ibid., p. 321. Preston, p. 198 bemerkt zu Fieldings Vorstellung vom Leser: "Thus the reader, who only matters to Fielding in so far as he *is* a reader, is being defined by what the book will demand of him."

REALITÄTSVERMITTLUNG UND LESERLENKUNG IN SMOLLETTS *HUMPHRY CLINKER*

I

Smolletts letzter Roman *Humphry Clinker* (1771) [1] markiert im 18. Jahrhundert ein vorläufiges Ende jener Form erzählender Prosa, die reichlich 50 Jahre zuvor in Defoes *Robinson Crusoe* (1719) ihre ersten sichtbaren Umrisse gewonnen hatte. Die hier auslaufende Tradition des moralisch-realistischen Romans, die von Defoe, Richardson und Fielding ausgebildet worden war, darf jedoch nicht als Erschöpfung ihrer Möglichkeiten mißverstanden werden; vielmehr erfahren die überlieferten und im 18. Jahrhundert entwickelten Darstellungsformen des Romans in Smolletts letztem Werk eine beachtenswerte Verwandlung, die den Zusammenhang mit der voraufgegangenen Romantradition wie auch ihre Umorientierung erkennen läßt. Erwin Wolff bezeichnete daher *Humphry Clinker* als "einen der 'Brückenköpfe', von denen aus nach etwa zwei Jahrzehnten epigonalen Reichtums und vielfältiger Nachahmungen neue Entwicklungen ausgehen konnten". [2] Wenn man ferner bedenkt, daß ein paar Jahre vor der Veröffentlichung des *Humphry Clinker* mit dem *Castle of Otranto* (1764) der erste Schauerroman erschien, den Walpole bewußt als Überbietung des moralisch-realistischen Romans der ersten Jahrhunderthälfte verstand, [3] so steht *Humphry Clinker* im Scheitelpunkt sich ablösender Tendenzen, die die Form des Romans im 18. Jahrhundert kennzeichnen.

Der erste bedeutende Roman der englischen Aufklärung, *Robinson Crusoe*, wirft sogleich ein Problem auf, das in der Romanliteratur des 18. Jahrhunderts immer neue Antworten gefunden hat: die

---

[1] Tobias Smollett, *The Works*, XI u. XII. *The Expedition of Humphry Clinker*, I u. II, ed. by G. H. Maynadier, New York 1902. (Nach dieser Ausgabe werden auch die anderen Romane Smolletts zitiert.)

[2] Erwin Wolff, *Der englische Roman im 18. Jahrhundert. Wesen und Form* (Kleine Vandenhoeck – Reihe 195–197), Göttingen 1964, p. 122.

[3] Vgl. Horace Walpole, *The Castle of Otranto and the Mysterious Mother*, ed. by Montague Summers, London 1924, p. 13 f.

Frage nach der Wahrheit des Erzählten und seiner Vermittlung. Defoe hat sich im dritten Teil seines Romans unter dem Titel *Serious Reflections during the Life and Surprising Adventures of Robinson Crusoe, with his Vision of the Angelic World* damit auseinandergesetzt. Hier entwickelt der Ich-Erzähler seine Gedanken, die eine Verbürgung der Wahrheit seiner Geschichte sichern, aber auch gleichzeitig die Gemeinsamkeit zwischen seinen individuellen Erlebnissen und dem Leser garantieren sollen. Zunächst bekräftigt Robinson den Wahrheitsgehalt seiner Abenteuer:

> Thus the fright and fancies which succeeded the story of the print of a man's foot, and surprise of the old goat, and the thing rolling on my bed, and my jumping out in a fright, are all histories and real stories; as are likewise the dream of being taken by messengers, being arrested by officers, the manner of being driven on shore by the surge of the sea, the ship on fire, the description of starving, the story of my man Friday, and many more most material passages observed here, and on which any religious reflections are made, are all historical and true in fact. [4]

Die Bekräftigung der Wahrheit durch die persönliche Erfahrung hat ihre Wurzeln im kalvinistischen Dissent, so daß ein solcher Wahrheitsbeweis auf eine gewisse Zustimmung rechnen durfte. Doch damit ist Defoe noch nicht der Schwierigkeit enthoben, die sich aus der Erzählung individueller Abenteuer seines Helden ergibt. Der Wahrheitsbeweis des Selbsterlebten bezog sich im kalvinistischen Horizont auf die Heilsvergewisserung und unterstand damit ziemlich genau definierten Bedingungen, wie sie durch die Form der Conduct Books ausgewiesen sind. Eine solche Bedeutung kam den von Robinson erzählten Begebenheiten aus seinem Leben nicht mehr zu; demzufolge reicht die bloße Beteuerung, das Erlebte sei wahr, nicht mehr aus, um den Leser zu interessieren. Wie stark Defoe sich dieses Moments bewußt war, zeigt sich in einer zunächst seltsam anmutenden Bemerkung, die Robinson seiner Wahrheitsbeteuerung folgen läßt:

> In a word, there is not a circumstance in the imaginary story but has its just allusion to a real story, and chimes part for part and step for step

---

[4] Daniel Defoe, *The Works*, III, ed. by G. H. Maynadier, New York 1905, p. X f.

with the inimitable Life of Robinson Crusoe. In like manner, when in these reflections I speak of the times and circumstances of particular actions done, or incidents which happened, in my solitude and island-life, an impartial reader will be so just to take it as it is, viz., that it is spoken or intended of that part of the real story which the island-life is a just allusion to. [5]

Die hier getroffene Unterscheidung zwischen einer *imaginary story* und einer *real story* scheint insofern einen Widerspruch in sich zu bergen, als Robinson kurz zuvor noch versicherte, daß seine Erzählung auf Selbsterlebtem beruhe. Ein solcher Wahrheitsanspruch aber bedürfte eigentlich keiner *imaginary story*, deren Erfundensein sich zumindest dem Verdacht der Lüge aussetzt. Für Defoe indes stehen *real* und *imaginary story* in einem unaufhebbaren Korrespondenzverhältnis; die von Robinson erzählte *imaginary story* läßt sich daher nur als eine aus seiner wahren Lebensgeschichte getroffene Auswahl begreifen, die damit nichts von ihrem Wahrheitsanspruch verliert, gleichzeitig aber doch auf ein Selektionsprinzip verweist, das nicht unbedingt durch die Lebensgeschichte selbst mitgegeben sein muß. Die *imaginary story* interpretiert bereits die kontingenten Gegebenheiten der *real story*, die dadurch erst ihren Sinn erhalten. *Real story* und *imaginary story* sind folglich bei aller faktischen Gemeinsamkeit unterschiedlich orientiert: die eine an der Wahrheit des Selbsterlebten, die andere am Sinn dieser Begebenheiten. Robinsons Ich-Erzählung erweist sich daher als eine Form der Vermittlung, die die Fülle als wahr verbürgter Fakten nach einem vorgegebenen Auswahlprinzip ordnet, um so dem Leser den Sinn der Inselabenteuer zu erschließen. Diese Ich-Form ist dann allerdings nicht mehr mit der *real story* als solcher identisch. Indem sie auswählt, fügt sie den kontingenten Einzelheiten von Robinsons Leben etwas hinzu; was Robinson erzählt, ist deshalb – in seiner eigenen Terminologie – *allegoric history*.[6] Allein die Tatsache, daß sich Robinson genötigt sieht, bestimmte Ereignisse seines Lebens unterschiedlich zu bewerten, indem er sie entweder schildert oder wegläßt, zeigt an, daß das von ihm erzählte Leben schon unter Vororientierungen steht, die

---

[5] Ibid., p. XI f.
[6] Ibid., p. XII.

offenbar nicht nur für ihn, sondern auch für den Leser gelten. Ziel der *allegoric history* ist *moral and religious improvement*,[7] die um so größere Überzeugungskraft gewinnt, wenn sich ihre Wirkungen in der Alltagserfahrung des Menschen nachweisen lassen. Damit wird die Bezugnahme auf die als wahr beglaubigte *real story* wieder notwendig, die nicht allein aus kontingenten Erfahrungen besteht, sondern die auch den diesen Erfahrungen interpolierten Sinn noch einmal als wirklich bekräftigen muß.

Die Ich-Form des Romans transkribiert daher nicht das Leben Robinson Crusoes, sondern verkörpert ein Vermittlungsprinzip, das dem Leser ein der Darstellung des Romans vorgegebenes Ideal so bieten soll, als ob es aus der kontingenten Erfahrung des Lebens gewonnen worden und durch sie beglaubigt sei.

So bestimmt sich die Ich-Form im ersten bedeutenden Roman des 18. Jahrhunderts durch die von ihr zu leistende Funktion. Der letzte große Roman der englischen Aufklärung, Sternes *Tristram Shandy* (1760–1767), wird ebenfalls aus der Ich-Perspektive erzählt, ohne sich mit der von Defoe entwickelten Auffassung zu berühren. Der Ich-Erzähler Tristram unterscheidet sich von Robinson vor allem dadurch, daß er die Aufzeichnung seines Lebens wörtlich nimmt. Für ihn gibt es nur die *real story*, die unter scheinbarem Verzicht auf jedes vom Autor gesetzte Auswahlprinzip wiedergegeben wird. Tristram bemerkt daher gleich zu Anfang:

As my life and opinions are likely to make some noise in the world, and, if I conjecture right, will take in all ranks, professions, and denominations of men whatever, ... I find it necessary to consult every one a little in his turn; and therefore must beg pardon for going on a little farther in the same way: For which cause, right glad I am, that I have begun the history of myself in the way I have done; and that I am able to go on, tracing everything in it, as Horace says, ab Ovo.[8]

Wenn das von Tristram erzählte Leben nicht unter vorentschiedenen Bedingungen steht, so muß jedes Ereignis auf seine Ursprünge zu-

---

[7] Ibid.

[8] Laurence Sterne, *The Life and Opinions of Tristram Shandy, Gent.* (Everyman's Library), ed. by George Saintsbury, London 1956, p. 5 f.

rückgeführt werden. Dies hat zur Folge, daß seine Erzählung rückwärts läuft; das erste Buch endet 23 Jahre, und das letzte 5 Jahre vor der Geburt des Helden, wenngleich zwischendurch die erzählte Lebensgeschichte auch vorwärts schreitet bis zu jener Reise, die der junge Tristram nach Frankreich unternimmt. Die Vorwärts- und Rückwärtsbewegungen greifen als wechselseitiges Bedingungsverhältnis ineinander und bilden so die Basis der von Tristram erzählten Geschichte. Was immer er von seinem Leben erwähnt, kann überhaupt nur verstanden werden, wenn er das Bedingungsverhältnis aufdeckt, durch das ein bestimmtes Ereignis erst möglich wurde.[9] So erweist sich jedes Phänomen in diesem Roman als das Endprodukt vielfältiger, in ihrer verwirrenden Verkettung oftmals kaum durchschaubarer Voraussetzungen. Tristram bemüht sich daher, in seiner Geschichte das Zusammenspiel der verschiedensten Momente aufzuspüren, die zur Bildung eines Faktums beigetragen haben, denn erst das Zerlegen des wirklichen Gesehenens in seine Vorbedingungen eröffnet ihm die Möglichkeit des Verstehens. So ist alles Wirkliche nur das vielfältig Bedingte:

> ... when a man sits down to write a history, ... he knows no more than his heels what lets and confounded hindrances he is to meet with in his way, ... if he is a man of the least spirit, he will have fifty deviations from a straight line to make with this or that party as he goes along, which he can no ways avoid. [10]

Tristrams Geschichte ist daher nicht mehr wie diejenige Robinsons durch Ideale zentriert, die eine Auswahl aus der Fülle der Ereignisse ermöglichen würden; der Ich-Erzähler transkribiert vielmehr sein Leben, dessen Schilderung durch den Verzicht auf eine normative Orientierung sich immer mehr auszuweiten beginnt. Sterne baut die Bedeutungen ab, die Defoe noch zur Verdeutlichung der paradigmatischen Vorstellungen in Robinsons Leben in die Ich-Form eingesetzt hatte. Sternes Gründe dafür können für den vorliegenden Zusammenhang außer acht bleiben,[11] es gilt jedoch festzuhalten, daß die

---

[9] Vgl. dazu Sternes verschiedene Äußerungen über die Digressionen, ibid., p. 28 f. u. 53 f.

[10] Ibid., p. 28.

[11] Zur Diskussion dieser Aspekte vgl. neuerdings Rainer Warning, *Illu-*

beim Wort genommene Ich-Form des *Tristram Shandy* nicht durch eine bloß parodistische oder gar destruktive Absicht allein zu erklären ist. Vielmehr zeigt die von Defoe und Sterne jeweils verschieden aufgefaßte Ich-Form, daß durch sie eine ebenso unterschiedlich konturierte Welt sichtbar gemacht werden kann. Indem Sterne die Ich-Form nicht mehr als die Fiktion einer gesetzten Bedeutung versteht, sondern im wörtlichen Sinn als Wiedergabe von Ereignissen, wird Tristrams Lebensgeschichte zum Prisma für die Beobachtung einer sich aus höchst bizarren Vorbedingungen aufbauenden Wirklichkeit.

Defoe und Sterne markieren Extrempositionen in der Behandlung einer bestimmten Erzählkonvention. Soll die Ich-Form die aufklärerischen Ideale des Individuums als Ertrag einer Lebenserfahrung vermitteln, so erscheint die Wirklichkeit als eine diese Erfahrung verbürgende Instanz und ist nur insoweit von Belang. Wird die Ich-Form als faktische Wiedergabe des eigenen Lebens verstanden, so ist durch diese Form das Leben gar nicht einzuholen; weil alles von gleicher Wichtigkeit ist, entsteht die sonderbare Lage, daß sich das eigene Leben der Beschreibung durch den Ich-Erzähler entzieht. Die in ihrem Gegensatz extremen Möglichkeiten des Ich-Romans besitzen trotz allem eine unverkennbare Gemeinsamkeit: Die Ich-Form erweist sich für Defoe wie auch für Sterne als die entscheidende Vorbedingung aller Darstellung, denn es gibt kein unmittelbares Erfassen der Wirklichkeit, auch nicht ein solches der eigenen Lebensgeschichte. Die Ich-Form ist in *Robinson Crusoe* genauso eine Grundbedingung des Sehens wie in *Tristram Shandy*. Denn wie sollte eine dem Ich fremde Welt überhaupt wahrgenommen werden, wenn nicht unter der für das Ich geltenden Modalität der Betrachtung? Der Unterschied liegt dann nur in der jeweiligen Auffassung dieser Modalität begründet. In diesem Sinne ist auch die von Tristram versuchte Wiedergabe seiner Lebensgeschichte ein Vermittlungsprinzip. Indem er die Ich-Erzählung wörtlich nimmt, dehnt sich seine Geschichte über die Grenzen möglicher Darstellung aus und vermittelt

sion und Wirklichkeit in Tristram Shandy und Jacques Le Fataliste (Theorie und Geschichte der Literatur und der schönen Künste, 4), München 1965, p. 60 ff; ferner John Traugott, *Tristram Shandy's World. Sterne's Philosophical Rhetoric*, Berkeley and Los Angeles 1954, p. 3 ff.

so den Eindruck eines defekten Erkenntnisvermögens des Menschen bzw. die Vorstellung von einer Wirklichkeit, die sich immer dann endgültig entzieht, wenn man sie genau fassen will.

II

Angesichts der in der Form liegenden Entscheidung darüber, was überhaupt dargestellt werden kann bzw. ausgeblendet bleiben muß, verdient Smolletts letzter Roman eine gesteigerte Beachtung. In *Humphry Clinker* ist der Briefroman mit dem Reisebericht und dem Abenteuerroman verquickt, die als beliebte und gängige Romanformen im 18. Jahrhundert eifrig gepflegt worden sind. Ihre Überlagerung bei Smollett zeigt an, daß sich die Darstellung auf verschiedenartigste Publikumserwartungen bezieht, die jeweils mit dem Briefroman, dem Reisebericht und dem Abenteuerroman gegeben waren. In dieser Hinsicht berührt sich Smollett mit Sterne, der sich in der Ich-Form des *Tristram Shandy* ebenfalls auf die mit einer solchen Erzählperspektive gesetzten Erwartungen bezog, allerdings mit dem Ziel, diese so radikal zu verkehren, daß dadurch eine ganz andere Welt sichtbar wurde. Smollett teilt diesen 'ästhetischen Radikalismus' Sternes nicht; dennoch beginnen sich die in *Humphry Clinker* miteinander kombinierten Romanformen wechselseitig zu beeinträchtigen, so daß sich daraus Veränderungen überlieferter Erwartungen ergeben. Zu ihrer Beurteilung erscheint es als notwendig, sie zunächst einmal getrennt voneinander zu betrachten.

Humphry Clinker besteht aus 82 Briefen, die auf 5 Korrespondenten verteilt sind. Zwei Drittel aller Briefe werden von Matthew Bramble, dem Haupt einer walisischen Familie, und seinem Neffen Jerry Melford, der soeben seine Studien in Oxford beendet hat, geschrieben. 11 Briefe fallen auf Jerrys Schwester Lydia, 6 auf Brambles Schwester Tabitha und 10 auf das Dienstmädchen Winifred Jenkins. In den Korrespondenten spiegelt sich die repräsentative Stufenordnung gesellschaftlicher Wirklichkeit im 18. Jahrhundert. Die einzelnen Briefe sind jeweils an verschiedene Adressaten gerichtet, ohne daß eine Antwort der Empfänger im Roman abedruckt wird. Diese einseitige Korrespondenz unterscheidet *Humphry Clinker* vom Briefwechsel-Roman, der in Richardsons *Clarissa* seine imposanteste Form gefunden hat.[12] Die Familie Bramble ist auf Reisen und berichtet in ihren Briefen von den Eindrücken und den mannigfaltigsten Ereignissen, die auf der Tour von Wales über Bath nach London und Schottland passierten. Briefroman und Reisebericht gehen fugenlos ineinander über, so daß Maynadier in seiner Einleitung zu *Humphry Clinker* feststellen konnte: "There is no doubt, then, that Humphry Clinker is a novel in the shape of a book of travels, or travels in the shape of a novel, whichever way you choose to put it".[13] Man muß sich jedoch daran erinnern, daß dieser bruchlose Übergang zweier Darstellungsformen im 18. Jahrhundert nicht die Norm war. Seit Defoes *Journal of the Plague Year* gibt es eine in Briefen verfaßte Form des Reiseberichts, aber die Briefe sind nur von einem einzigen Korrespondenten – meistens dem Autor – geschrieben und vermitteln nur dessen Ansicht.[14] Ferner zeigt dieser Typ der Reiseliteratur nur insoweit die Kompositionsmerkmale des Briefes, als Anrede, Schluß und die gelegentliche Verwendung der 1. Person Singularis die Darstellungsform als Brief ausweisen. Smollett selbst hat 1766 seine *Travels through France and Italy* als eine Folge von Briefen herausgebracht, diese aber sind "almost void of the intimate remarks which one expects in personal correspondance".[15] Martz hat nachgewiesen, daß Smolletts *Travels* vielfach nur Kompilationen sind: "In fact, it may well be said that without the preceding thirteen years of compilation, Smollett's Travels would never have appeared".[16]

---

[12] Zu der damit verbundenen Komplizierung der Darstellung vgl. Dorothy van Ghent, *The English Novel. Form and Function* (Harper Torchbook), New York 1961, p. 46 f.; Ian Watt, *The Rise of the Novel*, London 1957, p. 208 ff. u. A. D. McKillop, "Epistolary Technique in Richardson's Novels", *Rice Institute Pamphlet*, 37 (1951), p. 36 ff.

[13] H. G. Maynadier, *Introduction, Humphry Clinker*, I, p. X.

[14] Vgl. hierzu Natascha Würzbach, *Die Struktur der Briefromans und seine Entstehung in England*, Diss. München 1964, p. 40 f.

[15] Louis L. Martz, *The Later Career of Tobias Smollett* (Yale Studies in English, 97), New Haven 1942, p. 71.

[16] Ibid., p. 88; vgl. auch die Einleitung von Osbert Sitwell zu Tobias Smollett, *Travels through France and Italy* (Chiltern Library), London 1949, p. V ff.

Die Briefform ist hier, ähnlich wie anderwärts in der Reiseliteratur, dem zusammengestellten Material aufgesetzt, ohne dieses
zu durchdringen.

Humphry Clinker aber unterscheidet sich nicht nur von dieser Art
des Reiseberichts, sondern auch vom Briefroman, wie ihn Richardson
entwickelt hat. Die aus dem Horizont der puritanischen Erbauungsliteratur heraus gewachsenen Romane Richardsons thematisieren das
Innenleben der Figuren. Der Brief bot sich als Form, um die von
Richardson geforderte Selbstbeobachtung aufzufangen. Im Vorwort
zu *Clarissa* schrieb er über seine Figuren:

> ... it will be found, in the progress of the Work, that they very often
> make such reflections upon each other, and each upon himself and his
> own actions, as reasonable beings must make, who disbelieve not a
> Future State of Rewards and Punishments, and who one day propose to
> reform...[17]

Dieser Selbstprüfung entspricht die Briefform insofern, als sie die
Objektivierung innerer Regungen ermöglicht. Richardson fährt daher
im Preface zu *Clarissa* fort:

> All the Letters are written while the hearts of the writers must be sup-
> posed to be wholly engaged in their subjects (The events at the time
> generally dubious): So that they abound not only with critical Situations,
> but with what may be called instantaneous Descriptions and Reflections
> (proper to be brought home to the breast of the youthful Reader)...[18]

Dieses Schreiben, *as it were, to the Moment,* [19] schafft im Briefroman
eine außerordentlich enge Verquickung zwischen den Ereignissen
und den dadurch in den Figuren ausgelösten Reaktionen. Der Briefschreiber verfügt niemals über ein distanziertes Verhältnis zu den
Vorgängen oder zu sich selbst und bringt somit die mangelnde Ab-

---

[17] Samuel Richardson, *The Novels* (The Shakespeare Head Edition),
Oxford 1930–1931. *Clarissa or, The History of a Young Lady Comprehend-
ing the most Important Concerns of Private Life,* I, p. XII. (Nach dieser
Ausgabe werden auch die anderen Romane Richardsons zitiert.)

[18] Ibid., p. XIV.

[19] Samuel Richardson, *The History of Sir Charles Grandison,* I, p. IX.

geschlossenheit seiner Situation zur Geltung,[20] wie es sich auch in der Verwendung des Präsens bezeugt.[21] Dadurch wird die seelische Selbstbeobachtung so geboten, als ob es sich um ein reales Geschehen handele. Richardson hatte für seine Form der Darstellung nicht nur den Anspruch der *novelty* [22] erhoben, sondern auch den der Lebenswahrheit (*a Story designed to represent real Life*).[23] Die Fiktion der Lebenswahrheit sollte dem Leser der Richardsonschen Romane die Selbsterfahrung des Menschen als das Prinzip seines Lebens vermitteln. Die seelische Selbstprüfung drängt zwangsläufig nach Ausweitung empirisch gegebener Situationen, wie es sich am schwellenden Umfang der Romane Richardsons seit *Pamela* erkennen läßt; immer aber bleibt ein moralischer Kodex der unabdingbare Maßstab, um die wachsende Vielfalt menschlicher Handlungen beurteilen zu können.

Sieht man *Humphry Clinker* auf diesem Hintergrund, so gleicht die in den verschiedenen Korrespondenten wahrnehmbare Intimisierung der Beobachtung der von Richardson entwickelten Form. Die individuelle Kontur des Briefschreibers ist in allem gegenwärtig, was er festhält. Indes, die Beobachtungen beziehen sich nicht mehr auf Selbstbeurteilung und Selbsterfahrung, sondern gelten den wechselnden Situationen der Reise durch Städte und Landschaften, so daß die gesamte Außenwelt der Figuren individueller, überraschender und neuartiger erscheint. Galt für Richardson der Brief als eine Form der Selbstenthüllung,[24] die durch die verschiedensten Lebenslagen ausgelöst werden konnte, so schwindet bei Smollett diese für die Geschehnisse des Briefromans wichtige 'Zentralorientierung'. War für Richardson die einzelne Situation im Leben seiner Heldinnen nur insoweit von Belang, als sie zum Anstoß der Selbstbeobachtung und der daraus entspringenden Folgen wurde, so wird bei Smollett die

---

[20] Vgl. hierzu die von Würzbach, p. 24 ff., in die Diskussion der Briefform eingeführte Unterscheidung; ferner Bertil Romberg, *Studies in the Narrative Technique of the First-Person Novel*, Stockholm 1962, p. 95 ff.

[21] Zur Funktion des Präsens vgl. Harald Weinrich, *Tempus. Besprochene und erzählte Welt*, Stuttgart 1964, p. 44 ff.

[22] Richardson, *Clarissa*, VII, p. 325.

[23] Ibid., p. 328.

[24] Vgl. hierzu u. a. F. G. Black, *The Epistolary Novel in the Late Eighteenth Century*, Oregon 1940; Romberg, p. 220 ff.

Situation selbst thematisch. Diente bei Richardson dargestellte Wirklichkeit vorwiegend dazu, das moralische Verhalten seiner Heldinnen zu profilieren, so wird sie bei Smollett aus dieser Funktion entlassen und wirkt gerade deshalb vielfältiger und nuancenreicher, weil sie durch den Filter einer persönlich eingefärbten Beobachtung hindurch gesehen wird. Brambles und Melfords Briefe sind daher längst nicht mehr so einheitlich motiviert, wie das Richardson mit der Darstellung von ... *the fair Writer's most secret Thoughts* und *undisguised Inclinations* [25] verlangte. Viele der Aufzeichnungen von Bramble und Melford springen unvermittelt zu neuen Themen und anderen Wahrnehmungen, da beide ja nicht über ihre innere moralische Bedrängnis räsonieren, sondern die sich ihnen bietende Umwelt wiedergeben wollen. Das gilt selbst dort, wo die Briefschreiber von ihren Gefühlen sprechen.

Bramble berichtet Dr. Lewis, wie er ganz unerwartet eine Reihe alter Freunde wieder trifft, die er über 40 Jahre nicht gesehen hatte. Bramble schwelgt in den Möglichkeiten der Freundschaft und zeichnet ein Bild von der ausgelassenen Geselligkeit der Freunde. Er vergißt aber nicht, die konkreten Details festzuhalten, die sich bei diesem unverhofften Wiedersehen ereignen. Als er sich einem Freund zu erkennen gibt, heißt es:

> The moment I told him who I was, he exclaimed, "Ha! Matt, my old fellow-cruiser, still afloat!" and, starting up, hugged me in his arms. His transport, however, boded me no good; for, in saluting me, he thrust the spring of his spectacles into my eye, and, at the same time, set his wooden stump upon my gouty toe; an attack that made me shed tears in sad earnest.[26]

Der Überschwang der Gefühle wird unterlaufen durch die prosaische Beschreibung des unverhofften Schmerzes in Auge und Fußzehe, doch unversehens springt der Schmerz wieder in Heiterkeit um, bis schließlich die Freude des Wiedersehens verklingt und jeder des Kummers der zurückliegenden Jahre gedenkt. Bramble hält nur fest, was sich in dieser Runde ereignet; selbst die Wiedergabe einer gefühlsgeladenen Situation entbehrt einer einheitlichen Stilisierung.

---

[25] Samuel Richardson, *Pamela or, Virtue Rewarded,* I, p. III.
[26] *Humphry Clinker,* I, p. 82.

104

Schmerz und Freude, Melancholie und Leiden sind die unvermittelt zueinander gestellten Momente dieser Situation. Das Oszillieren der Wahrnehmung zeigt an, daß der Brief selbst dort, wo persönliche Empfindungen des Schreibers zur Sprache kommen, nur auf eine Transkription der Beobachtung gerichtet ist. Der Schreiber orientiert sich an den in seiner Umwelt geschehenden Dingen, die so erfaßt werden, wie sie ihm erscheinen.

Damit ist die Differenz offenkundig, die zwischen der von Richardson entwickelten Briefform und ihrer Verwendung durch Smollett besteht. In *Humphry Clinker* schwindet die Selbstbeobachtung und die damit verbundene moralische Prüfung als 'Zentralorientierung' des Geschehens. Dadurch wird die Briefform zum Schema für eine verstärkte Beobachtung der Außenwelt, denn die Vielfalt der wechselnden Situationen ist nicht mehr auf eine einheitliche Bedeutung bezogen. Ja, Smolletts Verzicht darauf, die Umwelt seiner Figuren durch die Optik einer moralischen Norm zu sehen, läßt die beobachtbare Wirklichkeit ungleich reicher erscheinen. Gewiß geschieht dies um den Preis der Koordination, die bei Richardson von der moralischen Orientierung geleistet wurde; doch der Zusammenhang wird, wie noch zu zeigen ist, bei Smollett in einer anderen Form ermöglicht. So übernimmt Smollett die in *Clarissa* zur Vollendung gebrachte Briefform, zieht allerdings die moralische Bedeutung ab und macht die Form zu einem Modell perspektivischer Betrachtung der menschlichen Umwelt.[27]

---

[27] In *Humphry Clinker* finden sich einige Stellen, die Smolletts kritische Distanz zum moralistischen Roman ganz deutlich machen. Dabei ist die gelegentliche Anspielung auf Richardson unverkennbar: "Tim had made shift to live many years by writing novels, at the rate of five pounds a volume; but that branch of business is now engrossed by female authors, who publish merely for the propagation of virtue, with so much ease, and spirit, and delicacy, and knowledge of the human heart, and all in the serene tranquillity of high life, that the reader is not only enchanted by their genius, but reformed by their morality." (p. 193) "'My family is much obliged to your ladyship,' cried Tabby, with a kind of hysterical giggle, 'but we have no right to the good offices of such an honourable go-between.' – 'But for all that, good Mrs. Tabitha Bramble,' resumed the other, 'I shall be content with the reflection, that virtue is its own reward; and it shall not be my fault if you continue to make yourself ridiculous'." (p. 217 f.)

Diese wird nun durch den Reisebericht ausgebreitet, der ein detailliertes Bild der verschiedensten, von der Familie Bramble besuchten Lokalitäten entrollt. *The Expedition of Humphry Clinker* lautet der volle Titel des Romans; die Form des Reiseberichts und die des Briefes sind seine integrierenden Bestandteile, die sich gerade durch ihre Überlagerung wechselseitig verändern.

Die in *Humphry Clinker* dargestellte Reise weicht merklich von jener Struktur des Reiseberichts ab, die Smollett selbst in seinem umfangreichen *Compendium of Voyages*[28] durchgängig einhält. Dieses Sammelwerk versucht aus aller erreichbaren Reiseliteratur eine möglichst umfassende Information über *Customs, Manners, Religion, Government, Commerce, and Natural History of most Nations in the Known World*[29] zu liefern, wie es der Untertitel des Werkes ankündigt; das Sammeln von Informationen und die Mitteilung des Wißbaren bilden seine 'Zentralorientierung'. Dies gilt nicht nur für das von Smollett zusammengestellte *Compendium*, sondern weitgehend für die Reiseliteratur überhaupt. Erzählende Passagen sind von untergeordnetem Rang und dienen allenfalls dazu, den Zusammenhang nachzuzeichnen, der die berichteten Ereignisse miteinander verbindet.[30] "This neglect of individual experiences is manifested consistently throughout such voyages as those of Rogers, Gemelli, Baldaeus, and Nieuhoff, in which the traveller himself is not a great figure, whereas his historical observations are of prime significance . . . Preference for description over adventure is

---

[28] Vgl. dazu Martz, p. 23 ff.

[29] Vgl. ibid., p. 44.

[30] Dies gilt bereits für die Art, in der etwa Defoe die Reiseliteratur für seine Romane verwendet. A. W. Secord, *Studies in the Narrative Method of Defoe*, New York 1963 (Nachdruck der Ausgabe v. 1924), p. 111, hebt dieses Moment als charakteristisch für das Kompositionsprinzip von *Robinson Crusoe* heraus: "'Robinson Crusoe', finally, is not so much a fictitious autobiography (as Professor Cross suggests) as it is a fictitious book of travel, the courses and geographical matters of which are based upon more or less authentic relations, but the details of which are largely invented by Defoe from suggestions contained in these relations. Defoe shifts the emphasis from matters of interest only to seamen to others which are of more general human concern, and from mere incident to characterization."

particularly obvious in cruising voyages." [31] Aus diesem nur von spärlicher persönlicher Erfahrung durchsetzten Material wählt Smollett in seinem *Compendium* noch einmal aus, wobei der Informationswert den Vorrang vor der Wiedergabe individueller Eindrücke besitzt.[32] Damit verstärkt Smollett aber nur die Grundtendenz, die ohnehin in der Reiseliteratur befolgt worden ist. Martz charakterisiert seine Kompilation als den Versuch einer groß angelegten Synthese: "To meet the trend of the times, with its increasing insistence on classification and synthesis, these scattered facts must now be marshalled into order... Thus in the segregation of narrative and descriptive details the process of systematization takes another step forward." [33]

In *Humphry Clinker* wird diese Form des Reiseberichts nicht durchgehalten. Zwar liefert die Darstellung auch hier viele Informationen über einzelne Lokalitäten, doch die Mitteilung eines solchen Wissens ist nicht mehr Selbstzweck. Diese Tatsache wird immer dann offenkundig, wenn der gleiche Ort in der Brechung zweier oder gar mehrerer Blickpunkte erscheint. Ein anschauliches Beispiel dafür liefern die Eindrücke, die Bramble und Lydia jeweils von Ranelagh in ihren Briefen festhalten. Bramble schreibt:

> The diversions of the times are not ill suited to the genius of this incongruous monster, called the public. Give it noise, confusion, glare, and glitter, it has no idea of elegance and propriety. What are the amusements at Ranelagh? One half of the company are following one another's tails, in an eternal circle, like so many blind asses in an olive mill, where they can neither discourse, distinguish, nor be distinguished; while the other half are drinking hot water, under the denomination of tea, till nine or ten o'clock at night, to keep them awake for the rest of the evening. As for the orchestra, the vocal music especially, it is well for the performers that they cannot be heard distinctly.[34]

Den gleichen Ort beschreibt Lydia wie folgt:

> Ranelagh looks like the enchanted palace of a genius, adorned with the most exquisite performances of painting, carving, and gilding, enlight-

---

[31] Martz, p. 44 f.
[32] Vgl. ibid., p. 45 ff.
[33] Ibid., p. 48 u. 50.
[34] *Humphry Clinker*, I, p. 134.

ened with a thousand golden lamps, that emulate the noonday sun; crowded with the great, the rich, the gay, the happy, and the fair; glittering with cloth of gold and silver, lace, embroidery, and precious stones. While these exulting sons and daughters of felicity tread this round of pleasure, or regale in different parties, and separate lodges, with fine imperial tea and other delicious refreshments, their ears are entertained with the most ravishing delights of music, both instrumental and vocal. There I heard the famous Tenducci, a thing from Italy – it looks for all the world like a man, though they say it is not. The voice, to be sure, is neither man's nor woman's; but it is more melodious than either; and it warbled so divinely, that, while I listened I really thought myself in paradise.[35]

Die perspektivische Zerlegung identischer Realitäten bildet ein Grundmoment des ganzen Romans und bewirkt eine weitgehende Abwandlung der für den Reisebericht geltenden Motivationen. Selbst dort, wo dem Reisebericht die Briefform aufgesetzt ist, wie in Smolletts *Travels through France and Italy*, bleibt das Berichtete eindeutig, weil es nur von einem einzigen Reisenden wiedergegeben wird[36]. Die Möglichkeit einer unterschiedlichen Spiegelung setzt die Tendenz des Reiseberichts, Wissen von fremden Lokalitäten zu vermitteln, außer Kurs. In dem zitierten Beispiel kommt es nicht mehr darauf an, eine Information über den berühmten Londoner Vergnügungspalast zu liefern; vielmehr lenken die stark differierenden Eindrücke die Aufmerksamkeit darauf, wie verschieden das Gleiche gesehen werden kann. So bilden in der von Smollett gegebenen Darstellung nicht die materialen Erfahrungen den eigentlichen Inhalt

---

[35] Ibid., p. 139. Lydia bemerkt in dem gleichen Brief, daß offenbar ihr Onkel die Vergnügungsstätten anders sieht als sie und Laetitia Willis, die Adressatin ihres Briefes: "People of experience and infirmity, my dear Letty, see with very different eyes from those that such as you and I make use of." (p. 141).

[36] A. D. McKillop, *The Early Masters of English Fiction*, Lawrence [2]1962, p. 172, hat diese mangelnde Verbindung von Briefform und Kompilation schon herausgestellt: "The travel episode becomes brief and specifically localized; the style becomes more simple and precise. At the same time, it should be noted, compilation as such cannot center or color the story. How interesting after all are the details from guidebooks which Smollett gathers in the 'Travels'? There is a gap between mere appropriation of material and the expression of an individual's attitude or humor."

des Reiseberichts, sondern das Wie des Erfahrens selbst. Dadurch gewinnen die erzählten Ereignisse einen Doppelaspekt: Sie kehren einmal die temperamentsbedingte Einfärbung der individuellen Wahrnehmung heraus, wie es sich in Brambles und Lydias Reaktionen auf Ranelagh erkennen läßt; zum anderen erzeugen die perspektivisch ausgespiegelten Situationen selbst ein gesteigertes Interesse, das sich auf die verschiedenen Möglichkeiten richtet, die jeweils von den einzelnen Personen entdeckt werden. Was die eine Figur sieht, vermag die andere nicht wahrzunehmen, und dennoch scheinen beide etwas für die Situation Charakteristisches festzustellen. Das Entdecken bezieht sich hier nicht mehr auf die faktische Information, sondern auf den Reichtum an Beobachtungsmöglichkeiten, der selbst in trivialen Situationen enthalten ist und jedem Betrachter anders erscheinen kann. Bildete im überlieferten Reisebericht die jeweils von einer Lokalität gegebene Beschreibung eine Information, die zusammen mit anderen sich zum Wissen über den betreffenden Ort bzw. das betreffende Land rundete, so sind in Smolletts Roman die über Landschaft und Städte getroffenen Bemerkungen aus dieser Funktion entlassen. Wenn dadurch ihre Darstellung zum Selbstzweck wird, so müssen sie in sich interessant genug sein; demzufolge werden sie in ihre perspektivischen Möglichkeiten zerlegt und fordern damit zu einer Koordination heraus, die zwangsläufig zu einer Belebung der Leserphantasie führen muß. Indem Smollett die Vermittlung von Wissen als die 'Zentralorientierung' des Reiseberichts preisgibt, schafft er durch die perspektivische Spiegelung der einzelnen Situationen die Voraussetzung für eine gesteigerte Anschaulichkeit der auf der Reise berührten Städte und Landschaften. Gleichzeitig liefern die einzelnen Episoden vielfältige Ansätze zur Profilierung der Charaktere, die allererst durch ihr temperamentsbedingtes Sehen die Aufsplitterung einzelner Situationen in ihre Aspekte bewirken.

Humphry Clinker läßt neben den bisher präparierten Formen zumindest noch Rudimente einer dritten erkennen, der des pikaresken Romans. Über das Schwinden der pikaresken Züge in Smolletts Spätwerk ist sich die Kritik weitgehend einig [37]; dennoch sollte man

[37] Vgl. dazu u. a. Wolff, p. 120; Martz, p. 88; das Verhältnis von

die noch erkennbaren Spuren dieser Tradition nicht übersehen. Smolletts frühe Romane stehen ganz im Banne Le Sages; im Vorwort zu *Roderick Random* beschreibt er die Intention seiner Satire:

> The same method has been practised by other Spanish and French authors, and by none more successfully than by Monsieur Le Sage, who, in his Adventures of Gil Blas, has described the knavery and foibles of life, with infinite humour and sagacity. The following sheets I have modelled on his plan, taking the liberty, however, to differ from him in the execution, where I thought his particular situations were uncommon, extravagant, or peculiar to the country in which the scene is laid.[38]

Kurz nach der Veröffentlichung von *Roderick Random* (1748) übersetzte Smollett *Gil Blas*. Obwohl Reisebericht und Briefroman die beherrschenden Darstellungsformen in *Humphry Clinker* bilden, lassen sich weder der Titelheld noch einige Abenteuer der Familie Bramble aus den genannten Formen ableiten. Zunächst dürfte es schwierig sein, die verschiedensten Ereignisse der Reise danach zu sondern, ob sie dem Reisebericht oder dem Abenteuerroman entstammen. Selbst wenn man geltend machen wollte, daß die erzählerisch stärker ausgearbeiteten Episoden – wie die Rettung des nackten Bramble aus der See durch Clinker, der seinen keineswegs gefährdeten Herrn schmerzvoll am Ohr aus dem Wasser zieht[39] – eher auf die Episodenstruktur des Abenteuerromans als auf den Reisebericht verweisen, so besitzen sie doch für den Roman die gleiche Funktion wie die Schilderung von Ranelagh und anderer topographischer Einzelheiten. Da sie keiner geographischen Lokalisierung bedürfen, dienen sie genauso der Spiegelung des Reaktionsvermögens einzelner Figuren, wie dies für deren Betrachtung von Bath, London und Schottland gilt. Doch gerade die Gleichstellung der Abenteuer mit

---

Smollett zu Lesage resümiert Alexandre Lawrence, "L'Influence de Lesage sur Smollett", *Revue de Littérature Comparée*, 12 (1932), p. 533–545. Es werden jedoch hier nur die Parallelen zwischen *Gil Blas* und *Roderick Random* verzeichnet. Ob Smollett auch an der Übersetzung von *Le Diable Boiteux* beteiligt war, ist zweifelhaft. Vgl. dazu L. M. Knapp, "Smollett and Le Sage's The Devil upon Crutches", *MLN*, 47 (1932), p. 91 ff.

[38] Tobias Smollett, *The Adventures of Roderick Random*, I, p. XXXII.

[39] Vgl. *Humphry Clinker*, II, p. 7 ff.

den topographischen Beschreibungen zeigt an, daß die auf den Schelmenroman verweisenden Relikte hier eine andere Funktion zu erfüllen haben.

Die wechselnde Folge immer neuer Ereignisse, die im Schelmenroman allenfalls durch zufallsbedingte Assoziationen miteinander verknüpft waren, verlieh der Erzählung ein realistisches Gepräge. Nun aber zeigt die Geschichte dieses Romantyps bis hin zu Smolletts *Roderick Random*, daß die Fülle der erzählten Situationen niemals um ihrer selbst willen geboten wurde; vielmehr bildete ein solches Schema die Basis für Parodie und Satire.[40] Der realistisch erscheinende Abenteuerroman war stets mit bestimmten Bedeutungen aufgeladen, die als Satire auf die Zeitverhältnisse begriffen worden sind. In *Humphry Clinker* jedoch verlieren die in den Reisebericht eingestreuten spärlichen Abenteuer weitgehend ihre satirische Intention und lenken damit das Interesse auf die Episoden selbst. Wie die topographische Schilderung, so muß nun auch das einzelne Abenteuer in eine perspektivische Brechung zerlegt werden, um zu zeigen, daß auch solche Ereignisse in erster Linie auf die Wahrnehmung der Figuren bezogen sind und daß erst durch die Verschiebung der einzelnen Sichtwinkel das in ihnen Enthaltene zum Vorschein kommen kann. Damit aber verliert der Picaro, der im Schelmenroman durch den Ichbericht die heterogensten Abenteuer koordinierte, seine eigentliche Aufgabe.

In *Humphry Clinker* ist der Picaro zwar noch der Titelheld, doch nur als Schatten seiner selbst: Er schreibt keinen einzigen Brief und ist nur in der jeweils temperamentsgebundenen Sicht einzelner Figuren gegenwärtig; er wird als zerlumpter Diener während der Reise aufgelesen und bleibt der schwankenden Gunst der Familie Bramble ausgesetzt. Seine Einführung in das Romangeschehen darf als Hin-

---

[40] Vgl. hierzu u. a. die einleitenden Bemerkungen über den europäischen Schelmenroman in der Arbeit von Jurij Striedter, *Der Schelmenroman in Rußland*, Berlin 1961, p. 7 ff. Über die Anfänge des Schelmenromans und seine parodistisch-satirische Tendenz vgl. H. R. Jauss, "Ursprung und Bedeutung der Ich-Form im Lazarillo de Tormes", *Romanistisches Jahrbuch*, 8 (1957), p. 290 ff. Wenngleich veraltet, so bietet die Darstellung von F. W. Chandler, *The Literature of Roguery*, 2 vols, London 1907, immer noch das umfangreichste Material.

weis auf seine Funktion verstanden werden, denn ehe Melford in einem Brief den Namen des Titelhelden nennt, wird Humphry Clinker in einer für ihn nicht gerade glücklichen Lage so geschildert, wie er Bramble und Tabitha erscheint, die wegen seiner mangelnden Bekleidung verwundert bzw. tief entsetzt sind.[41] Diese Doppelperspektive, gelegentlich um weitere Blickpunkte ergänzt, wird fast bis zum Schluß des Romans durchgehalten. Dabei ist das Verhältnis der einzelnen Familienmitglieder zu Clinker durch seltsame Umkehrungen der zeitweiligen Beziehungen gekennzeichnet; ganz einig sind sie sich jedoch in ihrer Beurteilung Clinkers nie, und wo sich die Einmütigkeit schließlich abzeichnet, ist das Romanende in Sicht.

Smollett hat seinen Roman nicht *The Expedition of Matthew Bramble* genannt, wie dies dem tatsächlichen Verlauf des Geschehens durchaus angemessen wäre, doch erfüllt auch andererseits der Titelheld seine Funktion als Picaro nicht mehr. Er gleicht ihm noch im Habitus, ist aber keinesfalls mehr der listenreiche Schelm, der die Welt aus dem Blickwinkel des Außenstehenden sieht und die schwankhaften Ereignisse durch den von ihm gegebenen Bericht koordiniert.[42] Hatte der Picaro im überlieferten Schelmenroman die Funktion, durch seine Lebensbeichte ein satirisches Bild der Welt zu vermitteln, so wird diese Funktion durch Smollett anders besetzt. Statt vom Memoirenstandpunkt der Posteriorität über sein Leben zu berichten, läßt sich Humphry Clinker nur fassen, sofern er von den anderen Romanfiguren gesehen wird. Er verliert damit zwangsläufig die Überlegenheit, die der verschlagene Picaro im Schelmenroman bei aller ihm widerfahrenden Unbill noch besaß. Als Clinker den Kutschbock als Postillion besteigt, *showing his posteriors*[43], weiß niemand, wer er eigentlich ist. Nur das Dienstmädchen Winifred Jenkins bemerkt, *that he had a skin as fair as alabaster*.[44] "No eighteenth-century reader would miss this impudent burlesque of romance. Fielding's Andrews and Jones both disclose remarkably white skin before we learn the full extent of their excellence. On a

---

[41] Vgl. *Humphry Clinker*, I, p. 121 ff.
[42] Vgl. Chandler, I, p. 5.
[43] *Humphry Clinker*, I, p. 122.
[44] Ibid.

person of unknown origin, alabaster skin is the unmistakable mark of nobility, and Smollett puts that mark on the most ignoble part of misspelt Sir Humphry, the blacksmith and peasant horseman with 'sickly yellow' complexion (whose last name may literally mean 'an excrement')" [45]. So bleibt Clinkers wahre Natur während der Reise weitgehend verborgen, da das Merkmal seiner vornehmen Abkunft in einem schockierenden Anblick erscheint, gegen den allenfalls das Dienstmädchen gefeit ist. Sie wird Clinker auch später heiraten. Sonst aber sind Clinkers Beziehungen zu den anderen Figuren oftmals großen Schwankungen unterworfen, so daß Zufälle und Nebensächlichkeiten die mitmenschliche Verbindung stärker beherrschen als die wahre Natur des in seiner Bedeutung erheblich depotenzierten 'Helden'. Wenn Smollett den Hinweis auf die wahre Natur mit einem für die Schicklichkeit tabuierten Körperteil verbindet – "revealing man's false front by the backside" [46] – so verdeutlicht diese seltsame Verquickung, wie sich hier die im Roman der Aufklärung stets mit edlen Attributen ausgestattete Natur des Menschen zu verhüllen beginnt. Deshalb können sich die Romanfiguren nur noch so gewärtigen, wie sie einander erscheinen. Da aber gleichzeitig solche Eindrücke für den wirklichen Charakter der Person gehalten werden, entstehen komische, aber auch unvorhersehbare Wirkungen im mitmenschlichen Verhältnis. Der Titelheld spiegelt diese insofern, als er in den jeweiligen Briefen immer ein wenig anders erscheint, so daß seine wahre Natur eher verdeckt als offenkundig wird.

III

Nach dieser Betrachtung der pikaresken Züge in *Humphry Clinker* läßt sich ein erstes Zwischenergebnis der bisherigen Ausführungen formulieren. *Humphry Clinker* zeigt in seiner Makrostruktur drei

---

[45] Sheridan Baker, "Humphry Clinker as Comic Romance", *Essays on the Eighteenth-Century Novel*, ed. by Robert Donald Spector, Bloomington 1965, p. 162.
[46] Ibid., p. 160.

Romanmodelle, die beinahe fugenlos ineinandergebildet sind. Erst der Blick auf die historischen Voraussetzungen und auf die sich von der Romantradition deutlich abhebende Thematik des *Humphry Clinker* bringt die hier erfolgte Kombination zum Bewußtsein. Dabei zeigt es sich, daß die Überlagerung der drei Romanmodelle – wenn man den Reisebericht hier einmal als Romanmodell bezeichnen darf – das neue Thema des *Humphry Clinker* schafft. Die Verfugung der drei Formen wurde jedoch erst durch die Preisgabe ihrer jeweiligen 'Zentralorientierung' möglich. Smollett übernimmt nur die von Richardson ausgebildete komplizierte Briefform mehrerer Korrespondenten, nicht aber die durch den Briefroman zur Anschauung kommende Bedeutung der Selbstbeobachtung als Voraussetzung moralischer Prüfung. Ferner übernimmt er den Reisebericht als Panorama wechselnder Lokalitäten, versteht diese aber nicht mehr als Kompendium topographischer Informationen. Schließlich knüpft er an den pikaresken Roman an, baut aber die satirische Intention der Abenteuerfolge und des Picaro weitgehend ab.

Alle drei Formen sind in ihrer jeweiligen Selbständigkeit dadurch charakterisiert, daß sie empirische Wirklichkeit mit einer Bedeutung verklammern. Der Briefroman Richardsonscher Prägung nimmt empirische Welt deshalb auf, weil sich an ihr und durch sie die moralische Standfestigkeit der Figuren erproben läßt. Der Reisebericht bedarf der Fülle empirischer Details, da erst durch sie die Synthese des Wißbaren möglich wird, und der pikareske Roman braucht empirische Welt insofern, als diese satirisch durchleuchtet werden soll. In diesen Formen wird empirische Realität durch die jeweilige Intention gebunden; ihre Kombination in Smolletts Roman hebt die jeweilige 'Zentralorientierung' der Form auf und setzt die gebundene Realität frei.

Zunächst läßt sich sagen, daß diese Wirklichkeit nichts mehr zu bezeugen oder gar zu beglaubigen hat. Die in der Überlagerung zum Verschwinden gebrachte Bedeutung der jeweiligen Form läßt diese als eine Hülle zurück, die ursprünglich der Bedeutungsvermittlung gedient hatte. Wird die Bedeutung preisgegeben, so bleibt die Form als eine Möglichkeit der Anschauung übrig. Dies hat zur Folge, daß die von Smollett dargestellte Wirklichkeit nicht chaotisch erscheint, aber auch nicht mehr als Bestätigungsinstanz einer gesetzten Bedeutung dient. Die Überlagerung der drei Formen wandelt diese zu Kategorien der Anschauung um, durch die empirische Realität gesehen wird. Eine Wahrnehmung empirischer Welt ist nur möglich, wenn diese gegliedert werden kann, und eine solche Funktion vermögen die auf ihre Veranschaulichungstendenz reduzierten Formen des Briefes, des Reiseberichts und des Abenteuerromans zu leisten. Gleichzeitig wird durch die Kombination der Formen eine Potenzierung der Anschaulichkeit erreicht. Der Brief bietet Realität als intimisierte Beobachtung, der Reisebericht entrollt das Panorama immer wechselnder Bilder, und die nachweisbaren Formelemente des pikaresken Romans spiegeln die Vielfalt menschlicher Beziehungen durch Kontraste und perspektivische Überschneidungen.

Der Bedeutungsverlust der einzelnen Formen wird damit durch eine aus der Kombination der Modelle gewonnene Potenzierung der Anschaulichkeit mehr als nur ausgeglichen. Die Überlagerung zielt folglich nicht nur auf den Wegfall der 'Zentralorientierung' ab, sie nützt zugleich das Potential der in den Formen enthaltenen Anschauung aus. Eine solche Umschichtung ist notwendig, wenn empirische Realität nicht mehr als Beglaubigung einer ihr vorausliegenden Vorstellung zu fungieren hat, sondern selbst gesehen werden soll. Ja, es läßt sich sagen, daß die empirische Wirklichkeit desto differenzierter erscheint, je mehr Modelle zu ihrer Betrachtung miteinander kombiniert werden. Der Roman des 19. Jahrhunderts wird sich auf dieser Linie entfalten. In jedem Falle aber zeigt die von Smollett praktizierte Technik, daß es eine unvermittelte Wiedergabe des Wirklichen nicht gibt. Will man empirische Realität möglichst in ihrer Gegebenheit sehen, so müssen die Formen des Sehens weitgehend von aller vorentschiedenen Bedeutung entlastet werden; besser noch, man begreift die Formen des Beobachtens nur als Modelle, die durch ihre wechselseitige Kombination variable Relationen des Sehens erlauben. In dieser Hinsicht schlägt die schottische Ausprägung des Empirismus in Smolletts Roman durch.[47]

---

[47] Vgl. dazu die Darstellung von M. A. Goldberg, *Smollett and the Scottish School. Studies in Eighteenth Century Thought*, Albuquerque 1959. Goldberg interpretiert das Romanwerk Smolletts aus den Voraussetzungen der schottischen Common-Sense School, die um einen Ausgleich der großen Gegensätze im 18. Jahrhundert bemüht war. Smolletts Romane werden als

Das aus den drei Formen erstellte Vermittlungsmodell gliedert die empirische Realität für die Anschauung und wird damit zur Vorbedingung für die vom Roman gezeigte Wirklichkeitserfahrung der Figuren, denn erst sie machen die Spielarten des Beobachtens konkret. Zunächst konfrontiert die Briefform den Leser direkt mit den Figuren, und da keiner der angeschriebenen Adressaten antwortet, tritt der Leser an seine Stelle. Ihm wird die Koordination des Geschehens nicht vorgeführt, er muß die aus den Briefen ersichtlichen Zusammenhänge selbst in Beziehung zueinander setzen. Ein solches Verhältnis zwischen Buch und Leser entspricht der vom Roman verfolgten Absicht, die sich in einem Dreitakt realisiert: Zunächst ordnet die Makrostruktur des Romans die empirische Wirklichkeit, dann wird diese in die wechselnden Blickpunkte der Figuren aufgesplittert, und schließlich muß die Vielfalt konkreter, aber begrenzter Aspekte in der Einbildungskraft des Lesers 'koaleszieren', wenn man einen Terminus der Assoziationspsychologie des 18. Jahrhunderts für diesen Vorgang gebrauchen darf.[48]

In dieser Form wird die empirische Wirklichkeit für die Anschauung ausgebreitet und in das Vorstellungsvermögen des Lesers übersetzt. Die Verschiedenheit der Adressaten und der von Smollett geübte Verzicht darauf, ihre Stellungnahme zu den Briefen der Familie Bramble abzudrucken, wirkt als verstärkter Anreiz auf die Einbildungskraft des Lesers. Würden die Briefpartner antworten, wie das in Richardsons *Clarissa* geschieht, so müßten sie sich in einer bestimmten Weise zu den Geschehnissen äußern. Die Reaktionsmöglichkeiten des Lesers blieben dann auf das Abwägen der jeweils entwickelten Gedanken beschränkt. Tritt aber der Leser selbst an die Stelle der Adressaten, die in diesem Roman als in ihrem Temperament voneinander unterschiedene Personen gedacht sind, so wird

---

Überlagerung von Reason and Passion (*Roderick Random*), Imagination and Judgement (*Peregrine Pickle*), Art and Nature (*Ferdinand Count Fathom*), Social- and Self-Love (*Sir Launcelot Greaves*) und Primitivism and Progress (*Humphry Clinker*) interpretiert.

[48] Zu diesem Begriff und seiner Bedeutung für die Assoziationspsychologie des 18. Jahrhunderts und den ihr verwandten ästhetischen Theorien vgl. W. J. Bate, *From Classic to Romantic. Premises of Taste in Eighteenth Century England* (Harper Torchbooks), New York 1961, p. 118 ff.

ihm eine Pluralität von Einstellungen zur gesamten Korrespondenz suggeriert. Er verfügt über ein Wissen, das dem der einzelnen Figuren überlegen ist, und da sich der Autor des Romans weitgehend aus dem Geschehen zurückgezogen hat und dieses nicht mehr kommentiert, wird der Leser zur Instanz, in der alles zusammenläuft. Er kann sich in jeden Adressaten hineinversetzen und wird gerade durch sein höheres Wissen die Briefe der einzelnen Figuren nicht nur als Quelle von Mitteilungen, sondern immer zugleich auch als Selbstvergegenständlichung der Charaktere verstehen. Daraus entspringt die intime Verbindung, in die der Leser zu den Figuren gerät. Statt zu registrieren, wird er immer urteilen, und so erschließt sich ihm allererst die durch die Figuren vermittelte Anschauung empirischer Welt. In manchen Briefen des Romans ist diese Tendenz eigens ausgesprochen. Als Melford wieder eine seiner vielen Charakterskizzen von den Menschen aus der Umgebung seines Onkels geliefert hat, beschließt er den Brief wie folgt:

> Having given you this sketch of Squire Paunceford, I need not make any comment on his character, but leave it at the mercy of your own reflection.[49]

Um diese *reflection* im Leser nicht nur zu befördern, sondern auch zu lenken, bedarf es einer bestimmten Komposition der Charaktere, denn erst durch sie kommt die aus der Überblendung der drei Romanformen sichtbar werdende Tendenz zur vollen Entfaltung.

IV

In einem Brief Matthew Brambles steht der aufschlußreiche Satz:

> With respect to the characters of mankind, my curiosity is quite satisfied; I have done with the science of men, and must now endeavour to amuse myself with the novelty of *things*.[50]

---

[49] *Humphry Clinker*, I, p. 105.
[50] Ibid., p. 162.

Damit wird ein zentrales Thema des aufklärerischen Romans preisgegeben, das reichlich 20 Jahre vor dem Erscheinen des *Humphry Clinker* im Vorwort zu Fieldings *Tom Jones* seine klassische Formulierung gefunden hatte:

> The provision, then, which we have here made is no other than *Human Nature*. Nor do I fear that my sensible reader, though most luxurious in his taste, will start, cavil, or be offended, because I have named but one article ... nor can the learned reader be ignorant, that in human nature, though here collected under one general name, is such prodigious variety, that a cook will have sooner gone through all the several species of animal and vegetable food in the world, than an author will be able to exhaust so extensive a subject.[51]

Für Smolletts Zentralfigur jedoch wie auch für die anderen Charaktere in *Humphry Clinker* ist dieser Gegenstand erschöpft, da sich ihr Interesse nicht mehr auf die Beschaffenheit der *human nature*, sondern auf die erfahrbare Umwelt richtet. Es ist daher nur folgerichtig, wenn sich aus dem Zusammenspiel der Figuren keine Fabel bildet; wo sie in Ansätzen sichtbar wird, dient sie der Motivierung des Romanendes. Diese Funktion ist für den Leser eigens durchsichtig gemacht, denn als die verschiedenen Paare schließlich heiraten, wird durch die latente Komik der Symbolwert eines solchen Schlusses gedämpft.[52] Die Hochzeit ist nicht mehr ausschließlich als Indiz der Vollkommenheit des mitmenschlichen Verhältnisses begriffen, sondern eher als eine obligate Technik, ein verschlungenes Geschehen zu beschließen.[53] Melford kleidet daher seinen Bericht über diese Vorgänge in eine Schauspielmetapher:

> The fatal knots are now tied. The comedy is near a close, and the curtain is ready to drop; but the latter scenes of this act I shall recapitulate in order.[54]

---

[51] Henry Fielding, *The Works*, III, ed. by E. Gosse, Westminster and New York 1898, p. 4 f.

[52] Vgl. dazu bes. *Humphry Clinker*, II, p. 259 ff.

[53] Dies gilt auch noch für den historischen Roman Scotts. Vgl. dazu Sir Walter Scott, *Waverley* (The Nelson Classics), p. 540 ff. Smolletts Vorstellung von der Ehe steht ganz in der Tradition des 18. Jahrhunderts; vgl. dazu E. C. Mack, "Pamela's Stepdaughters The Heroines of Smollett and Fielding", *College English*, 8 (1947), p. 295.

[54] *Humphry Clinker*, II, p. 259.

Die schicksalhaften Beziehungen der Figuren sind nur ein Schauspiel, denn ihre Wirklichkeit – so dürfen wir ergänzen – baut sich durch die Art der Beobachtung auf, in der sich die Welt in ihrer Vorstellung spiegelt. Um dies zu ermöglichen, dürfen die Figuren keine wie immer geartete Idealität der menschlichen Natur verkörpern und müssen dennoch mit gewissen Eigenschaften ausgestattet sein, die die kontingenten Details der empirischen Umwelt zu ordnen vermögen. Die *novelty of things* erschließt sich erst, wenn sie in das Blickfeld einer bestimmten Charakterdisposition gerät.

Die wichtigsten Figuren in *Humphry Clinker* sind *humours* und werden, wie Bramble, Lismahago und Tabitha, wiederholt als solche bezeichnet.[55] So schwankend die Bewertung des *humour* in der Literatur des 17. und des beginnenden 18. Jahrhunderts auch gewesen ist,[56] im Verlauf des 18. Jahrhunderts erfährt er eine auffallende Nobilitierung, deren Ursprünge schon in den *humour*-Definitionen des 17. Jahrhunderts angelegt waren. In einer von Congreve gegebenen Beschreibung werden die beiden im 18. Jahrhundert herausragenden Qualitäten des *humour* bereits benannt: "Humour is from Nature" and "shows us as we are".[57] Ferner dokumentiert sich im *humour*

> A singular and unavoidable manner of doing, or saying any thing, Peculiar and Natural to one Man only; by which his Speech and Actions are distinguished from those of other Men.[58]

In der unverwechselbaren Singularität des *humour* prägt sich die Natur des Menschen aus. Sie wird in dem für die Bestimmung des Komischen im 18. Jahrhundert so wichtigen Essay von Corbyn Morris ausdrücklich bestätigt und in die Formel zusammengezogen:

---

[55] Vgl. u. a. ibid., p. 7 u. 159; zur Auffassung der *humours* in Smolletts Romanen vgl. ferner W. B. Piper, "The Large Diffused Picture of Life in Smollett's Early Novels", *Studies in Philology*, 60 (1963), p. 45 ff. u. Herbert Read, *Reason and Romanticism. Essays in Literary Criticism*, New York 1963, p. 198 ff.

[56] Vgl. dazu Stuart M. Tave, *The Amiable Humorist. A Study in the Comic Theory and Criticism of the 18th and Early 19th Centuries*, Chicago 1960.

[57] William Congreve, *The Works*, III, ed. by Montague Summers, London 1923, p. 163.

[58] Ibid., p. 165.

"humour is nature unembellished".[59] Dies aber heißt, daß sich im *humour* eine Disposition des menschlichen Charakters zeigt, die weder als ideelle Bestimmung noch als Produkt seiner Gewohnheiten und Verhaltensweisen gefaßt werden kann. Der *humour* repräsentiert nichts, es sei denn nur sich selbst in seiner naturbedingten Gegebenheit. "The humorists have an individuality as detailed and strikingly vivid as their creators can fashion. Their claim to universal significance rests less and less, in the later eighteenth century, on their being representatives of a species, manner types, and more on their uniqueness. The smallest details of their existence are recorded because it is there that reality resides. It is the 'little occurrences of life', the 'nonsensical minutiae', Sterne said, that best exhibit the truth of character".[60] In dieser von Tave skizzierten Auffassung des *humour* steckt der Ansatz der Smollettschen Figuren. Tave hebt die zunehmende Formalisierung des *humour* heraus, durch die das Schrullige seiner ursprünglich inhaltlichen Besetzung entleert wird. Wenn nur eine skurrile Individualität als Kennzeichen des *humour* zurückbleibt, so kann die Kontur des Charakters nur durch die Art konkret werden, in der er seine Umwelt erfährt.

Die Reduktion des *humour* auf eine formale *uniqueness* fordert die Wirklichkeitsbeobachtung als notwendige Ergänzung, da erst in diesem Zusammenspiel der Charakter anschaulich wird. Charakter und Realität geraten dadurch in ein sehr enges Wechselverhältnis. Die Figur wird durch die Art ihrer Wahrnehmung genauso profiliert, wie die kontingenten Details des Wirklichen erst dann eine Situation bilden, wenn sie von der Eigenart des Charakters zu einer solchen zusammengesetzt werden. So erweisen sich die zunehmende Verbildlichung der Figur und die Individualisierung des Wirklichen als simultane Vorgänge, durch die sich die Romanwirklichkeit aufbaut. *Humphry Clinker* läßt deutlich erkennen, daß diese Romanwirklichkeit ein Produkt variabler Überlagerung ist, die aus der Kombination des *humour* mit der topographischen Realität entsteht. Das aber heißt, daß der Roman weder eine Darstellung des *humour* noch das Ausbreiten der auf der Reise registrierten Details zum eigentlichen

---

[59] Zitiert nach Tave, p. 119.
[60] Tave, p. 167.

Thema hat. Der *humour* wird hier nicht mehr wegen seiner Verschrobenheit durch die Welt bestraft, und die Welt ist nicht mehr als die Arena verstanden, in der sich die moralische Selbstbehauptung des Charakters zu erweisen hat.

Diese dialektische Verspannung von Figur und Wirklichkeit ist in *Humphry Clinker* durch eine wechselseitige Spiegelung ersetzt, die auf eine Ausprägung des Charakters durch die Form seines Sehens und auf eine Veranschaulichung topographischer Lokalitäten durch ihr Wahrgenommenwerden abzielt. *Humour* und Realität verlieren damit ihre in der Romantradition des 18. Jahrhunderts nachweisbare Funktion, eine außerhalb ihrer selbst liegende Bedeutung zu bezeugen und diese durch die Entfaltung des Geschehens zu vermitteln. Wird aber die Konfrontation von Charakter und Welt aufgehoben, wie es in *Humphry Clinker* auf weiten Strecken zu beobachten ist, so wandelt sich gleichzeitig die Auffassung dieser beiden für den Roman so wichtigen Elemente. Der Charakter wird formalisiert, und die Welt bietet sich als Fülle nuancierter topographischer, ja bisweilen schon historischer Einzelheiten. Die daraus aufgebaute Romanwirklichkeit entsteht aus der Transzendierung ihrer Elemente. Der Charakter prägt sich erst im Medium einer kontingenten Welt aus, und diese gewinnt die zu ihrer Anschauung notwendige Konsistenz erst dann, wenn sie durch den Filter der menschlichen Beobachtung hindurch gegangen ist. Diese *interaction* bildet die Romanwirklichkeit, die weder mit dem Charakter noch mit der gezeigten Welt als solcher identisch ist. Als wechselseitige Spiegelung sind Welt und Mensch nur in den Formen ihrer Erscheinung gegenwärtig und werden erst durch diese für den Leser lebendig.

Damit entspricht der Smollettsche Roman einer von Lord Kames in seinen *Elements of Criticism* (1762) formulierten Grundregel über das Vergnügen an schöner Literatur: "A third rule or observation is, That where the subject is intended for entertainment solely, not for instruction, a thing ought to be described as it appears, not as it is in reality".[61] Um ein solches Vergnügen zu gewährleisten, muß

---

[61] Henry Home of Kames, *Elements of Criticism*, II, Edinburgh ⁹1817, p. 290. Als Bramble nach Edinburgh kommt, wo auch Lord Kames wirkte, heißt es in einem Brief an Dr. Lewis: "Edinburgh is a hot-bed of genius." *Humphry Clinker*, II, p. 84.

die im Aspekt ihrer Erscheinung gezeigte Welt entsprechend differenziert werden. Dafür bietet die Schrulligkeit des *humour* ideale Ansatzpunkte, die im folgenden kurz angedeutet seien.

Als Bramble die Kathedrale von York beschreibt, beklagt er sich nicht nur über die verfehlte Architektur des Baues, sondern auch über die Kälte und die muffige Luft im Kircheninnern. Es scheint ihm – so meint er – als ob solche Gebäude nahezu ausschließlich *for the benefit of the medical faculty* [62] errichtet worden seien. Nun, Bramble leidet unter Gicht und Rheuma, die ihn zur Kur nach Bath und damit auf seine Reise trieben. Er hat das von ihm geliebte Landleben aus diesem Grunde aufgeben müssen, so daß nun alle seine Eindrücke unter einer Reihe von Vorbedingungen stehen, die über die in seiner Wahrnehmung festgehaltenen Aspekte seiner Umwelt entscheiden. Er sieht die Kirche so, wie es der Skurrilität seines Temperaments entspricht. Wie sollte er sie auch anders sehen? Dadurch aber erscheint die empirische Realität in einer ungewohnten Beleuchtung; die Exzentrizität des *humour* deckt unerwartete Aspekte an der äußeren Welt auf und aktualisiert gerade durch die extreme Ansicht die potentielle Vielfalt, die in der Betrachtung des Wirklichen liegt. Es kennzeichnet den *humour*, daß er nicht von sich selbst zu abstrahieren vermag; er bezieht alles auf seine *oddity*, die sich in dem Maße verwirklicht, in dem die durch seine Beobachtung registrierten Dinge plötzlich in einer bizarren Zuordnung erscheinen.

Damit setzt die Singularität des *humour* höchst individuelle, wenngleich einsehbare Beziehungen in der von ihm beobachteten Realität frei und zeigt an, daß die äußere Welt erst dann zu einer gewissen Erscheinungsdichte gebracht werden kann, wenn sie sich in möglichst vielen solcher skurrilen Temperamente gebrochen hat; so zieht der *humour* das Feld möglicher Wahrnehmung durch seine extremen Reaktionen ständig auseinander. Diese Erweiterung indes fordert ihren Preis, da der Eigensinn des Temperaments ebenso bestimmte Beobachtungen ausschließt, wie er andere erst ermöglicht. Der *humour* entdeckt und verdeckt zugleich. Von diesen Auswirkungen ihrer Eigenheit wissen die Figuren jedoch vergleichsweise wenig. Sie

---

[62] *Humphry Clinker*, II, p. 2.

ist nur dem Leser offenkundig, der die gesamte Brieffolge überblickt und daher die temperamentsbedingte Begrenzung der einzelnen Charaktere kennt. Nahezu jeder Brief schildert eine Situation, die von der Figur durch ihr Urteil oder eine sie charakterisierende Motivation in einem bestimmten Augenblick arretiert und somit zu einer individuellen Ansicht verkürzt wird. Meistens enthalten die darauf folgenden Briefe eine Korrektur dieser Perspektive, indem sie das einseitige Bild ergänzen oder in Frage stellen – allerdings um den Preis einer im Grunde genauso begrenzten Vorstellung der weitgehend identischen Situation.

Für den Leser zieht sich die Brieffolge zu einer Teleskopierung solcher Situationen zusammen, in denen die Charaktere sich selbst und ihre Umwelt paradoxerweise dadurch verdeutlichen, daß sie alles aus einer perspektivischen Verkürzung sehen. Damit wächst dem Leser die Aufgabe der Koordination zu; er allein verfügt über die vollkommenste Information, die ihm allerdings nicht direkt geboten wird, denn er gewärtigt nur die verschiedenen Blickpunkte der Beobachtung, die sich in seiner Vorstellung überlagern. Sorgt die Einseitigkeit der Blickpunkte für eine scharfe Kontur der registrierten Umwelt, so geschieht in ihrer Überblendung eine ständige Relativierung des perspektivisch gebundenen Sehens. Diese Wechselbeziehung von Arretierung und Entgrenzung setzt sowohl die Eigenart der Figuren als auch das Erfahren von Wirklichkeit in den Nachvollzug des Lesers um.

In dieser Hinsicht muten die knapp ein Jahrzehnt vor dem Erscheinen von Smolletts Roman entwickelten Gedanken von Lord Kames über *Narration and Description* fast wie ein Kommentar zu *Humphry Clinker* an: "In narration as well as in description, objects ought to be painted so accurately as to form in the mind of the reader distinct and lively images ... The force of language consists in raising complete images; which have the effect to transport the reader as by magic into the very place of the important action, and to convert him as it were into a spectator, beholding every thing that passes ... Writers of genius, sensible that the eye is the best avenue to the heart, represent every thing as passing in our sight; and, from readers or hearers, transform us as it were into spectators: a skilful writer conceals himself, and presents his personages: in a word, every thing becomes dramatic as much as possible".[63] Diese Verwandlung des Lesers in den Zuschauer – von Kames als höchste Qualität der erzählenden und beschreibenden Literatur benannt – wird in *Humphry Clinker* durch das Zusammenwirken der verschiedensten Formen geleistet: Vom fugenlosen Kombinieren der drei Romanmodelle über die wechselseitige Durchdringung von Figur und Welt bis hin zur Teleskopierung der perspektivisch arretierten Beobachtung in den einzelnen Briefen zeigt *Humphry Clinker* eine differenziert gegliederte Anschaulichkeit des menschlichen Verhaltens sowie der Erscheinung der Welt. Je weniger die Darstellung des Menschen und seiner Umwelt im Roman ideell besetzt ist, desto vielfältiger müssen die Formen und die Art ihres Zusammenspiels sein, damit das Weltverhältnis des Menschen in seinen Bedingungen und in seiner Bedingtheit anschaulich werden kann. Smollett arbeitet in *Humphry Clinker* nur noch mit Minimalvoraussetzungen, wenn er

---

[63] Henry Home of Kames, *Elements*, II, p. 291 f. u. 312. E. L. Tuveson, *The Imagination as a Means of Grace. Locke and the Aesthetics of Romanticism*, Berkeley and Los Angeles 1960, p. 153, sagt von den *Elements*, dieses Werk "was to be the textbook of aesthetic theory for some time." In diesem Zusammenhang ist auch Scotts Urteil über Smolletts Kunst beachtenswert: "It is, however, chiefly in his profusion, which amounts almost to prodigality, that we recognise the superior richness of Smollett's fancy. He never shows the least desire to make the most either of a character, or a situation, or an adventure, but throws them together with a carelessness which argues unlimited confidence in his own powers. Fielding pauses to explain the principles of his art, and to congratulate himself and his readers on the felicity with which he constructs his narrative, or makes his characters evolve themselves in its progress. These appeals to the reader's judgment, admirable as they are, have sometimes the fault of being diffuse, and always the great disadvantage, that they remind us we are perusing a work of fiction; and that the beings with whom we have been conversant during the perusal, are but a set of evanescent phantoms, conjured up by a magician for our amusement. Smollett seldom holds communication with his readers in his own person. He manages his delightful puppet-show without thrusting his head beyond the curtain, like Gines de Passamont, to explain what he is doing; and hence, besides that our attention to the story remains unbroken, we are sure that the author, fully confident in the abundance of his materials, has no occasion to eke them out with extrinsic matter."Sir Walter Scott, *The Miscellaneous Prose Works*, III, Paris 1837, p. 94 f.

seine wichtigsten Charaktere als *humours* konzipiert und sie allenfalls noch mit Figuren umstellt, die durch ihren sozialen Status bestimmt sind. Sonst aber bleibt es eine beherrschende Tendenz dieses Romans, alle aus dem Arsenal der Formen aufklärerischer Prosa gegriffenen Modelle von ihrer jeweiligen Bedeutung zu entlasten, um sie der auf verstärkte Anschaulichkeit gerichteten Intention dienstbar zu machen.

So entsteht aus der Formenkombination eine neue imaginative Einheit, die in ihrer unauflösbaren Doppelsinnigkeit ihre ästhetische Qualität besitzt. *Humphry Clinker* ist weder als eine Darstellung menschlicher Charaktere noch als eine solche topographischer und historischer Wirklichkeit des 18. Jahrhunderts ausschließlich zu lesen; denn der Charakter wird nur deutlich durch die Art, in der ihm die Wirklichkeit erscheint, und diese wiederum gewinnt nur Umriß im subjektiven Reflex der Figur. Wenn Charakter und Wirklichkeit sich in ihrer spiegelbildlichen Bedingtheit ergänzen, wodurch die Figur ihr unverwechselbares Profil erhält und die Realität in ihrem Wahrgenommenwerden sich zu einer Folge von Situationen ordnet, so ist damit angezeigt, daß weder Charakter noch Wirklichkeit einem gesetzten Prinzip gehorchen, das sie zu illustrieren hätten. Doch gerade deshalb stellt sich die Frage nach der Art der Beziehung, die das Zusammenspiel von Figur und Welt interpretiert. Die Antwort darauf gründet in der humoristischen Behandlung der Situationen.

Obwohl die Erzählung die Welt nur in den Brechungen subjektiver Reflexe vermittelt, ist die Beziehung von Welt und Figur nicht als ein Widerspruchsverhältnis begriffen. Im Gegenteil: Erst die wechselseitige Ausprägung des einen im anderen evoziert die Vorstellung einer Ganzheit. Doch gerade angesichts dieser unaufhebbaren Verbindung wird deutlich, daß das Medium der wechselseitigen Ausprägung keineswegs ideal ist. Der in seinen *humour* eingeschlossene Charakter hat gerade dieses Eingeschlossensein zur Voraussetzung seiner Wahrnehmung, ja sogar seiner Erkenntnis; die so gesehene Wirklichkeit muß daher zwangsläufig als eine Binnenwelt erscheinen. Gleichzeitig aber sind alle Äußerungen des Charakters durch die Welt bedingt, auf die er wenig Einfluß hat.

Dieser Sachverhalt wird im Roman besonders dort greifbar, wo der Charakter moralisch handeln möchte. Humphry Clinkers spontaner Entschluß, seinen vermeintlich ertrinkenden Herrn zu retten, führt durch die Umstände dazu, daß Bramble fast ein Ohrenleiden davonträgt, in jedem Falle aber zum Gespött der Leute wird, die sich über das nackte, am Ohr ans Land gezogene 'Ungeheuer' mokieren.[64] So kommen die Motive der Charaktere niemals rein zur Auswirkung, genauso wenig wie die ausschnittartige Verkürzung des Wirklichen mit dessen Ganzheit identisch ist. Der Charakter ist potentiell mehr, als er zu zeigen vermag, und das Wirkliche ist umfassender als seine binnenweltliche Erscheinung. Dieser Eindruck indes entsteht für den Leser erst im Kontinuum der dargestellten Situationen, durch das ihm die toten Winkel perspektivisch zersplitterter Ereignisse und die von der Empirie verdrängten Motive der einzelnen Figuren erschlossen werden.

Eine solche Einsicht bleibt nicht ohne Rückwirkung auf die einzelnen Situationen. Gerade weil der gesamte Erzählvorgang als Hintergrund der Szenen die jeweils abgeschirmten Aspekte für die Vorstellung des Lesers öffnet, gewinnen die vielen einseitigen Urteile der Figuren vor allem wegen ihrer unbefragten Entschiedenheit ein phantastisches Moment. Das Kontinuum der Situationen bildet als Spur des Autors im Geschehen einen unübersehbaren Kontrast zu jedem einzelnen Brief, der auf diesem Hintergrund jeweils erkennen läßt, was durch die getroffenen Feststellungen verdeckt wird und wo die Einseitigkeit der individuellen Sehgewohnheiten phantastisch zu werden beginnt. Eine solche Verklammerung jedes einzelnen Ereignisses mit dem Kontinuum der Situationen wird zur Basis des Humors, da die gesamte Korrespondenz jeden einzelnen Brief als doppeldeutig erscheinen läßt. Die in der perspektivischen Sicht verdeckten Aspekte der Ereignisse werden insoweit angezeigt, als die einseitige Wiedergabe der Beobachtung eine Beimischung des Phantastischen enthält. Dadurch sind im Brief das Gesehene und das Abgeschirmte gleichermaßen gegenwärtig, so daß die Brieffolge den Gegensatz zum Verschwinden bringt, der zwischen der nicht abschätzbaren Vielfalt des gelebten Lebens und der zwangsläufig begrenzten Form seiner Darstellung besteht.

---

[64] Vgl. *Humphry Clinker*, II, p. 7 ff.

V

So bezeugt sich in der humoristischen Tendenz des Romans, daß das von Smollett entworfene Geschehen nicht eine ideell orientierte Wirklichkeit abbildet, sondern eine Vorstellung der menschlichen Erfahrungswirklichkeit suggeriert. Der Text bietet die gezeigte Wirklichkeit als vielfältig perspektivierte Überlagerung von Romanformen, Charakteren und Situationen. Diese Überblendung deutet verschiedene Beziehungen der gebotenen Ausschnitte an, die allerdings nicht ausformuliert sind und sich erst in der Vorstellung des Lesers zu einem Gesamtbild runden können. Es ist daher nur folgerichtig, wenn die einzelnen Formen und Elemente, die hier miteinander kombiniert sind – Brief, Reisebericht, Abenteuerroman, *humour* und topographische Lokalitäten – eine Minderung ihrer ursprünglich in der Romantradition des 18. Jahrhunderts erkennbaren Bedeutung erfahren, weil sie erst dadurch für neue Möglichkeiten der Beziehung frei werden. Diese Verlagerung von der *representation* zur *suggestion* zeigt an, daß die Romanwirklichkeit des *Humphry Clinker* nicht mehr als Darstellung einer gesetzten Bedeutung zu verstehen ist; vielmehr soll durch das Zusammenspiel der Formen und Elemente dem Leser eine Vorstellung von der menschlichen Erfahrungswirklichkeit suggeriert werden. Die Kompositionstechnik des Romans läßt sich als Anweisung für die Vorstellung von Realität begreifen, und es ist sicherlich nicht zufällig, daß *Humphry Clinker* und *Tristram Shandy*,[65] die am Ende der aufklärerischen Romantradition stehen, durch ihre differenzierte Kompositionstechnik den Leser zu einer verstärkten Mitwirkung am Vollzug des Romangeschehens nötigen.

Die Verschiebung des Interesses von der *representation* zur *suggestion* besitzt in der ästhetischen Diskussion des späten 18. Jahrhunderts eine historische Parallele,[66] und auch das Zusammenwirken

---

[65] Vgl. hierzu V. Lange, "Erzählformen im Roman des Achtzehnten Jahrhunderts", *Anglia*, 76 (1958), p. 130 ff.

[66] Vgl. hierzu Bate, p. 119 f.; Dugald Stewart, *Elements of the Philosophy of the Human Mind*, I, London ⁵1814, p. 504, schreibt: "But to be

der Formen in *Humphry Clinker* erinnert zumindest an den von der Assoziationspsychologie des 18. Jahrhunderts beschriebenen Wahrnehmungsmodus. Bate hat ihn einmal wie folgt charakterisiert: "The associative capacity, interrelating as it does all functions and faculties of thought, is also aware of whatever added character its object assumes from any relationships or analogies it may have with other specific phenomena: it comprehends, in other words, that pertinent arrangement, interconnection, or mutual influence of various particulars which, in the aesthetic realm, comprises fitness, design, pattern, or, in a larger sense, form." [67] Eine solche Form aber erfüllt sich erst, wenn sie die Einbildungskraft anstößt, diese in bestimmte vorbedachte Richtungen lenkt und ihr dabei doch einen gewissen Spielraum gewährt, in dem die suggerierten Impulse eine jeweils individuelle Gestalt gewinnen können,[68] denn erst dadurch kommt die suggerierte Realität zur vollen Verwirklichung. Genau diesen Vorgang beschreibt Dugald Stewart in seiner Analyse der *Imagination*, die er in den 1792 veröffentlichten *Elements of the Philosophy of the Human Mind* gegeben hat. Sie bildet den Kulminationspunkt der traditionellen Theorie über die Einbildungskraft im 18. Jahrhundert.[69] Stewart entstammt der schottischen Common-Sense School,

---

understood, is not the sole object of the poet: his primary object, is to please; and the pleasure which he conveys will, in general, be found to be proportioned to the beauty and liveliness of the images which he suggests."

[67] Bate, p. 122.

[68] In diesem Zusammenhang ist die von Hume in seinem Essay *Of the Standard of Taste* getroffene Feststellung beachtenswert: "Among a thousand different opinions which different men may entertain of the same subject, there is one, and but one, that is just and true; and the only difficulty is to fix and ascertain it. On the contrary, a thousand different sentiments, excited by the same object, are all right: Because no sentiment represents what is really in the object. It only marks a certain conformity or relation between the object and the organs or faculties of the mind; and if that conformity did not really exist, the sentiment could never possibly have being. Beauty is no quality in things themselves: It exists merely in the mind which contemplates them; and each mind perceives a different beauty." David Hume, *The Philosophical Works*, III, ed. by T. H. Green and T. H. Grose, London 1882, p. 268.

[69] So Tuveson, p. 180; vgl. dazu ferner M. H. Abrams, *The Mirror and the Lamp* (Norton Library), New York 1958, p. 161.

die in Smolletts Werk viele Spuren hinterlassen hat.[70] In den *Elements* heißt es: "When the history or the landscape Painter indulges his genius, in forming new combinations of his own, he vies with the Poet in the noblest exertion of the poetical art: and he avails himself of his professional skill, as the Poet avails himself of language, only to convey the ideas in his mind. To deceive the eye by accurate representations of particular forms, is no longer his aim; but, by the touches of an expressive pencil, to speak to the imaginations of others. Imitation, therefore, is not the end which he proposes to himself, but the means which he employs in order to accomplish it: nay, if the imitation be carried so far as to preclude all exercise of the spectator's imagination, it will disappoint, in a great measure, the purpose of the artist.

In Poetry, and in every other species of composition, in which one person attempts, by means of language, to present to the mind of another, the objects of his own imagination; this power is necessary, though not in the same degree, to the author and to the reader. When we peruse a description, we naturally feel a disposition to form, in our own minds, a distinct picture of what is described; and in proportion to the attention and interest which the subject excites, the picture becomes steady and determinate. It is scarcely possible for us to hear much of a particular town, without forming some notion of its figure and size and situation; and in reading history and poetry, I believe it seldom happens, that we do not annex imaginary appearances to the names of our favourite characters. It is, at the same time, almost certain, that the imaginations of no two men coincide upon such occasions; and, therefore, though both may be pleased, the agreeable impressions which they feel, may be widely different from each other, according as the pictures by which they are produced are more or less happily imagined".[71] Damit die varia-

---

[70] Vgl. dazu Goldberg, bes. p. 1 ff.

[71] Stewart, *Elements*, I, p. 492 f. Übrigens hat Stewart auch Lord Kames' *Elements of Criticism* gut gekannt und die Bedeutung dieses Buches entsprechend gewürdigt: "The active and adventurous spirit of Lord Kames, here, as in many other instances, led the way to his countrymen (d. h. den schottischen Philosophen und Kritikern); and, due allowances being made for the novelty and magnitude of his undertaking, with a success far grea-

blen Vorstellungsmöglichkeiten der Einbildungskraft freigesetzt werden können, darf die *imitation* nur noch als eine Illusionswirkung, nicht aber als das Ziel der Dichtung begriffen werden. Die *new combinations* fordern die Mitwirkung des Lesers, die in Smolletts Roman insoweit einkalkuliert ist, als die einzelnen Formen auf spezifische Lesererwartungen bezogen sind. Der Brief, der Reisebericht, der pikareske Roman und die *humours* als Elementarbestände des Romans im 18. Jahrhundert knüpfen die Verbindung zu den Lesergewohnheiten. Durch ihr Zusammenspiel gewärtigt der Leser Bekanntes in neuer Zuordnung, die eine differenzierte Vorstellung der menschlichen Erfahrungswirklichkeit bewirkt.

Humphry Clinker zeigt damit bereits deutliche Umrisse des im realistischen Roman des 19. Jahrhunderts zur vollen Entfaltung gebrachten Vermittlungsmodells, mit dem Unterschied allerdings, daß die von Smollett für die Kombination verwendeten Formen noch eine stärkere inhaltliche Füllung besitzen, als dies für die wesentlich technischer verstandenen Vermittlungsformen im Roman des 19. Jahrhunderts zutrifft. Das zunehmende Raffinement der Erzähltechnik als Möglichkeit, die Vorstellung des Lesers zu beeinflussen, ist dafür nur ein Beispiel. Solche Verschiedenheiten indes berühren nicht die angedeutete Gemeinsamkeit, denn der in *Humphry Clinker* erkennbare Grundriß des Vermittlungsmodells, bestimmte Lesererwartungen durch Formen zu antizipieren, um dann in ihrer Überlagerung eine vielfältig perspektivierte Sicht des Wirklichen zu entwerfen, kehrt im realistischen Roman des 19. Jahrhunderts wieder. Dieser Sachverhalt birgt eine wichtige ästhetische Implikation, die im hier beschriebenen Vermittlungsmodell zwar enthalten, jedoch nicht aktualisiert ist. Deshalb sei abschließend nur auf sie hingewiesen.

---

ter than could have been reasonably anticipated. The *Elements of Criticism*, considered as the first systematical attempt to investigate the metaphysical principles of the fine arts, possesses, in spite of its numerous defects both in point of taste and of philosophy, infinite merits, and will ever be regarded as a literary wonder by those who know how small a portion of his time it was possible for the author to allot to the composition of it, amidst the imperious and multifarious duties of a most active and useful life." Dugald Stewart, *Collected Works*, I, ed. by Sir William Hamilton, Edinburgh 1877, p. 463.

Die Betrachtung hat gezeigt, daß die Überlagerung der Formen aus den genannten Gründen mehr oder minder fugenlos geschieht; eine mangelnde Verklammerung läßt daher eher ein Mißlingen der gesuchten Verbindung als eine ausgesprochene Absicht erkennen. Es ist aber nun der Fall denkbar, daß die Formen bewußt in ein Interferenzverhältnis gebracht werden. Dann wird sich die Darstellungsintention des Romans radikal ändern, da die Interferenz der Formen gerade die sonst aus ihrem Zusammenspiel aufgebaute Illusionswirkung vernichten wird. Statt eine perspektivierte Vorstellung von Wirklichkeit zu evozieren, wird die Interferenz der Formen eine eigene semantische Realität aufbauen, die sich dem Leser allenfalls durch Interpretation erschließt. Doch das ist ein Problem des modernen Romans.

MÖGLICHKEITEN DER ILLUSION
IM HISTORISCHEN ROMAN

Sir Walter Scotts *Waverley*

I

Der englische Roman der Frühaufklärung gründet seinen Wahrheitsanspruch auf die Behauptung, daß die Erzählung eine verläßliche
Wiedergabe des Selbsterlebten darstelle. Was immer Robinson
Crusoe von den sonderbaren Ereignissen berichtet, die sich zur
abenteuerlichen Folge seines Lebens aneinanderreihen: sie sind *all
historical and true in fact*.[1] Eine solche Rechtfertigung verweist auf
den Ursprung dieser Romanform, die aus den *conduct books* des
Dissents herausgewachsen ist.[2] Dort war die protokollarische Aufzeichnung des Selbsterlebten an der *certitudo salutis* orientiert, die
in Defoes *Robinson Crusoe* insofern noch als verweltlichte Spur
nachweisbar ist, als sich der Held durch das Umgestalten seiner
Inselwelt die Sicherung seiner Existenz schaffen muß. Die Wirklichkeit wird zur Herausforderung und zeigt durch ihren bedrohlichen
Charakter noch einen christlichen Reflex, der allerdings nicht mehr
als Verführung des Menschen durch die Welt, sondern als Möglichkeit der Bewährung interpretiert wird. Defoes Robinson ertrotzt sich
durch die Arbeit das Überleben auf einsamer Insel, und Richardsons
Pamela versichert sich ihres Glücks durch die bewahrte Tugend in
einer Wirklichkeit, die sich als fortwährende Versuchung darbietet.
Icherzählung und Briefform bilden die Darstellungsmodi, durch die
der Wahrheitsanspruch des Selbsterlebten anschaulich gemacht werden soll.

---

[1] Daniel Defoe, *Serious Reflections during the Life and Surprising
Adventures of Robinson Crusoe with his Vision of the Angelic World.
Romances and Narratives*, ed. by George A. Aitken, London 1895, vol. III,
p. XI.
[2] Vgl. hierzu immer noch Emma Danielowski, *Die Journale der frühen
Quäker*, Berlin 1921 u. Herbert Schöffler, *Protestantismus und Literatur*,
Leipzig 1922, p. 151 ff.

Damit beginnt die Form des Romans, die Wahrscheinlichkeit des Dargestellten stärker zu verbürgen; die Bedeutung der Form wächst in dem Maße, in dem die kalvinistische *certitudo salutis* in ökonomische oder moralische Postulate umgewandelt wird, wie es die frühen Romane von Defoe und Richardson erkennen lassen.

Die Fiktion des Selbsterlebten als Rechtfertigung für die Wahrheit des tugendhaften Verhaltens erwies sich jedoch bald als unzureichend, so daß Henry Fielding den von Richardson erhobenen Anspruch als Verstellung des Menschen begriff. Fielding sah in *Pamela* nicht nur die 'Seelenprotokolle' der bewahrten Tugend in einer als Bedrohung verstandenen Wirklichkeit, sondern vor allem den Versuch einer verschmitzten Domestike, nicht allein die Geliebte eines Adeligen zu werden, sondern sich durch die Heirat mit ihm in den Besitz seines gesamten Vermögens zu bringen. Diese in zwei Parodien entfaltete Kritik Fieldings [3] verdeutlicht, daß er nicht mehr an die durchgängige Stilisierung des Menschen durch moralische Postulate glaubte. Versuchte Richardson mit der Briefform, die das menschliche Seelenleben durchsichtig macht,[4] gerade die Wahrscheinlichkeit des tugendhaften Verhaltens zu sichern, so gewahrte Fielding in diesem Versuch eine raffinierte Lüge, die ganz auf taktische Zwecke zugeordnet ist. Damit wird das enge Verhältnis von Thema und Form des Romans gleich zu Beginn des 18. Jahrhunderts offenkundig. Fielding folgerte daraus, er selbst sei erst eigentlich der Begründer einer *new province of writing*,[5] deren Gesetze er allein zu entwerfen gedenke.[6] So sah er sich genötigt, die Prinzipien des Romans zu formulieren und immer wieder zu überdenken, wie es die *Initial Essays*, die er den einzelnen Büchern seiner Romane voranstellte, bezeugen. In ihnen spiegelt sich Fieldings Auseinandersetzung mit der klassischen Tradition, durch die der aufklärerische

---

[3] Vgl. Henry Fielding, *An Apology for the Life of Mrs. Shamela Andrews*, ed. by Sheridan W. Baker, Jr., Berkeley and Los Angeles 1953, sowie die Anspielungen in Henry Fielding, *The History of the Adventures of Joseph Andrews and his Friend Mr. Abraham Adams*, Book I, 1–10.

[4] Vgl. dazu Ian Watt, *The Rise of the Novel*, London 1957, p. 191 ff.

[5] Henry Fielding, *The History of Tom Jones*, II, 1 (Everyman's Library), London 1909, p. 39.

[6] Ibid.

Roman in einen von Defoe und Richardson unterschiedenen Überlieferungszusammenhang gerückt wird.

Fielding beschwört in einer dem antiken Musenanruf ironisch nachgebildeten *Invocation* in *Tom Jones* [7] die Leitbilder seiner Darstellung. Durch die Parodie des Musenanrufs grenzt er sich bewußt von der Topik epischen Wissens ab, über das er nicht mehr verfügt. Da er aber zugleich neue Provinzen des Erzählens erschließen will, ist es notwendig, diesen Anspruch durch das Benennen der wichtigsten Faktoren konkret zu machen, die zur Bildung der neuen Form zusammenwirken müssen.

> First, Genius; thou gift of Heaven; without whose aid in vain we struggle against the stream of nature. Thou who dost sow the generous seeds which art nourishes, and brings to perfection. Do thou kindly take me by the hand, and lead me through all the mazes, the winding labyrinths of nature. Initiate me into all those mysteries which profane eyes never beheld. Teach me, which to thee is no difficult task, to know mankind better than they know themselves. Remove that mist which dims the intellects of mortals, and causes them to adore men for their art, or to detest them for their cunning, in deceiving others, when they are, in reality, the objects only of ridicule, for deceiving themselves. Strip off the thin disguise of wisdom from self-conceit, of plenty from avarice, and of glory from ambition. [8]

Genius zeigt hier noch die Bedeutung von 'ingenium', das als Fähigkeit des Findens und des Unterscheidens auf eine Orientierung an der klassischen Poetik hinweist. Wenn es Aufgabe des *Genius* ist, im Labyrinth der Natur zwischen dem Schein und den 'Wesensformen' der Dinge zu differenzieren, so ist damit angedeutet, daß die Erscheinungsfülle der Natur den Blick auf die *mysteries*, die alles konstituieren, eher verdeckt als freigibt. Da der Roman die Darstellung menschlicher Erfahrung zum Ziel hat, sah sich Fielding genötigt, die erfahrbare Wirklichkeit aufzuwerten, gleichzeitig aber auch die Prinzipien menschlichen Verhaltens deutlich zu machen. *Stream of nature* und *labyrinth of nature* kennzeichnen als metaphorische Wendungen eine Wirklichkeit, die sich den Prinzipien des Begrei-

---

[7] Fielding, *Tom Jones*, XIII, 1, p. 156 ff.
[8] Ibid., p. 157.

fens, wie sie die klassische Poetik entwickelt hatte, zu entziehen beginnt. Fielding versucht jedoch noch einmal, die klassische Möglichkeit des Erkennens von Natur zu aktivieren. Deshalb muß er jene Formen stärker präzisieren, die *Genius* ihm entdecken soll.

So ruft er *Humanity* an, einen Sammelbegriff derjenigen Tugenden, die die 'Wesensform' des menschlichen Verhaltens bilden. Es sind dies: *tender sensations, disinterested friendship, melting love, generous sentiment, ardent gratitude, soft compassion* und *benevolence*.[9] Zu ihrer Legitimation dienen Fielding *Learning* und *Experience*.

Learning als Wissen schafft die Voraussetzung für das Wirken von *Genius, for without thy assistance nothing pure, nothing correct, can genius produce*.[10] Diese Koppelung zeigt, daß *Genius* noch als Fähigkeit des Findens, nicht aber schon als die des Schaffens verstanden ist, da das Wissen als Kenntnis der klassischen Überlieferung die Modelle bereitstellt, die *Genius* angesichts der Vielfalt des Wirklichen als 'Wesensformen' des wahren Verhaltens dem Dichter entdecken muß. *Learning* als Vertrautheit mit den Alten verbürgt das Wissen um die Normen der menschlichen Wirklichkeit.

Dieser Verpflichtung auf die klassische Nachahmung steht schließlich, mit der Anrufung von *Experience*, eine neuartige Qualität für die exemplarische Menschendarstellung des Romans gegenüber:

> Lastly, come Experience, long conversant with the wise, the good, the learned, and the polite. Nor with them only, but with every kind of character, from the minister at his levee, to the bailiff in his spunging-house; from the dutchess at her drum, to the landlady behind her bar. From thee only can the manners of mankind be known; to which the recluse pedant, however great his parts or extensive his learning may be, hath ever been a stranger.[11]

Die hier apostrophierte Erfahrung erweist sich als Quell einer Anschauungsfülle, die sich jenseits der Gelehrsamkeit erstreckt, und die vor allem nicht mehr aus der Tätigkeit der Tugend ableitbar ist. So bietet sich in der Erfahrung erst jenes Moment der Menschendar-

---

[9] Ibid., p. 157 f.
[10] Ibid., p. 158.
[11] Ibid.

stellung, das sich der moralischen Bestimmbarkeit entzieht und das Sosein des Menschen offenkundig macht. Durch diese moralisch nicht mehr klassifizierbaren *manners* entsteht die Wirklichkeitsgebundenheit der Romanfiguren, die der Welt verhaftet, wenn nicht gar verfallen sind, obgleich sie sich aufgerufen fühlen, in der Auseinandersetzung mit ihr erst zu ihrem wahren Verhalten zu finden. Die *manners* sind dann ein Zeugnis dafür, wie sehr die 'Wesensformen' des Menschen, die Fielding als *Humanity* apostrophierte, verschleiert werden können, so daß oftmals das moralische Verhalten verdunkelt wird. Doch die als *Experience* umschriebene Vielfalt der menschlichen Wirklichkeit bildet die Voraussetzung dafür, das Wirken der Tugend zu beobachten.

Damit ist das Wechselverhältnis aufgedeckt, das zwischen Erfahrung und moralischer 'Wesensform' des Menschen in Fieldings Romanen besteht. Was *Genius* entdeckt, *Humanity* fordert und *Learning* bereitstellt, muß im Horizont einer wertfreien Erfahrung seine Geltung erweisen. Erst dadurch gewinnen die moralischen Normen ihre Wahrscheinlichkeit. Fieldings Romane folgen den Forderungen der *imitatio naturae* nur noch insoweit, als sie bestimmte Verhaltensnormen durch ihre Helden zur Darstellung bringen; die Erfahrung hingegen konstituiert sich als ein eigener Bereich, der nicht mehr aus moralischen Axiomen ableitbar ist. Doch erst wenn sich die Tugenden der Fieldingschen Helden im Raum der Erfahrung erprobt und durchgesetzt haben, werden sie wahrscheinlich. Tom Jones als *mixed character* [12] bezeugt dieses Zusammenwirken von Tugend und Erfahrung am deutlichsten. Wenngleich Fielding daran glaubte, daß sich die Tugend am Ende immer als siegreich erweisen werde, ist nicht zu verkennen, daß sie ihre Legitimation nicht mehr in sich selber trägt, sondern erst in der Auseinandersetzung mit erfahrbarer Wirklichkeit erlangt. Wie problematisch die Verbürgung der Tugend durch die Erfahrung werden kann, zeigt bereits Fieldings letzter Roman *Amelia,* in dem das moralische Verhalten angesichts der Erfahrung streckenweise töricht wirkt und nur durch sonderbare Rettungen seine Bedeutung wiedererlangen kann.

---

[12] Watt, p. 271 ff., bezieht diese Doppelheit des Charakters auf die aristotelischen Kriterien, denen der Held genügen muß.

Die vielgelobte Kunst der Fieldingschen Romane gründet in dem ausgewogenen Zusammenspiel von Tugend und Erfahrung, deren wechselseitige Bedingung im Laufe des 18. Jahrhunderts verändert worden ist. Der Fieldingsche Ansatz enthält bereits die Möglichkeit einer zunehmenden Emanzipation der erfahrbaren Wirklichkeit von ihrer Zuordnung auf die Entfaltung der Tugend. Was Fielding als *Experience* umschrieb, wird am Ende des 18. Jahrhunderts zum Thema des Romans; die empirische Wirklichkeit ist nicht mehr Objekt, sondern wird Subjekt der Darstellung. Bei Scott ist diese Wandlung vollendet.

II

Scott reflektiert im *General Preface* zu jener langen Reihe historischer Romane, die als *Waverley Novels* bekannt sind, über seine Position als Erzähler. Diese Überlegungen zielen auf eine Verdeutlichung seines Vorhabens ab, das nicht mehr im Sinne Fieldings durch die Benennung moralischer Normen zu veranschaulichen ist. Scott nimmt vielmehr seine eigene Erfahrung als Leitfaden, um die kuriose Neuerung zu erklären, die sich mit dem historischen Roman für das öffentliche Bewußtsein am Beginn des 19. Jahrhunderts bekundet. Den Ausgangspunkt seines Bemühens skizziert Scott im *General Preface* wie folgt:

> I had nourished the ambitious desire of composing a tale of chivalry, which was to be in the style of the Castle of Otranto, with plenty of Border characters and supernatural incident.[13]

Mit diesem Programm knüpft Scott an eine Romanform an, die sich als spezifisches Produkt der Auseinandersetzung mit dem moralisch orientierten Roman der Aufklärung gebildet hatte. Im Schauerroman gewinnt das Wunderbare seine Bedeutung zurück, das die *novels* des 18. Jahrhunderts ganz entschieden tilgen wollten. Fielding war bei

---

[13] Sir Walter Scott, *Waverley* (The Nelson Classics), p. XIII.

der Präzisierung seiner Position noch darauf bedacht gewesen, das
Formprinzip seines Romans aus der Abgrenzung gegenüber dem
Wunderbaren heroischer Romanzen zu gewinnen:

> ... I would by no means be thought to comprehend those persons of
> surprising genius, the authors of immense romances, or the modern
> novel and Atalantis writers; who, without any assistance from nature or
> history, record persons who never were, or will be, and facts which never
> did, nor possibly can, happen; whose heroes are of their own creation,
> and their brains the chaos whence all their materials are selected.[14]

In dieser Scheidung wird das Wunderbare aus der Darstellung des
Menschen im Roman ausgeklammert. Im Schauerroman des 18. Jahrhunderts hingegen kehrt das Übernatürliche und Phantastische wieder, wie es sich in dem von Scott zitierten *Castle of Otranto* von
Horace Walpole bezeugt.

Diese Aktivierung des Wunderbaren indes diente im Schauerroman
einem bestimmten Zweck, den Walpole im Vorwort zur 2. Auflage
des *Castle of Otranto* wie folgt beschrieben hat:

> Desirous of leaving the powers of fancy at liberty to expatiate through
> the boundless realms of invention, and thence of creating more interest-
> ing situations, he (d. h. der Autor) wished to conduct the mortal agents
> in his drama according to the rules of probability; in short, to make
> them think, speak, and act, as it might be supposed mere men and
> women would do in extraordinary positions. He had observed, that, in
> all inspired writings, the personages under the dispensation of miracles,
> and witnesses to the most stupendous phenomena, never lose sight of
> their human character.[15]

Walpole zeigt sich bemüht, durch die Einführung des Wunderbaren
in das Romangeschehen Situationen zu schaffen, die neuartige Reaktionen des Menschen erkennen lassen. Diese Vermehrung interessan-
ter Situationen und die dadurch bewirkte Differenzierung des
menschlichen Verhaltens entsprangen der Absicht, den alten und

---

[14] Henry Fielding, *Joseph Andrews* (Everyman's Library), London 1948,
p. 143.
[15] Horace Walpole, *The Castle of Otranto and the Mysterious Mother*
(Constable's Edition), ed. by Montague Summers, London 1924, p. 14.

neuen Roman miteinander zu verbinden.[16] In den alten Romanen, so meint Walpole, herrsche die *imagination*, doch ihre Handlung erweise sich als unwahrscheinlich. Im neuen Roman hingegen fehle es zwar nicht an *Invention*, die Orientierung an der Natur aber enge die Entfaltung der *imagination* ein. Walpole will nun diese *strict adherence to common life* durchbrechen, um in der Wiedereinführung des Wunderbaren den begrenzten Handlungsraum des Romans zu erweitern. Nur so scheint es ihm möglich, Verhaltensformen des Menschen sichtbar zu machen, die der moralistisch orientierte Roman der Aufklärung verdeckt hatte. Die Wahrscheinlichkeit des Außergewöhnlichen bleibt Walpoles erklärtes Ziel.[17]

Durch diese Absicht wurde der Schauerroman für Scott interessant; in der Verbindung von *Border characters* und *supernatural incident* sind die Voraussetzungen für den Wirkungsmechanismus erkennbar, durch den Walpole eine Differenzierung und Erweiterung der menschlichen Reaktionsmöglichkeiten anstrebte. Die Vielzahl von *supernatural incident* soll auch für Scott die Entgrenzung des Natürlichen bewirken, deren Folgen er dann allerdings im Horizont historisch nachweisbarer Figuren aufzeigen wollte. Scott bekennt, daß er diesem Vorhaben bald eine andere Wendung gegeben habe,[18] indem er, durch seine zunehmende Beschäftigung mit den folklori-

---

[16] Vgl. ibid., p. 13 f. Zu dem von Walpole hier getroffenen Unterschied vgl. ferner Clara Reeve, *The Progress of Romance*, ed. by Esther M. McGill, New York 1930, p. 111: "The Romance is an heroic fable, which treats of fabulous persons and things. – The Novel is a picture of real life and manners, and of the times in which it is written. The Romance in lofty and elevated language, describes what never happened nor is likely to happen. – The Novel gives a familiar relation of such things, as pass every day before our eyes, such as may happen to our friend, or to ourselves; and the perfection of it, is to represent every scene, in so easy and natural a manner, and to make them appear so probable, as to deceive us into a persuasion (at least while we are reading) that all is real, until we are affected by the joys or distresses, of the persons in the story, as if they were our own." Vgl. auch John Colin Dunlop, *History of Prose Fiction*, ed. by Henry Wilson, London 1898, vol. I, p. 1.

[17] Vgl. Walpole, p. 14.

[18] Vgl. Scott, *Waverley*, p. XIII; vgl. dazu ferner Sir Herbert Grierson, *History and the Novel: Sir Walter Scott Lectures 1940–1948*, Edinburgh 1950, p. 37.

stischen und historischen Aspekten Schottlands, das Übernatürliche durch das Geschichtliche ersetzte. Damit war gleichzeitig ein höherer Grad von Wahrscheinlichkeit für die Variationsmöglichkeiten der menschlichen Reaktionen gesichert, als Walpole sie je zu erreichen vermochte. Die Geschichte verbürgte die oft stark individualisierten und auch einmaligen Verhaltensweisen des Menschen als wahrscheinlich; sie eröffnete darüber hinaus den Blick auf eine noch größere Vielfalt der Situationen, als sie das Wunderbare je erzeugen konnte. So führte Scotts zeitweilige Orientierung am Schauerroman zu seiner neuen Thematik: der Darstellung historischer Wirklichkeit.

Der Schauerroman Walpoles hatte die Bindung an die Nachahmung der Natur aufgegeben [19] und durch die Einführung des Phantastischen eine künstliche Erweiterung empirischer Verhaltensweisen des Menschen zu seinem Thema gemacht. Wenn Scott über den Schauerroman zu seinem Ansatz findet, so dürfen wir kaum eine Auseinandersetzung mit dem überlieferten Prinzip der *imitatio naturae* bei ihm erwarten. Um so dringlicher allerdings stellte sich für ihn die Frage, wie historische Wirklichkeit als Vielfalt individuellen Verhaltens überhaupt dargestellt werden könne. Scott bezieht sich dabei zunächst auf seine eigene Erfahrung bei der Herausgabe eines historischen Romans. Die von ihm besorgte Veröffentlichung des Romans *Queen-Hoo-Hall*, den Joseph Strutt hinterlassen hatte, erwies sich als Mißerfolg.[20] Scott begründete dies damit, daß die Fülle antiquierter Details in *Queen-Hoo-Hall* nur an den kenntnisreichen Historiker appelliere. Er folgerte daraus, historische Daten und Zusammenhänge könnten überhaupt nur dann zum Thema eines Romans gemacht werden, wenn es gelänge, die historischen Ereignisse in das Bewußtsein der Leser zu übersetzen. Im Vorwort zu *Ivanhoe* kommt Scott noch einmal auf *Queen-Hoo-Hall* zurück, indem er die Qualität benennt, die diesem Roman fehlte, die er aber zum Prinzip seines eigenen Schaffens machte:

It is necessary, for exciting interest of any kind, that the subject assumed should be, as it were, translated into the manners, as well as the

---

[19] Vgl. Walpole, p. 13 f.
[20] Vgl. Scott, *Waverley*, p. XVI f.

language, of the age we live in ... The late ingenious Mr. Strutt, in his romance of Queen-Hoo-Hall, acted upon another principle; and in distinguishing between what was ancient and modern, forgot, as it appears to me, that extensive neutral ground, the large proportion, that is, of manners and sentiments which are common to us and to our ancestors ...[21]

Die Darstellung geschichtlicher Wirklichkeit erweist sich für Scott als eine Form des Übersetzens von vergangenem Geschehen in das Bewußtsein und in den Empfindungsbereich des Lesers. Im *neutral ground* müssen die Verbindungen zwischen Leser und geschichtlicher Wirklichkeit geknüpft werden. Damit wird die Technik der Vermittlung zu einem zentralen Aspekt des Romans, dessen Besonderheit in einer Analyse von *Waverley* aufgezeigt werden soll.

III

Die im *General Preface* zu den *Waverley Novels* von Scott skizzierte Absicht erfährt gleich zu Beginn von *Waverley; Or, 'Tis Sixty Years Since* eine aufschlußreiche Präzisierung. Scott hat diesen Titel mit Bedacht gewählt, da er auf den intendierten Prozeß der Verlebendigung von Geschichte hinweist, die in der Vorstellung des Lesers real werden soll. Durch den Titel umreißt Scott das Wechselverhältnis von Hauptfigur und geschichtlicher Wirklichkeit. Um mögliche Mißverständnisse abzuschirmen, spielt Scott ein paar andere Titelvarianten durch, damit die dialektische Zuordnung von Held und Geschichte deutlich werde.

Had I, for example, announced in my frontispiece, 'Waverley, a Tale of Other Days', must not every novel-reader have anticipated a castle scarce less than that of Udolpho ...?[22]

---

[21] Sir Walter Scott, *Ivanhoe*, ed. by Andrew Lang, London 1901, p. XLVII f.
[22] Scott, *Waverley*, p. 10.

Ein solcher Titel hätte den auf den Helden zugeordneten Zeitraum in seiner historischen Kontur verwischt, denn die mangelnde zeitliche Bestimmtheit würde die Vergangenheit als phantastisch erscheinen lassen, weil ihr die Beziehung zur Gegenwart fehlt. *Waverley* wäre dann ein Schauerroman geworden, der einen unbegrenzten Spielraum für das Erfinden phantastischer Situationen geboten hätte. Daraus ergibt sich, daß für Scott die Vergangenheit erst durch die Bindung an die Gegenwart zur geschichtlichen Wirklichkeit wird, da die im Schauerroman entworfene Welt durch den fehlenden Gegenwartsbezug geschichtslos bleibt. Diese Überlegung lenkt die Aufmerksamkeit wieder auf den eigentlichen Romantitel, der durch die wechselseitige Bindung von Figur und historischem Zeitraum die Funktion Waverleys deutlicher hervortreten läßt. Waverley muß die historischen Vorgänge von 1745 mit der Gegenwart vermitteln und erweist sich somit als eine Verkörperung des *neutral ground*, in dem die Umsetzung historischer Wirklichkeit für die Vorstellung des Lesers erfolgt. Wenn Waverley aber eine vorgegebene Realität für das Erleben des Lesers umzuformen hat, dann unterscheidet er sich merklich von den Helden des aufklärerischen Romans, wie sie Fielding entworfen hatte. Dort sammelte der exemplarische Lebensweg des Helden alles Interesse, das auf die Verwirklichung seiner moralischen Anlagen gerichtet blieb. Waverley dagegen ist abhängig von der vorgegebenen Wirklichkeit, die er verlebendigen soll.

Diese Einsicht wird durch eine weitere Titelvariante untermauert; Scott fragt:

Or if I had rather chosen to call my work a 'Sentimental Tale', would it not have been a sufficient presage of a heroine with a profusion of auburn hair, and a harp, the soft solace of her solitary hours, which she fortunately finds always the means of transporting from castle to cottage, although she herself be sometimes obliged to jump out of a two-pair-of-stairs window, and is more than once bewildered on her journey, alone and on foot, without any guide but a blowzy peasant girl, whose jargon she can hardly understand? [23]

Mit dieser Anspielung grenzt Scott sein Vorhaben vom sentimentalen Roman ab, der in der 2. Hälfte des 18. Jahrhunderts die wach-

---

[23] Ibid., p. 10 f.

sende Leiderfahrung der aufklärerischen Romanhelden thematisierte. In einem sentimentalen Roman wäre die Dimension der Wirklichkeit auf die Schmerzempfindungen eines verwundeten Herzens reduziert. Die innere Unruhe tränenreicher Figuren würde über den Umfang der dargestellten Wirklichkeit bestimmen, die insofern einen abstrakten Charakter gewänne, als sie sich nur im Reigen von Schurkerei und schönen Träumen präsentieren könnte. Eine solche Überbewertung der sentimentalen Regungen aber würde die dargestellte Wirklichkeit unwahrscheinlich machen, so daß Scott die Heldin seiner Titelvariante in eine karikierte Märchenatmosphäre versetzt. Das aber bedeutet, daß ein Übergewicht der Hauptfigur im Geschehniszusammenhang des Romans das ausgewogene Verhältnis stören müßte, das Scott in seinem parataktisch formulierten Titel umschrieb.

Schließlich fragt Scott danach, welche Lesererwartung sich gebildet hätte, wenn durch den Titel eine Darstellung gegenwärtiger Verhältnisse versprochen worden wäre:

> Or again, if my Waverley had been entitled 'A Tale of the Times', wouldst thou not, gentle reader, have demanded from me a dashing sketch of the fashionable world? [24]

Die Darstellung zeitgenössischer Wirklichkeit bleibt für Scott in einem doppelten Sinne problematisch. Zunächst bedürfte es dazu eines Auswahlprinzips, das die repräsentativen Momente zeitgenössischen Geschehens zu sammeln vermöchte. Scott aber sieht sich außerstande, ein solches Prinzip zu benennen, da er zwischen vordergründigen Interessen und der Lust nach Sensationen keine Entscheidung treffen kann. Gegenwartsdarstellung hieße für ihn nur aktuelle Reportagen liefern. Die Figur des Helden würde sich dann für die Komposition des Romans als eine zunehmende Verlegenheit erweisen, denn von der Reportage verlangt man viele Einzelheiten über viele Personen, über die man direkt informiert werden möchte; Waverleys Vermittlungsfunktion erschiene dann als überflüssig. Die Gegenwart als Thema des Romans besaß für Scott keine Bedeutung. Hierin unterscheidet er sich von seinen großen Nachfolgern in Frank-

---

[24] Ibid., p. 11.

reich, die das Romangeschehen immer stärker in die Gegenwart verlegten, während er selbst die Vergangenheit für die Gegenwart öffnen wollte.

Die Variation möglicher Titel macht deutlich, daß Scott weder auf ein bloßes Abschildern der Vergangenheit, noch auf ein Abbilden der Gegenwart, noch auf eine Darstellung des Lebensweges seines Helden ausschließlich bedacht war. Solange diese drei Faktoren voneinander isoliert bleiben, erscheinen sie Scott belanglos, da sich erst aus ihrem Zusammenwirken das Thema seines Romans ergibt. Historische Vergangenheit muß vergegenwärtigt werden, damit kein Schauerroman entsteht; das ausschließliche Interesse am Schicksal des Helden gilt es zu dämpfen, damit der historische Roman nicht mit dem sentimentalen Roman verwechselt werden kann; die Gegenwart schließlich darf nur Bezugspunkt, nicht aber selbst Gegenstand der Darstellung sein, damit der Roman im Sinne Scotts nicht zur Reportage absinkt. Die Vergegenwärtigung von Vergangenem fordert die Hauptfigur, da diese als der "mittlere Held" [25] die Empfindungen und Vorstellungen der zeitgenössischen Leser repräsentiert; dadurch geschieht die Umsetzung historischer Wirklichkeit in das Nacherleben des Lesers.

Was aber versteht Scott unter historischer Wirklichkeit?

---

[25] Vgl. Georg Lukács, *Der historische Roman*, Berlin 1955, p. 31. So treffend die Bezeichnung des "mittleren Helden" auch ist, so abwegig erscheint es, wenn Lukács (p. 33 f.) diesen mit dem "welthistorischen Individuum" Hegels parallelisiert. Allein die Passivität Waverleys läßt ihn weit hinter die verändernde Tätigkeit des Hegelschen Individuums zurückfallen. Darüber hinaus ist Waverley auch viel stärker ein Beobachter, dessen Perspektive so eingerichtet ist, daß sie mit der des Lesers zusammenfällt. Folglich kann er dann nicht im Sinne der Typustheorie von Lukács eine exemplarische Typisierung von historischen Volksschicksalen verkörpern, denn er steht immer außerhalb der Schicksalszusammenhänge. – Wichtige Thesen von Lukács' Darstellung über den historischen Roman sind in einem anderen Zusammenhang diskutiert worden, so daß auf eine Einarbeitung dieser Gesichtspunkte hier verzichtet werden konnte; vgl. dazu *Dargestellte Geschichte in der europäischen Literatur des 19. Jahrhunderts* (Studien zur Philosophie und Literatur des neunzehnten Jahrhunderts, 7), hrsg. von Wolfgang Iser und Fritz Schalk, Frankfurt 1970, p. 33 ff.

I beg pardon, once and for all, of those readers who take up novels merely for amusement, for plaguing them so long with old-fashioned politics, and Whig and Tory, and Hanoverians and Jacobites. The truth is, I cannot promise them that this story shall be intelligible, not to say probable, without it. My plan requires that I should explain the motives on which its action proceeded; and these motives necessarily arose from the feelings, prejudices and parties of the times. I do not invite my fair readers ... into a flying chariot drawn by hippogriffs, or moved by enchantment. Mine is a humble English post-chaise, drawn upon four wheels, and keeping his Majesty's highway. Such as dislike the vehicle may leave it at the next halt, and wait for the conveyance of Prince Hussein's tapestry, or Malek the Weaver's flying sentry-box.[26]

Scott glaubt, die vielleicht langweilig anmutende Fülle historischer Details ausbreiten zu müssen, da nur so die Motive einsichtig würden, aus denen sich historische Wirklichkeit bildet. Die einzelnen Motive, die die Menschen zum Handeln treiben, sind ihrerseits Antworten auf vorgefundene historische Situationen. Geschichtliche Wirklichkeit enthüllt sich daher für Scott als ein Beziehungsgeflecht, das aus dem Wechselverhältnis von Lage und Reaktion zu wachsen beginnt. Historische Situationen sind objektivierte Motive des menschlichen Handelns, das Motiv wiederum ist abhängig von der Besonderheit des vorausliegenden Ereignisses. In dieser Verdeutlichung historischer Wirklichkeit sieht Scott die Absicht erreicht, die ihm ursprünglich bei der Lektüre von Walpoles *Castle of Otranto* gekommen war. Das skizzierte Bedingungsverhältnis erzeugt eine solche Vielzahl individueller Reaktionsmöglichkeiten, daß ihre Schilderung langweilig werden kann. Doch Scott hält die Ausbreitung dieser Zusammenhänge für das zentrale Moment seines Romans,[27] der erst durch sie die notwendige Wahrscheinlichkeit gewinnt. Die besonderen historischen Situationen bedingen die Verästelung individueller Motivationen und Verhaltensweisen, so daß Scott – im Gegensatz zu Walpole – auf die Einführung des Wunderbaren verzichten kann.

Daraus ergibt sich die Konsequenz, daß die zunehmend indivi-

---

[26] Scott, *Waverley*, p. 43 f.

[27] Ibid. (p. 44) stellt Scott in einer Fußnote die Wichtigkeit dieses Sachverhalts noch einmal heraus.

dualisierten Motive des menschlichen Verhaltens und die daraus entspringenden Ereignisse erst durch die Geschichte Wahrscheinlichkeit erlangen. Die Wahrscheinlichkeit wird somit stärker formalisiert, als das im Horizont des aufklärerischen Romans zu beobachten war. Sie ist nicht mehr durch den konkreten Inhalt des Selbsterlebten verbürgt wie bei Defoe und Richardson; sie gründet aber auch nicht länger in den Normen des menschlichen Verhaltens, die Fielding hinter den zeitweiligen Trübungen der menschlichen Selbsteinschätzung oder hinter den vorübergehenden Verirrungen seiner Helden zu entdecken glaubte. Sie verbindet sich auch nicht mehr mit dem, was Fielding *Experience* nannte und worunter er den Bereich der Erprobung potentiell vorhandener Tugenden verstand. Wenn die Wahrscheinlichkeit individueller Ereignisse und Reaktionen erst durch die Geschichte gewährleistet wird, so ist sie weder als Abglanz einer substantiellen Wahrheit [28] noch als wirkungspoetische Täuschung zu begreifen. Diese beiden Aspekte der Wahrscheinlichkeit spielten im Roman der Aufklärung insofern ständig ineinander, als die exemplarischen Tugenden der Romanhelden der 'lebenswahren Wirklichkeit' bedurften, damit die entsprechende Wirkung auf den Leser erzielt werden konnte. In der Formalisierung der Wahrscheinlichkeit bezeugt sich Scotts neuartige Auffassung der Realität, die nicht mehr als dienende Funktion für die Veranschaulichung moralischer Normen der Romanhelden begriffen ist. Wird die Realität aus dieser Zuordnung ausgegliedert, so wird sie selbst zum Thema. Ihre Erschließung gelingt nur noch durch den "wandernden Blickpunkt" des Lesers, den Scott mit der Metapher der Postkutsche umreißt.[29] Dadurch wird auf die Schwierigkeit des Begrei-

---

[28] Vgl. zu den prinzipiellen Gesichtspunkten dieses Fragenkreises H. Blumenberg, *Paradigmen zu einer Metaphorologie*, Bonn 1960, p. 88 ff.

[29] Zu einer verwandten Kennzeichnung des 'wandernden Blickpunkts' für Stendhals Romantheorie des *miroir* vgl. H. R. Jauss, "Nachahmungsprinzip und Wirklichkeitsbegriff in der Theorie des Romans von Diderot bis Stendhal": *Nachahmung und Illusion* (Poetik und Hermeneutik I), hrsg. von H. R. Jauss, München 1964, p. 176, 232 u. 238. Die Metapher der Postkutsche findet sich übrigens in ähnlicher Verwendung bereits in Fieldings *Tom Jones*, den Stendhal sehr bewunderte (vgl. *Tom Jones*, XI, 9, p. 91 ff.).

fens aufmerksam gemacht, denn zur Betrachtung der historischen Wirklichkeit bedarf es eines ständig sich ändernden Blickwinkels, da der ideale Standort einer vollkommenen Überschau nicht länger gegeben ist. Scott mahnt daher seine Leser zur Geduld, oder er empfiehlt ihnen, sich lieber auf die fliegenden Teppiche orientalischer Märchen zu setzen, die, allerdings um den Preis der Unwirklichkeit, noch eine Überschau über die Totalität des Wirklichen gewähren. Wenn Wirklichkeit erst durch eine beschwerliche Reise zu erschließen ist, kann sie nicht mehr als Raum der Anschauung für eine dahinterliegende, apriorische Konstruktion der Welt verstanden werden. Scott hat mit seinen Gleichnissen von Postkutsche und Teppich die fundamentale Differenz zwischen einer sich selber zum Thema gewordenen Wirklichkeit und einer solchen herausgestellt, die nur als Einkleidung für das Erscheinen und Wirken einer Idee von Belang ist.

Wenn Scott, am Ende seiner Einleitungskapitel zu *Waverley*, seine Darstellungstechnik in Metaphern bietet, so gilt es nun, die Möglichkeiten aufzudecken, durch die eine zum Thema erhobene Wirklichkeit in die Vorstellung des Lesers umgesetzt werden kann. Den Ausgangspunkt dafür bildet das aufgezeigte Wechselverhältnis von menschlicher Motivation und geschichtlicher Lage, aus dem für Scott eine als Beziehungsgeflecht vorgestellte Wirklichkeit entsteht. Die Tatsache zeitlichen Gewesenseins legitimiert die Realität als existent. Sie verbürgt ferner die Wahrscheinlichkeit einer Vielfalt individueller Reaktionen, die bei einem normativen Verständnis der Wirklichkeit irrelevant waren und daher abgeschirmt blieben.

Um diese Wirklichkeit auf die Vorstellung des Lesers zuzuordnen, bedarf es eines Helden, dessen individuelle Eigenarten eher unterdrückt als entfaltet werden; denn es erweist sich als Waverleys vordringliche Aufgabe, den Kontakt zwischen Leser und historischer Wirklichkeit herzustellen. Er muß daher den Realitäten in einer Form geöffnet sein, die zur Dämpfung seiner individuellen Kontur führt. So deutet bereits der Name Waverley als 'Wankelmütiger' auf die Funktion des Helden in diesem Roman hin, der weniger das Schicksal einer ausgeprägten Persönlichkeit als vielmehr die Vielfalt historischen Geschehens entwirft. Würde Waverley als Person das Interesse des Lesers ausschließlich beanspruchen, so geschähe damit eine

Beeinträchtigung der dargestellten geschichtlichen Wirklichkeit, die die Intention des Romans veränderte. Waverley dagegen dient vorwiegend der Spiegelung historischer Zusammenhänge und des Verhaltens historischer Personen.[30] Als erfundene Figur übersetzt er die Besonderheiten vergangener Konflikte in den Nachvollzug des Lesers.

IV

Damit diese Technik einsichtig wird, muß zunächst geklärt werden, wie Scott die geschichtliche Wirklichkeit vermittelt und wie der Held beschaffen sein muß, der in der Wahrnehmung historischen Geschehens diese Wirklichkeit erfahrbar macht.

Scott betont sowohl in der Einleitung als auch im Nachwort zu *Waverley*, die in seinem Roman erzählten Wirren des Bürgerkrieges stammten weitgehend *from the narrative of intelligent eye-witnesses*.[31] Der Augenzeuge als Bürge geschichtlicher Ereignisse ist Anzeichen dafür, daß die historische Wirklichkeit nicht als Erscheinung eines ideellen Prinzips gedacht werden kann. Bindet Scott als Erzähler die Auseinandersetzungen der Zeit um 1745 durch Augenzeugen an die Gegenwart, so wiederholt sich dieser Vorgang auch im Romangeschehen. Für Waverley erschließt sich die versinkende Welt Schottlands durch den Bericht der Figuren, auf die er trifft.[32] Die erste Differenz zur Gegenwart erlebt er in seiner Begegnung mit dem Baron von Bradwardine. Dieser schottische Edelmann der 'Lowlands' erinnert sich noch der Zeiten, da die überlieferten Gewohnheiten das

---

[30] Vgl. hierzu auch Stewart Gordon, "Waverley and the 'Unified Design'": *ELH*, 18 (1951), p. 111.

[31] Scott, *Waverley*, p. 554 f.; vgl. dazu u. a. ferner p. LXXIV, 123 f. Fußnote u. 570; vgl. hierzu die Hinweise auf eine ähnliche Verbürgung des Geschehens in *Heart of Midlothian* bei Dorothy van Ghent, *The English Novel. Form and Function*, New York 1961, p. 115.

[32] Vgl. u. a. Scott, *Waverley*, p. 96, 98 ff., 117, 121, 128 f., 146 ff., 149 u. 172.

Leben der schottischen Dorfgemeinschaften ordneten. Er selbst versucht, altes Brauchtum in die Gegenwart seines Lebens zu retten, und erscheint dadurch als skurriler Charakter;[33] mit seiner Erzählung allerdings ist ein Ausschnitt aus einer vergangenen Welt als existent verbürgt. Die politische Gegenwart hat die Relikte alten schottischen Dorflebens so entstellt, daß nur noch der Augenzeuge von ihrer einstigen Form berichten kann; die Fülle folkloristischer Details wird erst durch die Erzählung des Barons für Waverley gegenwärtig.

Diese Form historischer Ausfächerung in eine jeweils von Alter und Stellung des Augenzeugen zeitlich abhängige Vergangenheit bildet das Prinzip dargestellter Wirklichkeit in *Waverley*. Es wiederholt sich, als Waverley mit den archaisch anmutenden *clans* der 'Highlands' in Berührung kommt. Dabei wird eine bedeutsame Nuancierung sichtbar, die sich als Teleskopierung der von den Augenzeugen wiedergegebenen Wirklichkeitsausschnitte umschreiben ließe. Je fremder und archaischer die Wirklichkeit wird, desto komplizierter erweist sich ihre Vergegenwärtigung. So erfährt Waverley erstmals von Rose Bradwardine Einzelheiten über die von alters her bestehenden Beziehungen der *Highland clans* zur 'Lowland'-Bevölkerung.[34] Dieser Eindruck wird durch den Bericht des Leibwächters jenes *Highland Chief* vertieft, zu dem Waverley vom Landsitz des Barons aus aufbricht.[35] In der Begegnung mit Fergus Mac-Ivor eröffnet sich eine weitere Dimension des Clanlebens,[36] die durch Flora Mac-Ivors Schilderungen in eine unvorhersehbare Richtung erweitert wird.[37] Hier fixieren mehrere Blickpunkte aus beträchtlich unterschiedenem Niveau die historischen Lebensrhythmen und rituellen Handlungen eines einzigen *clan*. Damit hebt sich die Einsträngigkeit des von den einzelnen Augenzeugen verbürgten Geschehens auf. Das Bild der historischen Vergangenheit dieses *clan* wird dadurch immer dichter, läßt jedoch auch erkennen, daß es mit den dargestellten Ausschnitten sicherlich noch nicht erschöpft ist und durch eine

---

[33] Vgl. dazu besonders ibid., p. 109 ff.
[34] Ibid., p. 118 ff.
[35] Vgl. ibid., p. 146 ff. u. 149.
[36] Vgl. ibid., p. 160 ff.
[37] Vgl. ibid., p. 172 ff.

Vermehrung der Blickpunkte erweitert und individualisiert werden kann. Diese Möglichkeit indes schwingt nur mit und beflügelt die Leserphantasie, in der sich die dargestellten Wirklichkeitsausschnitte zu einem Mosaik von höchster Anschaulichkeit zusammenfügen. So bietet sich die historische Wirklichkeit als eine vom jeweiligen Standort des Augenzeugen abhängige räumliche und zeitliche Schichtung der Vergangenheit, wobei die jeweils verbürgte Wiedergabe wirklichen Geschehens noch nicht als Perspektivismus zu verstehen ist, da die geschilderten Ausschnitte gleichberechtigt nebeneinanderstehen. Gerade das Fehlen einer hierarchischen Zuordnung auf eine bestimmte Konzeption des Wirklichen bedingt die Besonderheit der von den Augenzeugen erstellten Mehrschichtigkeit historischer Realität. Scott bekennt, daß er die Vergangenheit nur vor dem Vergessen bewahren möchte; [38] im Höchstmaß vielfältig reproduzierter Ausschnitte verwirklicht sich diese Intention. Die Nebenfiguren des Romans gewährleisten ein fortwährendes Umsetzen historischer Lebensformen in die Gegenwart und retten dadurch eine Wirklichkeit für das Gedächtnis, über die die Zeit hinweggegangen ist. Dieser Prozeß führt auf die Gegenwart Waverleys zu, der die Vergangenheit der Vorstellung des Lesers vermittelt. Die Geschichte erweist sich damit nicht mehr als das abgeschlossene Ereignis eines bestimmten Zeitraums, vielmehr zeigt der Roman, wie die Zusammenhänge der Bürgerkriegswirren sich zu vielfältigen und überraschenden Schichtungen in eine ständig sich weitende Vergangenheit hineinzufächern beginnen.

Die historische Wirklichkeit bietet sich als ein höchst vermitteltes Phänomen, dessen relative Einheitlichkeit dadurch zustande kommt, daß Scott die zeitlich früheren Ausschnitte der historischen Wirklichkeit jeweils durch einen Augenzeugen verbürgt, der die Vergangenheit nicht zu einer Häufung amorpher Fakten zerfallen läßt, da er nur von seiner Welt berichtet, die für ihn eine unbefragte Geschlossenheit besitzt. So ist zwar der gebotene Wirklichkeitsausschnitt von

---

[38] Vgl. ibid., p. 554; vgl. dazu auch David Daiches, "Scott's Redgauntlet": *From Jane Austen to Joseph Conrad. Essays collected in memory of James T. Hillhouse*, ed. by R. C. Rathburn and M. Steinmann Jr., Minneapolis 1958, p. 46.

den Reaktionen der jeweiligen Figur durchsetzt, doch diese machen das Vergangene erst glaubhaft und bedingen eine unreflektierte Ordnung der berichteten Ereignisse. Dadurch wird die Bindung an die Phantasie des Lesers gewährleistet, der die erzählten Begebenheiten durch das Medium der Reaktionen zu sehen beginnt, die die Figuren bei der Wiedergabe ihrer Welt kennzeichnen. Deshalb ist Scott auch dort bemüht, seine Darstellung durch Augenzeugen abzusichern, wo er selbst von den Geschehnissen des Bürgerkrieges und der davorliegenden Zeit berichtet.[39] Dieses Bestreben läßt erkennen, daß Scotts Geschichtsverständnis weder mit einem hegelianischen Prozeßdenken noch mit dem Anhäufen gesammelter Fakten verwechselt werden kann. Scott hatte aus dem Mißerfolg von *Queen-Hoo-Hall* seine Folgerungen gezogen, ohne die Geschichte durch eine idealistische Konstruktion überformen zu müssen. Der Augenzeuge verlebendigt nur den selbsterlebten Ausschnitt einer versinkenden Vergangenheit und bezeugt dadurch, daß seine Wahrnehmung nur einen Aspekt des Wirklichen, niemals jedoch die ganze Wirklichkeit repräsentieren kann. Wenn sich solche Ausschnitte überlagern, so zeigen sie an, daß mit jeder aus der Vergangenheit hervorgekehrten Facette zugleich immer etwas anderes an ihr abgedeckt wird. Folglich schatten sich die in den Berichten vorgestellten Wirklichkeitsaspekte in einen virtuell gebliebenen Hintergrund ab, der ungreifbar bleibt, die Fakten der einzelnen Berichte jedoch mit einem Suggestivmoment auflädt, das für die Erfassungsakte des Lesers wesentlich ist.

So verdeutlicht die Kette der Augenzeugenberichte, daß durch sie bestimmte aktualisierte Möglichkeiten der Realität festgehalten sind. Scott hat bewußt die schottische Vergangenheit in ständisch voneinander differenzierten Figuren aufleuchten lassen. Wenn daher jeder Figur eine bestimmte Welt zugehört, so wird durch die aspektartige Wiedergabe historischer Wirklichkeit gleichzeitig etwas von der potentiell unabschließbaren Individualisierung der Wirklichkeit zur Geltung gebracht. So evoziert Scott durch die Augenzeugen eine Vorstellung von Wirklichkeit, deren Signum fortlaufende Verzweigung und ständige Individualisierung ist. Dadurch erreicht er ein Doppeltes: der Ausschnitt begrenzt die dargestellte Wirklichkeit,

---

[39] Vgl. Scott, *Waverley*, p. 554 f., 570 u. LXXIV.

macht aber zugleich die mangelnde Endgültigkeit einer solchen Begrenzung offenkundig. In diesem Zusammenspiel sind die Abgeschlossenheit historischer Ereignisse und die unablässige Bewegung historischer Vorgänge gleichermaßen gegenwärtig.

Scott hat dieses Beziehungsgeflecht durch die Nebenfiguren des Romans veranschaulicht. In einer programmatischen Erklärung hatte er die historische Wirklichkeit als ein Wechselverhältnis von menschlicher Motivation und geschichtlichen Lagen charakterisiert,[40] durch das sich die Realität für die Wahrnehmung konstituiert. Zwei Beispiele sollen diesen Zusammenhang präzisieren.

Zu Beginn des Romans wird die enge Verbindung zwischen Charakter und Wirklichkeit in Richard Waverley, dem Vater des Titelhelden, skizziert. Richard Waverley fühlt sich als der Zweitgeborene einer Adelsfamilie zurückgesetzt, da er glaubt, der Titel gebühre eigentlich ihm und nicht dem älteren Bruder.[41] Es ist deshalb für ihn beinahe selbstverständlich, daß er zur neuen Partei des Hauses Hannover übergeht und die traditionelle Loyalität der Familie gegenüber den Stuarts aufgibt.[42] Aus dem Tory wird ein Whig, der in die politischen Geschehnisse des beginnenden Bürgerkrieges einzugreifen beginnt. Die enge Verflechtung von Motiv und historisch-politischer Wirklichkeit als Strukturprinzip der Scottschen Romanfiguren stellt in der Person Richard Waverleys eine auffallende Doppelheit heraus. Die Entschiedenheit seiner politischen Überzeugung hat ihren Ursprung im persönlichen Nachteil der Geburt, den Richard Waverley durch eine politische Karriere ausgleichen möchte. Er setzt sich für eine Sache ein, deren politisches Ziel ihm eigentlich gleichgültig ist. Scott spricht daher mit Bedacht von den *mixed motives*[43] der Entscheidungen Richard Waverleys, dessen politischer Opportunismus die Familie verschiedentlich gefährdet.[44] So wirkt er mit an den Wirren des Bürgerkrieges, ohne eine echte politische Überzeugung

---

[40] Vgl. ibid., p. 44.
[41] Vgl. ibid., p. 14 f.
[42] Ibid., p. 15 f.
[43] Ibid., p. 14.
[44] Vgl. ibid., p. 469.

zu besitzen; seine Haltung entsprang einer persönlichen Kränkung, die durch die geschichtliche Realität der Primogenitur bedingt war. Wäre Richard Waverley darauf aus gewesen, die Primogenitur zu beseitigen, so hätte sein politischer Kampf auch ein politisches Motiv empfangen. Er aber wollte lediglich die aus der Primogenitur erwachsene Störung seiner Selbsteinschätzung durch das Mitwirken an der politischen Gestalt der Gegenwart ausgleichen. Das Motiv des persönlichen Zurückgesetztseins jedoch wird in der politischen Auseinandersetzung Richard Waverleys bis zur Unkenntlichkeit verwandelt. Er weiß schließlich nicht mehr, was ihn ursprünglich zu jenen Handlungen veranlaßte, deren Konsequenzen ihn nun ausschließlich beschäftigen.[45]

Daraus ist zu folgern, daß die von Menschen geformte Wirklichkeit in einem nicht mehr kontrollierbaren Ursprung gründet. Die sonderbare Motivverflechtung, die das Entstehen der politisch-geschichtlichen Wirklichkeit bedingt, ist ohnehin nicht als Anschauungsform für das Wirken apriorischer Ideen zu begreifen. Wenn das Wirkliche aus den höchst subjektiven Reaktionen auf historische Bedingungen entspringt, so muß es so viele Schattierungen des Wirklichen geben, als solche subjektiven Regungen aufweisbar sind. Da diese subjektiven Handlungsantriebe zu unkontrollierbaren Folgen führen, gewinnt die sich daraus bildende Wirklichkeit etwas Undurchsichtiges. Die im Romangeschehen von den Figuren mitgeformte Wirklichkeit unterscheidet sich oftmals radikal von ihren ursprünglichen Motiven, in denen eine erste Reaktion auf die vorgefundene Gegebenheit erkennbar wurde.

Dies läßt sich auch der Haltung des Barons von Bradwardine entnehmen. Er ergreift für die Stuarts Partei, kämpft im Heer des Pretenders, verliert seinen gesamten Besitz, setzt seine Tochter höchster Gefährdung aus und muß schließlich selbst als 'outlaw' leben.[46] Er hat sich wie kaum eine andere Gestalt in diesem Roman festgelegt, so daß man vermuten müßte, er sei in allen seinen Handlungen durch seine Loyalität und die Überzeugung vom Gottesgnadentum der Stuarts bestimmt. Indes, wir erfahren, daß diese offenbare Ent-

---

[45] Vgl. ibid., p. 201 ff.
[46] Vgl. dazu ibid., p. 488 ff.

schiedenheit in dem Wunsch gründet, dem König nach der Schlacht die Schuhe ausziehen zu dürfen, *which was the feudal service by which he held the barony of Bradwardine*.[47] Dieses Sternesche *hobby-horse* formt die politische Wirklichkeit, die sich nicht mehr einsichtig aus einer solchen Verstiegenheit in die eigene Subjektivität motivieren läßt. Eine solche Reaktion auf eine historische Begebenheit macht das Verhalten der Figur oftmals so unwägbar, daß ihr Handeln angesichts gegenwärtiger Erfordernisse als vollkommen abstrakt erscheint.

Scott hat alle wichtigen Nebenfiguren nach diesem Prinzip entworfen. Die faktische Wirklichkeit der politischen Geschehnisse und die Beweggründe der Menschen formen einen seltsamen Kontrast. Die Einbildungen der Menschen entzünden sich an historischen Fakten: bei Richard Waverley an der Primogenitur, bei dem Baron von Bradwardine an einem Zeremoniell. So ist das historische Ereignis stets angebbar, das die subjektiven Impulse dieser Figuren auslöst; die daraus entspringenden Konsequenzen allerdings zeigen, zu welch unvermuteten Brechungen eine historische Situation im Bewußtsein der Figuren führen kann. Diese Spiegelung historischer Ereignisse im Lichte ihrer überraschenden Folgen ermöglicht es Scott überhaupt erst, eine Illusion historischer Wirklichkeit zu erzeugen. Denn die im Roman entworfene Realität ist fingierte Realität und kein Chronikbericht über die Auseinandersetzungen des Bürgerkrieges. Fingierte Realität baut sich aus den Reflexionen und Reaktionen der einzelnen Figuren auf, deren subjektive Umsetzung historischer Situationen die Romanwirklichkeit schafft. Diese Umsetzung geschichtlicher Fakten zu realitätsbildenden Wirkungen wurde von Scott nicht als ein symbolisch abschließbarer Vorgang gedacht. Deshalb sind die Reaktionen der Romanfiguren auf die angebbaren geschichtlichen Begebenheiten so erratisch. Sie würden, zu anderen Zeiten und unter anderen Verhältnissen, ganz anders ausfallen, wie es Scott ausdrücklich für die bedeutendste Nebenfigur des Romans, Fergus Mac-Ivor, konstatiert.[48] Die Spielarten individueller Reaktionen bezeugen in ihrer potentiellen Unübersehbarkeit sowohl die Veränderungsmäch-

---

[47] Ibid., p. 110; vgl. ferner 374 f. u. 377 f.
[48] Vgl. ibid., p. 154 f.

tigkeit der Geschichte als auch die dauernde Individualisierung ihrer faßbaren Erscheinungen. Weil in *Waverley* die geschichtliche Wirklichkeit als fingierte Interaktion zwischen historischer Lage und individueller Reaktion der Figuren gefaßt ist, gelingt es Scott, die Illusion historischer Wirklichkeit zu erzeugen. Im Nachwort zu *Waverley* hat er diese Form der Illusion selbst kommentiert. Er schreibt, es sei sein Ziel gewesen, etwas von den versinkenden historischen Gebräuchen der 'Highlands' festzuhalten:

> ... for the purpose of preserving some idea of the ancient manners of which I have witnessed the almost total extinction, I have embodied in imaginary scenes, and ascribed to fictitious characters, a part of the incidents which I then received from those who were actors in them. Indeed, the most romantic parts of this narrative are precisely those which have a foundation in fact.[49]

Während Scott das von den Augenzeugen verbürgte historische Geschehen als Fiktion bietet, bezieht er die höchst romantisch anmutenden Situationen auf ihre faktische Basis zurück. Denn die faktischen Ereignisse erscheinen so, als ob sie unglaubwürdig seien, während die bezeugte Glaubwürdigkeit von Geschehnissen erst durch fiktive Charaktere und imaginäre Situationen vermittelt werden kann.

Diese scheinbare Paradoxie verweist auf die besondere Form der Illusion historischer Wirklichkeit. Die Vergangenheit als Verzweigung individualisierter Ereignisse soll faßbar gemacht werden; sie muß daher als konsistent erscheinen. Die Konsistenz historischen Geschehens indes kann nur eine Fiktion sein, da sonst geschichtsfremde Kategorien die Vergangenheit überformen würden. In einer fiktiven Konsistenz lassen sich die Besonderheiten der Geschichte aufeinander beziehen; deshalb setzte Scott die ihm verbürgte Wirklichkeit in fiktive Gestalten und imaginäre Situationen um. Erscheint dagegen ein einzelnes historisches Faktum in seiner Singularität, so wirkt es romantisch, weil es in seiner scheinbaren Beziehungslosigkeit nur erfunden sein kann. Sichert die fiktive Konsistenz das Begreifen der geschichtlichen Vergangenheit, so ist es nur folgerich-

---

[49] Ibid., p. 554.

tig, wenn das Kontingente einen phantastischen Charakter anzunehmen beginnt, den Scott durch Hinweise auf wirkliches Geschehen
wieder abzubauen versucht. Seine Erfahrung mit *Queen-Hoo-Hall*
hatte ihn gelehrt, daß die Fülle historischer Fakten einer Konsistenz
bedarf, um verlebendigt zu werden. Die fiktive Konsistenz der Romanwirklichkeit verbürgt daher erst ein mögliches Erfassen historischer Realität. Der phantastische Charakter des Kontingenten bestätigt diese Einsicht und macht zugleich offenkundig, daß die Konsistenz dort an ihre Grenzen stößt, wo die überlieferte Historie nicht
mehr in menschliche Reaktionen übersetzt werden kann.

V

Dieser Gesichtspunkt soll durch eine Betrachtung des Helden näher
erläutert werden. Die Diskussion der Titelvarianten hat bereits auf
den Funktionszusammenhang aufmerksam gemacht, der zwischen
Vergangenheit, 'mittlerem Helden' und Gegenwart besteht; für Waverley ergibt sich daraus die Aufgabe, eine differenzierte Vergangenheit zu vergegenwärtigen. Scott reflektiert zu Beginn des Romans
über den Namen seines Helden, den er von traditionsbelasteten Be-
nennungen abgrenzen möchte, damit jede irritierende Assoziation
ausgeschlossen ist:

> I have, therefore, like a maiden knight with his white shield, assumed
> for my hero, WAVERLEY, an uncontaminated name, bearing with its sound
> little of good or evil, excepting what the reader shall hereafter be pleased
> to affix to it.[50]

In dieser Neutralität wird Waverley zum Vermittler eines Geschehens, das sich in der Vorstellung der Leser als Erfahrung geschichtlicher Wirklichkeit bilden soll. Der Held ist damit bereits als repräsentativer Blickpunkt des Lesers begriffen, er erstellt die Optik für
die Betrachtung der Ereignisse, die für den Leser dadurch real wer-

---

[50] Ibid., p. 9 f.

den, daß seine Perspektive mit der des Helden zusammenfällt. Durch seine Herkunft besitzt auch Waverley zunächst keine Beziehung zu dem historischen Schottland, das er sich erschließen wird. Das Gefühl anfänglicher Distanz zu einer unvertrauten Welt knüpft die Verbindung zur Leserreaktion, die sich deutlich in Waverleys heimlichem Befremden über schottische Sitten und schottisches Brauchtum spiegelt, das erst durch zunehmendes Verstehen abgebaut wird.[51] Scott hat dazu bemerkt, die Distanz gestatte wohl nur eine undeutliche Wahrnehmung, die ihrerseits jedoch als Zauber und Anziehung zu wirken beginne.[52] Die Fähigkeit des Begreifens entpringt Waverleys Phantasie. Scott beschrieb wiederholt den Vorgang, der in ein durch die Phantasie bewirktes Begreifen der Welt mündet. In seiner Jugend bekommt Waverley Geschichten aus vergangener Zeit erzählt:

> From such legends our hero would steal away to indulge the fancies they excited. In the corner of the large and sombre library ... he would exercise for hours that internal sorcery by which past or imaginary events are presented in action, as it were, to the eye of the muser.[53]

Damit ist eine wichtige Funktion der Phantasie benannt. In der Ausstattung überlieferter oder legendärer Fakten mit imaginierten menschlichen Handlungen und Reaktionen geschieht eine Vergegenwärtigung historischer Vergangenheit. Waverley versucht, hinter das berichtete Ereignis zurückzugreifen, um in der Phantasie seine Bedingungen durchzuspielen. Scott gibt hier nur die Richtung an, in der eine Verlebendigung des Wirklichen zu erfolgen hat. Als Waverley zum ersten Mal auf eine ihm fremde Welt in der Begegnung mit dem Baron von Bradwardine trifft, heißt es:

> But although Edward and he differed *toto coelo*, as the Baron would have said, upon this subject, yet they met upon history as on a neutral ground, in which each claimed an interest. The Baron, indeed, only cumbered his memory with matters of fact; the cold, dry, hard outlines

---

[51] Vgl. hierzu auch Alexander Welsh, *The Hero of the Waverley Novels* (Yale Studies in English, 154), New Haven 1963, p. 51.

[52] Scott, *Waverley*, p. 235.

[53] Ibid., p. 32.

which history delineates. Edward, on the contrary, loved to fill up and round the sketch with the colouring of a warm and vivid imagination, which gives light and life to the actors and speakers in the drama of past ages.[54]

Geschichte als *neutral ground* umschreibt nach der von Scott im Vorwort zu *Ivanhoe* gegebenen Definition sowohl die faktische Einmaligkeit eines Ereignisses als auch die Empfindungen und Reaktionen der Menschen auf dieses Ereignis. Die überlieferten Fakten sparen die Beweggründe der *actors and speakers* aus. Deshalb versucht Waverley, sich in seiner Phantasie die Beziehungen zu verlebendigen, die zu einem bestimmten Ereignis führten oder von ihm auf die Menschen zurückwirkten. Dadurch wird der Kontext historischer Zusammenhänge wieder anschaulich, der in der Überlieferung verblaßt war. Die Phantasie füllt die historischen Fakten mit den dramatischen Auseinandersetzungen der Menschen und erweckt dadurch das Interesse an der geschichtlichen Wirklichkeit. Diese aber gewinnt ihren Realitätsausweis erst durch die Krisen, die sich in ihr ereignet haben, so daß historische Wirklichkeit aus den Konflikten menschlichen Handelns entsteht, deren volle Vergegenwärtigung allein der Einbildungskraft gelingt. Deshalb, so meint G. Lukács, ist für Scott "die historische Charakteristik des Ortes und der Zeit, das historische 'Hier und Jetzt' etwas viel Tieferes", als es seine Kritiker wahrhaben wollen. "Es bezeichnet für ihn das durch eine historische Krise bedingte Zusammenfallen und Miteinander-Verflochtenwerden von Krisen in den persönlichen Schicksalen einer Reihe von Menschen. Die Gestaltungsart der historischen Krise bleibt gerade aus diesem Grunde bei Scott nie abstrakt, der Riß der Nation in kämpfende Parteien geht hier immer mitten durch die engsten menschlichen Beziehungen hindurch." [55]

Die Phantasie liefert insofern eine Veranschaulichung des Gewesenen, als sie die Ereignisse aus der Eindeutigkeit ihrer in der Vergangenheit fixierten Beziehung heraushebt. Wenn Scott vom *drama of past ages* spricht, so verlebendigt sich Waverleys Phantasie die 'Darsteller und Sprecher' in diesem Drama, das selbst nur als histori-

---

[54] Ibid., p. 98.
[55] Lukács, p. 35.

sches Faktum überliefert ist. Berichtet der Baron von Bradwardine nur von den *cold, dry, hard outlines* der Geschichte, so entwirft Waverleys lebhafte Phantasie eine mögliche Motivation der Ereignisse. Scott hat seinen *Essay on the Drama* mit folgender Definition eingeleitet:

A DRAMA (we adopt Dr. Johnson's definition, with some little extension) is a poem of fictitious composition in dialogue, in which the action is not related but represented. A disposition to this fascinating amusement, considered in its rudest state, seems to be inherent in human nature.[56]

Die Tätigkeit der Phantasie gewinnt aus der Anlage der menschlichen Natur selbst ihre Rechtfertigung; sie erzählt nicht, sondern stellt dar, was sich im *drama of past ages* ereignet hat. Dadurch schwindet die zeitliche Differenz zwischen Vergangenheit und Gegenwart. Was Geschichte geworden ist, verliert durch diese Verlebendigung die scheinbare Abgeschlossenheit, die es in der Überlieferung gewonnen hatte. Die Phantasie setzt die Beziehungen wieder frei, deren Verflechtung im historischen Faktum kaum mehr erkennbar ist. Sie vergegenwärtigt die individuellen Bedingungen, die zur Bildung historischer Wirklichkeit führten. Phantasie und Wirklichkeit stehen in einem Wechselverhältnis zueinander, so daß in der Romanwirklichkeit weder die Geschichte noch die *imagination* ausschließlich dominiert. Die Phantasie erstellt, was Collingwood in seiner Ästhetik einmal als *emotional charge* bezeichnete und was sich als Antwort auf das *sensum* eines vorgegebenen realen Sachverhalts bildet.[57]

In besonderen Augenblicken kommt es für Waverley zu einer erregenden Kongruenz von Wirklichkeit und Phantasie:

Waverley could not help starting at a story which bore so much resemblance to one of his own day-dreams. Here was a girl scarce seventeen, the gentlest of her sex, both in temper and appearance, who had witnessed with her own eyes such a scene as he had used to conjure up in his imagination, as only occurring in ancient times, and spoke of it

---

[56] Sir Walter Scott, *The Miscellaneous Prose Works*, Edinburgh 1878, vol. II, p. 575.
[57] Vgl. R. G. Collingwood, *The Principles of Art*, Oxford 1938, p. 162 f.

coolly, as one very likely to recur ... It seemed like a dream to Waverley that these deeds of violence should be familiar to men's minds, and currently talked of, as falling within the common order of things and happening daily in the immediate vicinity, without his having crossed the seas, and while he was yet in the otherwise well-ordered island of Great Britain.[58]

Phantasie und Wirklichkeit, Vergangenheit und Gegenwart scheinen für Waverley in diesem Moment austauschbar geworden zu sein, da eine von seiner Phantasie beschworene Szene nicht einer längst vergangenen Zeit angehört, sondern sich hier und jetzt ereignet. Diese überraschende Deckung von Phantasie und Wirklichkeit erfährt bezeichnenderweise ihre Bekräftigung durch einen Augenzeugen. So gewinnt die geschichtliche Wirklichkeit in der Einbildungskraft ihre scheinbar verlorene Gegenwart wieder, während die Phantasie in der Verlebendigung des Geschichtlichen ihre konkrete Füllung erhält. Waverley zeigt sich von der wechselseitigen Durchdringung von Phantasie und Wirklichkeit deshalb so berührt, weil seine Phantasie immer dort stärker provoziert wird, wo die Vergangenheit sich ins Dunkel verliert, oder wo sich eine solche Dunkelheit als Beklemmung auf seine eigene Situation legt.[59] Die Phantasie muß das scheinbar Unzugängliche freilegen, und sie besitzt in der historischen Wirklichkeit insofern einen angemessenen Gegenstand, als die menschlichen Auseinandersetzungen in vergangener Zeit nicht den Charakter eines Mysteriums haben. Die Phantasie erschließt das Verständnis der Vergangenheit durch die Anschauung. Damit aber ist zugleich eine höchst angemessene Kategorie für das Erfassen der Geschichte bereitgestellt.[60] Die Kontingenz vielfältig individualisierter Ereignisse vergangener Wirklichkeit gewinnt in der Phantasie eine Konsistenz, die sich von jeglicher geschichtsphilosophischer Überformung der Historie unterscheidet. Phantasie und Geschichte bedingen sich wechselseitig, da die Phantasie in der Durchdringung historischer Wirklichkeit ein Begreifen durch Anschauung ermög-

---

[58] Scott, *Waverley*, p. 121 u. 123.
[59] Vgl. hierzu etwa ibid., p. 133 u. 112.
[60] Vgl. Heinrich Rickert, *Kulturwissenschaft und Naturwissenschaft*, Tübingen, ³1915, p. 79 f.

licht, während der unabschließbare Verlauf der Geschichte in der Phantasie eine Konsistenz erlangt, ohne dadurch in einen Endzweck aufgehoben zu werden. Diese wechselseitige Abhängigkeit ermöglicht einerseits das von Scott beschriebene Zusammenfallen von Wirklichkeit und Phantasie und bedeutet andererseits, daß ästhetische Möglichkeiten den größten Näherungswert für ein Verstehen der Geschichte bergen. Scott hat sie in *Waverley* freigesetzt. Wenn die in der Phantasie erstellte Konsistenz die Fülle individualisierter historischer Ereignisse überhaupt erst kommunikabel macht, so muß Scott darauf bedacht sein, die Phantasie seines Helden auf diese Vermittlung zu richten.

Er hat diese Aufgabe der Phantasie verschiedentlich näher umrissen. Zunächst verdeutlicht er die Differenz, die zwischen seinem Helden und dem des Cervantes besteht:

> My intention is not to follow the steps of that inimitable author, in describing such total perversion of intellect as misconstrues the objects actually presented to the senses, but that more common aberration from sound judgment which apprehends occurrences indeed in their reality, but communicates to them a tincture of its own romantic tone and colouring.[61]

Scotts Held besitzt das Bewußtsein der Differenz, die sich zwischen seiner Phantasie und der Wirklichkeit ausspannt. Er darf schon deshalb die Welt nicht aus seiner Einbildungskraft produzieren, weil die Phantasie erst durch die Zuordnung auf die Wirklichkeit ihre eigentliche Bedeutung erlangt. Gleichzeitig aber wird die in der Phantasie geleistete Vermittlung vom persönlichen Habitus des Helden gefärbt sein. Da jedoch Waverley als der 'mittlere Held' die Empfindungsqualitäten der Romanleser repräsentiert, dürfte eine solche Färbung der in das Bewußtsein der Leser zu übersetzenden Wirklichkeit eine entscheidende Kontaktmöglichkeit bilden. Gerade die Unvollkommenheit des Helden garantiert diese wirkungspoetische Absicht.

Unterscheidet sich Waverley von Don Quijote dadurch, daß er,

---

[61] Scott, *Waverley*, p. 35.

obwohl phantasiebegabt, die Welt nicht aus seiner Einbildungskraft konstruiert, so ist er der Gefahr ausgesetzt, sich in seine Phantasie zu verlieren:

> ... a thousand circumstances of fatal self-indulgence have made me the creature rather of imagination than reason.[62]

Die Phantasie wird dort zur Gefahr, wo sie sich ausschließlich auf die Wunschvorstellungen des Helden richtet. In solchen Momenten wird offenkundig, daß sie nur in Beziehung auf eine ihr vorgegebene Wirklichkeit ihre wahre Funktion zu entfalten vermag. Gestützt wird diese Beobachtung durch das auffallende Nachlassen von *romantic spirit* und *exalted imagination,* wenn der Held vorübergehend in kriegsbedingte Notlagen gerät und dadurch ganz mit sich selbst beschäftigt ist.[63] Muß er sich ausschließlich auf die Klärung solcher Situationen konzentrieren, so verblaßt die Phantasie, da sie nicht als Orientierung seines Handelns gedacht ist. Ihre Aufgabe bestimmt sich vielmehr als Vergegenwärtigung historischer Wirklichkeit. Die Realität wird zum Subjekt der Darstellung, und die Technik des Romans muß darauf abzielen, den Prozeß ihrer Erfahrbarkeit sichtbar zu machen. Wenn die ideelle Begrenzung des Wirklichen nicht mehr über den Umfang dargestellter Wirklichkeit befindet, so wird die potentiell unabschließbare Individualisierung zu ihrem Signum und bedarf der Phantasie, um Konsistenz zu gewinnen. Waverley ist dann vorwiegend mit der Vermittlung historischer Realität für die Anschauung beschäftigt.

Das aber bleibt nicht ohne Folgen für die Auffassung des Romanhelden. Die beschriebene Wirklichkeitserfahrung wird nur in dem Maße möglich, in dem auf eine zentrale Bestimmung des aufklärerischen Romansubjekts verzichtet wird: auf seine Selbstverwirklichung. Die ideellen Absichten, die auch in Waverleys Leben noch durchschimmern,[64] werden zusehends durch die neue Funktion des Helden

---

[62] Ibid., p. 214.

[63] Vgl. ibid., p. 296.

[64] Auf eine solche Darstellung ist die Monographie von Welsh gerichtet: "The argument of the book is a simple one. The passive hero has always seemed to me the most extraordinary and significant feature of the Waverley Novels. I set out to account for this hero's inactivity from a study of

überschattet. Dieser Vorgang führt zur Dämpfung der individuellen Kontur, wie sie sich bereits in seinem Namen bekundet. So bedingt die Darstellung der Erfahrbarkeit von Wirklichem eine zunehmende Auflösung der die Romanhelden des 18. Jahrhunderts kennzeichnenden Vorstellungen. Die Phantasie des Helden darf sich daher nicht mehr auf ein bestimmtes Ereignis fixieren; eine solche Bevorzugung würde zu einer Bewertung des Wirklichen führen, deren subjektive Verendlichung durch die Phantasie den Helden in eine Sternesche Figur verwandeln müßte. Andererseits jedoch führt die durch die Phantasie zu leistende Vermittlung historischen Geschehens beinahe zum Verlust von Waverleys Individualität. Er muß sich allen Situationen öffnen und darf sich mit keiner restlos identifizieren, denn nur so kann er durch seine Phantasie einen Zusammenhang der kontingenten Wirklichkeitserfahrung bilden.

Die potentielle Unabschließbarkeit eines solchen Vorgangs macht das Romanende zum Problem. Wenn die zentrale Funktion des Helden durch die Vergegenwärtigung historischer Wirklichkeit bestimmt ist, die Geschichte aber immer weiterläuft, – Scott hat dies im Untertitel des Romans eigens herausgestellt –, so läßt sich die Erzählung nur durch eine stärkere Orientierung an der Hauptfigur zu einem gewissen Abschluß bringen. Diese Verlagerung indes birgt die Gefahr einer Verschiebung der Romanthematik in sich: Waverley müßte dann den Ereignissen übergeordnet werden, und die Historie wäre nur noch Kolorit für die Umwelt des Helden. Scott hat die Notwendigkeit, den Roman abzuschließen, ohne die Hauptfigur aufwerten zu müssen, durch eine ironische Diktion in der Darstellung des Helden auszugleichen versucht. Die starke Bindung des Romangeschehens an Waverley fixiert zum Schluß das Interesse des Lesers auf die persönliche Situation des Helden nach dem Bürgerkrieg.

---

the text of the novels. The result of the inquiry is a thematic study centering on the relations of property, anxiety, and honor, and supported by excursions into the history of ideas" (p. VII f.). Zur unterschiedlichen Auffassung des passiven Helden vgl. Walter Bagehot, *The Works*, ed. by Mrs. Russel Barrington, London 1915, Vol. III, p. 67; Gerhard Buck, *In Fortsetzung Bagehots. Die Waverley Romane Sir Walter Scotts* (Britannica, 13), p. 3; David Daiches, *Literary Essays*, Edinburgh 1956, p. 89 u. Donald Davie, *The Heyday of Sir Walter Scott*, London 1961, p. 30.

Scott dämpft dieses Interesse, indem er immer dort seine Schilderung Waverleys abbricht, wo die ungeklärten Handlungsstränge des Romangeschehens offenkundig gemacht werden sollen.[65] Er deutet nur an, wie es dazu kam, um entschuldigend hinzuzufügen, er wolle die Geduld des Lesers nicht ungebührlich strapazieren. Scott spart daher immer stärker die persönlichen Momente in Waverleys Leben aus, und als es dann am Ende zur obligaten Heirat im Stile der aufklärerischen Romane kommt, ironisiert er diese Konvention:

> But before entering upon a subject of proverbial delay, I must remind my reader of the progress of a stone rolled down hill by an idle truant boy...: it moves at first slowly, avoiding by inflection every obstacle of the least importance ... but when the story draws near its close, we hurry over the circumstances, however important, which your imagination must have forestalled, and leave you to suppose those things, which it would be abusing your patience to relate at length.[66]

Scott überläßt es der Einbildungskraft seiner Leser, sich den üblichen Schluß der Ereignisse vorzustellen und auszumalen, da eine Wiedergabe des ohnehin Erwarteten wiederum ihre Geduld über Gebühr beanspruchen würde. Die ironische Behandlung der Konvention zeigt an, daß Scott das Romanende keineswegs als die sichtbar gewordene Selbstvollendung des Helden verstanden wissen wollte. Das Thema seines Romans hatte ihn vor eine paradoxe Situation gebracht: nur die verstärkte Hinwendung zum 'mittleren Helden' ermöglicht es, die Veranschaulichung historischer Wirklichkeit bis zu einem gewissen Grade abschließbar zu machen. Der Held aber mußte so dargestellt werden, daß sein Schicksal nicht selbst zum Thema wurde. Durch eine ironische und das Private aussparende Diktion versucht Scott, dieser Gefahr zu entgehen, um den Roman sowohl beenden als auch sein Thema bewahren zu können. Er überläßt die notwendigen Einzelheiten von Waverleys Schicksal der Einbildungskraft seiner Leser und sichert dadurch die Intention des Romans, die in der Vermittlung historischer Wirklichkeit gründet.

---

[65] Vgl. hierzu u. a. Scott, *Waverley*, p. 497 u. 517.
[66] Ibid., p. 539.

Es stellt sich abschließend die Frage, wie Scott diese Vermittlung technisch bewältigte, damit das Bild einer individualisierten historischen Vergangenheit entstehen konnte. Eine Antwort darauf kann nur mit ein paar Hinweisen versucht werden, da eine ausführliche Erörterung dieser Technik eine gesonderte Behandlung verlangen würde. Wenn Scott als Erzähler eine anschauliche Vorstellung von einzelnen Personen oder Ereignissen erzeugen möchte, fächert er sie in verschiedene Aspekte auseinander. Es kommt dann zu einer Vielzahl von Projektionen, durch die die Anschauungsdichte einer Figur oder einer Szene wächst. In diesen Projektionen wird der Gegenstand der Betrachtung in Perspektiven zerlegt, deren Brechung vieles aktuell macht, was potentiell in den Personen oder Situationen enthalten ist, was aber nicht unmittelbar in ihnen zu vermuten war. Dieser Vorgang läßt sich etwa bei der Schilderung von Gilfillan erkennen, als dieser im Hause von Major Melville auf Waverley trifft. Der Erzähler entwirft zunächst eine detaillierte Beschreibung Gilfillans; ihr fügt Waverley sodann einen weiteren völlig unerwarteten Aspekt hinzu, der die vom Erzähler entfaltete Vorstellung von dieser Figur zu wachsender Anschaulichkeit verdichtet:

> ... Waverley was irresistibly impressed with the idea that he beheld a leader of the Roundheads of yore, in conference with one of Marlborough's captains.[67]

In diesem Zusammenspiel dokumentiert sich ein Prinzip von Scotts Darstellungstechnik. Die perspektivische Ausfächerung der Figur im Erzählvorgang bedingt eine Schärfung der Wahrnehmung für alles, was sie noch enthalten könnte. Dadurch wird die Phantasie produktiv, die die Perspektiven durchläuft und zur gesteigerten Anschaulichkeit eines beziehungsreichen Bildes zusammenschließt, wie es Waverleys Reaktion in der Begegnung mit Gilfillan erkennen läßt. Damit sind die vom Erzähler gebotenen Aspekte zur Konsistenz eines von der Phantasie geschaffenen Eindrucks zusammengeflossen, des-

---

[67] Ibid., p. 281.

sen Geschlossenheit erst die spezifische Qualität des wahrgenommenen Eindrucks stiftet. – Diese Technik läßt sich vielfach in *Waverley* beobachten und ist auch dort nachweisbar, wo Scott auf das Erfassen einer bestimmten Situation bedacht ist, wie sie sich etwa beim Auszug der *Highland clans* aus Edinburgh zeigt.[68] Der Erzähler reiht seine ausschnitthaften Beobachtungen aneinander, die dann in den Reaktionen Waverleys gesammelt werden, um durch die von ihm gebotene Spiegelung des Wahrgenommenen das Ereignis für die Leserphantasie zu verlebendigen.

Diese Technik Scotts bildete gleichzeitig den Anstoß für die von Stendhal geäußerte Kritik am historischen Roman. Die Beschreibung der historischen Details setzt sich insofern der Gefahr aus, langweilig zu wirken, als das von Scott erstellte historische *tableau* wie auch die auf Vermittlung angelegten Reaktionen des Helden gleichzeitig dargestellt werden. Der Leser braucht sich aus den Reaktionen Waverleys nichts zu erschließen, da der historische Sachverhalt durch den Autor oder durch Nebenpersonen immer mitgegeben ist. Darin unterscheidet sich Scott von seinen Nachfolgern in Frankreich, die im Zeitroman Wirklichkeit und Reaktion der Figur nicht mehr in der von Scott praktizierten Form nebeneinanderstellen, wodurch die aus dem Verhalten der Figuren zu erschließende Welt einen Suggestivcharakter gewinnt, der sich deutlich von der Darstellung des Vermittlungsmechanismus im Scottschen Roman abhebt.[69]

Der in *Waverley* erkennbare 'Perspektivismus' ist daher auch nicht mit seinen modernen Ausprägungen im Roman seit Flaubert und Henry James zu verwechseln. Denn die von Scott geleistete perspektivische Ausfächerung bleibt als Vermittlung historischer Ereignisse stets gegenstandsgebunden. Konstituiert der moderne Roman den Gegenstand erst durch die entfalteten Perspektiven, so zielt Scotts 'Perspektivismus' durch die Zerlegung der vorgegebenen Sachverhalte noch auf das Erzeugen einer gesteigerten Anschaulichkeit ab. Da aber sein Roman die Historie zum Gegenstand hat und auf ihre

---

[68] Vgl. ibid., p. 348 ff.

[69] Zu der andersartigen Scottrezeption in England vgl. John Henry Raleigh, "What Scott meant to the Victorians": *Victorian Studies*, 7 (1963), p. 7 ff.

Vermittlung gerichtet bleibt, entfernt sich Scott von der *imitatio naturae*, die in Fieldings Romanen zumindest noch als Prinzip der Darstellung gegolten hatte. *Imitatio historiae* dagegen soll vergangene Wirklichkeit erlebbar machen; die faktisch verbürgten Ereignisse müssen in *fictitious characters* und *imaginary scenes* umgesetzt werden, weil nur durch fiktive Beziehungen die Streuung historischer Ereignisse überwunden und ihre Bedeutsamkeit für den subjektiven Nachvollzug fixiert werden kann. Ist die Fiktion als Beziehungsphänomen definiert, durch das die historische Vergangenheit in subjektiven Spiegelungen vergegenwärtigt wird, so kann die Intention einer solchen Darstellung nicht mehr darauf gerichtet sein, durch die Kunst das zu vollenden, was in der Natur für die menschliche Wahrnehmung als unvollendet erscheint. Die Form der Darstellung muß vielmehr darauf angelegt sein, ein fortlaufend individualisiertes historisches Geschehen so zu bieten, daß es nicht als abgeschlossen erscheint. Die illusionäre Verendlichung dessen, was seinem Grunde nach unabschließbar ist, bildet das Formproblem des historischen Romans.

DER LESER ALS KOMPOSITIONSELEMENT
IM REALISTISCHEN ROMAN

Wirkungsästhetische Betrachtung zu Thackerays *Vanity Fair*

I

"You must have your eyes forever on your Reader. That alone constitutes . . . Technique!"[1] In dieser Ermahnung des Romanciers durch Ford Madox Ford läßt sich eine der verschwindend wenigen Grundregeln fassen, die den Roman in seiner relativ jungen Geschichte durchgängig bestimmten. Der jeweils gewählte Bezug zum Leser bedingte von allem Anfang an wesentlich die Form des erzählten Geschehens, denn als Gattung war der Roman nahezu frei vom normierenden Zwang poetischer Vorschriften. So empfanden sich bereits die Autoren des 18. Jahrhunderts nicht nur als die Schöpfer, sondern auch als die Gesetzgeber ihrer Romane.[2] Das von ihnen entworfene Geschehen entfaltet zugleich die zu seiner Beurteilung als notwendig erachteten Maßstäbe, wie es schon durch Defoes und Richardsons Vorworte und Kommentare zu ihren Romanen, vor allem aber durch die zahlreichen Essays bezeugt ist, mit denen Fielding das erzählte Geschehen durchsetzte. Solche Eingriffe sollen als Anweisung für das vom Autor intendierte Verständnis dienen und den Blick für die Ereignisse schärfen, zu deren Beurteilung die Vorstellung des Lesers selbst mobilisiert werden muß. Indem der Autor für die von ihm gewünschte Einstellung des Lesers sorgt, wird der Erzähler sein eigener Kommentator, der sich nicht scheut, in die von ihm erzählte Welt

---

[1] Ford Madox Ford, "Techniques", *The Southern Review*, 1 (1935), p. 35. Die Pünktchen stehen auch im Original und dienen der von Ford beabsichtigten Hervorhebung von "Technique".

[2] Vgl. dazu Henry Fielding, *Joseph Andrews*, "Author's Preface" (Everyman's Library), London 1948, p. XXXII und *Tom Jones*, II, 1 (Everyman's Library), London 1962, p. 39; ferner Samuel Richardson, *Clarissa or, The History of a Young Lady Comprehending the most Important Concerns of Private Life*, VII (The Shakespeare Head Edition), Oxford 1930–31, p. 325.

mit seinen Erklärungen einzubrechen. Wie bewußt dies geschieht, belegt ein Satz aus Fieldings *Tom Jones: And this, as I could not prevail on any of my actors to speak, I myself was obliged to declare.*[3] So ist der Roman als Form im 18. Jahrhundert durch das Gespräch bestimmt, das der Autor mit dem Leser zu führen wünscht. Es fingiert eine Gemeinsamkeit, die es allererst erlaubt, sich über die Aktualität menschlicher Erfahrung zu verständigen. In dieser Zuordnung der erzählten Welt auf den Leser spiegelt sich ein historischer Reflex der Epoche, den Victor Lange einmal wie folgt charakterisierte: "In dem Maße, in dem das Sprechen seinen absoluten Bezug auf Sachen, Sensationen oder Begriffe verliert, in dem das Verhältnis des Sprechenden zum Gegenstand und zu anderen Sprechenden beweglich und vieldeutig wird, wird der Roman als eine Form der hypothetischen Aussage über menschliches Verhalten erst möglich und sinnvoll." [4]

Die vom Roman des 18. Jahrhunderts entwickelte Autor-Leser-Beziehung bildet eine Formkonstante erzählender Prosa, die auch dort noch aufweisbar ist, wo der Autor verschwunden zu sein scheint und dem Leser das Verstehen beinahe hartnäckig verweigert wird. Hatte Fielding im Hinblick auf seine Leser noch versichert: *I am, indeed, set over them for their own good only, and was created for their use and not they for mine,*[5] so gibt Joyce nur die ironische Auskunft, der Autor habe sich hinter sein Werk zurückgezogen, *paring his fingernails.*[6]

Der Leser moderner Romane ist damit der Hilfe beraubt, die ihm die Romanciers des 18. Jahrhunderts in den mannigfaltigsten, von ernster Mahnung bis zur Ironie reichenden Spielarten geboten hatten. Ihm wird statt dessen die Anstrengung abgefordert, den Zugang zum Labyrinth einer oftmals verschlüsselten Komposition selbst zu

---

[3] Fielding, *Tom Jones*, III, 7, p. 93.
[4] Victor Lange, "Erzählformen im Roman des achtzehnten Jahrhunderts", *Anglia*, LXXVI (1958), p. 132.
[5] Fielding, *Tom Jones*, II, 1, p. 39.
[6] James Joyce, *A Portrait of the Artist as a Young Man*, London 1966, p. 219. Der ganze Satz lautet: "The artist, like the God of creation, remains within or behind or beyond or above his handiwork, invisible, refined out of existence, indifferent, paring his fingernails."

entdecken, so daß das Verstehen die von ihm gesuchte Eindeutigkeit verliert. "Diese Entwicklung wiederum", so meint Michel Butor, "vollzieht sich innerhalb einer Umwandlung des Begriffes Literatur, die nicht mehr nur als Mittel zur Entspannung oder als Luxus erscheint, sondern in ihrer wesentlichen Rolle im Innern des gesellschaftlichen Gefüges und als methodische Erfahrung."[7] Eine solche Veränderung hat sich jedoch nicht sprunghaft vollzogen. Die zu ihr führenden Übergänge sind im 19. Jahrhundert vielerorts greifbar, und es empfiehlt sich, sie an einem Punkt aufzusuchen, der gleichsam auf der Mitte des zwischen dem 18. und 20. Jahrhunderts beobachtbaren Wandels liegt: dem sogenannten realistischen Roman. Zur Veranschaulichung der Sachlage sei Thackerays Roman *Vanity Fair* gewählt, der zu den bedeutsamsten Leistungen der 'realistischen' Prosa zählt. Das Autor-Leser-Verhältnis eröffnet hier einen Horizont, der sich von der im 18. Jahrhundert gesuchten Gesprächssituation im Roman genauso unterscheidet wie von der im 20. Jahrhundert geforderten Notwendigkeit, durch Entdeckungen ein vieldeutiges Gebilde zu entziffern. Bei Thackeray muß der Leser zwar auch entdecken, die ihm vom Autor dafür angebotenen Zeichen sind jedoch weithin eindeutig.

Für die Diskussion muß der bisher pauschal gebrauchte Begriff 'Autor' modifiziert werden. Zwar wird der Roman gewöhnlich von einem Autor erzählt, dieser aber ist nicht identisch mit dem Menschen, dessen Handlungen und Gewohnheiten uns durch die biographische Überlieferung bekannt sind. Es ist daher sachlich angemessener, von einem 'Erzähler' zu sprechen, der nicht dem Autor als wirklichem Menschen, sondern viel eher seiner Selbststilisierung entspricht, die für die Anlage des gesamten Romangeschehens zur Bedingung wird. Booth hat diesen Erzähler in seinem wichtigen Buch *The Rhetoric of Fiction* als "implied author" bezeichnet und wie folgt charakterisiert: "The 'implied author' chooses, consciously or unconsciously, what we read; we infer him as an ideal, literary, created version of the real man; he is the sum of his own choices ... This implied author is always distinct from the 'real man' – whatever we may take him to be – who creates a superior version of himself,

---

[7] Michel Butor, *Repertoire* I, übers. von H. Scheffel, München 1963, p. 14.

a 'second self', as he creates his work."[8] Der Erzähler wird insofern zu einer Abstraktion, als in ihm der individuelle Habitus des Autors so weit aufgegeben ist, daß die den Entwurf des Geschehens bedingenden Ansichten um so deutlicher hervortreten können.

Nun läßt sich in den Romanen des 19. Jahrhunderts immer wieder beobachten, wie sich von diesem Erzähler ein weiterer Erzähler abspaltet, der als Figur im erzählten Geschehen selbst auftritt. Spuren dieser Erzählerfigur sind schon in den Romanen von Dickens deutlich zu erkennen – in Thackerays *Vanity Fair* ist sie, voll durchgebildet, beinahe immer gegenwärtig. Es scheint so, als ob dem Erzähler, der das Geschehen ja selbst erfunden hat, ein Konkurrent erwachsen sei, der auch noch über eine bessere Einsicht in die Zusammenhänge verfügt. Was der "implied author" erzählt, wird von der Erzählerfigur weit über die dem dargestellten Geschehen zu entnehmenden Konsequenzen hinaus interpretiert. Es fragt sich nun, was diese offenbare und bisweilen komplizierte Trennung von Erzählung und Kommentierung besagen soll, zumal in einem 'realistischen' Roman, dem immer wieder nachgesagt wird, er stelle die Wirklichkeit so dar, wie sie ist. Würde dieser Romantyp jedoch wirklich nur ein Abbild dessen bieten, was man ohnehin wahrnehmen kann, so müßte eine solche Verdoppelung langweilen. Indes, das eigentliche Problem des 'realistischen' Romans stellt sich in einer anderen Form, auf die Arnold Bennett einmal mit der Bemerkung aufmerksam machte: "You can't put the whole of a character into a book."[9] Macht es der zwangsläufig begrenzte Umfang eines Romans unmöglich, eine Person in allen ihren Eigenheiten lückenlos zu entfalten, so ist es vollends aussichtslos, die ihrem Charakter

---

[8] Wayne C. Booth, *The Rhetoric of Fiction*, Chicago 1961, p. 74 f. und 151. Kathleen Tillotson, *The Tale and the Teller*, London 1959, p. 22, weist darauf hin, daß bereits Dowden im Jahre 1877 diese Unterscheidung zwischen dem Autor als historischer Person und als Erzähler gebraucht hat. Er nennt den Erzähler von George Eliots Roman "that second self who writes her books".

[9] Zitiert nach Miriam Allott, *Novelists on the Novel* (Columbia Paperback), New York 1966, p. 290; vgl. dazu auch Hans Blumenberg, "Wirklichkeitsbegriff und Möglichkeit des Romans", *Nachahmung und Illusion* (Poetik und Hermeneutik I), hrsg. von H. R. Jauss, München 1964, p. 21 f.

nach unabschließbare Wirklichkeit zu transkribieren. Der Roman als Form konstituiert daher immer schon eine Wirklichkeit, die auch dort, wo sie als 'realistische' Wiedergabe bezeichnet ist, die Identifikation mit bestimmten Ansichten von ihr zur Voraussetzung hat. Bald ist die Wirklichkeit mit der sozialen Frage, bald mit detaillierter Milieuschilderung und bald mit naturalistischer Dämonisierung menschlicher Depravation gleichgesetzt, um nur die wichtigsten Spielarten zu nennen, die sich im Thesenroman noch einmal zu einer Fülle für wirklich gehaltener ideologischer Programme verzweigen. Schon diese Erinnerung an gängige Erscheinungsweisen des Realismus zeigt, daß der 'realistische' Roman weniger die Wirklichkeit als ihre Bedeutung ausschöpfen möchte. Statt einer bloßen Nachbildung soll eine bessere Sicht vermittelt, soll die Wirklichkeit durchsichtig gemacht werden.

II

Auch Thackerays *Vanity Fair* ist von dieser Absicht geleitet, die sich deutlich in der unterschiedlichen Benennung der ursprünglichen und der endgültigen Fassung spiegelt. Trug die erste, nur aus acht Kapiteln bestehende Version den Titel *Pen and Pencil Sketches of English Society*, so war damit die dargestellte Wirklichkeit primär als Wiedergabe gesellschaftlicher Situationen begriffen; heißt die endgültige Version *Vanity Fair*, dann zielt sie weniger auf die Transkription gesellschaftlicher Zustände als auf deren Beurteilung ab. Ihre Eigenart wird von Thackeray selbst in einem ein paar Jahre nach der Veröffentlichung von *Vanity Fair* geschriebenen Brief kommentiert: *...the Art of Novels is ... to convey as strongly as possible the sentiment of reality – in a tragedy or a poem or a lofty drama you aim at producing different emotions; the figures moving, and their words sounding, heroically.*[10] *Sentiment of reality* aber besagt, daß

---

[10] William Makepeace Thackeray, *The Letters and Private Papers* II, ed. by Gordon N. Ray, London 1945, p. 772 f. Zur historischen Diskussion

der Roman nicht die Wirklichkeit überhaupt darstellt, sondern vielmehr darauf abzielt, eine Vorstellung davon zu erzeugen, was Wirklichkeit ist und wie sie erfahren werden kann. So bietet *Vanity Fair* nicht nur ein Panorama zeitgenössischer Realität, sondern läßt auch erkennen, wie die Dichte der Detailschilderung organisiert ist, damit der Leser im ständigen Mitvollzug des Geschehens den Eindruck des Wirklichen, das *sentiment of reality*, empfängt. Darin wurzelt die nachhaltige Wirkung, die noch heute von diesem Roman ausstrahlt, obgleich die in ihm entworfenen gesellschaftlichen Verhältnisse als historisch gewordene Realität nur noch ein partielles Interesse besitzen. Wenn das Vergangene aber lebendig geblieben ist, so nicht zuletzt durch die Form, die den Leser mit dem Geschehen vermittelt; an diesem Punkt entfaltet das von Thackeray erdachte Zusammenspiel zwischen einem die Ereignisse reihenden und einem kommentierenden Erzähler die dafür notwendige Wirkung. Der Leser gewinnt erst dann den richtigen Zugang zu der vom "implied author" dargestellten gesellschaftlichen Realität, wenn er den wechselnden Einstellungen der Perspektiven folgt, die die Erzählerfigur auf das sich entfaltende Geschehen richtet. Um die Beteiligung des Lesers in der gewünschten Weise zu sichern, ist zwischen ihm und den berichteten Ereignissen die Erzählerfigur als eine eigene Instanz eingeschaltet, die zumindest vorspiegelt, daß erst durch sie das Ganze erschlossen werden kann. Die Erzählerfigur nimmt im Verlauf der Handlung verschiedenartige Gestalten an, um als Person konkret werden und gleichzeitig die jeweilige Distanz kontrollieren zu können, die der Leser zu der vor ihm entrollten Szenenfolge einzunehmen hat.

Am Anfang des Romans stellt sich der Erzähler als *Manager of the Performance* [11] vor und umreißt, was die Zuschauer zu erwarten haben. Der ideale Besucher von 'Vanity Fair' wird bezeichnenderweise als *man with a reflective turn of mind* [12] apostrophiert; damit ist auf eine Leistung vorausgedeutet, die der Leser zu vollziehen hat,

---

über das Verhältnis von *commentary* und *story* vgl. Geoffrey Tillotson, *Thackeray the Novelist* (University Paperbacks), London 1963, p. 209 ff.
[11] William Makepeace Thackeray, *Vanity Fair* (The Centenary Biographical Edition), ed. by Lady Ritchie, Vol. I, London 1910, p. LIII.
[12] Ibid., p. LIV.

damit ihm der Sinn der Vorgänge aufgeht. Doch gleichzeitig verspricht der Manager, allen etwas zu bieten:

> Some people consider Fairs immoral altogether, and eschew such, with their servants and families: very likely they are right. But persons who think otherwise, and are of a lazy, or a benevolent, or a sarcastic mood, may perhaps like to step in for half an hour, and look at the performances. There are scenes of all sorts: some dreadful combats, some grand and lofty horse-riding, some scenes of high life, and some of very middling indeed; some love-making for the sentimental, and some light comic business.[13]

So möchte der Manager 'Leser' von sehr unterschiedlicher Gestimmtheit zum 'Eintritt' verlocken, mit dem Hintergedanken allerdings, daß ein solcher Besuch seine eigenen Nachwirkungen besitzt. Nachdem der Leser dem Erzähler schon eine ganze Weile gefolgt ist, erhält er die Auskunft:

> This, dear friends and companions, is my amiable object – to walk with you through the Fair, to examine the shops and the shows there; and that we should all come home after the flare, and the noise, and the gaiety, and be perfectly miserable in private.[14]

Elend aber wird sich der Leser nach dem Gang durch den Jahrmarkt der Eitelkeiten nur fühlen, wenn er sich in manchen Situationen unversehens selber entdeckt und damit auf seinen eigenen Habitus aufmerksam wird, der im Spiegel möglicher Konsequenzen aufblitzte. Der Erzähler täuscht dem Leser nur eine Hilfe vor: in Wirklichkeit setzt er ihm zu. Seine Verläßlichkeit mindert sich schon dadurch, daß er in immer neue Masken schlüpft und manchmal ein dem Leser ähnlicher 'Zuschauer' von 'Vanity Fair' wird,[15] der plötzlich über

---

[13] Ibid. Zur Ironie des Autorenkommentars vgl. Ulrich Broich, *Die Bedeutung der Ironie für das Prosawerk W. M. Thackerays – unter besonderer Berücksichtigung von 'Vanity Fair'*, Diss. Bonn 1958, p. 78.

[14] Thackeray, *Vanity Fair*, I, p. 225.

[15] Dafür ist nicht zuletzt die Bemerkung am Schluß des Romans bezeichnend: "Ah! Vanitas Vanitatum! which of us is happy in this word?" Thackeray, *Vanity Fair*, II, p. 431; vgl. dazu auch Äußerungen minderen Gewichts, wenn der Autor vorgibt, nicht ganz genau zu wissen, was in seinen Figuren vorgeht; *Vanity Fair*, I, p. 236.

ein erstaunliches Wissen verfügt, dieses aber zu ironisieren versteht, *for novelists have the privilege of knowing everything,*[16] um gegen Schluß zu bekennen, daß die erzählte Geschichte überhaupt nicht von ihm stamme,[17] er habe sie vielmehr beim Überhören eines Gesprächs erfahren.[18] Ist der Erzähler zu Anfang des Romans als Manager des Geschehens begriffen, so erscheint er gegen Schluß als Reporter einer Geschichte, die ihm der Zufall zugespielt hat. Je distanzierter er zur erzählten gesellschaftlichen Wirklichkeit steht, desto sichtbarer wird die Kontur der von ihm gespielten Rolle. Der Leser aber gewärtigt das von der Erzählung entrollte gesellschaftliche Panorama immer nur in Perspektiven, deren Einstellung durch die unterschiedlich drapierte Erzählerfigur ständig verändert wird.

Daraus ergeben sich zwei Folgerungen. Wenn der Erzähler zu einer selbständigen Figur wird, die einen deutlichen Abstand zum Erfinder des Geschehens wahrt, so gewinnt die erzählte Geschichte vom gesellschaftlichen Ehrgeiz der beiden Mädchen Becky und Amelia den Anschein einer größeren Objektivität, ja es entsteht der Eindruck, als ob die dargestellte gesellschaftliche Wirklichkeit nicht bloß erzählt, sondern real gegeben sei. Die Erzählerfigur versteht sich dann als Zwischeninstanz zwischen den Vorgängen und dem Leser und gibt vor, durch ihre Stellungnahme die gesellschaftliche Realität allererst erzählbar zu machen. Damit verbindet sich eine zweite Konsequenz. Der Leser wird den Einsichten und Kommentaren des Erzählers zwar folgen müssen, doch sind diese keineswegs immer so verläßlich, wie es scheint, nicht zuletzt deshalb, weil der Erzähler oftmals unvermittelt eingenommene Standpunkte preisgibt und neue bezieht. Die hinter dem Umspringen der Blickpunkte liegende Motivation muß daher erschlossen werden, da erst die Entdeckung der ausgesparten Begründung das intendierte Verständnis

---

[16] Ibid., p. 29.

[17] Vgl. Thackeray, *Vanity Fair*, II, p. 344. Hier wird zum ersten Mal deutlich ausgesprochen, daß der Autor – "the present writer of a history of which every word is true" – am herzoglichen Hof von Pumpernickel die persönliche Bekanntschaft mit wichtigen Figuren seines Romans macht.

[18] Vgl. ibid., p. 404. John Loofbourow, *Thackeray and the Form of Fiction*, Princeton 1964, p. 88, meint: "In Vanity Fair, the Commentator is a dimension of dissent."

gewährleistet. So reguliert der Erzähler die ästhetisch wirksame Distanz zum Geschehen; der Leser erhält immer nur so viel Information, daß er orientiert ist und interessiert bleibt, vielfach aber läßt der Erzähler die Schlüsse offen, die die gebotene Information nahelegen. Droht ein solches Zusammenspiel durch die eindeutigen Hinweise des Erzählers verlorenzugehen, dann schlüpft er in eine andere Maske oder gibt einen verblüffenden Kommentar, um die entstandene Eindeutigkeit so zu unterlaufen, daß die Situation wieder offen wird.

III

Die Strategie des Erzählers, die darauf abgerichtet ist, das Geschehen im Leser zur größtmöglichen Wirkung zu bringen, läßt sich noch genauer an seinem Verhältnis zu den Romanfiguren und zu den Lesererwartungen beobachten. *Vanity Fair* trägt bekanntlich den Untertitel *A Novel without a Hero* und dokumentiert dadurch, daß die Romanfiguren nicht mehr als Repräsentanten idealer und erstrebenswerter Verhaltensweisen des Menschen gedacht sind. Deshalb steht auch nicht mehr eine Zentralfigur im Mittelpunkt der Erzählung, wie es der vom Roman des 18. Jahrhunderts ausgebildeten Konvention entsprechen würde. Vielmehr wird das Interesse des Lesers nun auf zwei Figuren verteilt, die bei aller Gegensätzlichkeit ihres Verhaltens keineswegs als wechselseitige Ergänzung oder gar Korrektur verstanden werden können. Für Becky ist kein Preis zu hoch, um ihren gesellschaftlichen Ehrgeiz zu verwirklichen, und ihre Freundin Amelia ist schlicht, unbedarft und sentimental. Von ihr heißt es daher gleich zu Anfang:

As she is not a heroine, there is no need to describe her person; indeed I am afraid that her nose was rather short than otherwise, and her cheeks a great deal too round and red for a heroine; but her face blushed with rosy health, and her lips with the freshest of smiles, and she had a pair of eyes which sparkled with the brightest and honestest good-humour, except indeed when they filled with tears, and that was a great deal too often; for the silly thing would cry over a dead canary-bird; or over a mouse, that a cat had haply seized upon; or over the end of a novel, were it ever so stupid.[19]

Die Details einer solchen Beschreibung dienen nur dazu, die Trivialisierung möglicher Bedeutung aufzuzeigen, die der Held der Romantradition noch zu vergegenwärtigen hatte. Die Einzelheiten erwecken zwar den Anschein, als ob durch sie etwas Signifikantes über die Figur ausgesagt wäre; die Reihung der Klischees indes, von den auffallend dicken roten Backen über die glänzenden Augen bis zu den sentimentalen Empfindungen erfüllen ihre Funktion erst dadurch, daß sie der Figur gerade den erzeugten Anschein möglicher Vorbildlichkeit nehmen. Ist aber Amelia nicht mehr als positives Spiegelbild ihrer skrupellosen und raffinierten Freundin Becky zu begreifen, dann verliert der Roman ein wesentliches Zentrum für die Orientierung seiner Leser. Ihnen bleibt die sympathisierende Anteilnahme am Schicksal des Helden versagt, die für den Romanleser des 19. Jahrhunderts immer noch den wichtigsten Zugang zum erzählten Geschehen bildete, wie es etwa einer für die Zeit typischen Besprechung des anonym erschienenen Romans *Jane Eyre* von Charlotte Brontë zu entnehmen ist. Der Rezensent vermerkt: "We took up Jane Eyre one winter's evening, somewhat piqued at the extravagant commendations we had heard, and sternly resolved to be as critical as Croker. But as we read on we forgot both commendations and criticism, identified ourselves with Jane in all her troubles, and finally married Mr. Rochester about four in the morning."[20] *Vanity Fair* dagegen scheint auf die Unterbrechung eines solchen unmittelbaren Kontaktes mit den Figuren angelegt zu sein, ja, der Erzähler ist vielfach bemüht, den Leser eigens daran zu hindern, sich in die Figuren hineinzuversetzen.

Dies geschieht vorwiegend durch Kommentare zu bestimmten Verhaltensweisen, die Amelia und Becky in kritischen Situationen entwickeln. Der Erzähler deckt dann die Motive ihrer Äußerungen auf, ja, interpoliert sogleich deren Konsequenzen, um die innere

---

[19] Thackeray, *Vanity Fair*, I, p. 6.
[20] Zitiert nach Kathleen Tillotson, *Novels of the Eighteen-Forties* (Oxford Paperbacks, 15), Oxford 1961, p. 19 f.

Verstelltheit zu demonstrieren, von der die Charaktere selbst keine Ahnung haben.[21] Häufig wird das Verhalten der Figuren weit über die gezeigte Reaktion hinaus interpretiert und mit einem Wissen umgeben, das bestenfalls erst die Zukunft hätte bringen können.[22] Dadurch wird der Leser immer wieder in eine Distanz zu den Charakteren gebracht. Michel Butor hat einmal in anderem Zusammenhang betont: "Wenn der Leser an die Stelle des Helden versetzt wird, muß er auch in dessen Augenblick versetzt werden, darf er nicht wissen, was jener nicht weiß, und müssen die Dinge ihm so erscheinen, wie sie jenem erschienen."[23] In *Vanity Fair* aber sind die Figuren von einem ihnen selbst nicht zugänglichen Wissen überstrahlt. Sie werden fortwährend unter das intellektuelle Niveau des Erzählers gedrückt, dessen Vorstellungen für den Leser einen viel stärkeren Anreiz zu einer möglichen Identifizierung bieten, als er je von den Figuren selbst auszugehen vermag. Die Distanz zu ihnen bleibt ein erklärtes Programm des Erzählers:

> ... as we bring our characters forward, I will ask leave, as a man and a brother, not only to introduce them, but occasionally to step down from the platform, and talk about them: if they are good and kindly, to love them and shake them by the hand: if they are silly, to laugh at them confidentially in the reader's sleeve: if they are wicked and heartless, to abuse them in the strongest terms which politeness admits of.[24]

Die Romanfiguren sind durchweg von solchen Urteilen eingehegt, und alle ihre Handlungen erscheinen dem Leser immer nur in der kritischen Brechung der vom Erzähler getroffenen Bewertung. Seine unübersehbare Gegenwart macht es dem Leser unmöglich, ihr Verhalten so mitzuerleben, wie es der zitierte Rezensent bei der Lektüre von *Jane Eyre* beschrieben hat. Sieht aber der Leser die Figuren immer nur unter dem Doppelaspekt ihrer spontanen Handlungen und des dazu abgegebenen Kommentars, so wird er ihre Schicksale nicht

---

[21] Vgl. u. a. Thackeray, *Vanity Fair*, I, p. 67, 94 f., 108 f., 146, 210 ff., 214.
[22] Vgl. u. a. ibid., p. 20, 26 f., 32, 37 f., 291, 296 f.; II, p. 188.
[23] Michel Butor, *Repertoire* II, übers. von H. Scheffel, München 1965, p. 98.
[24] Thackeray, *Vanity Fair*, I, p. 95 f.

mitvollziehen können, da sich deren Bedeutung erst im Abstand des wägenden Urteils erschließen läßt. Diese sichtbare Trennung von Geschehen und Bedeutung ist darauf angelegt, den Leser selbst allmählich in die Position des Kritikers zu versetzen.

Von dieser Absicht ist das Kompositionsprinzip der Figuren weitgehend geleitet; zwei vorherrschende Varianten lassen sich beobachten. Im ersten Teil des Romans werden Briefe abgedruckt, die Becky und Amelia einander schreiben. Der Brief bietet die Möglichkeit, höchst persönliche Empfindungen, innere Regungen und den privaten Habitus der Korrespondenten so weit sichtbar zu machen, daß der Leser von ihnen selbst erfährt, wer sie sind und was sie bewegt. Beispielhaft dafür ist der lange Brief Beckys, der Amelia die neue Umgebung auf dem Landsitz der Familie Crawley schildert. Beckys Eindrücke münden in die unreflektierte Selbstcharakteristik: *I am determined to make myself agreeable.*[25] Anpassung an die Gegebenheit der jeweiligen Verhältnisse bleibt für sie die Maxime des von ihr erstrebten sozialen Aufstiegs. Ein solcher Wunsch ist so sehr mit ihrem Naturell identisch, daß die zu seiner Verwirklichung notwendigen Manöver für Becky zu den selbstverständlichsten Verhaltensweisen ihres Lebens werden. Die taktisch orientierte Verstellung erweist sich in der gesellschaftlichen Welt als zweite Natur des Menschen. Beckys Selbsteinschätzung ist in den Briefen aber so gehalten, daß ihr ein Bewußtsein dieser Doppelbödigkeit mangelt. Die offenkundige Naivität solcher Selbstportraits muß die kritische Reaktion des Lesers provozieren, auf die die Überschrift des Kapitels, das Beckys Briefe wiedergibt, schon hinlenkt, denn das Ganze wird mit unverkennbarer Ironie als *Arcadian Simplicity*[26] betitelt. So bietet die im Brief erfolgte Selbstenthüllung dem Erzähler die eigentliche Rechtfertigung dafür, die Figur nicht als das zu nehmen, was sie ist, sondern sie in eine kritische Distanz zu rücken, damit sie durchschaut werden kann. An einer anderen Stelle heißt es einmal: *Perhaps in Vanity Fair there are no better satires than letters.*[27] Die Intention der Satire allerdings muß sich der Leser selbst erschließen,

---

[25] Ibid., p. 120.
[26] Vgl. ibid., p. 112 ff.
[27] Ibid., p. 227.

denn vom Erzähler empfängt er nur ironisch verkleidete Hinweise, die einer letzten Eindeutigkeit entbehren. Wie stark der Erzähler darauf bedacht ist, sich zumindest den Anschein zu geben, als ob er sich niemals mit letzter Eindeutigkeit festlege, zeigt sich dort, wo er unversehens zu einer direkten Verständigung mit dem Leser gelangt, sich aber dann erinnert, daß ein solcher Austausch der Erfahrungen eine Überschreitung der durch die erzählte Geschichte gezogenen Begrenzung bedeutet. (*. . . but we are wandering out of the domain of the story.*[28])

Eine weitere Variante dieser auf die Aktivierung des kritischen Vermögens zielenden Tendenz zeigt sich in dem Amelias Haltung beherrschenden Impuls *[of] building numberless castles in the air . . . which Amelia adorned with all sorts of flower-gardens, rustic walks, country churches, Sunday schools, and the like.*[29] Diese Projektierung der Wunschbilder charakterisiert Amelia,[30] die sich zur Enge und Bedrücktheit ihrer gesellschaftlichen Existenz immer die schönen Ausflüchte ersinnt. Ihr ganzes Trachten ist von Erwartungen beherrscht, die meist den zufallsbedingten Ereignissen ihres Lebens entspringen und sich daher genau so unversehens wandeln wie die gesellschaftlichen Konstellationen, in die sie gerät. Die Abhängigkeit dieser oft recht sentimental eingefärbten Tagträume vom Wechselspiel der Augenblicke verdeutlicht nicht nur die Momentbefangenheit ihres Verhaltens, sondern auch die mangelnde Orientierung ihrer Wünsche, deren Erfüllung zwangsläufig durch eine als übermächtig erscheinende Umwelt ständig vereitelt wird. Das Projektieren ersehnter Vorstellungen, die nicht wirklich zu werden vermögen, bewirkt eine Haltung, die für Amelia ebenso typisch ist wie für Becky, die aus ganz anderen Motiven immer das überdeckt, was sie ist, um in der Verstellung eine ihr erstrebenswerte gesellschaftliche Position zu gewinnen.[31] Bei aller Verschiedenheit ihrer individuellen Motive lassen Amelia und Becky erkennen, wie stark sich ihr Leben in Illusionen abspielt, die sich deshalb dem Leser als solche aufdrän-

---

[28] Thackeray, *Vanity Fair*, II, p. 31.
[29] Thackeray, *Vanity Fair*, I, p. 146.
[30] Vgl. ibid., p. 37, 39 f., 145, 317 f.; II, p. 39 f., 277 f., 390, 401, 408 u. 423 f.
[31] Vgl. u. a. Thackeray, *Vanity Fair*, II, p. 151 f. u. 209.

gen, weil ihre partielle Verwirklichung immer wieder anzeigt, wie wenig das Erstrebte eigentlich begehrenswert war.[32] Diese Einsicht indes fehlt den Figuren, und das ist insofern nicht verwunderlich, als sich ihr Ehrgeiz bzw. ihre Sehnsucht oft nur an zufallsbedingten Lagen entzündete, die nicht typisch genug waren, um das Verhalten wirklich orientieren zu können. Gewiß besitzt Becky die größere Energie, ihren Willen zu gesellschaftlichem Aufstieg durchzusetzen, so daß daraus eine stärkere Kontinuität ihres Verhaltens resultieren sollte; doch gerade diese Absicht fordert von ihr, daß sie sich den verschiedensten, für die einzelnen Schichten der Gesellschaft geltenden Verhaltensformen einpaßt, wobei sie nicht zuletzt sichtbar macht, wie sehr die Konventionen des gesellschaftlichen Lebens manipulierbar und daher scheinhaft sind. Was sich in Beckys Leben als Kontinuität zeigt, ist nicht mehr mit dem Bestreben der aufklärerischen Romanhelden zu verwechseln, die auszogen, um sich selbst kennenzulernen, sondern bleibt Ausdruck für den in vielen Spielarten verästelten Schein als dem eigentlichen Attribut gesellschaftlicher Wirklichkeit.

Als der Erzähler zu Beginn des Romans seine Figuren vorstellt, heißt es von Becky: *The famous little Becky Puppet has been pronounced to be uncommonly flexible in the joints, and lively on the wire.*[33] Wenn sich die Figuren nicht aus ihren Illusionen zu lösen vermögen, so ist es nur selbstverständlich, daß sie diese für die unbezweifelbare Wirklichkeit halten. In diesen Sachverhalt wird der Leser durch die beschriebene Haltung des Erzählers eingeführt, der seine 'Marionetten' nicht nur restlos durchschaut hat, sondern sie auch sichtbar auf einer Bewußtseinsebene agieren läßt, die weit unter der seinen liegt. Diese oftmals erdrückende Überlegenheit des Erzählers über seine Figuren räumt auch dem Leser eine privilegierte Position des Sehens ein, allerdings mit der unausgesprochenen, aber immer spürbaren Auflage, nun die Folgerungen aus dem vom Erzähler immer wieder bereitgestellten, weit über die gezeigten Situationen und Handlungen hinausführenden Wissen zu ziehen. Diese dem

---

[32] Ibid., p. 188.
[33] Thackeray, *Vanity Fair*, I, p. LV. Zur Charakteristik Beckys als Marionette vgl. die treffenden Bemerkungen v. H. A. Talon, *Two Essays on Thackeray*, Dijon o. J., p. 7 f.

Leser zugedachte Aufgabe wird an einer Stelle des Romans sogar allegorisiert, als sich Becky im Glanz eines großen gesellschaftlichen Abends sonnt:

The man who brought her refreshment and stood behind her chair, had talked her character over with the large gentleman in motley-coloured clothes at his side. Bon Dieu! it is awful, that servants' inquisition! You see a woman in a great party in a splendid saloon, surrounded by faithful admirers, distributing sparkling glances, dressed to perfection, curled, rouged, smiling and happy: – Discovery walks respectfully up to her, in the shape of a huge powdered man with large calves and a tray of ices – with Calumny (which is as fatal as truth) – behind him, in the shape of the hulking fellow carrying the wafer-biscuits. Madam, your secret will be talked over by those men at their club at the public-house to-night... Some people ought to have mutes for servants in Vanity Fair – mutes who could not write. If you are guilty, tremble. That fellow behind your chair may be a Janissary with a bow-string in his plush breeches pocket. If you are not guilty, have a care of appearances: which are as ruinous as guilt.[34]

In dieser kleinen Szene erfolgt ein für den ganzen Roman bezeichnender Wechsel der Blickpunkte, durch den die Beobachtungen des Lesers gelenkt werden. Die Diener verwandeln sich unversehens in Allegorien, um in dieser Abstraktion zu bedeuten, daß durch sie entdeckt wird, was sich hinter der zur Schau getragenen Fassade ihrer Herrschaft verbirgt. Zur Schmähung aber wird das Durchschautwerden nur aus der Perspektive der Betroffenen. Der Erzähler deutet an, daß die vernichtende Wirkung der Schmähung der der Wahrheit gleicht, und empfiehlt deshalb den nun angesprochenen Lesern, lieber Taube, besser noch taube Analphabeten als Diener zu beschäftigen, um sich vor dem Erkanntwerden schützen zu können. Nun wird die Perspektive des Lesers noch genauer umrissen, um ihn in einer scheinbar nicht aufzulösenden Doppeldeutigkeit sich selbst zu überlassen: Fühlt er sich schuldig, weil er sich anders gibt, als er ist, dann muß er seine Umgebung wie ein Heer von Janitscharen fürchten. Hat er nichts zu verbergen, so fordert einfach der gesellschaftliche Umgang von ihm, daß er einen gewissen Anschein wahrt. Wenn dieser aber genauso ruinös ist wie die bewußte Verstellung,

---

[34] Thackeray, *Vanity Fair*, II, p. 112.

dann kann dies nur heißen, daß gesellschaftliches Leben die Menschen zu einem wechselseitigen Aufdrängen von Rollen nötigt, die alles Verhalten zum Theater werden lassen.

In dieses Schauspiel sind die Figuren des Romans verstrickt, wie es am Anfang und am Schluß durch die vom Erzähler zur Bezeichnung des Ganzen gebrauchte Bühnenmetapher eigens hervorgehoben wird. Das Stichwort für den Leser heißt 'entdecken', und der Erzähler gibt es ihm immer wieder mit den dafür notwendigen Anweisungen. In diesem Vorgang wird nicht allein deutlich, wie sehr Becky und Amelia ihre Illusionen für Wirklichkeit halten; es zeigt sich vielmehr, in welchem Maße Wirklichkeit selbst illusionär ist, da sie sich aus den gespielten Beziehungen der Menschen aufbaut. Dem Leser wird die Vertauschung der Prädikate von 'illusionär' und 'wirklich' nicht entgehen. Indem er sie gewärtigt, erfährt er die wirkungspoetische Absicht des Romans, denn Thackeray bediente sich nicht des alten Verfahrens, den Roman so zu komponieren, daß der Leser durch die Illusion als einer darstellungsnotwendigen Täuschung für die Zeit seiner Lektüre in der Welt des Romans lebt, als ob sie die Wirklichkeit wäre; vielmehr sorgt der in *Vanity Fair* eingeführte Erzähler durch seine fortlaufende Unterbrechung der erzählten Geschichte dafür, daß sich eine solche Illusion nicht mehr zu bilden vermag. Der Leser wird bewußt daran gehindert, sich in die Lage der Figuren zu versetzen. Da es nicht darauf ankommt, ihn in das Geschehen hineinzuziehen, darf er in die Vorgänge nur so weit hineingespielt werden, daß er sich in kritischer Reaktion davon wieder absetzen kann. Deshalb wird überhaupt noch eine Geschichte erzählt, deren Bedeutung allerdings nicht mehr in ihr liegt und durch sie selbst gegeben ist, sondern erst durch die zusätzlichen und variablen Einstellungen gewärtigt werden kann, die der kommentierende Erzähler für den Leser eröffnet.

Diese Trennung vermittelt den Eindruck einer viel größeren Wirklichkeitsnähe, als sie die Illusion je zu erzeugen vermochte, die die dargestellte Wirklichkeit stets mit dem Schein ausstattet, die ganze Welt zu sein. Denn nun wird der Leser selber zum Entdecker der wahren Verhältnisse, die ihm immer deutlicher werden, je mehr er die Illusionsbefangenheit der Figuren erkennt. Dadurch gewinnt er einen entscheidenden Anteil an der Verlebendigung aller von den

Figuren begangenen Handlungen, die ihm deshalb so real erscheinen, weil er sich unentwegt aufgefordert fühlt, zu ihrer Begrenztheit die mögliche Korrektur ihres Verhaltens hinzuzudenken. Damit diese Beteiligung nicht erlahmt, sind die einzelnen Figuren mit sehr verschiedenen Weisen und abgestuften Graden der Verblendung ausgestattet, ja, es gibt solche wie Dobbin etwa, deren Haltung und Gefühle dazu verleiten könnten, in ihnen das positive Gegenbild zu allen übrigen Figuren zu vermuten. Wie sehr ein solcher Fehlschluß vom Erzähler gesehen, wenn nicht sogar beabsichtigt war, geht aus der ziemlich am Schluß des Romans gegebenen Anweisung an den Leser hervor:

> This woman [i. e. Amelia] had a way of tyrannising over Major Dobbin (for the weakest of all people will domineer over somebody), and she ordered him about, and patted him, and made him fetch and carry just as if he was a great Newfoundland dog ... This history has been written to very little purpose if the reader has not perceived that the Major was a spooney.[35]

Was als Edelmut hätte erscheinen können, entsprang dem Gebaren eines Einfaltspinsels, und sollte der Leser dies erst jetzt realisieren, dann war seine Entdeckung während der Lektüre nicht sonderlich erfolgreich.

Die ästhetische Wirkung von *Vanity Fair* beruht darauf, die kritischen Möglichkeiten des Lesers so zu aktivieren, daß er die dargestellte gesellschaftliche Wirklichkeit nur als eine verwirrende Brechung scheinhaften Verhaltens erkennt, um das Aufdecken eines solchen Scheins als die eigentliche Wirklichkeit zu erfahren: So wird ihm seine Kritik selbst zur Realität. Die Maßstäbe für eine solche Kritik sind in der Darstellung nicht eigens benannt, ohne jedoch beliebig zu sein. Sie bilden die zentrale Leerstelle des Romans, die als Hohlform des Geschehens soweit konturiert ist, daß sie vom Leser immer erschlossen werden kann. Der Roman erschöpft sich daher nicht in der bloßen Abbildung gesellschaftlicher Wirklichkeit; vielmehr wird seine Gestalt erst dann voll eingelöst, wenn sich die dar-

---

[35] Ibid., p. 39. Zur Auffassung Dobbins vgl. Talon, p. 31; zum Namen vgl. J. A. Falconer, "Balzac and Thackeray", *English Studies*, XXVI (1944/45), p. 131.

gestellte Welt in der Vorstellung des Lesers mit der für alle Spiegelbilder charakteristischen Umkehrung bricht. So gesehen zielt *Vanity Fair* nicht primär auf die Darstellung gesellschaftlicher Realität der Jahrhundertmitte ab, sondern eher auf die Art, in der eine solche Wirklichkeit erfahren werden kann. *To convey as strongly as possible the sentiment of reality* nannte Thackeray diesen Vorgang, der für ihn mit der künstlerischen Leistung der Prosa identisch war. Erfüllt sich der Sinn der erzählten Geschichte durch die in den Text einkomponierte Mitarbeit des Lesers, dann beginnen sich die Grenzen zwischen Fiktion und Wirklichkeit merklich zu verwischen, zumal der Leser nicht den Eindruck gewinnen darf, daß sein vom Text geforderter Mitvollzug etwas Fiktives sei. Vielmehr tragen gerade seine Urteile dazu bei, daß für ihn die fiktive Welt immer mehr den Charakter der Wirklichkeit annimmt.

Wie sehr Thackeray darauf bedacht war, den Leser zu einer Begegnung mit der von ihm selbst für wirklich gehaltenen Realität zu führen, spricht sich in der bereits zitierten Stelle aus, wo der Erzähler dem Leser versichert, daß ein Gang durch 'Vanity Fair' ihn im Zustand eines inneren Elends zurücklassen werde. Thackeray hat diese Absicht in einem Brief aus dem Jahre 1848 noch einmal herausgestellt:

> ... my object ... is to indicate, in cheerful terms, that we are for the most part an abominably foolish and selfish people ... all eager after vanities ... I want to leave everybody dissatisfied and unhappy at the end of the story – we ought all to be with our own and all other stories.[36]

Damit eine solche Einsicht im Leser wachse, muß die fiktive Welt ihm so erscheinen, als ob sie wirklich sei. Ist er darüber hinaus als ein Kritiker dieser Welt gedacht, so liegt der ästhetische Reiz des Romans darin, daß ihm die Möglichkeit zugesprochen wird, sich von dem zu distanzieren, was er als den normalen menschlichen Habitus gewärtigt hat. Eine solche Distanzierung indes ist nicht mehr identisch mit einer wie immer gearteten Erbaulichkeit, die der moralisch orientierte Roman seinen Lesern noch geboten hatte. Den Leser nach der Lektüre elend und unglücklich zurückzulassen besagt, daß diese

---

[36] Thackeray, *The Letters and Private Papers*, II, p. 423.

Art von Literatur ihm nicht mehr die Bilder einer anderen Welt entwirft, die die Niedertracht der gegenwärtigen vergessen machen; vielmehr ist der Leser angehalten, sich selbst durch die Aktivierung seines Urteilsvermögens die anderen Möglichkeiten zum Gegebenen zu eröffnen: *A man with a reflective turn of mind* ist daher der ideale Leser dieses Romans. "A novel", so bemerkt W. J. Harvey einmal in einem anderen Zusammenhang, "can allow for a much fuller expression of this sensed penumbra of unrealized possibilities, of all the what-might-have-beens of our lives. It is because of this that the novel permits a much greater liberty of such speculation on the part of the reader than does the play. Such speculation frequently becomes, as it does in real life, part of the substantial reality of the identity of any character. The character moves in the full depth of his conditional freedom; he is what he is but he might have been otherwise. Indeed the novel does not merely allow for this liberty of speculation; sometimes it encourages it to the extent that our sense of conditional freedom in this aspect becomes one of the ordering structural principles of the entire work." [37]

IV

Der bisher besprochene Aspekt des Romans veranschaulichte das vom Erzähler verfolgte Bestreben, durch weitgestreute Kommentare zu den Handlungen der Figuren auf die Vorstellung des Lesers einzuwirken. Diese indirekte Steuerung wird durch eine Vielzahl von Bemerkungen ergänzt, die sich direkt auf die Erwartungen und unterstellten Gewohnheiten der Romanleser beziehen. Wenn der Nachvollzug des Romans von ihnen eine gesteigerte Urteilsfähigkeit verlangt, so ist es nur verständlich, daß der Erzähler sie oft ganz unverhohlen dazu nötigt, ihre eigenen Positionen zu überdenken, da diese die Voraussetzungen für die Beurteilung der von den Figuren begangenen Handlungen enthalten. Damit eine solche Absicht wirk-

---

[37] W. J. Harvey, *Character and the Novel*, London 1965, p. 147.

sam werden kann, muß der mögliche Leser als eine mit gewissen Eigenheiten ausgestattete Position gedacht werden, die sich dann je nach Sachlage abwandeln läßt. So wie der Autor sich in den Erzähler der Geschichte und eine die Ereignisse kommentierende Figur spaltet, so wird auch der Leser bis zu einem gewissen Grade stilisiert, indem er Attribute erhält, denen er zustimmen oder widersprechen kann. In jedem Falle aber wird er genötigt sein, auf solche vorgefertigten und ihm zugeschriebenen Eigenschaften zu reagieren. Damit entspricht der Doppelrolle des Autors auch eine des Lesers, auf die W. Booth schon einmal im Zusammenhang der über den Erzähler geführten Diskussion aufmerksam gemacht hat: "...the same distinction must be made between myself as reader and the often very different self who goes about paying bills, repairing leaky faucets, and failing in generosity and wisdom. It is only as I read that I become the self whose beliefs must coincide with the author's. Regardless of my real beliefs and practices, I must subordinate my mind and heart to the book if I am to enjoy it to the full. The author creates, in short, an image of himself and another image of his reader; he makes his reader, as he makes his second self, and the most successful reading is one in which the created selves, author and reader, can find complete agreement." [38] Eine solche Übereinstimmung indes kann auf höchst verschiedenen Wegen erzielt werden. Raffiniert wäre sie zweifellos dann, wenn sie sich über ein latentes Oppositionsverhältnis zwischen Erzähler und Leser einstellen würde, wie es in *Vanity Fair* tatsächlich geschieht.

Wenn der Erzähler vorgibt, in der Bewertung von Situationen mit dem Leser einig zu sein, ist vielfach das Gegenteil gemeint. So heißt es etwa von einer alten, aber reichen Jungfer, die der großen Familie der Crawleys angehört, in die Becky bei der Verwirklichung ihres gesellschaftlichen Aufstiegs einheiraten wird:

Miss Crawley was ... an object of great respect when she came to Queen's Crawley, for she had a balance at her banker's which would have made her beloved anywhere. What a dignity it gives an old lady, that balance at the banker's! How tenderly we look at her faults if she is a relative (and may every reader have a score of such), what a kind

---

[38] Booth, p. 137 f.

good-natured old creature we find her! ... How, when she comes to pay us a visit, we generally find an opportunity to let our friends know her station in the world! We say (and with perfect truth) I wish I had Miss MacWhirter's signature to a cheque for five thousand pounds. She wouldn't miss it, says your wife. She is my aunt, say you, in an easy careless way, when your friend asks if Miss MacWhirter is any relative. Your wife is perpetually sending her little testimonies of affection, your little girls work endless worsted baskets, cushions, and footstools for her. What a good fire there is in her room when she comes to pay you a visit, although your wife laces her stays without one! ... Is it so, or is it not so? [39]

In der Verwendung der ersten Person Pluralis fingiert der Erzähler den Eindruck, als ob er die vielen Aufmerksamkeiten für die alte Dame mit dem guten Banksaldo durch die Augen des Lesers betrachtete, für den ein solches Verhalten kaum etwas Ungewöhnliches, sondern nur Ausdruck einer gewissen Lebensklugheit sein kann. Indem sich der Erzähler in eine solche Betrachtung einschließt, scheint er diese Haltung als Kennzeichen der menschlichen Natur eher zu bekräftigen als zu bestreiten. Gibt er vor, damit nur selbstverständliche Reaktionen benannt zu haben, so möchte er den Leser zur Zustimmung verleiten, die – sobald sie erfolgt ist – das Bewußtsein dafür schärft, wie stark die Rücksicht auf den eigenen Vorteil den natürlichen Impuls des menschlichen Handelns bildet.

Damit ist die Unterscheidung zwischen dem Leser und den Romanfiguren aufgehoben. Statt sie zu durchschauen, erkennt er sich in ihnen wieder, so daß die vom Erzähler ihm zugedachte Überlegenheit über die Verstellungen und Illusionen der Figuren zu schrumpfen beginnt. Sich denen ähnlich zu wissen, die eigentlich Gegenstand seiner Kritik sein sollten, zeigt an, wie solche in den Roman eingestreuten Selbstkonfrontationen den Leser dazu nötigen, in der Bewertung der Figuren sich seiner eigenen Position bewußt zu werden. Um dieses Bewußtsein zu entwickeln, schafft der Erzähler Situationen, in denen die dem Leser als natürlich zugeschriebenen und von den Figuren praktizierten Haltungen so übereinstimmen, daß im Leser das unweigerliche Bedürfnis nach Distanzierung erwacht. Bleibt die diskrete Aufforderung zur Selbstbeobachtung unbeachtet, dann

---

[39] Thackeray, *Vanity Fair*, I, p. 103 f.

wird seine kritische Einstellung zu den Figuren unversehens zur Heuchelei, denn er vergißt, sich selbst einzubeziehen. Thackeray wollte seine Leser nicht erbauen, sondern elend und unglücklich zurücklassen,[40] allerdings mit der unausgesprochenen Aufforderung, einen solchen Zustand selbsttätig zu wenden.

Dieser vorwiegend intellektuelle Appell an das Vorstellungsvermögen des Lesers war im realistischen Roman nicht immer die Norm. Bei Dickens etwa werden Emotionen angereizt, die den Leser in eine bestimmte vorbedachte Beziehung zu den Romanfiguren bringen.[41] Bezeichnend dafür ist die bekannte Szene zu Beginn von *Oliver Twist*, als das ausgehungerte Kind im Armenhaus auch nach Meinung des Erzählers die Unverschämtheit besitzt, einen zweiten Teller Suppe zu verlangen.[42] In der Darstellung dieses gewagten Versuchs werden Olivers innere Regungen bewußt ausgespart, um dafür die Entrüstung der Beamten über ein solches Ansinnen entsprechend auszubreiten.[43] Der Erzähler schlägt sich ganz entschieden auf die Seite der Autorität und darf sicher sein, daß er durch diese hartherzige Stellungnahme die Sympathie seiner Leser für das ausgemergelte Kind zum Überfließen bringt. Dadurch wird der Leser so in das Geschehen hineingezogen, daß er sich zum Eingreifen versucht fühlt. Eine solche, der Spannung des Kasperletheaters nicht unähnliche Wirkung gibt Dickens die Möglichkeit, zeitgenössische Wirklichkeit zu vermitteln. Er folgt insofern noch der traditionellen Praxis, als der Leser in die Vorgänge des Romans hineingespielt werden muß. – Anders verhält es sich bei Thackeray. Er ist darauf bedacht, eine allzu enge Beziehung zwischen Leser und Romanfigur zu verhindern. Der Leser von *Vanity Fair* wird deshalb eher in eine Position außerhalb der Romanwirklichkeit gedrängt, und die von ihm geforderte

---

[40] Vgl. ibid., p. 225, sowie Thackeray, *The Letters and Private Papers*, II, p. 423.

[41] "Make 'em laugh; make 'em cry; make 'em wait", bildete das Prinzip der von Dickens mit seinen Romanen verfolgten Absicht; vgl. dazu Kathleen Tillotson, *Novels of the Eighteen-Forties*, p. 21.

[42] Vgl. Charles Dickens, *The Adventures of Oliver Twist* (The New Oxford Illustrated Dickens), London 1959, p. 12 f.

[43] Vgl. ibid., p. 13 f., vor allem p. 14, wo der ironische Kommentar des Autors gegeben wird.

Kritik ist daher nicht ohne Spannung, weil er ständig Gefahr läuft, in das Romangeschehen hineinzurutschen, mit dem Erfolg, plötzlich den Maßstäben seiner eigenen Kritik unterworfen zu sein.

Nun legt es der Erzähler nicht ausschließlich darauf an, den Leser in solche Situationen ungewollter Identifizierung mit den Romanfiguren laufen zu lassen. Zur Schärfung des kritischen Blicks werden auch noch andere Einstellungen angeboten, die allerdings vom Leser eine gewisse Unterscheidungsfähigkeit verlangen, so etwa, wenn es die für den ganzen Roman wichtige Liebesbeziehung zwischen Amelia und Osborne in ihren verschiedensten Aspekten wenigstens andeutungsweise zu fassen gilt:

> The observant reader, who has marked our young Lieutenant's previous behaviour, and has preserved our report of the brief conversation which he has just had with Captain Dobbin, has possibly come to certain conclusions regarding the character of Mr. Osborne. Some cynical Frenchman has said that there are two parties to a love-transaction: the one who loves and the other who condescends to be so treated. Perhaps the love is occasionally on the man's side; perhaps on the lady's. Perhaps some infatuated swain has ere this mistaken insensibility for modesty, dullness for maiden reserve, mere vacuity for sweet bashfulness, and a goose, in a word, for a swan. Perhaps some beloved female subscriber has arrayed an ass in the splendour and glory of her imagination; admired his dullness as manly simplicity; worshipped his selfishness as manly superiority; treated his stupidity as majestic gravity, and used him as the brilliant fairy Titania did a certain weaver at Athens. I think I have seen such comedies of errors going on in the world. But this is certain, that Amelia believed her lover to be one of the most gallant and brilliant men in the empire: and it is possible Lieutnant Osborne thought so too.[44]

Einfach erscheinende Situationen werden für den Leser zu perspektivischen Möglichkeiten der Betrachtung auseinandergelegt. Es steht

---

[44] Thackeray, *Vanity Fair*, I, p. 145. Wichtig für Stellen solcher Art sind die ziemlich am Anfang des Romans dem Leser mitgeteilten Überlegungen, ob das folgende in der "genteel ... romantic, or in the facetious manner" (I, p. 59) erzählt werden solle. Damit eröffnet der Autor selbst den Ausblick auf andere Erzählmodalitäten, die zwangsläufig das Geschehen in ein jeweils verschiedenes Licht rücken würden. So deutet der Autor dem Leser an, welche Folgen mit einem Wechsel der Perspektiven verbunden sind.

ihm frei, sie im einzelnen durchzuspielen und die den Perspektiven zugrunde liegenden Vorentscheidungen mitzuvollziehen: Sei es, daß er sich der Ansicht jenes zynischen Franzosen oder der des verliebten Schäfers anschließt, immer wird ein Moment der Unsicherheit in solchen Entscheidungen über die zur Diskussion stehende Beziehung zurückbleiben. Ja, die entschiedene Ansicht, die Amelia über ihr Verhältnis zu Osborne besitzt, mahnt eher zur Vorsicht, da Eindeutigkeit die Gefahr in sich birgt, falsch zu sein.

Der Leser wird ständig gedrängt, in Alternativen zu denken, denn nur so wird es ihm auf die Dauer gelingen, sich zu dem eindeutigen Verhalten der Figuren in *Vanity Fair* die anderen, von ihnen gerade nicht bedachten Möglichkeiten zu vergegenwärtigen. Dadurch entsteht erst das Potential seiner Kritik, da er im Verlauf der Lektüre immer mehr dazu gebracht wird, seine Einsichten zu testen und abzuwägen. Indem er zur dargestellten Wirklichkeit die anderen Möglichkeiten hinzudenkt, bildet sich für ihn ein eigener Horizont der Beurteilung, durch den Wirklichkeit allererst erfaßbar wird. Der ästhetische Reiz einer solchen Textkomposition besteht darin, daß er dem Temperament des Lesers einen gewissen Spielraum gewährt und bestimmte Reaktionen oftmals unbemerkt erzwingt, ohne sie eigens auszuformulieren. Indem der Text darauf verzichtet, den Leser in die Illusionswirklichkeit des Romans hineinzuziehen, gibt er ihm durch die variable Distanz zum Geschehen die Illusion, die Vorgänge nach seinen eigenen Ansichten beurteilen zu können. Dazu muß er nur in eine Position gebracht werden, die ihn zu Urteilen provoziert, und die ästhetische Wirkung wird sich erhöhen, je weniger der sachliche Gehalt solcher Urteile eigens bestimmt ist.

V

Thackeray selbst meinte dazu in einer beiläufig gemachten Bemerkung: *I have said somewhere it is the unwritten parts of books that would be the most interesting.*[45] Der Leser von *Vanity Fair* wird in

---

[45] Thackeray, *The Letters and Private Papers*, III, p. 391.

eine bewegliche Mittellage manövriert, die zwischen der Welt der Figuren und der souveränen Lenkung des *Manager of the Performance* oszilliert. Gerät er allzu stark in die Nähe der Figuren, dann erfährt er, was der Erzähler gleich zu Anfang formuliert hat: *The world is a looking-glass, and gives back to every man the reflection of his own face.*[46] Folgt er den vom Erzähler angebotenen Einstellungen, dann wird ihm bei gleichzeitiger Entfernung vom Geschehen das Treiben der Figuren durchsichtig werden. In diesen variablen Distanzen erfährt der Leser den Sinn von *Vanity Fair*. Mit den Figuren erlebt er das temporäre Verstricktsein in seine eigenen Illusionen, und mit der Aufforderung zur Kritik wird ihm die Möglichkeit geboten, sich davon zu befreien, um sich selbst und die Welt besser zu sehen.

So bildet die Geschichte vom gesellschaftlichen Ehrgeiz der beiden Mädchen nur einen Aspekt des Romans, der ständig durch die Perspektiven ergänzt wird, die zur Beurteilung auf ihn gerichtet werden. Eine solche Zweiteilung besagt, daß der Geschichte selbst die unmittelbare Evidenz der Bedeutung fehlt. Wenn sie sich erst im Durchspielen der verschiedenartigen Blickpunkte erschließt, dann ist die faktisch dargestellte Wirklichkeit nicht mehr repräsentativ für die ganze Realität. Repräsentativ wäre dann nur die Weise, in der ihr begegnet wird. Deshalb läuft der Erzählerkommentar mit seiner oft ingeniösen Mobilisierung der Leser als eine beinahe selbständige Handlung neben der Geschichte her. Darin unterscheidet sich Thackeray vom wissenschaftlichen Realismus des 19. Jahrhunderts, dessen Naivität glauben machen wollte, daß ein entsprechendes *tranche de vie* schon die ganze Wirklichkeit sei, während in solchen, als repräsentativ ausgegebenen Schnitten sich doch nur ein ideologisches Programm aussprach, nach dem die Wirklichkeit bei aller nachprüfbaren Detaildichte konstruiert war. Für *Vanity Fair* dagegen ist der Modus der Betrachtung von Wirklichkeit, nicht aber der in der erzählten Geschichte gebotene Ausschnitt von ihr repräsentativ, denn die faktisch vorgeführte Welt erweist sich als ein Geflecht von Illusionen, die die Menschen jeweils für sich aufbauen und für wirklich halten.

---

[46] Thackeray, *Vanity Fair*, I, p. 12.

Eine bloße Teilhabe an dieser Welt muß folgerichtig den Leser unglücklich und elend machen. Der Modus der Betrachtung allerdings schafft immer wieder die Möglichkeit, solche Folgen durch die Aktivierung der Kritik zu übersteigen. Daraus entspringt die paradoxe Umkehrung, daß die dargestellte Wirklichkeit merkwürdig illusionär, das Spektrum der Blickpunkte für eine Betrachtung dieser Wirklichkeit hingegen merkwürdig real erscheint. In diesem Austausch der Prädikate gewinnt die dargestellte Wirklichkeit allenfalls den Charakter des Vorläufigen, während der Modus ihrer Betrachtung das Bewußtsein dieser Vorläufigkeit und damit die Voraussetzung ihrer Überwindung stiftet.

Je mehr es dem Leser gelingt, eine kritische Distanz zu gewinnen und diese am Ende gar durchzuhalten, desto unverkennbarer wird sich in ihm das Gefühl einer gewissen Überlegenheit einstellen.

Diese Überlegenheit indes schafft eine Illusion eigener Art. Was immer klar und deutlich erscheint – *clare et distincte* in der cartesianischen Definition – hält man für wirklich. Daraus zogen die Autoren des szientifischen Naturalismus genauso ihre Konsequenzen wie Thackeray, allerdings mit dem nicht unerheblichen Unterschied, daß der szientifische Naturalismus die Eindeutigkeit durch eine ideologische Konstruktion des Wirklichen erreichte, während Thackerays *Vanity Fair* die zu erstellende Eindeutigkeit der entdeckenden Aktivität des Lesers zuspielt. Das aber heißt, daß der formale Ausweis einer wie immer gearteten Ordnung zum Kennzeichen der Wirklichkeit wird. Daraus folgt, daß der Roman immer dann das Prädikat 'realistisch' erhält, wenn die Form seiner Darstellung dem Leser die Illusion einer überlegenen Einsicht in die entworfenen Vorgänge vermittelt. Wird diese aber abgebaut, so schwindet die Bereitschaft, der Darstellung einen unbefragten Zusammenhang mit der Wirklichkeit zuzugestehen. Ja, wenn sich der Leser gar überfordert fühlt, erscheint ihm die dargestellte Welt nicht mehr realistisch, da die gezeigten Vorgänge sich aus seiner gängigen Erfahrung heraus schwer nachvollziehen und kaum mehr überprüfen lassen. Nun aber ist die Gleichsetzung von Wirklichkeit mit einer sie einfangenden Vorstellung von ihr, wie sie der 'realistische' Roman entworfen hat, selbst schon historisch geworden.

Es besteht kein Zweifel darüber, daß dem Romanhelden in der Tradition der Gattung eine ausgezeichnete Funktion zukommt. Er bildet den Bezugspol für nahezu alle Ereignisse des von ihm repräsentierten Weltzusammenhangs, und er bietet dem Leser die Möglichkeit, sich in das dargestellte Weltgeschehen hineinzuversetzen. Das gilt für den Roman des 19. Jahrhunderts auch dort noch, wo die Vorzugsstellung des Helden problematisiert wird, denn die grundlegenden Qualitäten der Romansubjekte sind dabei intakt geblieben. Sie besitzen bei aller Veränderung ihrer im Roman gezeigten Geschichte eine noch unverkennbare Identität; ihr Selbstbewußtsein ist nicht in Frage gestellt, und auch ihre Fähigkeit zur Intersubjektivität bleibt – bei aller Komplizierung der zwischenmenschlichen Beziehungen – die selbstverständliche Voraussetzung ihres Handelns.[1] "Der neuzeitliche Wirklichkeitsbegriff der Konsistenz impliziert, daß das Subjekt an der möglichen Einstimmigkeit seiner Bewußtseinsinhalte seine Identität als Selbstbewußtsein gewinnt und realisiert, und ebenso, daß die intersubjektive Bezugsfähigkeit des Subjekts die gegebene Realität erst zur 'objektiven Welt' macht. Insofern ist die formale Struktur der Subjektivität das Selbstverständliche, das der klassische Roman unthematisch voraussetzt, weil es für ihn die Bedingung der Möglichkeit ist, welthafte Realität als den Erfahrungs- und Handlungsraum seiner Gestalten vorstellig zu machen."[2] Blieb im 19. Jahrhundert diese formale Struktur noch weithin unangetastet, weil die Romansubjekte das naturalistische Milieu sowie die aus ihm entspringenden Schicksale und die damit verbundenen Handlungen im Sinne einer unterschiedlich propagierten Veränderung der vorgefundenen Realität zu verdeutlichen hatten, so mußte diese Struktur in dem Augenblick ihre Mutation erleben, da sie selbst zum Thema

---

[1] Hier wird ein Gedanke aufgegriffen, den Hans Blumenberg in der Diskussionseinleitung zu dem vorliegenden Aufsatz in *Die Nicht Mehr Schönen Künste* (Poetik und Hermeneutik III), hrsg. von H. R. Jauss, München 1968, p. 669, geäußert hat.

[2] Blumenberg, p. 669 f.

des Romans erhoben wurde. Nun hören die Subjekte auf, nur Spiegel der Welt zu sein. Sie scheinen statt dessen die Welt zu verlieren, wenn sie auf die bisher unbefragten Voraussetzungen ihrer Funktion zurückgeführt werden. Wie sehr man in einer solchen Reduktion den Kern der Subjektivität angetastet glaubte, läßt sich an der Formel vom *Loss of the Self in Modern Literature*[3] ablesen, die sich im literarischen Vokabular als Kennzeichen sowohl der modernen Prosa als auch des modernen Dramas eingebürgert hat. Die Thematisierung der formalen Struktur der Subjektivität wäre demnach nur als Destruktion und Verlust zu denken. So beginnt Charles I. Glicksberg sein im Jahre 1963 unter dem Titel *The Self in Modern Literature* erschienenes Buch mit dem Satz: "The modern writer is faced with the baffling problem of picturing a self that seems to have lost its reality".[4] Das Selbst bedarf offenbar einer bestimmten Realität, um konkret zu werden, und wo diese nicht mehr in der für seine Verdeutlichung notwendigen Einsichtigkeit gegeben ist, beginnen sich seine Konturen zu verwischen. Folglich wäre das Selbst nur durch die von ihm repräsentierte Wirklichkeit zu begreifen, wie es Glicksberg in den Einzelanalysen seines Buches darzustellen versucht.[5]

Nun ließe sich das gleiche Problem auch anders sehen. Wenn das Selbst 'seine Realität verloren hat' und dennoch da ist, so kann es

---

[3] So lautet der Titel des interessanten Buches von W. Sypher, *Loss of the Self in Modern Literature and Art* (Vintage Book), New York 1964.

[4] Ch. I. Glicksberg, *The Self in Modern Literature,* Pennsylvania 1963, p. XI.

[5] Glicksberg gibt in seinem Buch eine ganze Portraitgalerie solcher repräsentativen Darstellungen des Selbst. Vgl. u. a. "The Self without God", p. 3 ff.; "The Animal Image of Self", p. 39 ff.; "The Image of the Mechanical Self", p. 48 ff.; "The Nihilistic Self", p. 62 ff.; "The Relativity of the Self", p. 71 ff.; "The Image of the Absurd Self", p. 105 ff. Dabei sind die jeweils gemachten Voraussetzungen aufschlußreich, die der Beurteilung der modernen Situation zugrunde gelegt werden. So heißt es etwa: "Without God, man must resign himself to living in the emptiness of space, the victim of sheer contingency. Twentieth-century literature reveals man with his lost self as the child of the finite and relative, not as a son of God" (p. 35). "When man is exiled from eternity, he becomes demoniacal. His empty self, without a spiritual center to which it can attach itself, seeks reassurance by allying itself with the chthonic, the primitivistic, the bestial" (p. 47).

nicht restlos mit der von ihm vergegenständlichten Realität identisch sein. Alle Weisen seiner Manifestation wären dann nur Möglichkeiten, die den Blick auf die Bedingungen der Subjektivität erst freigeben. Wo diese selbst Gegenstand literarischer Darstellung werden, erscheint die Subjektivität weniger in ihrer Verlorenheit, sondern vielmehr als Dementi einer historisch gewordenen Auffassung von ihr, wenn man unter Subjektivität die zum Thema erhobene vollkommene Vermittlung von Selbst und Welt versteht,[6] wie sie in der Literatur, aber auch in der Geistesgeschichte des 19. Jahrhunderts begriffen worden ist. Man muß sich daher an die in der Literatur des vergangenen Jahrhunderts entwickelten Vorstellungen der Subjektivität erinnern, da sich der mögliche Zugang zu ihren modernen Formen erst durch diesen Rückgriff eröffnet. Unterstellt man, daß sich die Subjektivität durch die Form ihrer Selbstvermittlung bestimmt, so gilt es im folgenden, solche Auffassungen von Subjektivität aufzusuchen, in denen diese Bestimmung preisgegeben ist.

1. Die Selbstvermittlung der Subjektivität in der autobiographischen Fiktion

W. M. Thackeray: 'Henry Esmond'

Die Forderung nach einer an Goethe und Hegel orientierten 'self-culture' durchzieht die Literatur des englischen Fin de siècle.[7] Walter

---

[6] Vgl. dazu auch D. Henrich, "Kunst und Kunstphilosophie der Gegenwart", *Immanente Ästhetik – Ästhetische Reflexion* (Poetik und Hermeneutik II), hrsg. von W. Iser, München 1966, p. 18 ff.

[7] Ihre Wichtigkeit läßt sich daran ablesen, daß sie für so gegensätzliche Naturen wie Oscar Wilde und Kardinal Newman von nahezu gleicher Bedeutung war. Oscar Wilde, *Intentions and The Soul of Man*, London 1908, p. 187, stellt fest: "... self-culture is the true ideal of man. Goethe saw it, and the immediate debt that we owe to Goethe is greater than the debt we owe to any man since the Greek days ... For the development of the race depends on the development of the individual, and where self-culture has ceased to be the ideal, the intellectual standard is instantly lowered, and, often, ultimately lost (p. 185 f.). Vgl. dazu ferner John

Pater hat die Nötigung dazu in seinem Essay über *Winckelmann* wie folgt begründet:

> Certainly, for us of the modern world, with its conflicting claims, its entangled interests, distracted by so many sorrows, with many preoccupations, so bewildering an experience, the problem of unity with ourselves, in blitheness and repose, is far harder than it was for the Greek within the simple terms of antique life. Yet, no less than ever, the intellect demands completeness, centrality.[8]

Wo diese Einheit mit sich selbst thematisch wird, entsteht 'große Kunst', die Pater von der bloßen Formvollendung 'guter Kunst' streng geschieden wissen möchte.[9] 'Große Kunst' bedeutet für ihn *such presentment of new or old truth about ourselves and our relation to the world as may ennoble and fortify us in our sojourn here.*[10] Als Beispiele 'großer Kunst' nennt Pater The English Bible, Dante, Milton, Hugos *Les Misérables* und Thackerays *Henry Esmond*.[11] Diese auf den ersten Blick überraschende Zusammenstellung ist deshalb so beachtenswert, weil Pater den als autobiographische Fiktion angelegten Roman Thackerays einer traditionsgeheiligten Literatur zuordnet (Bibel, Dante und Milton), die auch im 19. Jahrhundert noch kanonische Geltung besessen hat.[12] Für Pater verwirklichte sich in *Henry Esmond* um die Mitte des 19. Jahrhunderts zum letzten Mal die Darstellungsintention 'großer Kunst'. Dieses Urteil, von einem der einflußreichsten Kritiker der zweiten Jahrhunderthälfte

---

Henry Newman, *Apologia pro vita sua*, London 1864, p. 323 u. 377 sowie Ch. F. Harrold, *John Henry Newman. An Expository and Critical Study of his Mind, Thought and Art*, London, New York, Toronto 1945, p. 138 f. Verwandte Gedanken äußert Matthew Arnold, *Culture and Anarchy*, London 1889, p. VIII.

[8] Walter Pater, *The Renaissance. Studies in Art and Poetry*, London 1919, p. 227.

[9] Walter Pater, *Appreciations*, London 1920, p. 37 f.

[10] Ibid., p. 38.

[11] Ibid.; vgl. dazu auch das Urteil Trollopes, das Geoffrey Tillotson, *Thackeray the Novelist*, London 1963, p. 127, ausführlich zitiert.

[12] Vgl. M. H. Abrams, *The Mirror and the Lamp. Romantic Theory and the Critical Tradition* (Norton Library), New York 1958, p. 127, 176 u. 295.

formuliert, rechtfertigt die Auswahl *Henry Esmonds* für eine paradigmatische Verdeutlichung der Vermittlung von Subjektivität und Welt.

Thackerays *Henry Esmond* ist ein historischer Roman, der allerdings die von Lukács beklagte "Privatisierung der Geschichte" [13] zum Gegenstand hat. Die Historie wird hier nicht als fortschreitende Verwirklichung eines abstrakten Zwecks verstanden, sondern eher als ein Spiegel, der dem Helden die Möglichkeit einer gesteigerten Selbstanschauung eröffnet. In der Einleitung wird dieser Aspekt eigens begründet. Henry Esmond beginnt seine Autobiographie mit einer Polemik gegen die Auffassung von Geschichte als einer Haupt- und Staatsaktion, da die in ihr agierenden Figuren weder besser noch klüger waren *than you and me ... I would have History familiar rather than heroic.*[14] Dieser Wunsch Esmonds, Geschichte vorwiegend als Dokument persönlicher Erfahrung zu sehen, ist für ihn durch die besondere Disposition des menschlichen Charakters bedingt, die sich ihm im Rückblick auf sein Leben erschließt:

> I look into my heart and think that I am as good as my Lord Mayor, and know that I am as bad as Tyburn Jack. Give me a chain and red gown and a pudding before me, and I could play the part of Alderman very well, and sentence Jack after Dinner. Starve me, keep me from books and honest people, educate me to love dice, gin, and pleasure, and put me on Hounslow Heath, with a purse before me, and I will take it.[15]

Der Möglichkeit nach sind die größten Gegensätzlichkeiten in Esmond angelegt, der gerade deshalb einer verstärkten Selbstbetrachtung bedarf, um die Bedingungen fassen zu können, die ihn zu dem gemacht haben, der er am Ende seines Lebens ist. Wenn er die Alternative zwischen Richter und Verbrecher für sich selbst als realistisch empfindet, so gewinnen seine tatsächlichen Reaktionen auf die ihm

---

[13] Vgl. G. Lukács, *Der Historische Roman*, Berlin 1955, p. 213 f. u. 219.

[14] William Makepeace Thackeray, *The History of Henry Esmond, The Works*, X (The Centenary Biographical Edition), ed. by Lady Ritchie, London 1911, p. 2.

[15] Ibid., p. 4.

historisch vorgegebene Welt eine eminente Bedeutung, denn erst in ihnen hat er sich als er selbst.

Schon in seiner frühen Jugend stellte sich Esmond die Frage: *Who was he, and what?*[16] Und wenn die Antworten im Kontext der Geschichte gesucht werden, so in dem Bestreben, das Bild der Selbstanschauung aus den subjektiven Brechungen einer als objektiv verstandenen Wirklichkeit zu gewinnen. Historische Vorgänge und Gestalten provozieren Esmond zu recht individuellen Stellungnahmen, die sein Verhalten insofern verdeutlichen, als die gezeigte Reaktion nicht die einzig mögliche Bewertung geschichtlicher Ereignisse darstellt. So gibt die Geschichte seinen individuellen Vorstellungen allererst Profil. Diese Konzentration auf eine persönliche Geschichtserfahrung bedingt die von Lukács geübte Kritik an Thackerays Roman, da für ihn "die historische Objektivität" aufgegeben ist und der "Subjektivismus ... alle im Roman auftauchenden historischen Gestalten" abwertet.[17] Sieht man *Henry Esmond* im Lichte der Scott-Tradition, so trifft das von Lukács gefällte Urteil zu. Thackeray indes gab mit diesem Roman eher eine Antwort auf die Scott-Mode, als daß er ihren eingefahrenen Bahnen gefolgt wäre. Darauf hat neuerdings Loofbourow wieder aufmerksam gemacht: "This creative synthesis of history and fiction – a sequence of expressive modes figuring cultural development, public events mirroring a private experience, a double perspective correlating past and present – was a significant break with the illustrative tradition".[18] Der von Thackeray intendierte Abbau des Monumentalen und Heroischen bildet für ihn die Voraussetzung dafür, die Erfahrbarkeit von Geschichte darstellbar zu machen, um in diesem Prozeß die Selbstverdeutlichung

---

[16] Ibid., p. 68. Vgl. hierzu den wichtigen Beitrag von H. A. Talon, "Time and Memory in Thackeray's Henry Esmond", *Two Essays on Thackeray*, Dijon o. J., p. 33 f. Der Aufsatz erschien ursprünglich in *Review of English Studies*, New Series XIII (1962).

[17] Lukács, p. 217. Zur Bedeutung des 'Subjekts' und des 'Subjektiven' vgl. auch R. Sühnels Nachwort zu *Die Geschichte des Henry Esmond* (Exempla Classica, 77), Frankfurt 1963, p. 418.

[18] J. Loofbourow, *Thackeray and the Form of Fiction*, Princeton U. P. 1964, p. 164. Auch Kathleen Tillotson, *Novels of the Eighteen-Forties*, Oxford 1961, p. 99, stellt die Doppelheit von *Henry Esmond* als 'historical novel' und 'novel of memory' heraus.

des Helden zu portraitieren. Die folgende Betrachtung bezieht sich ausschließlich auf diesen Aspekt des Romans und verzichtet darauf, den Wandel dargestellter Geschichte in literarischer Prosa zu analysieren.

Das Wechselspiel von Geschichte und Charakter darf indes nicht als eine einseitige Determination des Charakters durch die Geschichte mißverstanden werden, da sonst Esmonds Autobiographie nur zur Illustration möglicher, in der Geschichte waltender Zwecke dienen würde. Esmond selbst stellt daher im Fortgang seiner Erzählung die Art der Beziehung heraus, die zwischen der Geschichte, der Selbstbeobachtung und ihrer Aufzeichnung besteht:

> But fortune, good or ill, as I take it, does not change men and women. It but develops their character. As there are a thousand thoughts lying within a man that he does not know till he takes up the pen to write, so the heart is a secret even to him (or her) who has it in his own breast. Who hath not found himself surprised into revenge, or action, or passion, for good or evil, whereof the seeds lay within him, latent and unsuspected, until the occasion called them forth? [19]

Hier wird den vom Menschen unabhängigen Umweltsbedingungen nur die Funktion zugesprochen, das Potential des Charakters zu aktualisieren, damit die Individualität vor sich selbst gebracht werden kann. Dieses Potential aber ist ihr eigener, wenngleich verborgener Besitz, der nur insoweit dem Zufall unterworfen ist, als unkontrollierbare Umstände ihn erst zur Gestalt erwecken können. [20]

Die autobiographische Aufzeichnung wird damit zu einem Prozeß der Selbstbeobachtung, der die Möglichkeiten des Charakters aus den durch die historische Umwelt erweckten Gestalten erschließt. So ist

---

[19] Thackeray, *Henry Esmond*, p. 182. J. A. Lester, Jr., "Thackeray's Narrative Technique", *PMLA*, 69 (1954), p. 399, hebt das zentrale Interesse heraus, das Thackeray in seinem ganzen Werk an den Reaktionen der Charaktere bezeugt: "Thackeray is more interested in his characters' reactions to events than he is in the events themselves." Vgl. dazu auch noch p. 402.

[20] Für Lukács, p. 217, erscheint der gleiche Sachverhalt unter negativem Vorzeichen: "... je feiner er (Thackeray) diese private Psychologie durchführt, desto zufälliger erscheint alles aus einer historischen Perspektive."

jede einzelne Reaktion Esmonds eine begrenzte Äußerung, die sich niemals mit dem Ganzen des Selbst deckt, und doch kommt dieses erst durch die Folge solcher umweltsbedingten Verhaltensweisen zum Vorschein. Nun ist aber Esmond keineswegs von konkreten und weitgesteckten Zielen bewegt, die er verwirklichen möchte, vielmehr ergeben sich seine Absichten und Wünsche erst aus den verschiedensten Situationen, in die er gerät. Wäre Esmonds Verhalten auf die Realisierung bestimmter Zwecke gerichtet, so könnte die von ihm erzählte Lebensgeschichte nur den Erfolg oder das Scheitern einer vor aller Erfahrung bestehenden Entschlossenheit zum Thema haben; dann jedoch würde die Autobiographie nicht mehr ihn selbst, sondern das Schicksal einer von ihm gehegten Idealvorstellung beschreiben.

Esmonds Selbstentfaltung ist daher von den empirisch-historischen Situationen unablösbar. Durch seine katholische Erziehung entflammt er sich als Kind für die Sache der Stuarts.[21] Diese völlige Identifikation mit den Ansichten seines Erziehers – Father Holt – wird durch die politischen Ereignisse zerbrochen;[22] Esmond muß sich auf eine neue Herrschaft im Hause Castlewood einstellen, und diese möchte aus ihm einen Pfarrer machen.[23] Nur aus Verehrung für Lady Castlewood findet er sich bereit, in den ihm widerstrebenden Berufsplan einzuwilligen, dessen Vollendung jedoch durch die Umstände zunichte gemacht wird.[24] In diesen Jugenderlebnissen spiegelt sich bereits der zentrale Aspekt von Esmonds Lebensweg, der in allen Stadien nachweisbar ist und den Anstoß für die autobiographische Aufzeichnung schafft: Esmond sieht sich schon früh in Situationen versetzt, die in ein ständiges Unbehagen umschlagen. Dadurch wird er jedoch erst auf bisher ungekannte Wünsche aufmerksam, so daß ein Spannungsverhältnis zwischen der ihm aufgenötigten Handlung und der in ihm erwachten Regung entsteht. Im Fortgang seines Lebens trifft er auf neue Situationen, die seine inzwischen konkreter gewordenen Wünsche durchkreuzen und seine Ab-

---

[21] Vgl. u. a. Thackeray, *Henry Esmond*, p. 44 f.
[22] Ibid., p. 102 u. 210 f.
[23] Ibid., p. 103 f.
[24] Ibid., p. 161 f., 166 u. 183 f.

sichten in nicht vorhersehbare Richtungen lenken.[25] Diese mangelnde
Deckung zwischen der ursprünglich gehegten Absicht und den jeweiligen Verhältnissen provoziert bislang kaum vorbedachte Reaktionen; durch sie indes wird Esmond stärker auf sich selbst gelenkt,
und er bemerkt, wie die sich allmählich herausbildenden Vorstellungen in der eigenen Lebensgestaltung zu kurz greifen,[26] und wie
mannigfaltig die in ihm verborgenen Möglichkeiten des Verhaltens
sind, die sich niemals verwirklicht hätten, wenn es zu der von ihm
erstrebten Adäquation von Wunsch und Wirklichkeit gekommen
wäre.

Dieser Weg ad se ipsum macht deutlich, daß die von Esmond
erzählten historischen Umstände seines Lebens nicht als bloße mechanische Auslöser eines auch in seiner Gestalt bereits vorgeformten
Potentials seines Charakters zu verstehen sind. Vielmehr gewinnen
die verborgenen Möglichkeiten der Person ihre Umrisse einzig und
allein durch die Bedingtheit der Umstände, in denen sie real werden,
ja erst die Vielfalt historischer Situationen und ihre mangelnde
Beherrschbarkeit decken die noch unerschlossenen Eigenheiten des
Charakters auf. Daraus ergibt sich das Bestreben, Grad und Umfang
des Uneinsehbaren ständig zu vermindern. Zunächst forscht Esmond
in einem äußerlichen Sinne danach, wer er eigentlich ist. Mit dem
Ende des ersten Buches hat er seine Herkunft geklärt. Wenn diese
Aufklärung nicht am Ende des Romans, sondern bereits nach dem
ersten Drittel erfolgt, so ist damit angezeigt, daß die Identität nicht
im Aufschluß über die Herkunft gewonnen werden kann. Nachdem
Esmond weiß, daß er der eigentliche Erbe des Titels ist, erscheint ihm

---

[25] Vgl. dazu besonders die Wendung, die Esmonds Leben erfährt, nachdem er von einer Expedition des Spanischen Erbfolgekriegs zurückgekehrt
ist und die Familie Castlewood wieder besucht. Er wurde Soldat, um Beatrix
zu imponieren. Nun aber haben sich die Verhältnisse geändert; Beatrix'
Neigung gilt einem anderen, und gleichzeitig entdeckt Esmond seine Gefühle für Lady Castlewood. Der neuen Situation widerspricht es nun, daß er
wieder in den Krieg ziehen muß. Das ursprüngliche Motiv, Soldat zu werden, ist weithin gegenstandslos geworden. Esmonds weitere Teilnahme am
Krieg steht nun unter anderen Vorzeichen, die sein gesamtes Verhalten
verändern und ihn die Ereignisse wiederum anders sehen lassen. Vgl. dazu
ibid., p. 228–256 u. 345 f.
[26] Vgl. u. a. ibid., p. 185 f. u. 215.

seine bisherige Umwelt in einem neuartigen Zusammenhang – nun aber muß er es sich mit Rücksicht auf die von ihm geliebte Familie Castlewood versagen, von diesem Wissen Gebrauch zu machen.[27] Die Bedingungen seiner Umwelt beginnen sich erneut zu komplizieren, gleichzeitig werden die Voraussetzungen nuancierter, auf die er nun reagieren muß.

Wenn die Verminderung des Uneinsehbaren als Prozeß der Selbstentdeckung verläuft, so fragt es sich, ob dieser überhaupt an sein Ende kommen kann. Denn das Bestreben zu wissen, wer man ist, verbietet doch die Setzung eines bestimmten Zweckes, dessen Verwirklichung das Uneinsehbare erst zum Verschwinden bringen würde. Es gilt daher für Esmond, sich zu den ihm offenbar gewordenen Möglichkeiten seines Charakters zu verhalten, und dies geschieht durch die Erinnerung. Diese setzt Esmond nicht nur in Beziehung zu seiner Vergangenheit, sondern sie bringt ihn auch in ein Verhältnis zu sich selbst, denn das Erinnerte läßt erkennen, welche Bedeutung er den jeweiligen Ereignissen in den einzelnen Lebensphasen beigemessen hat.

Die autobiographische Fiktion sammelt die erinnerten Reaktionen, die sich zu einer Gestalt der Subjektivität verdichten; diese wird durch Esmonds Reflexion auf seine Vergangenheit aus der Verflechtung mit dem historischen Geschehen in der Weise ausgefiltert, daß Esmond sich die jeweilige Bedingtheit seines individuellen Verhaltens vergegenwärtigt. Dafür bietet seine Beurteilung Marlboroughs ein kennzeichnendes Beispiel. Als Soldat des englischen Heeres im Spanischen Erbfolgekrieg erlebt Esmond den Herzog aus größter Nähe. Die festgehaltenen Beobachtungen sind mit scharfer Ironie durchsetzt:

Our Duke was as calm at the mouth of the cannon as at the door of a drawing-room. Perhaps he could not have been the great man he was, had he had a heart either for love or hatred, or pity or fear, or regret or remorse . . . for he used all men, great and small, that came near him, as his instruments alike, and took something of theirs, either some quality or some property . . . and having, as I have said, this of the godlike in him, that he could see a hero perish or a sparrow fall, with the same

---

[27] Vgl. ibid., p. 176 f. u. 200 f.

amount of sympathy for either ... He would cringe to a shoeblack, as he would flatter a minister or a monarch; be haughty, be humble, threaten, repent, weep, grasp your hand (or stab you whenever he saw occasion). – But yet those of the army who knew him best and had suffered most from him, admired him most of all: and as he rode along the lines to battle or galloped up in the nick of time to a battalion reeling from before the enemy's charge or shot, the fainting men and officers got new courage as they saw the splendid calm of his face, and felt that his will made them irresistible.[28]

Und nach der Schlacht bei Blenheim stellt Esmond fest:

Who could refuse his meed of admiration to such a victory and such a victor? Not he who writes: a man may profess to be ever so much a philosopher; but he who fought on that day must feel a thrill of pride as he recalls it.[29]

Diese Einschätzung Marlboroughs bringt eine indirekte Selbstcharakteristik Esmonds zum Vorschein. Wie die Truppe, so kann auch er sich der gelegentlichen Begeisterung für den siegreichen Heerführer nicht entziehen. Doch er durchschaut das vordergründige, vom Erfolg verstellte Bild des Herzogs, dessen Ansehen einer nackten Gewissenlosigkeit entspringt, die offenbar Motor geschichtlicher Leistungen ist. Erst die Destruktion des heroischen Anscheins deckt die niedrigen Motive auf, durch die historisches Geschehen bewirkt wird. Sind aber das Unmenschliche und Verlogene als Triebkräfte der Geschichte begriffen, so entsteht der Umriß eines virtuellen Tugendkatalogs, der Esmonds Haltung deutlich werden läßt.

Die erinnerte Geschichte ist von einer für Esmond charakteristischen Beurteilung eingefärbt, so daß sich erst in der Uminterpretation gängiger Meinungen die eigene Einstellung zur geschichtlichen Umwelt klärt. In der Entheroisierung durchlebter Geschichte geschieht daher zugleich eine unverkennbare Selbstverdeutlichung, die sich im Spiegel der Erinnerung zum Bild einer wachsenden Selbstanschauung ordnet. Dieses aber wird einer ständigen Überprüfung unterzogen, denn Esmond fragt sich, warum seine Ansichten über den

---

[28] Ibid., p. 260 f.
[29] Ibid., p. 261 f.

Herzog so kritisch sind. Könnte man noch meinen, Marlboroughs Skrupellosigkeit habe Esmonds moralisches Empfinden verletzt, so überrascht die Mitteilung, daß die Ablehnung auf einer Kränkung beruht, denn der Herzog hat Esmond bei einem Levée nicht die erwartete Aufmerksamkeit geschenkt:

> A word of kindness or acknowledgement, or a single glance of approbation, might have changed Esmond's opinion of the great man; and instead of a satire, which his pen cannot help writing, who knows but that the humble historian might have taken the other side of panegyric? [30]

Ein solches Eingeständnis hebt zwar Marlboroughs Entheroisierung nicht auf, es zeigt jedoch an, wie sehr die zunächst glaubwürdige moralische Kritik nicht auf Esmonds hehrer Gesinnung beruht, sondern seiner zufällig verletzten Eitelkeit entsprungen ist.

In der Vergegenwärtigung vergangener Lebensäußerungen verdeutlicht sich Esmond noch einmal die Bedingungen des Erinnerten, um die Voraussetzungen abzuklären, die zu seinen individuellen Reaktionen führten. So wird die Erinnerung in der autobiographischen Fiktion zu einer Form gesteigerten Selbstbewußtseins, wie es Esmond gegen Schluß seiner Aufzeichnungen andeutet:

> We forget nothing. The memory sleeps, but wakens again; I often think how it shall be when, after the last sleep of death, the réveillée shall arouse us for ever, and the past in one flash of self-consciousness rush back, like the soul revivified. [31]

Wäre die Vergangenheit ganz in die Gegenwart einzubringen, dann würde das menschliche Selbstbewußtsein eine momentartige Vollendung erreichen. Da diese im Leben nicht gewährt wird, bleibt ein solcher Gedanke nur Metapher für das durch die Erinnerung erstrebte Ziel. Die Erinnerung verwandelt das gelebte Leben zur Geschichte des wachsenden Selbstbewußtseins der Subjektivität. J. C. Powys bemerkt einmal zu diesem in der Autobiographie entrollten Prozeß, nur die erinnerte Wahrheit sei die eigentliche Wahrheit, und er fährt fort: "A person's life-illusion ought to be as sacred as his

[30] Ibid., p. 269.
[31] Ibid., p. 435.

skin".[32] In dieser Form gewährt die in der Erinnerung erfolgte Selbstbeziehung der Subjektivität die Möglichkeit, in Einheit mit sich selbst und der Welt zu sein.

Nun aber gilt es zu bedenken, daß *Henry Esmond* die Autobiographie einer erfundenen Figur und nicht diejenige Thackerays ist, denn sonst würde sich das Interesse des Lesers in erster Linie auf die konkreten Vorstellungen richten, die Thackeray sich im Prozeß seiner Selbstkonfrontation gebildet hätte. Ein solches Interesse jedoch ist bei der Selbstdarstellung eines fiktiven Verfassers von vornherein nicht gegeben. Wenn Thackeray daher die autobiographische Fiktion als Form seines Romans wählte, so kam es ihm nicht so sehr darauf an, Henry Esmonds Lebensansichten zu vermitteln, als vielmehr darauf, an dieser Gestalt Formen und Modalitäten der Selbstbeziehung zu thematisieren, denen im Prozeß der Selbstvergegenständlichung eine paradigmatische Bedeutung zuwächst; denn Esmond verhält sich nicht nur zu den Ereignissen seines Lebens, sondern noch einmal zu der ganzen perspektivischen Bedingtheit, durch die jeweils die Einzigartigkeit einer individuellen Erfahrung zustande kam.

Dieser Sachverhalt prägt sich in den Erzählstrukturen des Romans deutlich aus, die eine Anschauung davon vermitteln, was unter der hier sichtbar werdenden Selbstbeziehung der Subjektivität zu verstehen ist. Zunächst würde man von einer Autobiographie die Ich-Form als Erzählmodus erwarten.[33] Esmond jedoch beschreibt sein Leben vorwiegend durch die Verwendung der dritten Person Singularis und verhält sich in der Erinnerung zu seiner Erfahrung wie ein auktorialer Erzähler zu dem von ihm dargestellten Geschehen. Das persönliche Erleben wird so behandelt, als ob ein anderer es erzählte. Die daraus entspringende Distanz zu sich selbst bringt ein Doppeltes zum Vorschein: zunächst die Tatsache, wie relativ die zeitweiligen

---

[32] J. C. Powys, *Autobiography*, London ²1949, p. 426 f. Gegen Ende seiner Aufzeichnungen schreibt Esmond: *Our great thoughts, our great affections, the Truths of our life, never leave us. Surely, they cannot separate from our consciousness; shall follow it whithersoever that shall go; and are of their nature divine and immortal.* Thackeray, *Henry Esmond*, p. 423.

[33] Zur Abgrenzung der Autobiographie von der Form des Tagebuchs und der Lebenserinnerung vgl. R. Pascal, *Design and Truth in Autobiography*, London 1960, p. 2 f., 5 f., 9, 10 f., 16 f., 45, 59 u. 182.

Standpunkte waren, die frühere Haltungen und vergangene Ereignisse bedingten; ferner die Einsicht, daß in der Zwischenzeit das Bewußtsein der Selbstbeurteilung gewachsen sein muß, wenn es sich nun zur eigenen Vergangenheit so distanziert verhalten kann. Der Weg ad se ipsum ist ständige Selbstüberwindung, die sich in dem Maße realisiert, in dem die Äußerungen der Vergangenheit in ihrer begrenzten Geltung gewärtigt werden.

Die Erzähldistanz indes bildet nur den Rahmen für eine Vielfalt von Einstellungen zu sich selbst, die in Esmonds Bericht durcheinanderspielen. Bereits die Er-Form ist deutlich nuanciert,[34] denn Esmond sieht seine Vergangenheit in wechselnder Einschätzung: Nennt er sich *Mr. Esmond* oder *Colonel Esmond,* so erblickt er eine für ihn längst geschichtlich gewordene Erscheinung seiner selbst; nennt er sich *Harry* oder *Youth,* so verbindet ihn eine ungebrochene Sympathie mit dem, der er damals war; und wenn er sich als *Esmond* ins Gedächtnis zurückruft, so akzeptiert er sich mit unterschiedlicher Zustimmung als den, der er einmal gewesen ist. Dadurch kommt innerhalb der Zentralperspektive der Erzählung eine erneute Perspektivierung zustande, in der sich eine latente Bewertung des standpunktorientierten Verhaltens ausspricht. – Darüber hinaus berichtet Esmond an zahlreichen Stellen über sich selbst in der ersten Person Singularis.[35] In solchen Augenblicken wird die ganze Distanz eingerollt, die er sonst seinem Leben gegenüber wahrt. Auch hier sind es wiederum verschiedene Gründe, die eine Veränderung der Erzählhaltung bewirken. Der Wechsel in die Ich-Perspektive dient manchmal der Bekräftigung einer als unumstößlich erlebten Wahrheit,[36] mit der sich Esmond auch über die Jahre hinweg noch identifizieren möchte. Andere Situationen wiederum gibt die Ich-Perspektive im Präsens wieder; damit wird die Offenheit eines Ereignisses angezeigt, das auch im Fortgang der Zeit keine befriedigende Antwort gefunden

---

[34] Vgl. dazu u. a. Thackeray, *Henry Esmond,* p. 112–114, 213–215 u. 393–395.

[35] Zentrale Stellen wie die Reflexion auf die Besonderheit von Esmonds Charakter und auf die Beziehung zwischen Geschichte und Selbstbeobachtung stehen in der 1. Person Singularis; vgl. ibid., p. 4 u. 182.

[36] So u. a. ibid., p. 92, 140, 210, 222 u. 327.

hat.[37] Vielfach erinnert sich Esmond dabei bestimmter Gespräche, deren Implikationen zwar allen bewußt waren, die aber niemals ausgetragen wurden. Auch die diskrete Selbstbespiegelung durch das Urteil anderer bringt Esmond bisweilen in der Ich-Form, und die ihm schmeichelnden Feststellungen dämpft er durch die Verknüpfung mit der Laune des Augenblicks, in dem sie geäußert wurden.[38] So birgt auch die Ich-Perspektive unterschiedliche Möglichkeiten der Selbstbeurteilung, die bisweilen spontaner sind als die aus der Selbstdistanzierung entwickelten; doch gerade das Zusammenspiel dieser beiden Blickrichtungen schafft dem wachsenden Selbstbewußtsein seine eigentliche Dimension. – Die abgeklärte Selbsteinschätzung der dritten Person Singularis, die das erzählte Geschehen weithin strukturiert, ruht folglich auf dem Fundament noch unausgetragener und oftmals auch für die Selbstanschauung nur partiell belangvoller Ereignisse, die ihrerseits wiederum nicht vollständig in die entrückte Distanz einer abgeschlossenen Vorstellung von sich selbst gebracht werden konnten. Wenn in diesem Verhältnis die 'Er-Form' als Zentralperspektive dominiert, so kommt darin die maximale Verarbeitung der lebensweltlichen Erfahrung zum Ausdruck.

Schließlich finden diese zwei Grundrichtungen der Selbstbeobachtung drei in ihrer jeweiligen Kontur deutlich sichtbare Varianten. In der Darstellung seiner Vergangenheit bezieht sich Esmond gelegentlich auf die Modalitäten des Schreibens selbst. Die Notwendigkeit dazu gründet in der besonderen Form der Erinnerung, denn Esmond muß sich die Ereignisse so verlebendigen, wie er sie damals erlebt hatte, um die Spontaneität seiner Reaktionen zu gewärtigen; gleichzeitig aber müssen solche Äußerungen aus dem Horizont eines späteren Wissens gesehen werden, über das er zum Zeitpunkt des Handelns noch nicht verfügte. Es gilt, die Offenheit der Vorgänge und ihre nunmehr bewußt gewordene Bewertung in ihrem Nebeneinander festzuhalten, da nur so die Befangenheit des Handelnden zum Gegenstand reflektierender Auseinandersetzung werden kann. Die von Esmond getroffene Beurteilung seines früheren Selbst wird in dem Maße konkret, in dem er erkennt, warum er gerade so und

---

[37] So u. a. ibid., p. 315, 329, 343, 410–413 u. 460 f.
[38] So u. a. ibid., p. 396–400 u. 442.

nicht anders gehandelt hat, obgleich sich aus der Rückschau viel sinnvollere als die von ihm gezeigten Reaktionen angeboten hätten.[39] Esmond darf daher die Darstellung vergangener Situationen nicht ausschließlich von der Posteriorität seines größeren Wissens aus sehen, denn sonst wäre gerade das verdeckt, was er zeigen wollte: Wie er zu dem Bewußtsein von sich selbst gekommen ist. Deshalb sind seine Aufzeichnungen mit Bemerkungen über das Schreiben an solchen Stellen durchsetzt, wo das größere Wissen die geschilderte Situation zu überdecken droht[40] oder wo die beschriebene Handlung Esmond so problematisch erscheint, daß er seine spätere Einsicht gleich interpolieren muß.[41] So entwirft die Darstellung das erinnerte Leben ständig unter dem Doppelaspekt von Spontaneität und Zuordnung, wobei unter Zuordnung das Maß an Interpretation zu verstehen ist, durch das die offenen Situationen des gelebten Lebens in einen Zusammenhang gebracht werden, dessen zunehmende Ordnung die Subjektivität als ihre eigene Geschichte begreift.

Eine Variante der Ich-Perspektive bedeutet die von Esmond manchmal gebrauchte erste Person Pluralis. In solchen Wendungen beruft er sich auf Kollektiverfahrungen, die von allen Menschen geteilt werden können.[42] Selbst dort, wo diese Evidenz nicht unmittelbar gegeben ist, dient die erste Person Pluralis dazu, dem Leser eine von Esmond erfahrene Einsicht als allgemeine Gesetzlichkeit des menschlichen Lebens mit dem Ziel zu suggerieren, das unterstellte Einvernehmen als Bestätigung der gemachten Überlegungen zu betrachten.[43] Esmond braucht diese Berührung mit den Erfahrungen des Lesers aus verschiedenen Gründen, vor allem aber deshalb, weil an ihnen der Wahrheitsanspruch seiner Selbstbeobachtung durch eine Instanz erhärtet werden kann, die nicht nur von ihm allein verbürgt ist.

Die letzte deutlich hervortretende Variante der bisher beobachteten Erzählperspektiven bilden die zahlreichen literarischen Metaphern, mit denen Esmond seinen Bericht durchsetzt. Die häufige

[39] Vgl. dazu u. a. ibid., p. 166.
[40] Vgl. dazu u. a. ibid., p. 142.
[41] Vgl. dazu u. a. ibid., p. 75, 165 f., 269 u. 374.
[42] Vgl. u. a. ibid., p. 104.
[43] Vgl. u. a. ibid., p. 185, 373 u. 423.

Wiederkehr der vorwiegend aus der epischen Tradition entlehnten Bilder darf schon deshalb als Strukturelement des Erzählens bezeichnet werden, weil sie meistens Vorgänge oder Überlegungen beschließen, die Esmond selbst in der Erinnerung noch nicht zureichend verarbeitet hat. Durch literarische Anspielungen und Zitate werden immer dann ausformulierte Vorstellungen in das von Esmond erzählte Geschehen eingeblendet, wenn die von der Erinnerung aufgerufene Situation komplex und widersprüchlich erscheint. Die literarische Metapher kann dann verschiedene Funktionen erfüllen,[44] die jedoch fast immer eine ironische Spur in der Erzählung hinterlassen; sie kann eine Lösung der inneren und äußeren Verwirrung vorspiegeln, die schön wäre, aber doch eben nur in der Literatur möglich ist;[45] sie kann eine schmerzliche Erfahrung bestätigen, ohne sie damit zu lindern,[46] und sie kann schließlich die individuelle Betroffenheit andeuten und verschleiern, weil selbst der Rückblick noch keine Möglichkeit gewährt, die damaligen Empfindungen in ihrer Besonderheit zu fassen.[47] Die vielfältige Verwendung literarischer Bilder ergänzt die bisher besprochenen Erzählperspektiven um eine neue, für Esmonds Selbstauffassung wichtige Dimension. Literarische Anspielungen erfassen die kritischen Situationen nur in einem vorläufigen Sinne und werden dadurch zu hypothetischen Interpretationen. Im Gegensatz zu den anderen Perspektiven stecken die aus der Literatur gegriffenen Vorstellungen die Grenzzone ab, die das sichere Wissen von sich selbst von dem nur möglichen und da-

---

[44] Loofbourow, p. 176, meint: "Esmond's major insights are always related to a literal event … in each epic instance, the literal plot-progression momentarily ceases, and the crucial expressive sequence is developed in a context devoid of narrative action." "Esmond's classical parallels represent imaginative experience, and the quality of this experience is suggestively modified in the context of Thackeray's prose" (p. 116). Zur Funktion der Bilder in Thackerays Stil vgl. auch Geoffrey Tillotson, p. 37 f. Zum ironischen Charakter literarischer Metaphern bzw. Anspielungen vgl. besonders Thackeray, *Henry Esmond*, p. 374. Zum ironischen Gebrauch solcher Metaphern vgl. u. a. ibid., p. 403.

[45] Vgl. Thackeray, *Henry Esmond*, p. 108 f., 269 f. u. 385 f.; vgl. dazu auch die Auseinandersetzung mit Addison, der die Literatur als Verklärung versteht und daher Esmonds herbe Kritik auf sich zieht (p. 281 f.).

[46] Vgl. ibid., p. 121, 243, 346 u. 374 f.

[47] Ibid., p. 398.

her hypothetischen Verstehen seiner selbst unterscheidet. Es kennzeichnet den Grad des hier erreichten Selbstbewußtseins, wenn auch die hypothetische Interpretation der eigenen Vergangenheit als solche deutlich gemacht und in die Erinnerung einbezogen wird.

Diese für die Diskussion voneinander gesonderten Erzählperspektiven spielen in Esmonds Bericht ständig ineinander. Durch ihre Überlagerung kommt es zu einer wechselnden Folge mobiler Standpunkte, in denen sich die wachsende Selbstverdeutlichung der Subjektivität ausspricht. Die graduelle Verschiebung solcher Standpunkte zeugt von der Einsicht, daß nur durch sie die Selbstbeurteilung möglich ist, daß aber erst die Pluralität solcher Einstellungen ein zureichendes Bild der Subjektivität zu geben vermag. Ein einziger Blickpunkt würde den hier beschriebenen Lebensweg in das repräsentative Abbild einer vor aller Erfahrung gegebenen Ansicht umformen. Die Mehrzahl der Standpunkte hingegen deutet an, daß erst aus der Selbsterfahrung die Möglichkeiten der Beurteilung erschlossen werden sollen. So kommt die Subjektivität in ein Verhältnis zu sich selbst. Sie begreift die geschichtliche Wirklichkeit durch die auf sie gerichteten Perspektiven, und sie bringt sich in ein Verhältnis zu sich selbst durch die Mobilität der Standpunkte, die von einer ständigen Reflexion auf die von ihr getroffenen Urteile zeugt.

Esmond ist sich dieser Notwendigkeit so sehr bewußt, daß er sie auch ausspricht:

> We have but to change the point of view, and the greatest action looks mean; as we turn the perspective-glass, and a giant appears a pigmy. You may describe, but who can tell whether your sight is clear or not, or your means of information accurate? [48]

Deshalb zielen Esmonds Selbstbetrachtungen darauf ab, seine Lebensgeschichte aus dem Horizont des Wissens zu beurteilen, über das er zum Zeitpunkt der Aufzeichnung verfügt. Die toten Winkel mangelhafter Information lassen sich dann in ihrer zufallshaften Bedingtheit genauso ausleuchten wie die Folgen, die aus solchen Konstellationen herausgewachsen sind: "For the autobiographer is

---

[48] Ibid., p. 269.

not relating facts, but experiences – i. e. the inter-action of a man and facts or events. By experience we mean something with meaning, and there can be many varieties and shades of meaning".[49] So präsentiert sich das aus den beweglichen Perspektiven entstehende Bild Esmonds im Sinne der von J. C. Powys gemachten Bemerkung als die "life-illusion" der nunmehr gewonnenen Identität.

Diese Einheit mit sich selbst und der Welt galt dem ausgehenden 19. Jahrhundert, wie es Pater bezeugte, als die Intention 'großer Kunst'. Wie alle ästhetische Vollkommenheit, so erwies sich auch diese als äußerst fragil; ihr Zerbrechen setzte andere Strukturen der Subjektivität frei, von denen einige auf dem Hintergrund der von Thackerays Roman entworfenen Auffassung im folgenden betrachtet werden sollen. *Henry Esmond* zeigte, daß bei der Koordination höchst verschiedener Erfahrungen stets bestimmte Voraussetzungen im Spiel sind, die erst die Basis für die erstrebte Selbstvergegenständlichung schaffen. Roy Pascal meint daher ganz zu Recht: "... autobiography must always include, as a decisive element, the last type: the meaning an event acquires when viewed in the perspective of a whole life",[50] denn nur so vermag sich das Verhältnis von Selbst und Welt und die daraus hervorgehende Identität zu konstituieren.

Nun aber ist der Fall denkbar, daß die zur Selbstvermittlung notwendigen Voraussetzungen überhaupt nicht in den Blick kommen, beliebig werden, ja in den Verdacht geraten, eine bloße Annahme bzw. Setzung zu sein. Wo dieser Punkt erreicht ist, gewinnt die Subjektivität 'problematische' Züge, und die Selbstvermittlung verflüchtigt sich zur Utopie. Die in modernen Romanen zu beobachtende Reduktion der Subjektivität soll dabei nicht als Verlust des einmal Erreichten verstanden werden, sondern eher dazu dienen, die verschiedenartigsten Bedingungen der Subjektivität aufzuzeigen, die verdeckt waren, solange sie im Roman bestimmte Funktionen wie die der Vermittlung von Weltansichten zu erfüllen hatte. Reduktion heißt hier Rückführung auf den Ursprung und besitzt daher "nicht

---

[49] Pascal, p. 16.
[50] Ibid., p. 17.

einmal einen primär negativen Sinn".[51] Da der vorliegende Versuch
als eine typologische Interpretation angelegt ist, können die historischen Zwischenglieder zwischen Thackeray und dem modernen Roman übersprungen werden, zumal der Begriff 'Reduktion' nicht als
Kennzeichen eines entwicklungsgeschichtlichen Abbaus der bei
Thackeray sichtbar gewordenen Auffassung gedacht ist.

Wenn sich die folgende Betrachtung auf Faulkners *The Sound and
the Fury*, Ivy Compton-Burnetts *A Heritage and its History* und
schließlich auf Becketts Romantrilogie *Molloy, Malone Dies* und *The
Unnamable* bezieht, so könnte man geltend machen, daß diese Autoren historisch so gut wie nichts miteinander gemein haben, ja daß
sie, obwohl ihre Texte Englisch geschrieben bzw., wie im Falle
Becketts, vom Autor selbst ins Englische übertragen worden sind,
von einer jeweils anderen Nationalliteratur reklamiert werden. Solange man an Einfluß, Milieu, historischen Zusammenhang und literarische Tradition denkt, erscheint die hier erfolgte Auswahl als
willkürlich. In einem formalen und typologischen Sinne jedoch zeigen die genannten Autoren eine gewisse Verwandtschaft, deren Bedeutung gerade darin liegt, daß zwischen ihnen sonst keinerlei Beziehungen feststellbar sind. Daher muß sich in der angedeuteten Berührung ein für die moderne Situation zentrales Problem manifestieren, da es gleichzeitig von Autoren verschiedenster geistiger Herkunft, wenngleich in unterschiedlicher Ausprägung, aufgeworfen
wird. Diese Sachlage rechtfertigt die hier zueinander gestellten Texte,
die alle unterschiedliche Reduktionsformen der Subjektivität thematisieren. Für die hier versuchte Interpretation bilden die formalen
Ähnlichkeiten den Ansatzpunkt. Faulkners Roman wird überwiegend aus drei scharf gegeneinander versetzten Ich-Perspektiven erzählt; bei Ivy Compton-Burnett geschieht ein ständiges Aufdecken
unberechenbarer Reaktionen der Figuren in einem ununterbrochenen
Dialog; Becketts Trilogie schließlich wird durch den Ich-Bericht eines
Erzählers entfaltet, der die Modalität der Wiedergabe unentwegt
verdächtigt, durch die in ihr enthaltenen Voraussetzungen die Sicht
auf das Wirkliche einzuschränken.

---

[51] M. Theunissen, *Der Andere*, Berlin 1965, p. 27; vgl. auch die dort
diskutierte Bedeutung des Begriffs 'Reduktion', wie er in der Phänomenologie Husserls verstanden worden ist.

2. Wahrnehmung, Zeitlichkeit und Handlung als Modalitäten der Subjektivität

W. Faulkner: 'The Sound and the Fury'

Faulkners im Jahre 1929 veröffentlichter Roman *The Sound and the Fury* ist nach Joyces *Ulysses* wohl das bedeutendste Experiment in der erzählerischen Vergegenwärtigung individueller Bewußtseinsstrukturen. Das aus vier Perspektiven entworfene Geschehen bringt Ereignisse und Eindrücke vom allmählichen Niedergang der Compson-Familie im amerikanischen Süden. Das gemeinsame Thema zerspringt in den drei aus der Ich-Perspektive der Compson-Brüder gegebenen Ansichten in eine Vielfalt von Fragmenten und Facetten, die auch durch den letzten, auktorial erzählten Teil nicht mehr zu einem Gesamtbild zu ordnen sind. Darüber hinaus entfalten sich die mit genauen Daten versehenen Blickpunkte nicht in chronologischer Folge, so daß der Leser zu einem Vor- und Rückblenden genötigt ist und dadurch die Einzelperspektiven ständig mit Hintergrund versieht. Das gilt auch dort, wo das Geschehen die anfänglich vermißte Eindeutigkeit erlangt, wie in den Abschnitten drei und vier, die eine Teilaufklärung der von Benjy und Quentin erzeugten Perplexion liefern. Dabei stellt sich der merkwürdige Effekt ein, daß die im ersten und zweiten Abschnitt zunächst verweigerte Durchsichtigkeit dann als eine Verarmung des Geschehens erscheint, wenn sie durch Jasons Bericht und den auktorial erzählten Teil geboten wird. Leistet der Leser die ihm abgeforderte Anstrengung, sich in Benjys erratische Wahrnehmungen und in das Bewußtsein Quentins hineinzuversetzen, dann wirkt Jasons entschiedenes und ohne Schwierigkeiten faßbares Verhalten nicht zuletzt wegen dieser Eindeutigkeit auffallend banal. Indem sich die einzelnen Erzählerperspektiven überschatten, entsteht ein Spielraum nicht ausformulierter Beziehungen, die den Leser stärker in das erzählte Geschehen hineinziehen.

Richard Hughes hat die aus einer solchen Anlage entstehende Wirkung auf den Leser in seiner Einleitung zu *The Sound and the Fury* wie folgt beschrieben: "It is here this curious method is finally justified: for one finds, in a flash, that one knows all about them, that one has understood more of Benjy's sound and fury than one had realized: the whole story becomes actual to one at a single moment. It is impossible to describe the effect produced, because it is unparalleled; the thoughtful reader must find it for himself. It will be seen to be a natural corollary that one can read this book a second time at least. The essential quality of a book that can be read again and again, it seems to me, is that it shall appear different at every reading – that it shall, in short, be a new book".[52] Die variierenden Ansichten des "thoughtful reader" werden von der Anlage des Textes hervorgerufen, die es im folgenden zu skizzieren gilt.

Der Roman beginnt mit einer Folge flackernder Eindrücke, die Benjy, ein Idiot, vom 7. April 1928 festzuhalten sucht. Von den Schwachsinnigen, die die Literatur kennt, unterscheidet sich Benjy vorwiegend dadurch, daß er von innen und nicht von außen gesehen wird. Der Leser blickt durch ihn auf seine Welt und bleibt für seine Orientierung nahezu ausschließlich auf die Feststellungen des Idioten angewiesen. Wenn alle Geschehnisse aus der Sicht Benjys gewärtigt werden, dann beginnt die besondere Art dieser Wahrnehmung die Aufmerksamkeit zu beanspruchen, so daß hier eher die Welterfahrung des Idioten als das vom Schwachsinn gezeichnete mitmenschliche Verhältnis thematisch ist; dieses könnte nur dort Gegenstand der Darstellung werden, wo der Idiot im Kontext normaler Menschen erscheint. Es leuchtet daher ein, daß das vertraute Bild des Idioten erst im vierten, auktorial erzählten Teil des Romans geboten wird. Dort heißt es:

the swing door opened and Luster entered, followed by a big man who appeared to have been shaped of some substance whose particles would

[52] R. Hughes, *Introduction:* William Faulkner, *The Sound and the Fury,* (Penguin Books), Harmondsworth 1964, p. 8. Auf eine Diskussion der Faulkner-Literatur mußte hier weitgehend verzichtet werden. Einen kritischen Bericht über wichtige Literatur gibt M. Christadler, *Natur und Geschichte im Werk William Faulkners* (Beihefte zum Jahrbuch für Amerikastudien 8), Heidelberg 1962, in seiner Einleitung. Über Tendenzen der Faulkner-Kritik unterrichtet der Aufsatz von H. Straumann, "The Early Reputation of Faulkner's Work in Europe: A Tentative Appraisal", *English Studies Today* (4th Series), Rom 1966, p. 443–459.

not or did not cohere to one another or to the frame which supported it. His skin was dead-looking and hairless; dropsical too, he moved with a shambling gait like a trained bear. ... His eyes were clear, of the pale sweet blue of cornflowers, his thick mouth hung open, drooling a little.[53]

Diese Beschreibung faßt Benjys Merkmale von außen und projiziert seinen Habitus auf die grobe Vorstellung von einer normalen menschlichen Gestalt, um aus den Abweichungen das Bild des Idioten zu portraitieren. Es geht daher im vierten Teil auch um die prekäre Situation, ob man Benjy noch in der Familie halten kann oder ins Irrenhaus schicken soll.

Für den Aufriß der inneren Wahrnehmung indes stehen solche gängigen Vergleichsmaßstäbe, wie sie die normale menschliche Gestalt bietet, nicht zur Verfügung, es sei denn, man mißt Benjys Monolog im ersten Teil an psychiatrischen Krankengeschichten, um sich dann allerdings mit dem mageren Ergebnis festgestellter Differenzen bzw. Ähnlichkeiten zu begnügen.[54] So wenig ein von außen gesehener Idiot in der Literatur nur als Zeichen menschlicher Deformation verstanden ist, so wenig kann der innere Monolog bloße Krankengeschichte sein. In beiden Fällen ist die jeweilige Funktion des Schwachsinnigen im Kontext der Darstellung entscheidend.

Zunächst gilt es, die Signale zu beachten, die der Autor für den Leser in die Perspektive des Idioten eingesetzt hat. Die von Benjy wiedergegebenen Ereignisse, Gespräche, Eindrücke und Vorstellungen sind in eine präzise und in ihrem Bau keineswegs beschädigte Syntax gekleidet. Allerdings bleiben die Beziehungen der intakten Sätze zueinander unterdrückt, so daß sich die erwarteten höheren Sinneinheiten nicht zu bilden vermögen.[55] Darüber hinaus läßt sich das von den Sätzen entworfene Geschehen im strengen Sinne auch nicht als mehrdeutig qualifizieren, da der "Grundstock 'gemeinsamer' Elemente" fehlt, "an die erst in einer merkwürdigen Mehrstrahligkeit die anderen, den merkwürdigen Ausdrücken entsprechen-

---

[53] Faulkner, p. 244.

[54] So etwa G. Irle, *Der psychiatrische Roman*, Stuttgart 1965, p. 114 bis 124.

[55] Vgl. dazu R. Ingarden, *Das literarische Kunstwerk*, Tübingen ²1960, p. 133 f.

den Elemente angeknüpft sind".[56] Gerade dieses Mischungsverhältnis läßt sich in Benjys Monolog nicht entdecken, so daß in den einzelnen Sätzen viele Richtungen angedeutet sind, ohne die von ihnen visierte Wahrnehmung auch zu fassen. Andeutungen, die nicht eingelöst werden, erzeugen den Eindruck, als ob ein sich bildendes Geschehen fortwährend zerstreut würde. Eine solche Vorstellung allerdings entsteht erst im Leser, da Benjy die fragmentierten Facetten seines Monologs als einen selbstverständlichen Vorgang bietet. Diese Passivität trägt wesentlich zur Aktivierung des Lesers bei, der die Paradoxie auflösen möchte, daß die von Benjy überblickten dreißig Jahre seines Lebens sich im Wahrgenommenwerden zerstreuen.

Ein weiteres Signal des Autors findet sich in der Kursivierung bestimmter Passagen des Monologs, durch die Zeitdifferenzen kenntlich gemacht werden, die ohne diese Hilfe wahrscheinlich verschwimmen würden. Doch auch hier scheint es so, als ob die Klärung zunächst die Verwirrung steigern würde. Anhand solcher Markierungen hat man nachgerechnet, daß in Benjys Monolog 13 Szenen aus 13 verschiedenen Zeitebenen in 106 Fragmente zerbrochen sind,[57] deren wahlloses Ineinandergleiten allererst anzeigt, wie sehr für Benjy alles zur Gleichzeitigkeit verfließt. Genauso wie die intakten Sätze nur das Fehlen konstituierter Sachverhalte verdeutlichen sollen, heben die Zeitmarkierungen den Ausfall jeglicher Zeitvorstellung heraus. Auch hier bleibt das Signal nicht ohne Wirkung auf den Leser. Benjys Vergangenheit erscheint als ständige, richtungslose Bewegung, die von der Klarheit punktueller, wenngleich sprunghaft gereihter Eindrücke verursacht wird. Dieses Phänomen hat man vielfach als 'Bewußtseinsstrom'[58] bezeichnet. Eine solche Metapher in-

---

[56] Ibid., p. 151. Vgl. dazu auch den interessanten Aufsatz von O. W. Vickery, "Language as Theme and Technique", *Modern American Fiction. Essays in Criticism*, ed. by A. W. Litz, New York 1963, p. 179 ff.

[57] Vgl. dazu G. R. Stewart and J. M. Backus, "'Each in its Ordered Place': Structure and Narrative in 'Benjy's Section' of The Sound and the Fury", *American Literature*, 29 (1958), p. 440–456.

[58] Dafür ist die Faulkner-Diskussion von R. Humphrey, *Stream of Consciousness in the Modern Novel*, Berkeley und Los Angeles 1959, charakteristisch. In seinem Aufsatz "The Form and Function of Stream of Consciousness in William Faulkner's 'The Sound and the Fury'", *University of*

des lenkt die Aufmerksamkeit in die falsche Richtung, da das Bild des Stromes eine Zielgerichtetheit impliziert und an das Fließen von der Vergangenheit in eine Zukunft denken läßt. So aber vollzieht sich das Geschehen im inneren Monolog nicht – es sei denn, man kehrt die Richtung des 'Stromes' um, da es meistens gegenwärtige oder auch zukünftige Ereignisse sind, die die Wahrnehmung affizieren und dadurch das Erinnerte als das schon Vergangene erneut mobilisieren.[59]

Dies gilt auch für Benjy,[60] der zu Beginn seines Monologs durch einen Zaun Golfspielern zusieht.[61] Gegenwärtiges setzt Vergangenes in Bewegung und muß es zwangsläufig anders erscheinen lassen, als es einst war, denn es ist nun durch etwas erweckt, das es damals noch nicht gab. Im inneren Monolog geschieht daher eine ständige Veränderung des Erinnerten. Dazu fehlt jedoch Benjy die Beziehung, so daß die Erinnerungsmomente seiner drei Lebensjahrzehnte und die Eindrücke des 7. April 1928 auf dieselbe Ebene nivelliert werden. Hätte der Autor die Zeitdifferenzen nicht angezeigt – aus Benjys Monolog wären sie nur schwer zu entnehmen.

Vermag die Wahrnehmung nicht zwischen Vergangenheit und Gegenwart zu unterscheiden, so ist keine der Facetten aus Benjys Leben durch eine andere determiniert. Das Fehlen einer solchen wechselseitigen Determination läßt die einzelnen Ereignisse so erscheinen, als ob sie mit allen beziehbar wären. Die Zufälligkeit, in der die von Benjy festgehaltenen Momente seines Lebens zusammenstoßen, gibt ihnen den Schein einer merkwürdigen Selbständigkeit. Sie sind noch nicht in einen ihnen zugrunde liegenden Zusammenhang eingegliedert und vermitteln daher das Empfinden, als ob hier

---

Kansas City Review, XIX (1952), p. 34–40, diskutiert Humphrey nur die Bedeutung der Symbole, die den Bewußtseinsstrom strukturieren.

[59] Vgl. dazu die Diskussion der Zeitwahrnehmung bei M. Merleau-Ponty, *Phänomenologie der Wahrnehmung*, übers. von R. Boehm, Berlin 1966, p. 467 ff.

[60] Über die Faszination, die der Schwachsinn für Faulkner besaß, informiert Christadler, p. 69 f.

[61] Vgl. Faulkner, p. 11 ff. Zur Form des beiläufigen Romananfangs vgl. R. M. Jordan, "The Limits of Illusion: Faulkner, Fielding, and Chaucer", *Criticism*, II (1960), p. 284 f.

'Rohmaterialien'[62] der Realität ausgebreitet wären, aus denen die eigene Lebensgestalt erst erweckt werden müßte.

Dieser Zustand ist insofern aufschlußreich, als die von Benjy registrierten Einzelbeobachtungen Ansätze einer Fabel enthalten, die im Fortgang des Romans immer gegenständlicher wird. Dabei nimmt der Reichtum der in Benjys Monolog ausgeschütteten Facetten mit fortschreitender Verdeutlichung der Fabel in den anderen Teilen ab, so daß Bestimmung und Beziehung der Ereignisse als eine zunehmende Verarmung erscheinen, die in den trivialen Zusammenhängen des vierten Teils nahezu vollkommen ist. Der Leser gewinnt durch die vom Autor in Benjys Monolog eingesetzten Signale den Eindruck, als ob die hier auftauchende Realität nur insoweit faßbar sei, als er ihre Zerstreuung in eine unaufhaltsam entgleitende Vielgestaltigkeit beobachten kann. Wodurch aber ist dieser Eindruck bedingt?

Zunächst läßt sich sagen, daß hier eine Wahrnehmung entworfen wird, die ohne jede Bewußtseinstätigkeit ist. Benjy verfügt über ein minimales, in seinen Sinnen gründendes Unterscheidungsvermögen, das es ihm erlaubt, die Personen seiner Umwelt bis zu einem gewissen Grade auseinanderzuhalten. Wird das Bewußtsein aus der Wahrnehmung ausgeblendet, so verschwindet die Distanz, die der Betrachter zu sich selbst und zu seiner Umwelt einnehmen muß, um überhaupt sehen zu können. "Wahrnehmung ist eben gerade diejenige Aktart, welche die Trennung des Aktes selbst von seinem Gegenstand nicht zuläßt. Wahrnehmung und Wahrgenommenes haben notwendig dieselbe Modalität des Daseins ... Reduziert man das Sehen auf die bloße Präsumtion des Sehens, so stellt man sich das Sehen als die Betrachtung eines bodenlos schwebenden quale vor".[63] Diese Bemerkung Merleau-Pontys läßt sich ohne weiteres auf Benjy übertragen, der, auf bloße Wahrnehmung beschränkt, nur die flüchtigen Konfigurationen von Personen gewärtigt, die sich trotz der vielen Details, die er von ihnen berichtet, nicht zu Charakteren aus-

---

[62] Vgl. hierzu auch J. Peper, *Bewußtseinslagen des Erzählens und erzählte Wirklichkeiten* (Studien zur amerikanischen Literatur und Geschichte, III), Leiden 1966, p. 129 sowie die dort verarbeitete Literatur. Vgl. ferner Jordan, p. 286 f.

[63] Merleau-Ponty, p. 427.

differenzieren. Sie wirken so, als ob sie sich paradoxerweise gerade wegen der von Benjy festgehaltenen Einzelheiten wenig voneinander unterschieden. Sie haben eine höchst punktuelle Realität und verblassen im Reigen einer unablässigen Überlagerung immer wieder zu unausgearbeiteten Schemen.[64] Daraus ergibt sich, daß Benjy viel mehr erlebt, als er sich vorzustellen vermag. Alles Erlebte besitzt für ihn eine unmittelbare Evidenz; was ihm erscheint, ist für ihn wirklich. Fallen aber Sein und Erscheinen fortwährend zusammen, so ist es nur konsequent, wenn die von Benjy registrierten Erlebnismomente beliebig durcheinanderspielen; für ihn konstituiert sich kein Wahrnehmungsfeld, das als eine Bewußtseinsoperation die Voraussetzung für die Zuordnung des Erlebten allererst schaffen würde.

Diese Reduktion auf die reine, ent-intellektualisierte Wahrnehmung bleibt nicht ohne Wirkung auf den Leser. Er verspürt, daß in den schemenhaften Figuren und den kupierten Handlungsabläufen mehr angelegt ist, als ihm durch Benjys spezifische Wahrnehmung vermittelt wird. So sieht er sich gedrängt, das vom Ich-Erzähler nicht ausgeschöpfte Spiel der Ereigniskonfigurationen sich selbst plausibel machen zu müssen, zumal er durch Benjys inneren Monolog das Privileg der Überschau verloren hat, das er im Verstehen des Ganzen zurückgewinnen möchte. Dem Leser wird damit die hier ausgefallene Bewußtseinstätigkeit aufgebürdet, die für ihn nicht ohne Folgen bleiben kann. Soll Benjys Perspektive nicht nur mit ihm von innen, sondern im Zuge des Verstehens auch von außen gesehen werden, so scheint es, als ob sich Benjys Leben im fortwährenden Entgrenzen festgehaltener Eindrücke ihm selbst ständig entzöge und er die eigene Wirklichkeit nur als ein Gaukelspiel erführe. Eine

---

[64] Nur das Verhältnis zu Caddy, Benjys Schwester, hebt sich schärfer aus den Beziehungen zu den anderen Personen des Compson-Haushalts heraus. Benjy spricht immer wieder davon, daß Caddy nach Bäumen rieche, doch die monotone Wiederkehr dieser Wahrnehmung zeigt lediglich seinen Erregungszustand an und verdeckt gerade damit die individuelle Kontur Caddys, die Benjys Phantasie offenbar ständig in Bewegung hält. So scheinen manche Personen für Benjy von unterschiedlicher Wichtigkeit zu sein. Da er aber ihre Besonderheit nicht zu greifen vermag, bietet sich dem Leser nur der Eindruck eines unablässigen Verschwimmens dieser Personen. Vgl. hierzu noch O. W. Vickery, *The Novels of William Faulkner: A Critical Interpretation*, Baton Rouge ²1961, p. 31.

solche Tendenz ist in Benjys Monolog angelegt, wird aber niemals von ihm selbst, sondern allenfalls vom Leser erfahren. Er allein trägt die Last eines solchen Erlebens, zumal er weiß, daß Benjy durch die Art seiner Wahrnehmung gegen solche Einsichten immunisiert ist.

Realisiert der Leser die von Benjy selbst nicht empfundene Situation, so wird er durch die Einschachtelung in den Erzählvorgang zu höchst verschiedenartigen Reaktionen geführt werden. Wie immer diese im einzelnen auch ausfallen mögen, so sieht sich der Leser zu Erfahrungen gedrängt, die ihm fremd sind, weil er nicht mit ihnen koinzidiert; solche Erfahrungen gewärtigt er dann zunächst als Spannung. Spannungen verlangen nach Lösungen; die Monologe von Benjys Brüdern lassen sie erwarten. Fehlte seinen auf bloße Wahrnehmung reduzierten Beobachtungen das Bewußtsein, das als ein Akt "seinem Wesen nach der gewaltsame Übergang" ist "von dem, was ich habe, zu dem, worauf ich abziele, von dem, was ich bin, zu dem, was ich zu sein intendiere",[65] so scheint es naheliegend, nun die im Benjy-Monolog ausgefallene Bewußtseinstätigkeit als die für das Selbstverständnis der Subjektivität notwendige Ergänzung vorauszusetzen.

Tatsächlich stoßen wir im folgenden Monolog auf diejenige Figur des Romans, die über eine gesteigerte Bewußtseinstätigkeit verfügt. Würde aber nun die aus Benjys Bericht entstandene Erwartung eingelöst, dann wäre *The Sound and the Fury* ein schlechter Roman. Die erzeugte Spannung würde verebben, der Leser könnte sich in seinen Annahmen bestätigt fühlen. Eine auf bloße Wahrnehmung reduzierte Subjektivität wäre dann lediglich ein Phantasma, nicht aber sie selbst. Wenn nun aber eine mit gesteigertem Bewußtsein ausgestattete Subjektivität zu erkennen gibt, daß sich in der Selbstreflexion ihre Identität nicht stabilisieren läßt, dann wird sich die aus dem Benjy-Monolog gewachsene Spannung steigern.

Quentins Erzählung beginnt mit einer Zeitreflexion, die einen untergründigen Zusammenhang mit Benjys zersprungener Welt knüpft. Scheint doch die Zeit auf den ersten Blick die elementarste

---

[65] Merleau-Ponty, p. 435. Vgl. hierzu auch L. E. Bowling, "Faulkner: Technique of 'The Sound and the Fury'", *Kenyon Review*, X (1948), p. 558.

Gewähr dafür zu liefern, daß in ihrer Sukzession der Reichtum der Wahrnehmung sich zu einer gegenständlichen Erfahrung ordnet, durch die die Selbstanschauung des Subjekts möglich wird. Es fragt sich jedoch, ob der Ausfall der Zeitrelation die Selbstvergegenständlichung der Subjektivität verhindert. Wäre dies so, dann müßte die Zeit eine von der Subjektivität unabhängige Bedeutung besitzen. Für Quentins Monolog stellt sich daher die Frage nach der wechselseitigen Bedingtheit von Zeit und Subjektivität.

Als er am Morgen des 2. 6. 1910 aufwacht und auf die Uhr sieht, erinnert er sich daran, was ihm der Vater sagte, als er ihm die Uhr schenkte:

> It was Grandfather's and when Father gave it to me he said, Quentin, I give you the mausoleum of all hope and desire; it's rather excruciating-ly apt that you will use it to gain the reducto absurdum of all human experience which can fit your individual needs no better than it fitted his or his father's. I give it to you not that you may remember time, but that you might forget it now and then for a moment and not spend all your breath trying to conquer it. Because no battle is ever won he said. They are not even fought. The field only reveals to man his own folly and despair, and victory is an illusion of philosophers and fools.[66]

Die Zeit wird hier in unterschiedlichen Aspekten gesehen: Als Mausoleum der Hoffnung scheint sie die Erfüllung des Wünschbaren zunichte zu machen; als reductio ad absurdum aller menschlichen Erfahrung scheint sie eine Vergeblichkeit aufzudecken, der allenfalls durch die Entfaltung pragmatischer Lebensziele begegnet werden kann; als Möglichkeit des Vergessens gewährt sie eine kurze Entspannung von der Notwendigkeit, sie zu überwinden; als Schlachtfeld schließlich zeigt sie, wie es um die Träume und die erstrebten Vorstellungen der Menschen bestellt ist. Wenn die Zeit so Verschiedenes bedeuten kann, dann liegt der Grund dieser Verschiedenheit weniger in ihr selbst als in den Absichten, die in ihr zur Entfaltung kommen. Wie eng die Zeit auch mit den menschlichen Intentionen verquickt sein mag, so besitzt sie für den Vater doch den Charakter einer unabhängigen Größe, die als fortwährende Provokation die vielfältigsten Antworten der Menschen allererst hervorruft.

---

[66] Faulkner, p. 73.

Das unablässige Ticken der Uhr scheint leibhaftiger Ausdruck dieser Selbständigkeit der Zeit zu sein, die als solche eben nur mechanisch gemessen werden kann. Die Gleichförmigkeit des Tickens suggeriert die Qualität der Sukzession, durch die Vergangenheit und Gegenwart miteinander in Verbindung stehen: *it can create in the mind unbroken the long diminishing parade of time.*[67] Wenn man nur weit genug rückwärts geht, so meint der Vater, dann wird man Jesus und den Heiligen Franziskus wieder wandeln sehen.[68] Wird die Zeit als Bewahrerin des Unverlierbaren verstanden, so gilt das Interesse eher dem, was in ihr geschehen ist, und weniger ihr selbst; sie bliebe allem Geschehen bloß äußerlich.

Solche Schlüsse müssen dem Vater selbst bedenklich erschienen sein, denn Quentin erinnert sich noch zweier Äußerungen, in denen die problematische Spaltung zwischen dem, was die Zeit ist, und dem, was sich in ihr ereignet, anklingt: *Father said that. That Christ was not crucified: he was worn away by a minute clicking of little wheels.*[69] Ist die Zeit eine selbständige Größe, die als mechanischer Verlauf meßbar und allem, was in ihr passiert, übergeordnet **ist,** dann entbehrt eine solche Feststellung über die Kreuzigung Christi nicht einer gewissen Konsequenz, da sich die Selbständigkeit der Zeit gegenüber den sich in ihr vollziehenden Lebensvorgängen nur darin bezeugen kann, daß diese für sie gleichgültig sind. Schließlich erinnert sich Quentin noch:

Father said that constant speculation regarding the position of mechanical hands on an arbitrary dial which is a symptom of mind-function. Excrement Father said like sweating. And I saying All right.[70]

Fixiert das Gleiten der Zeiger über ein konstruiertes Zifferblatt die Tätigkeit des Geistes, dann kreist man beständig in Vorstellungen, die durch die Zeit selbst provoziert werden. Sie ist der Untergrund

---

[67] Ibid. J. Onimus, "L'Expression du temps dans le roman contemporain", *Revue de Littérature Comparée*, 28 (1954), p. 314, sieht in der Unmöglichkeit, über die Zeit in den Ursprung zurückzukehren, ein zentrales Problem Faulkners.

[68] Faulkner, p. 73.

[69] Ibid., p. 74.

[70] Ibid.

einer unentrinnbaren Bewegung, von der man sich so wenig befreien kann wie von den Verrichtungen des eigenen Körpers. Zeit ist nur gegenwärtig als Vorstellung von ihr. Soweit die Äußerungen des Vaters über die Zeit, an die sich Quentin beim Aufwachen an seinem letzten Lebenstag erinnert.

Für Quentin bietet sich insofern eine andere Situation, als die Zeiger auf der ihm vom Vater geschenkten Uhr abgebrochen sind und er sich gleichzeitig von ihrem Ticken beunruhigt fühlt.[71] Er legt sie gelegentlich auf das Zifferblatt und beschließt sogar, sie zum Uhrmacher zu bringen.[72] Im Horizont der vom Vater vertretenen Auffassung böten sich hier Ansatzpunkte für eine allegorische Auslegung des von Quentin gefaßten Entschlusses. Doch der Wunsch, die Uhr richten zu lassen, bleibt ebenso Episode wie die für den Vater geltende Ansicht, der abstrakten Zeit durch konkrete Vorstellungen als Versuch ihrer Bemächtigung begegnen zu müssen.

Der Gang zum Uhrmacher ist mit einem inneren Monolog Quentins synchronisiert, in dem sich die Trennung zwischen der Zeit als einer selbständigen, durch Sukzession bestimmten Größe und den von ihr provozierten Vorstellungen bis zur Unkenntlichkeit verwischt. Ähnlich wie in Benjys Monolog hat der Autor auch hier deutlich wahrnehmbare Signale eingesetzt, die eine Dreigliedrigkeit der durcheinanderwirbelnden Vorgänge erkennen lassen. Normale Syntax, Kursivdruck einzelner Passagen und Steilsatz mit Verzicht auf jegliche Interpunktion zeigen verschiedene Bewußtseinsschichten an, in denen sich Quentins Vergegenständlichung seiner Vergangenheit und seiner Gegenwart spiegelt. Die Passagen in Kursivdruck und jene ohne Interpunktion beziehen sich vorwiegend auf das von Quentin erinnerte Geschehen, das sich im Umkreis seiner Familie abspielte. Dabei läßt sich als grobes Unterscheidungsmerkmal zwischen den Darstellungsmodi Quentins jeweils verschiedene existentielle Betroffenheit angeben. Der Kursivdruck spiegelt meistens unverarbeitete Situationen; das interpunktionslose Monologisieren gibt

[71] Vgl. ibid., p. 76 f., 79, 80 f., 155 u. 157. Vgl. hierzu auch P. Lowrey, "Concepts of Time in 'The Sound and the Fury'", *English Institute Essays* (1952), ed. by A. S. Downer, New York 1954, p. 70.

[72] Vgl. Faulkner, p. 79.

vorwiegend Erinnerungen an äußere Geschehnisabläufe wieder. Die im Druckbild deutlich unterschiedenen Passagen rutschen jedoch vielfach ineinander und dementieren dadurch die Sukzession von Vergangenheit und Gegenwart. Quentins Fahrt durch die Stadt wirkt als unkontrollierter Anstoß, durchlebte Situationen seiner Vergangenheit wachzurufen, die ihrerseits Reflexionen auslösen, die seine augenblickliche Lage wiederum überschießen. In dieser wechselseitigen Durchschichtung zeigt sich ein Strukturmuster des inneren Monologs, wie es schon bei Benjy in Ansätzen erkennbar war. Die Gegenwart aktualisiert bestimmte Momente der Vergangenheit, die deshalb so bizarr und gebrochen erscheinen, weil sie nicht in ihrer Damaligkeit, sondern unter dem Zwang eines Gegenwartsbezuges erinnert werden. Ihre Fragmentarisierung ist Zeichen einer zwangsläufigen Veränderung, die alle Vergangenheit im Zuge ihrer Vergegenwärtigung erfahren muß. Denn nun kommt etwas hinzu, was es damals nicht gab, so daß Vergangenes in einer Zuordnung auftaucht, die die Bedingungen seiner Damaligkeit ignoriert und den einstigen Zusammenhang zerbricht.

Wenn daher Quentins Vergangenheit im inneren Monolog als eine ständig sich verändernde Bewegung erscheint, weil sie unablässig von neuer Gegenwart getroffen, überlagert und abgewandelt wird, so ist es nur konsequent, wenn im Fortgang dieses Monologs die Vergangenheit in ständig bizarrere Facetten zerbricht. In diesem Vorgang präsentiert sich eine andere Gestalt der Zeit, als sie eingangs von Quentin als Meinung des Vaters erinnert worden war. Die Zeit fließt nicht aus einer Vergangenheit in die Zukunft und sammelt auf diesem Wege alle Antworten, die auf ihre Herausforderung gegeben worden sind; vielmehr gewinnt die Zeit ihre Gestalt erst, indem ein Subjekt eine Gegenwart hat, die unaufhörlich zu seiner Vergangenheit wird, um von neuer, vergehender Gegenwart wiederum überlagert zu werden. Zeit als solche ist daher nur als fortwährende Affizierung der Vergangenheit durch Gegenwart vorstellbar, wodurch in einem kaleidoskopischen Wechsel immer neue, meist nur einmalige Zuordnungen von Vergangenem auf Gegenwärtiges entstehen. Wenn immer etwas erinnert wird, vermehrt bzw. verändert es sich um die Gegebenheit, unter der es erinnert wurde. Die daraus entspringende Verwandlung des Vergangenen wird selbst zur Vergangenheit und kann ihrerseits in eine neue Vergegenwärtigung gebracht werden.

Der enge Zusammenhang von Zeit und Subjektivität bestimmt die Struktur von Quentins Monolog. Es ist der Zeit eigentümlich, daß sie sich fortwährend bildet, indem sich das Subjekt eine Gegenwart eröffnet, die vergeht, aber neuer Vergegenwärtigung fähig ist. Die Beziehungen zwischen dem, was ist, und dem, was war, werden von der Subjektivität geschaffen, die sich in diesem Vorgang überhaupt erst konstituiert. Da aber alles Erlebte ständig einer neuen Gegenwart bzw. Zukunft ausgesetzt ist, wird es sich ständig wandeln, so daß das Erlebte nie völlig verstanden wird und das Verstandene nie völlig mit dem, was die Subjektivität ist, in Deckung steht.

Index für diesen Zustand ist die weitgehende Zusammenhangslosigkeit, die Quentins Monolog charakterisiert. In der aufgesprengten Form vermittelt sich allererst der Tatbestand, daß Vergangenheit und Gegenwart niemals in eine abgeschlossene Synthesis gebracht werden können. Jeder sich bildende Zusammenhang wird dementiert durch die Zeit, die als neue Gegenwart den partialen Charakter einer solchen Synthesis enthüllt. Nun aber ist es die Subjektivität selbst, durch die sich die Zeit als Zukunft, Gegenwart und Vergangenheit erst konstituiert. Sie wird vom Prozeß solcher Veränderungen nicht passiv betroffen, vielmehr bedingt sie ihn. Mit welchem ihrer Zustände aber ist dann die Subjektivität überhaupt zu identifizieren? Ist sie das, was sie in der Damaligkeit der Vergangenheit war, oder das, was sie augenblicklich ist, oder aber ist sie nur jene bewirkende Kraft, durch die immer wieder neue Beziehungen und Zeitrelationen entstehen, durch die jedoch gerade die von ihr sichtbar gewordenen Manifestationen in den Strudel der Veränderung gerissen werden? Sie selbst ist mit der Unmöglichkeit verklammert, je vollkommen zu sein. Dies ist ihre Not und Produktivität zugleich. Sich nie völlig im Besitz ihrer selbst zu wissen, ist die Signatur ihrer Bewußtheit.[73]

---

[73] Anders wird dieses Problem von H. Meyerhoff, *Time in Literature,* Berkeley and Los Angeles 1960, p. 26–54, dargestellt. Zwar bezieht sich Meyerhoff in seiner Diskussion "Of Time and the Self" nicht ausdrücklich

auf Faulkner, sondern demonstriert das Verhältnis von Zeit und Selbst in der modernen Literatur an Beispielen aus Proust, Woolf und Joyce, hält aber dabei an dem alten Bild vom fließenden Zeitstrom fest: "It is the 'stream of consciousness' which serves to clarify or render intelligible both the element of duration in time and the aspect of an enduring self. The technique is designed to give some kind of visible, sensible impression of how it is meaningful and intelligible to think of the self as a continuing unit despite the most perplexing and chaotic manifold of immediate experience. The continuity of the 'river' of time thus corresponds to the continuity of the 'stream' of consciousness within the self. In other words, the same symbol, 'riverrun', expresses the same unity of interpenetration within time and the self. More specifically, this aspect of the self is conveyed by the effect of the associative technique, or the 'logic of images', operating within the framework of the stream of consciousness. For what binds the chaotic pieces floating through the daydreams and fantasies of an individual into some kind of unity is that they make 'sense' – sense defined in terms of significant, associative images – only if they are referred to or seen within the perspective of the same self" (p. 37). Die alte Metapher vom fließenden Zeitstrom wird in Analogie zum Selbst gesetzt, um die Zeit als Dauer und das Selbst als die in dieser Dauer sich erstreckende Assoziationskette vorstellen zu können, damit seine Kontinuität begreifbar wird. Mit dieser Kategorie indes läßt sich das Zeitbewußtsein bzw. die Zeitlichkeit der Subjektivität bei Faulkner nicht mehr fassen; denn das Selbst vermag nicht mehr durch die Zeitsukzession seiner erinnerten Gestalten konkret zu werden. Es ist deshalb wohl nicht von ungefähr, daß Proust der Kronzeuge für die von Meyerhoff entwickelte Konzeption von Zeit und Selbst ist. Subjektivität als Zeitlichkeit kann sich ihrer selbst gerade nicht mehr durch die Erinnerung versichern, die nach Meyerhoff die Basis dafür bildet, daß sich das Ich durch sie in seiner imaginativen Gestalt gewärtigen kann. "All psychological theories since have emphasized the integral relationship between memory and the self. The past, as we have seen, differs from the future, among other things in that it leaves records, whereas the future does not. And the mind is a recording instrument of peculiar sensitivity and complexity: I know who I am by virtue of the records and relations constituting the memory which I call my own, and which differs from the memory structure of others" (p. 43). Man muß die Faulknersche Zeitvorstellung vor diesem allgemein akzeptierten Hintergrund sehen, um die Möglichkeiten zu gewärtigen, die in ihr angelegt sind. Die Zeitlichkeit der Subjektivität läßt sich weder durch das Modell des Zeitflusses noch durch das der sammelnden Erinnerung zulänglich begreifen. – Auch M. Le Breton, "Temps et Personne chez William Faulkner", *Journal de Psychologie Normale et Pathologique*, 44 (1951), p. 344–354, mißt das Verhalten Benjys und Quentins an einem Identitätsbegriff, den sie verfehlen, wodurch die Unordnung der Zeit mit bedingt ist (p. 346); Le Breton stellt jedoch zu Recht fest, daß die Zeit Quentins Meister sei, "un

Quentin qualifiziert daher wiederholt seine Stellungnahmen und Handlungen als Schatten, in die er hineinsteigt, oder die ihm vorauseilen.[74] Diese Schatten aber sind seine Realität. In ihnen verdeutlicht sich die Zeitlichkeit der Subjektivität, denn sie ist sich sowohl in allen ihren Erlebnissen als auch in der wechselnden Zuordnung gegenwärtig, in die alles Erlebte im Zeitfluß gerät. Wenn Subjektivität in so Gegensätzlichem ist, kann sie in keiner ihrer Manifestationen ganz sein. Obwohl nur sie ihre eigene Vergangenheit und Gegenwart konstituiert, befällt sie daher immer wieder der Verdacht, seltsam unwirklich zu sein. Quentin reflektiert diesen Sachverhalt im letzten Teil seines Monologs:

> Sometimes I could put myself to sleep saying that over and over until after the honeysuckle got all mixed up in it the whole thing came to symbolize night and unrest I seemed to be lying neither asleep nor awake looking down a long corridor of grey half-light where all stable things had become shadowy paradoxical all I had done shadows all I had felt suffered taking visible form antic and perverse mocking without relevance inherent themselves with the denial of the significance they should have affirmed thinking I was I was not who was not was not who.[75]

Wird sich Quentin bewußt, daß sein eigenes Leben in ein Schattenspiel zergeht und ihn gerade deshalb narrt, weil er in ihm Bedeutung wähnte, so zeigt es sich, daß sich die Subjektivität nicht als Syn-

---

maître despotique" (vgl. p. 353 f.). – Auf eine Auseinandersetzung mit Sartres Kritik an Faulkners Zeitauffassung kann hier verzichtet werden; vgl. dazu Peper, p. 135 ff. u. H. Straumann, "Das Zeitproblem im englischen und amerikanischen Roman: Sterne, Joyce, Faulkner und Wilder", *Das Zeitproblem im 20. Jahrhundert*, hrsg. von R. W. Meyer, Bern 1966, p. 156. Gemeinsamkeiten zwischen Faulkner und Sartre registriert J. K. Simon, "Faulkner and Sartre: Metamorphosis and the Obscene", *Comparative Literature*, 15 (1963), p. 216–225.

[74] Vgl. dazu Faulkner, p. 94, 104, 111, 122 u. 154. Zum 'Schatten' als Schlüsselwort in *The Sound and the Fury* vgl. K. G. Gibbons, "Quentin's Shadow", *Literature and Psychology*, XII (1962), p. 16–24, die den 'Schatten' ganz psychologistisch interpretiert. Eine wesentlich einsichtigere Interpretation des Schattenmotivs gibt dagegen Vickery, *Novels of Faulkner*, p. 41.

[75] Faulkner, p. 154.

thesis ihrer Äußerungen verstehen kann. Sich in der Erinnerung überblicken zu wollen, enthüllt sich als Fiktion. So gern das Ich die Apotheose seiner Identität erleben möchte, so verstellt doch gerade die von Quentin gezeigte Bewußtheit einen solchen Fluchtweg. Auch dieser Sachverhalt wird von ihm reflektiert:

> you are not lying now either but you are still blind to what is in your-self to that part of general truth the sequence of natural events and their causes which shadows every mans brow even benjys you are not think-ing of finitude you are contemplating an apotheosis in which a temporary state of mind will become symmetrical above the flesh and aware both of itself and of the flesh.[76]

Die Identität als Apotheose des Ichs gäbe es nur, wenn einer von möglichen Zuständen dieses Ichs verdinglicht und hypostasiert wür-de. Quentin benennt auch den Grund, dem ein solches Verlangen entspringt: Abwehr der Endlichkeit. In Quentins Monolog aber re-flektiert sich gerade die Subjektivität im Bewußtsein ihrer Endlich-keit. Wie jedoch wäre sie dann zu verstehen? Nach allem, was Quen-tins Monolog zeigte, als ständiges Überlagern der von ihr eröffneten Zeithorizonte, als Schnittpunkt von Verhalten und Handlungen so-wie als Möglichkeit von Situationen.

Die Auswirkungen dieses Zustandes beleuchten zwei Episoden, die Quentin von seinem letzten Lebenstag erzählt. Die eine registriert seine Reaktion, als man sein Verhalten auf ein bestimmtes Motiv zurückführen will, die andere zeigt, was passiert, wenn in der Ge-genwart nach Vorstellungen gehandelt wird, die allein in der Da-maligkeit des Vergangenen Geltung gehabt hätten.

Als Quentin durch die Vororte Bostons streift, läuft ihm ein klei-nes Mädchen nach.[77] Er möchte es loswerden und beschließt, das Kind nach Hause zu bringen, doch es weiß nicht, wo es wohnt, so daß die beiden ziellos und doch auf ein Ziel gerichtet durch die Stra-ßen wandern. Der Wunsch, das Kind loszuwerden, ruft in Quentin

---

[76] Ibid., p. 160. Vgl. hierzu auch P. Swiggart, *The Art of Faulkner's No-vels*, Austin 1962, p. 95.
[77] Vgl. Faulkner, p. 115 ff.

die Erinnerung daran wach, wie er sich einst um seine Schwester Caddy mühte; damals wollte er Caddys Liebe gewinnen, jetzt möchte er sich von dem Kind befreien. Diese gegenstrebige Tendenz bringt die Vergangenheit in eine andere Brechung und die Gegenwart in eine neue Beleuchtung. Die stumme Anhänglichkeit des Kindes und die qualvollen Beziehungen zur Schwester fließen ineinander und schaffen für Quentin eine neue Situation, die das Gewesene und das Unmittelbare zu bloßen Abschattungen von ihr werden läßt. Was damals wirklich war und was augenblicklich ist, gewinnt im Eindruck der durcheinanderschießenden Möglichkeiten einen unwirklichen Zug, und doch wachsen die Quentin nun beinahe ausschließlich beschäftigenden Vorstellungen aus seiner Vergangenheit und seiner Gegenwart heraus. So ist das gelebte Leben immer neuer Zuordnungen fähig, allerdings um den Preis, daß seine Faktizität zunehmend schattenhafter wird. Als Quentin schließlich, vom Bruder des Mädchens entdeckt, zum Sheriff geführt und trüber Absichten beschuldigt wird, reagiert er mit einem unbändigen Lachen,[78] da er die Einengung seiner Vorstellungen auf ein solches Motiv nur als absurd empfinden kann; erlaubt ihm doch erst die mangelnde Motivation seines Handelns, jene Bewußtheit zu gewinnen, um sich selbst in ständiger Bewegung zwischen möglicher Zukunft, Gegenwart und Vergangenheit zu sehen.

Absurd aber ist es auch, wenn Quentin in der Gegenwart so handelt, wie es bestenfalls einer vergangenen Situation entsprochen hätte. Davon handelt die zweite Episode. In einem Trancezustand verprügelt Quentin seinen Freund Gerald.[79] Der Kampf war durch eine ganz beiläufig gestellte, für Quentin jedoch existentiell belastete Frage – ob man eine Schwester habe – ausgelöst worden.[80] Damit war ein zentraler Nerv in Quentin gereizt worden, Gerald erscheint plötzlich als der Nebenbuhler in seiner Liebe zu Caddy, an dem er nun eine verspätete Rache vollzieht. Indem Quentin sich aber in den Motivationszusammenhang seiner Vergangenheit zurückbegibt, wirkt seine Handlung in der Gegenwart absurd. Während des Kampfes

---

[78] Ibid., p. 128 u. 134. Vgl. dazu auch Vickery, *Novels of Faulkner*, p. 37.

[79] Vgl. Faulkner, p. 136 ff.

[80] Vgl. ibid., p. 151.

läuft sein innerer Monolog mit gesteigertem Tempo ab, die Bilder der Vergangenheit verlieren in Nahaufnahmen ihre Umrisse und sind durch Überschärfe verzerrt. Wirkliches Geschehen und bloße Einbildung werden austauschbar, so daß die totale Synchronisation von Vergangenheit und Gegenwart nur um den Preis ihrer vollkommenen Irrealität möglich wird. Darin bezeugt sich erneut Quentins Grunderfahrung: daß er in keiner Lebensäußerung ganz aufgehen, und daß er sich andererseits nur an das halten kann, was von ihm sichtbar geworden ist. Eigentlich besteht sein Leben nur im Durchgang der Dinge und der Welt durch ihn; beide werden immer schattenhafter, wenn man sie zu ihren Bedingungen wiedererinnern will, da sie nur um den Preis ihrer Veränderung gegenwärtig werden können.

Dieser Schattenhaftigkeit aller Lebensgestalten korrespondiert die Produktivität des Grundes, aus dem sie hervorgehen. Schatten und Grund vermitteln sich in der Zeit, die nie vollkommen ist, da sie sich immer neu bildet. Als Vergangenheit, Gegenwart und Zukunft aber ist die Zeit mit der Subjektivität identisch, denn nur für sie gibt es eine Vergangenheit und eine Gegenwart. "Wohl sind dank der Zeit vergangene Erfahrungen in die nachkommenden eingefügt und übernommen, nirgends und nie aber ist das Ich im absoluten Besitz des Ich, da die Höhlung der Zukunft sich stets aufs neue mit neuer Gegenwart ausfüllt. Es gibt keinen verbundenen Gegenstand ohne Verbindung und ohne Subjekt, keine Einheit ohne Vereinigung, doch eine jede Synthese ist in eins gesprengt und erneuert durch die Zeit, die in ein und derselben Bewegung sie in Frage stellt und bestätigt, da sie neue Gegenwart hervorbringt, die die Vergangenheit retiniert".[81]

Der Quentin-Monolog hat die aus dem ersten Teil des Romans gewachsene Erwartung, in der Bewußtseinstätigkeit die Integration von Subjekt und Welt zu vermuten, nicht erfüllt. Zwar ist der Monolog von gesteigerter Bewußtheit durchzogen, doch diese entdeckt erst die Zweideutigkeit der Subjektivität: Grund und Schatten ihrer selbst zu sein. In der Zeitlichkeit der Subjektivität wird dieser Zustand aktuell.

---

[81] Merleau-Ponty, p. 281.

Nach der Lektüre des Quentin-Monologs fragt es sich, ob mehr als nur ein minimales Bedürfnis nach Aufklärung der in den Fabelresten durchschimmernden Zusammenhänge übrig bleibt. Nun aber gewinnt der Leser im Jason-Monolog gerade in dem Augenblick das ihm bisher entzogene Privileg der Überschau zurück, als der Versuch des Verstehens fast zu scheitern drohte. Jason ist durch die Entschiedenheit seines Handelns charakterisiert, das man auf den ersten Blick für die lang erwartete Lösung der sich selbst problematisch gewordenen Subjektivität halten könnte. Doch schon die Zuordnung der ersten beiden Monologe zeigte, daß sie nicht als wechselseitige Ergänzungen angelegt waren, so daß sich bereits von da her ein Vorbehalt meldet, wenn das Handeln nun als die Antwort auf die problematische Gegebenheit der Subjektivität verstanden werden soll. Obwohl sich Benjys und Quentins Monologe der Alltagserfahrung des Lesers entzogen, beeinflussen sie nun seine Betrachtung, nachdem er die Distanz zum Geschehen wieder gewonnen hat. Im Eindeutigen wird der Leser deshalb weniger die Lösung als die Voraussetzungen gewärtigen, die solche Entschiedenheit bedingen. Dadurch wirken sich die potentiellen Erfahrungen der ersten Monologe als Verschärfung der Sicht auf die Lesereinstellung aus und schaffen dem scheinbar eindeutigen Verhalten einen zu seiner Beurteilung neuen Horizont.

Der Jason-Monolog bietet dem Verstehen wenig Schwierigkeiten. Der von ihm berichtete Zusammenhang des Geschehens ist überall erkennbar, die Verbindungen zwischen den Ereignissen werden im Gegensatz zu den anderen Monologen deutlich ausformuliert. Diese Deutlichkeit ist jedoch keineswegs mit einer größeren Einsicht und mit dem umfassenden Überblick über die Vorkommnisse identisch – im Gegenteil. Die von Jason entfaltete Perspektive bewirkt offenbar wegen ihres Zusammenhangs eine auffallende Verarmung der dargestellten Welt, die sich deutlich von dem in der Benjy- und der Quentin-Geschichte entfalteten Beobachtungsreichtum abhebt. Für Jason ordnen sich die Dinge nach seinen Vorstellungen; er muß die Compson-Familie ernähren und ist schon deshalb ein Pragmatiker. Diese Tatsache allein erklärt indes noch nicht die Bewertung seiner Umwelt, durch die die Klarheit seines Monologs entsteht. Im Unterschied zu Quentin fehlt Jason auch nur der Ansatz zu einem Reflexionsvermögen. Dies zeigt sich besonders dort, wo er seinen Standpunkt zu bekräftigen versucht. Wenn immer er von kritischen Situationen berichtet, in denen seine Ansichten auf Widerstand stießen, wiederholt er einfach das damals geführte Gespräch, das ihm zur Bekräftigung seiner Meinung ausreicht. Es kennzeichnet den Habitus eines primitiven Erzählens, daß man die eigenen Worte wiederholt, um dadurch zu bedeuten, wie unbedingt man das Gesagte für richtig hält. Würde man nach anderen Weisen der Bekräftigung suchen, so müßte man von sich selbst abstrahieren, um kritische Augenblicke auch einmal anders als nur von sich selbst her sehen zu können. Dabei läuft diese Weise des Erzählens vielfach als innerer Monolog ab, und selbst dort, wo die Form des Ich-Berichts dominiert, bleibt Jason selbst die Instanz, auf die die primitive Bekräftigung seiner Überzeugungen bezogen wird. Sich selbst die Richtigkeit seiner Meinungen zu beteuern, läßt bestenfalls die untergründigen Spannungen vermuten, die zur Umwelt bestehen. Doch der Grund solcher Spannungen wird Jason niemals bewußt, obgleich ihn die Widerstände eigentlich darauf stoßen müßten; für ihn bleibt die Welt mit seinen Vorstellungen von ihr identisch. Darin gründet die Entschiedenheit seiner Handlungen wie auch die Zweideutigkeit solcher das Handeln bewirkenden Entschlossenheit.

Hätte man auf dem Hintergrund des Quentin-Monologs vielleicht noch annehmen können, im Handeln die Alternative zum 'Fluch' der Selbstreflexion zu sehen, so zeigt der Jason-Monolog die Folgen, die aus der notwendigen Beschränktheit des Handelnden entstehen. In diesem Zusammenhang ist eine Bemerkung Quentins aufschlußreich, in der die Vorbedingungen des Handelns formuliert sind. Auf seinem Weg durch Boston stößt er auf eine Gruppe heftig diskutierender Jungen, die in einem Teich eine Forelle erspäht haben und sich bereits ausmalen, was sie sich vom Erlös dieses Fanges kaufen wollen. Quentin bemerkt dazu:

> They all talked at once, their voices insistent and contradictory and impatient, making of unreality a possibility, then a probability, then an incontrovertible fact, as people will when their desires become words.[82]

---

[82] Faulkner, p. 109.

Jasons Wunsch zielt darauf ab, die in seinem Haushalt wohnende Nichte um das ihr von ihrer Mutter geschickte Geld zu betrügen.[83] Diese Absicht und ihre Verwirklichung stehen im Mittelpunkt des von ihm gegebenen Berichts. Von hier aus werden seine Handlungen weitgehend motiviert und begründen die Entschiedenheit seines Verhaltens, die wiederum den Zusammenhang seiner Erzählung stiftet. Da ihm seine Wünsche zu 'unbestreitbaren Tatsachen' werden, verwischt sich für ihn die Trennung zwischen Ich und Welt. Solche 'unbestreitbaren Tatsachen' aber besitzen ein illusionäres Moment, das Jasons Monolog in zweifacher Hinsicht vermittelt. Blind gegen sich selbst, weil ohne kritische Distanz zu seinem Ich, verfehlt er, sich im Spiegel seiner eigenen Urteile zu erkennen. Er haßt die Heuchler und ist selbst einer. Er schikaniert seine Nichte wegen ihres unmoralischen Verhaltens und handelt ebenso. Im Auseinanderklaffen von Selbst- und Fremdeinschätzung wird das Illusionäre seines Verhaltens offenkundig. Ferner erfährt Jason, daß sich seine Umwelt nicht nach seinen Vorstellungen ordnet. Dadurch wird sein Auftreten entschiedener, doch nur mit dem Erfolg, daß ihm die Verhältnisse seiner Umgebung desto spürbarer entgleiten. Jason wirkt im Fortgang seines Berichtes immer gereizter, weil er sich durch sein Verhalten in Abhängigkeiten verstrickt sieht, auf die sein Einfluß schwindet. Mit zunehmender Entschiedenheit seines Handelns wächst für ihn der Umfang unbeherrschbarer Situationen, die immer deutlicher auf ihn zurückzuwirken beginnen. Gerade weil sich Jason so entschieden mit seinen Vorstellungen identifiziert und diese für die Welt hält, kann er Widerstand nicht ertragen. Indem er ihn zu brechen versucht, wird der Spielraum unbeherrschbarer Situationen im-

---

[83] Vgl. ibid., p. 187, 189 u. bes. 194 ff. Zur Beurteilung Jasons als des einzigen 'gesunden' Compson und der ironischen Zuordnung auf seine 'kranken' Brüder vgl. C. Brooks, *The Hidden God*, New Haven und London 1963, p. 41. Überspitzt wirkt die allegorische Auslegung Jasons durch C. Collins, "The Interior Monologues of 'The Sound and the Fury'", *English Institute Essays* (1952), ed. by A. S. Downer, New York 1954, p. 34, der ihn als den 'poor player' im Sinne des Macbeth-Verses sieht. Vorsichtiger werden die Beziehungen, die zwischen den einzelnen Figuren im Roman bestehen, von L. Thompson, "Mirror Analogues in 'The Sound and the Fury'", *William Faulkner. Three Decades of Criticism*, ed. by F. J. Hoffman and O. W. Vickery, East Lansing 1960, p. 211–225, beurteilt.

mer größer. In der Bedenkenlosigkeit des Handelns und in der wachsenden Herrschsucht dominiert das uneingestandene Bewußtsein, daß die Vermittlung von Selbst und Welt eine Utopie ist, deren utopischer Charakter in dem Maße hervortritt, in dem eine solche Einheit erzwungen werden soll. Jasons Versuch, seine Umwelt ganz mit sich selbst zur Deckung zu bringen, nötigt ihn dazu, sie zu beherrschen; in diesem Akt produziert er selbst ihre Unbeherrschbarkeit.

Faulkners Roman endet mit einem auktorial erzählten Bericht von jenem Tag, der auf die von Benjy und Jason beschriebenen folgt. Der Compson-Haushalt wird von außen und aus einer neutral wirkenden Perspektive gesehen, die hauptsächlich auf die Negerin Dilsey gerichtet ist. Von dieser sagt Faulkner in seinem Nachwort: DILSEY. *They endured.*[84] Damit hat der Autor den letzen Teil des Romans auf einen Zentralbegriff seiner Weltsicht gebracht. 'Endure' ließe sich übersetzen als "überdauern durch Ertragenkönnen";[85] es bezeichnet die unreflektierte Welterfahrung, die aller Reflexion voraus liegt und von ihr niemals ganz eingeholt werden kann. Dadurch aber spannt der letzte Teil des Romans die vorangegangenen auf besondere Weise. Die reduzierten Formen der Subjektivität erweisen sich auf diesem Untergrund als reflektierte Modalitäten der Weltbeziehung und der Welterfassung. Gleichzeitig aber bringen sie erst den unreflektierbaren Untergrund zum Vorschein, aus dem sie sich nähren und der für sie "so etwas wie eine ursprüngliche Vergangenheit konstituiert, eine Vergangenheit nämlich, die niemals Gegenwart war".[86]

Dieses Zusammenspiel wird auf zweierlei Weise verdeutlicht: Zunächst durch die Änderung der Erzählperspektive im vierten Teil. Die gleiche Welt der Compson-Brüder ist hier aus dem Zwang der

---

[84] William Faulkner, *The Sound and the Fury* (Vintage Book), New York o. J., p. 22.

[85] Vgl. Peper, p. 160 ff. Der Übersetzungsvorschlag stammt ebenfalls von Peper (p. 160); vgl. fener A. Kazin, "Faulkner in His Fury", *Modern American Fiction. Essays in Criticism*, ed. by A. W. Litz, New York 1963, p. 177 und Christadler, p. 55 f., 62 u. 177 f.

[86] Merleau-Ponty, p. 283; vgl. auch den dort diskutierten Zusammenhang.

Ich-Projektion herausgelöst und gewinnt dadurch eine Andersartigkeit, die von keinem der inneren Monologe erreicht und gefaßt wird. Dieser Sachverhalt spiegelt sich aber auch in den Monologen selbst, die von hier aus eine Dimension hinzugewinnen. Die von ihnen gelieferten Bilder reduzierter Subjektivität lassen zwar elementare Charakteristika der Subjektivität erkennen, die unabdingbare Voraussetzungen ihrer Selbst- und Weltvergegenständlichung sind. Im Vollzug solcher Vergegenständlichung aber, in der das Subjekt sich selbst gegenüber oder mit der Welt in Beziehung tritt, wird ein Moment des Scheiterns offenkundig. Benjy ist die auf ihre Leiblichkeit reduzierte Subjektivität. Ihr bleibt nur die Wahrnehmung als minimaler Abstand zur Welt; im gleitenden Anhalten verliert sie das, was sie zu fassen bestrebt war. Das eigene Leben erscheint im Zustand dynamischer Zerstreuung. Quentin ist die auf ihre Bewußtheit reduzierte Subjektivität, die so nur die Zweideutigkeit ihrer Zeitlichkeit entdeckt. Als Möglichkeit von Situationen ist sie in allen ihren Äußerungen, vermag sich aber nur zu einem Spektrum schattenhafter Gestalten auszufächern, denn indem sie hier und jetzt ist, kann sie dort und damals nicht mehr ganz sein. Jason schließlich ist die auf Handeln und Herrschen reduzierte Subjektivität, die, auf die Verfolgung ihrer Absichten eingeschworen, erst das Unbeherrschbare ihrer Umwelt hervortreibt und dynamisiert.

Die Reduktionsformen machen ein Doppeltes sichtbar. Die gemeinsame Welt der Compson-Brüder wird in jeweils unterschiedlicher Weise konturiert. In dieser Jeweiligkeit liegt die Präzision des Erfassens und des Scheiterns zugleich. Im Scheitern aber wird der unreflektierbare Grund der Welterfahrung aufgedeckt, der als er selbst nur in dieser Form vermittelt werden kann, da er sonst als repräsentatives Abbild von etwas anderem mißverstanden werden könnte. So zeigen die Reduktionsformen der Subjektivität eine denkwürdige Produktivität des Scheiterns, die den im Titel des Romans anklingenden Macbeth-Vers in seiner Doppeldeutigkeit steigern.

3. Unvordenklichkeit der Subjektivität

I. Compton-Burnett: 'A Heritage and its History'

Das Werk Ivy Compton-Burnetts besitzt keinen historischen Zusammenhang mit Faulkners Roman. Auch die Form der Darstellung ist von der Faulkners so verschieden, daß diese Differenz festgehalten werden muß, wenn die jeweiligen Romane unter einem gemeinsamen Gesichtspunkt diskutiert werden sollen. Nathalie Sarraute sah in Ivy Compton-Burnett eine Vorläuferin des *nouveau roman*;[87] Faulkner hingegen knüpfte an die in den ersten Jahrzehnten dieses Jahrhunderts ausgebildete Technik des inneren Monologs an und brachte sie zu einer unbestreitbaren Perfektion für die Selbstvergegenwärtigung der Subjektivität.

Die Romane Ivy Compton-Burnetts bestehen aus einer beinahe endlosen Folge von Dialogen, durch die das Gesagte den privaten und intimen Charakter verliert, den das Selbstgespräch im inneren Monolog noch besitzt. In der Zuordnung auf ein Gegenüber blendet der Dialog die Selbstbespiegelung und Selbstreflexion aus, durch die sich die Faulknerschen Ich-Erzähler verdeutlichen. Der Dialog deckt auf, was die jeweiligen Figuren entweder verschleiern oder nicht sehen können, so daß die Selbstentdeckung nicht mehr einer im inneren Monolog versponnenen Figur anheim gestellt ist, sondern von einer anderen geleistet wird. Dieses Offenlegen hat bisweilen einen brutalen Charakter. Da sich aber die Figuren durch eine solche vom Partner bewirkte Selbstkonfrontation kaum berührt zeigen, muß der Leser mit dem unvermittelten Hervorkehren ihrer Blindheit fertig werden. Bohren sich die Faulknerschen Figuren im inneren Monolog in den Grund ihrer Existenz hinein, so heben die Dialogpartner im Roman Ivy Compton-Burnetts die unreflektierte Basis von Äußerung und Handlung heraus.

Der Dialog als Formkonstante bewirkt eine weitreichende Veränderung des Erzählens, da seine Sprechsituation das Romangeschehen

---

[87] Vgl. Nathalie Sarraute, *L'Ère du Soupçon. Essais sur le Roman*, Paris 1956, p. 119 ff.

in eine unmittelbare Gegenwart verlegt. Wenn sich aber alles nur in der Gegenwart abspielt, dann verdrängt die Dialogfolge jede außerhalb ihrer liegende Realität. Demzufolge schrumpft das Panorama gesellschaftlicher Wirklichkeit, das zu seiner Entfaltung der Staffelung von Gegenwart und Vergangenheit bedarf; da sich der Autor gleichzeitig hinter die Dialogfolge zurückgezogen hat und sich aller nennenswerten Eingriffe enthält, schwindet die Möglichkeit, dem Dauergespräch einen gerafften Hintergrund zu schaffen. Die daraus entspringende Verselbständigung der Gespräche macht die nach allen Seiten beziehungsfähigen Äußerungen der Figuren selbst hintergründig. Ihre völlige Isolierung von der sonst im Roman beschriebenen Welt gibt der nie abreißenden Gesprächsfolge das Unheimliche nicht ausschöpfbarer, weil niemals endgültig zu fixierender Beziehungen.

Die in einem solchen Ansatz steckenden Möglichkeiten, das Hintergründige konkret werden zu lassen, sollen im folgenden an dem im Jahre 1959 erschienene Roman *A Heritage and its History* erörtert werden.[88] Die Form seiner Sprechsituation unterscheidet sich von der aus dem Drama in den Roman übernommenen Dialogtechnik.[89] Ingarden definierte den dramatischen Dialog einmal wie folgt: "Im Gespräch zweier Menschen handelt es sich ... sehr selten um eine bloße Kommunikation; es handelt sich um etwas viel Lebenswichtigeres, und zwar um eine Beeinflussung desjenigen, an den die Rede gerichtet ist. In allen 'dramatischen' Konflikten, die sich im Theaterschauspiel in der dargestellten Welt entwickeln, ist die an jemanden gerichtete Rede eine Form der Handlung des Sprechenden und hat im Grunde nur dann eine wirkliche Bedeutung in den im Schauspiel gezeigten Geschehnissen, wenn sie wirklich die sich ent-

---

[88] Die hier gegebene Darstellung ist ein überarbeiteter Auszug aus meinem Aufsatz "Negativer Dialog. Ivy Compton-Burnett: A Heritage and its History", in diesem Band, p. 359 ff. Die Überarbeitung war hauptsächlich durch die spezielle Thematik des vorliegenden Beitrags bedingt.

[89] Zu dieser Frage vgl. F. K. Stanzel "Innenwelt. Ein Darstellungsproblem des englischen Romans", *GRM*, Neue Folge XII (1962), p. 274 f., der darauf aufmerksam macht, wie der Roman bereits in seinen Anfängen die Konventionen des Dramas kopiert. Vgl. dazu ferner E. Muir, *The Structure of the Novel*, London ⁷1957, p. 41 ff.

wickelnde Handlung wesentlich vorwärtstreibt".[90] So konträr die Positionen der Menschen im Schauspiel auch sein mögen: durch den Dialog werden sie aufeinander zugeordnet. In *A Heritage and its History* scheint die für den dramatischen Dialog notwendige Zuordnung bestenfalls in der Einheitlichkeit des Milieus zu liegen, in dem sich die Figuren bewegen. Die Vorstellungswelt des Landadels um die Jahrhundertwende bildet den Raum für das sich entfaltende Geschehen. Ivy Compton-Burnett hat selbst einmal gesagt: *I do not feel that I have any real or organic knowledge of life later than about 1910.*[91] Der Dialog ihres Romans indes spiegelt eine höchst eigenartige Auffassung dieser historischen Bestimmtheit.

Die Art der Unterhaltung scheint die geschichtliche Zugehörigkeit der Figuren zur viktorianischen Gesellschaft eher zu verwischen als hervorzuheben. Zwar schimmert die Atmosphäre eines viktorianischen Familienmilieus unverkennbar durch den Roman hindurch, doch die Figuren überschreiten in Äußerung und Handlung fortwährend die Grenzen dessen, was sich für diese Gesellschaft ziemt und schickt. Indem der Dialog die vom Milieu gesetzte Erwartung verletzt, richtet er den Blick auf die noch unabgeklärten Beweggründe des menschlichen Verhaltens, die sich der gesellschaftlichen Determinierung entziehen. Dadurch wird die Aufgabe, die der Dialog im Drama und in der 'dramatic novel' zu leisten hat, ins Gegenteil verkehrt: Er vermittelt nicht mehr unterschiedliche Positionen durch das allmähliche Hervorkehren einer dem Gespräch unterliegenden Gemeinsamkeit, sondern läßt die Gewohnheiten einer genau bestimmbaren Gesellschaft zerspringen, indem er das von solcher Ordnung nicht mehr Vorbedachte in der Unterhaltung freisetzt.

Dem Leser erscheinen diese Dialoge auf den ersten Blick als unwahrscheinlich, da sie kaum an je Gehörtes erinnern. Dieser Eindruck indes gründet vorwiegend im Verzicht des Autors darauf,

---

[90] Ingarden, p. 408 f.

[91] Zitiert nach Pamela Hansford Johnson, *Ivy Compton-Burnett*, London 1951, p. 36. Die bisher ausführlichste Beschreibung der Romane von Ivy Compton-Burnett geben R. Liddell, *The Novels of I. Compton-Burnett*, London 1955 und F. Baldanza, *Ivy Compton-Burnett* (Twayne's English Authors Series), New York 1964.

die unvermuteten Wendungen des Gesprächs entsprechend zu vermitteln. Während im dramatischen Dialog eine Argumentationskette entfaltet wird, in der das anvisierte Ziel der Gesprächspartner immer schon gegenwärtig ist, spart der Dialog im Roman Ivy Compton-Burnetts die Art der Verbindung aus, durch die die einzelnen Repliken aufeinander bezogen sind. Der Dialog wird so zur Folge plötzlich hervorgekehrter Resultate. Nun muß der Leser selbst die Relevanz der einzelnen Entgegnungen entdecken, und dazu kann er offenbar nur gebracht werden, wenn er Zeuge einer Unterhaltung wird, die sich so von den ihm gewohnten Formen der Konversation abhebt, daß seine Aufmerksamkeit ständig provoziert wird. Die Äußerungen regen ihn auf, weil die für das Verstehen notwendige Distanz zu den Figuren eingerollt ist. Was sie einander antun, greift unmittelbar auf ihn über, und davon kann er sich nur lösen, indem er ein Verhältnis zu diesen höchst ungewöhnlichen Reaktionen der Dialogpartner entwickelt. Dadurch wird die Beteiligung des Lesers am Dauergespräch wesentlich gefördert.

Es gibt nur wenige Stellen in *A Heritage and its History*, die die gängige Erwartung des Dialogs erfüllen. Das gesprochene Wort des dramatischen Dialogs ist, wie es Styan einmal formulierte, an einem "predetermined end" [92] orientiert. Dementsprechend müssen die Partner ihre Äußerungen auf einen solchen Zweck abstimmen und die Art ihrer Unterhaltung dieser Notwendigkeit anpassen. In *A Heritage and its History* entsteht eine solche Notwendigkeit aus folgender Konfliktsituation: Simon Challoner, nach seinem Vater Anwärter auf Adelstitel und Besitz seines Onkels, vereitelt selbst die Erfüllung seines langgehegten Wunsches, in das Erbe einzurücken. Zwar stirbt der Vater, doch der Onkel, Sir Edwin, heiratet trotz seines hohen Alters, und Simon wird der Vater des Kindes, das Sir Edwins Frau zur Welt bringt. Dadurch werden die Beziehungen der Personen äußerst verwickelt, und ihr Zusammenleben gebietet es, den

---

[92] J. L. Styan, *The Elements of Drama*, Cambridge 1963, p. 12. Über die vom dramatischen Dialog unterschiedene Bewegungsrichtung der Sprache bei Ivy Compton-Burnett vgl. Sarraute, p. 122 und die Besprechung von *A Heritage and its History* durch J. Preston, "The Matter in a Word", *Essays in Criticism*, 10 (1960), p. 348 ff.

ganzen Umfang des folgenschweren Einschnitts zu verschleiern.[93] Es fehlt nicht an prekären Situationen, in denen die ganze Wahrheit offenbar zu werden droht; in solchen Augenblicken scheint es geraten, sich im Gespräch auf den Partner einzustellen, um seine Ahnungen zu beschwichtigen und ihn von der Entdeckung der wahren Zusammenhänge wegzuführen.[94] Sobald der Dialog von diesem Zweck beherrscht wird, erfüllt er seine dramatische Funktion, den Gesprächspartner in eine vorherbedachte Richtung zu lenken. Die an einem gemeinsamen Zweck orientierte Übereinkunft ist jedoch mit der Unterdrückung der Wahrheit identisch. Sir Edwin formuliert diesen Gedanken ausdrücklich:

> "It must not be", said his uncle. "We are to forget the truth. It must not lie below the surface, ready to escape." [95]

Das Vergessen der Wahrheit ist Voraussetzung der Gemeinsamkeit, und da alle Romanfiguren in das Verwischen der wahren Zusammenhänge hineingezogen sind, entsteht zwischen ihnen eine von gesellschaftlichen Rücksichten diktierte Verbindung, die mit der Konvention identisch ist. Als die Krise um die Enthüllung der wahren Herkunft von Sir Edwins vermeintlichem Sohn ihren Höhepunkt erreicht hat, wird diese Einsicht von Sir Edwin ausgesprochen:

> "Civilised life exacts its toll.
> We live among the civilised."
> „The conventions are on the surface", said his wife.
> „We know the natural life is underneath."
> „We do; we have our reason. But we cannot live it.
> We know the consequences of doing so. If not, we learn." [96]

Die hier getroffene Unterscheidung zwischen Konvention und natürlichem Leben rückt die bisher besprochenen Qualitäten des Dialogs in eine neue Beleuchtung. Dominiert die Notwendigkeit der

---

[93] Vgl. Ivy Compton-Burnett, *A Heritage and its History*, London 1959, p. 103.
[94] Vgl. ibid., p. 101 ff.
[95] Ibid., p. 115.
[96] Ibid., p. 160.

Konvention, dann beziehen sich die Figuren aufeinander; bestimmt dagegen, wie es im Romangeschehen weitgehend der Fall ist, das von der gesellschaftlichen Übereinkunft zeitweilig verdeckte natürliche Leben die Äußerungen der Menschen, so werden ihre Reaktionen plötzlich unabsehbar.

Diese Doppelheit bildet die Struktur des Dialogs in *A Heritage and its History*. Das konventionelle Moment der Unterhaltung ist notwendig, um ein Minimum an Gemeinsamkeit festzuhalten, durch das die Mitteilbarkeit der geäußerten Ansichten garantiert wird. Gleichzeitig läßt die Wechselrede das Gesagte anders erscheinen, als es gemeint war. Im Widerspiel der Repliken leuchtet schlagartig die Begrenztheit der einzelnen Meinungen auf, deren Motivation für die Figuren selbst eine bisweilen fatale Durchsichtigkeit gewinnt.[97] Die Form dieses Dialogs zielt darauf ab, an das zu erinnern, was die jeweilige Äußerung willentlich oder gedankenlos verschweigt, um den unvoreingenommenen Blick für das Nicht-Gesagte zu schärfen. Wenn daher die Figuren wechselseitig das Gesagte ergänzen, indem sie eine nicht vorherbedachte Nuance entfalten, so rückt der Gesprächsgegenstand fortwährend in ein anderes Licht, das die unbefragten Vorentscheidungen von Konvention und Meinung bloßlegt. So zeigt der Dialog, wie stark pragmatische Notwendigkeiten den Umfang des *natural life* beschneiden und damit eine künstliche Trennungslinie zwischen dem durch die Konvention Gebotenen und dem überhaupt Möglichen schaffen. Der Dialog hebt diese Unterscheidung auf, indem die konventionelle Verhaltensweise dazu benutzt wird, auf die Vielzahl denkbarer Reaktionen hinzuführen. Gleichzeitig lassen solche denkmöglichen Reaktionen die von der Konvention geforderte Verhaltensweise als einen Sonderfall des Möglichen erscheinen.

Diese Anlage des Dialogs ist mit der Auffassung der Romancharaktere eng verkoppelt, denn das Dauergespräch bleibt die einzige

---

[97] Dies wird etwa an dem Eingangsdialog deutlich, den Simon und Walter Challoner führen. In dem zitierten Aufsatz habe ich versucht, die Besonderheit einer solchen Gesprächsführung zu interpretieren; vgl. p. 367 bis 370 in diesem Band.

Form ihrer Verdeutlichung. Da der Erzähler nichts über ihre individuelle Eigenart berichtet, müssen wir die Ansätze zu ihrer Beurteilung aus den von ihnen geäußerten Ansichten entnehmen; sie alle besitzen bestimmte Vorstellungen. Simon beispielsweise möchte das Erbe seines Onkels bald antreten,[98] während dieser versucht, ihn von der Erbfolge auszuschließen;[99] Hamish möchte seine Stiefschwester Naomi heiraten[100] und, als dies mißlingt, das Erbe verschenken.[101] Trotz der Entschiedenheit solcher Absichten verhalten sich die Figuren so, daß ihre Wünsche weitgehend vereitelt werden, und da ihnen eine solche Entwicklung relativ problemlos erscheint, ist die sie beherrschende und die von ihnen verfolgte Intention allenfalls nur ein partiales Moment ihres Charakters. Gerät die rationale Selbstverdeutlichung in einen solchen Widerspruch zum tatsächlich gezeigten Verhalten, dann verlieren diese Figuren ihre individuelle Kontur, die sonst im Roman immer Zeichen ihrer Unverwechselbarkeit gewesen ist.

Diese Andersartigkeit der Figuren ist verschiedentlich bemerkt, jedoch meist getadelt worden. So schreibt etwa Pamela Hansford Johnson: "The ease with which the persons of the novels may be confused in the memory is a genuine flaw, a flaw which above all, must make Miss Compton-Burnett always a writer for the 'few', as only a few are able to make the concentrated intellectual effort she demands from them through both her virtues and her faults".[102] In diesem Urteil spiegelt sich eine aus dem Roman des 19. Jahrhunderts gewonnene Erwartung wider. Diese verlangt von der Romanfigur ein unverwechselbares Profil, das nicht zuletzt durch ihr individuelles Schicksal entscheidend mitgeformt wird. Wenn daher die Figuren im Roman Ivy Compton-Burnetts in der Erinnerung zu verschwimmen drohen und nur noch als Schatten ihrer selbst gegenwärtig sind, so lenken sie nicht mehr den Blick auf sich, sondern auf das, was durch sie zur Geltung kommen soll. Ihre äußere Erscheinung und ihr Verhalten werden nebensächlich, sie bilden nur den Anstoß zum Ge-

---

[98] Vgl. Compton-Burnett, p. 7.
[99] Vgl. ibid., p. 103 f.
[100] Vgl. ibid., p. 145 f.
[101] Vgl. ibid., p. 167.
[102] Johnson, p. 22.

spräch, dessen Verlauf sich immer wieder vom jeweiligen Anlaß entfernt. So ist zwar ein gewisser individueller Habitus notwendig, aber nur, um den Dialog in Gang zu setzen, der dann erkennen läßt, wie groß die Fülle der in den einzelnen Äußerungen verborgenen Implikationen ist. Der jeweilige Sprecher vermag die Implikationen seiner Rede kaum zu sehen, geschweige denn zu kontrollieren, und doch gründen sie in der Ansicht, durch die er sich zu verdeutlichen meint. In der Antwort auf das Gesagte entfaltet dann der Gesprächspartner eine der vielen in der Äußerung enthaltenen Implikationen. Eine solche Konkretisierung hat zwei prinzipielle Folgen.

Zunächst bewirkt sie eine völlig unvermutete Richtungsänderung des Gesprächs, so daß die Ausfaltung einer Implikation zum glatten Gegenteil der die Äußerung bedingenden Absicht führen kann. Ferner bedeutet sie, daß die Bestimmung einer Implikation durch den Gesprächspartner wiederum neue schafft. Damit ist die Voraussetzung der nun folgenden Antwort gegeben, die ihrerseits durch den Doppelaspekt von Entfaltung einer Implikation bei gleichzeitigem Produzieren neuer Implikationen charakterisiert ist. So enthält jede Äußerung einen Überschuß an potentiellen Bedeutungen, die nur bedingt aktualisiert und durch die in der Entgegnung neu auftauchenden Implikationen ständig vermehrt werden. Eine solche Bewegung des Dialogs verhindert die Konstituierung eines bestimmten, im Gespräch sonst durchgehaltenen Themas. Da aber jede Entgegnung die Präzisierung einer Implikation bewirkt, entstehen Umrisse von Gesprächsgegenständen, die jedoch durch neue Implikationen in den Strudel einer unabschätzbaren Verwandlung hineingerissen werden. Jeder beliebige Anstoß des Gesprächs kann solche Konfigurationen hervortreiben, die dann zum Zeichen für das unkontrollierbare Potential des menschlichen Charakters werden.

So fördern die wechselnden Konfigurationen das Unvorherbedachte ans Licht. Die Figuren erscheinen dem Leser in einer nachdenkenswerten Doppelgesichtigkeit. Was sie von sich selbst bekunden, dient weniger ihrer Selbstverdeutlichung, sondern bringt eher die Unabgeklärtheit des Grundes zum Vorschein, aus dem sie sind. Je mehr sie daher auf ihren Absichten beharren und sich mit diesen ganz identifizieren, desto fiktiver erscheint ihr Verhalten. Sie verkennen, daß die manifesten Reaktionen durch pragmatische Notwendigkeiten bedingt sind, die sich von Situation zu Situation ändern können. Wird aber die situationsbedingte Äußerung für den authentischen Ausdruck der Person gehalten, dann spiegelt sich in der Entschiedenheit des Verhaltens nur der äußere Anschein des Charakters. Der Dialog deckt fortwährend diesen Sachverhalt auf und macht ihn am Schluß des Romans zum Thema der Unterhaltung:

"Is Father a noble man?" said Ralph, as the door closed. "Or is he a deceiver of himself and others? Or what is he?"
"A mixture of them all, as we all are", said Naomi. "But exile exposed and stressed the parts. Suppose we had a similar love for our first home, and were affected by leaving it in the same way! He would hardly be able to complain. He may have been wise to darken our memories of it."
"I still fear a reaction from the new spirit. His position will become normal to him. It was indeed the other that was not. And he will have nothing besides."
„So that is what you think", said Graham.
"Well, thinking needs so much courage."
"I have enough", said Naomi. "The something besides will be there. And I am glad it will. It is no good to live without it."
"He is putting a memorial tablet to Hamish in the church", said Graham.
"Hamish is to be described as Uncle Edwin's son. I daresay many people are not what they are thought to be."
"Most of them what they are known to be", said Naomi, "Secrets are not often kept. If they were, we should not know there were such things. And now we take more interest in them than in any others." [103]

Damit die Verdeutlichung des Verborgenen gelingt, müssen die jeweiligen Äußerungen der Figuren für ihr wechselseitiges Verhältnis weithin konsequenzlos bleiben, denn sonst würde sich ein Konflikt herausbilden, in dem sich ein bestimmter Zustand so verfestigen müßte, daß die Möglichkeit des Entdeckens unvordenklicher Reaktionen unterbunden wäre. Um jenes *something besides* zu heben, muß der Dialog als Entfaltung von Implikationen des Gesagten der Möglichkeit nach endlos sein. In seinem Verlauf wirkt daher das sichtbare Profil der Figuren eher wie das Zufällige. In dem Maße, in

---

[103] Compton-Burnett, p. 239 f.

245

dem das Bekannte als das Zufällige erscheint, wird das Unvorherbedachte zur Realität. Der Dialog ist demzufolge "... not a transcript of
what he or she would have said in 'real life' but rather of what would
have been said plus what would have been implied but not spoken
plus what would have been understood though not implied".[104]

Wenn wir bedenken, daß die Dialogpartner ihre eigenen Implikationen nicht überschauen, die im Gesagten enthaltenen Implikationen immer nur in einem begrenzten Sinne entfalten und daher niemals in ihrem ganzen Umfang begreifen können, entsteht ein Bild der
Charaktere: Sie sind nicht mit einer abstrakten Unvordenklichkeit
konfrontiert, diese wird vielmehr durch sie selbst und aus ihnen
heraus zur Anschauung gebracht.

Soll dieser Sachverhalt vergegenwärtigt werden, so darf die Bewegung des Dialogs nicht innerhalb eines moralischen Horizontes
verlaufen, sondern muß sich 'jenseits von Gut und Böse' entfalten.
Pamela Hansford Johnson bemerkte einmal, Ivy Compton-Burnett
sei "the most amoral of living writers".[105] Die Moral kann im Vor-
stellungsbereich der einzelnen Figuren nur einen Grenzwert des
Verhaltens bilden, der sich qualitativ nicht sehr von jener Begrenzung unterscheidet, die durch die individuelle Kontur markiert ist.
Die in den Äußerungen der Figuren gezeigte Ausfächerung von
Implikationen wird jedoch erst jenseits ihrer moralischen Bewertung
aufschlußreich. Jede moralische Qualifizierung würde eine voreilige
Bestimmung jener Bereiche beinhalten, die erst in den Implikationen
offenbar gemacht und entdeckt werden sollen. Dieses Kompositionsprinzip der Charaktere ist selbst in banalen Situationen des Romans
nachweisbar. Das läßt sich etwa an folgender Gesprächssituation
ablesen: Sir Edwin ist mit 94 Jahren endlich gestorben. Julia, seine
Schwägerin und Simons Mutter, bemerkt dazu:

> "This day brings another back to me", said Julia. "The day when my
> husband was buried, Edwin's younger brother! All those years ago! Life
> is a strange thing. It will soon be my turn to follow."

---

[104] H. Corke, "New Novels", *The Listener*, LVIII, Nr. 1483 (1957), p.
322, machte diese Bemerkung anläßlich der Besprechung von *A Father and
his Fate*. Sie trifft auf den Dialog aller Romane von Ivy Compton-Burnett
zu und wurde auch von Corke in diesem Sinne geäußert.

[105] Johnson, p. 11.

"What ought we to say?" said Graham. "Silence means consent, and seems to mean it. And yet we can hardly disagree."
"Say nothing", said Simon.
"Father is in a sinister mood", said Ralph. "It can hardly be the loss of his uncle at ninety-four." [106]

Graham und Ralph, Julias Enkel, fallen schon dadurch aus ihrer Rolle heraus, daß sie keineswegs wie Kinder sprechen. Im Romangeschehen wird nirgends darauf Rücksicht genommen, ob die Charaktere als das erscheinen, was sie sind.[107] Für die hier dargestellte Reaktion ist es offenbar uninteressant, ob die Replik auf Julias Feststellung von einem Kinde stammt. Der sentimentalen Äußerung der Großmutter wird keine den Gedanken an den Tod verscheuchende Antwort zuteil; es unterbleibt daher die in solchen Augenblicken zu erwartende Klischee-Reaktion. Dessen ist sich Graham bewußt; indem er die konventionelle Reaktion ausspart, muß er sich fragen, wie er hätte reagieren sollen. Die Möglichkeiten solchen Reagierens werden zum Inhalt seiner Äußerung. So 'unnatürlich' eine solche Entgegnung auch wirken mag, ihr Wahrheitsgehalt ist unbestreitbar. Wirkt die Äußerung der Wahrheit verletzend, so erweist sich die Rücksichtnahme auf die Empfindungen der Mitmenschen eher als ein pragmatisches Gebot des menschlichen Zusammenlebens, es sei denn, die Wahrheit wäre unmoralisch.[108] Die so hervorgekehrte Doppel-

---

[106] Compton-Burnett, p. 188.

[107] Vgl. dazu H. Spiel, *Der Park und die Wildnis. Zur Situation der neueren englischen Literatur*, München 1953, p. 128 f.

[108] Zur Frage der Moral bemerkt S. Hampshire, "The Art of a Moralist", *Encounter* 9 (1957) p. 80: "First, Miss Compton-Burnett is a moralist, in a sense of the word that allows that there have been many great French moralists and very few English. The pleasure of the moralist is to probe through the decent conventions to the natural laws of conduct and feeling in which we have all really believed and to find apt words for them: if possible, a few words, the maxim that puts the smothered general truth shortly and only once. This is the pleasure of discussion, of intellectual surprise, of the contrast of what is ordinarily said with what is really believed, of the ambiguity of a situation condensed in plain words, of having every side expressed, nothing smothered. The art of the moralist must be difficult in English, because there is no tradition of it, outside a healthy intellectual horseplay, as in Shaw: more difficult still, if the story is to be carried forward to a climax for which the reader waits, as in a

deutigkeit des Gesagten bleibt durch die Richtungsänderung des Gesprächs ungeklärt, ja wird durch sie eher unterstrichen. Simon rät seinem Sohn Graham zu schweigen, Ralph hingegen macht sogleich auf das verdeckte Motiv aufmerksam, das hinter der Replik seines Vaters verborgen liegt; denn Simon ist offensichtlich darüber verdrossen, daß er sich selbst die Möglichkeit verstellt hat, in Sir Edwins Erbe einzurücken.

Ein solches Nachzeichnen der Implikationen wird dem Gespräch nur sehr bedingt gerecht, ja, es gerät in die Gefahr, falsch zu sein, wollte man damit die Szene für ausinterpretiert halten. Jede Erklärung solcher Gespräche unterscheidet sich nicht wesentlich von der durch die einzelnen Romanfiguren praktizierten Ausfaltung der Implikationen. Gewiß kann die Interpretation noch ein paar Nuancen verdeutlichen, sie kann jedoch die Implikationen niemals voll ausschöpfen. Es ließen sich andere Gründe für Grahams Äußerung und für Simons Rat anführen, die ebenso zutreffend sein könnten wie die der Figuren, denen die Interpretation folgte. Jede Auslegung verdeckt andere Möglichkeiten des Verstehens. Wenn bereits die Interpretation Gefahr läuft, die vom Dialog bewirkte Ausfächerung der Implikationen zu verendlichen, dann kommt eine Qualität des Unvorherbedachten zum Vorschein: es sperrt sich gegen jede Typisierung. Davon wird selbst der erfahrenste Leser dieser Romane beeinträchtigt, denn auch er ist – sofern man ihn läßt – geneigt zu typisieren,[109] indem er die Romanfiguren mit seiner Alltagserfahrung in Beziehung bringt und ihre Auseinandersetzung auf den ihm vertrauten Horizont zuordnet. Nun aber verwehrt ihm schon das Schemenhafte der leicht miteinander zu verwechselnden Figuren, sich wie gewohnt zu verhalten; ihre mangelnde Profilierung hindert ihn daran, den Blick allzu sehr an ihre sichtbare Gestalt zu verlieren. Was sich ihm bietet, sind weniger Personen als vielmehr Zustände des menschlichen Verhaltens, die sich weit vom individuellen Habitus einer Person emanzipiert haben, so daß dieser eher zufällig als charakteristisch erscheint.

---

detective story, to know who loses and who wins, and – not usually the same – who is guilty and who is innocent."

[109] Vgl. dazu auch Sarraute, p. 70.

Dadurch wird der Kontakt zwischen dem Leser und den Romanfiguren unterbrochen. Indem er sie als fremd empfindet, vermag er nicht mehr ohne weiteres zu typisieren. Statt sie in seinen Horizont einzuformen, ist er genötigt, sich auf ihr Fremdsein einzustellen, wenn er einen Zugang gewinnen will. Das Ausbleichen der äußeren Umrisse zieht seine Aufmerksamkeit davon ab, sich die Gestalten in ihrem individuellen Schicksal zu verlebendigen, und lenkt auf das Ungewohnte, das ihn auffordert, sich mit ihm auseinanderzusetzen, soll seine Bedeutung gefaßt werden. Der Leser wird dadurch in eine Distanz zu seinen Gewohnheiten gebracht, und er vermag sich darin nur zu halten, wenn er die Intention des ihm Vorgeführten selbst entdeckt. Auf diese Beteiligung ist das Kompositionsprinzip der Figuren angelegt. Was aber kann er entdecken? Zunächst die relative Blindheit der Figuren gegen ihre eigene Doppelgesichtigkeit. Was sie sagen, vermögen sie in seinen Auswirkungen nicht zu überschauen, und selbst dann, wenn sie mit diesen konfrontiert sind, zeigen sie nicht die eigentlich erwartete Verwunderung. Ihr Verhalten zerspringt in eine völlig inkonsistente Reaktionsfolge, die sich der Leser angesichts der von ihnen gezeigten relativen Gleichgültigkeit selbst plausibel machen muß. Dabei führt das Suchen nach Motiven nicht auf den Grund eines solchen Verhaltens; viel eher überschattet das Unmotivierte die manifest gewordenen Äußerungen. Daraus ergibt sich der Eindruck, daß das Gesagte als das Situationsbedingte nur ein partiales Moment der Subjektivität ist, dessen Partialität sich dadurch verdeutlicht, daß es sogleich durch die in der Äußerung mit gesetzten, aber noch unbedachten Implikationen überholt wird. Aus dem Hervorkehren des Abgedeckten zieht der Dialog seine Dynamik. Wenn sich dabei die Figuren trotz der Konfrontation mit dem Unbedachten ihrer Äußerungen so auffallend gelassen zeigen, dann wird der Leser nicht allein auf ihre Blindheit gelenkt, sondern vor allem auf die Belanglosigkeit, die das sichtbar gewordene Verhalten besitzen muß.

In der Fabel des Romans erfährt dieser Vorgang eine weitere Verdeutlichung. Ivy Compton-Burnett äußerte sich einmal über Charaktere und Fabel ihrer Romane wie folgt:

I think that acutal life supplies a writer with characters less than is thought... As regards plots, I find real life no help at all. Real life seems to have no plots. And as I think a plot desirable and almost necessary I have this extra grudge against life. But I do think that there are signs that strange things happen, though they do not emerge. I believe it would go ill with many of us if we were faced by a strong temptation, and I suspect that with some of us it does go ill.[110]

Wenn das *real life* nur eine Oberflächenansicht des menschlichen Lebens liefert, weil es offensichtlich von den jeweils herrschenden Konventionen geordnet ist, gelingt es nur einer konstruierten Fabel, den Untergrund dieses Lebens freizulegen. Die Konstruktion wird zum Protest gegen die Unmittelbarkeit des Selbstverständichen, das die Notwendigkeit seines Befragtwerdens auszuschließen scheint. Die Fabel gibt dabei eines ihrer traditionsgeheiligten Attribute preis: die Wahrscheinlichkeit. Das aber geschieht offenbar um der Wahrheit willen. Dient sonst die Wahrscheinlichkeit einer erzählten Geschichte dazu, den Schein des Wahren zu erzeugen, so ist die konstruierte Fabel darauf angelegt, diese an bestimmten Zwecken orientierte Täuschungsabsicht zu vernichten. Die Folgen eines solchen Ansatzes zeigen sich in der Handlung des vorliegenden Romans.

Obgleich die Gesprächssituation die Wünsche und Vorstellungen der Figuren offenkundig macht, stehen ihre Handlungen vielfach in auffallendem Widerspruch zu den von ihnen geäußerten Ansichten. Am deutlichsten zeigt sich diese Tendenz bei Simon Challoner. Er wird der Vater eines Kindes, das ihm jede Aussicht auf die erhoffte Erbschaft nimmt. Ebenso unvermittelt heiratet er Fanny, deren Schwester Rhoda als Frau Sir Edwins die Mutter seines Kindes ist. Solche Verkettungen wirken deshalb so konstruiert, weil die Elemente der Fabel typische Erwartungen eines viktorianischen Gesellschaftsromans wecken, dann aber in eine Zuordnung geraten, die diesen Rahmen immer wieder sprengt. Vor dem viktorianischen Hintergrund gewinnt daher das Handeln der Figuren bisweilen recht absurde Züge, es sei denn, diese zeigten an, wie wenig menschliches Reagieren durch Konventionen überhaupt zu steuern ist. Offensichtlich entspringen die gravierenden Handlungen nicht dem zentralen Anliegen der Figuren, ja, sie stehen oftmals in einem solchen

---

[110] Zitiert nach Johnson, p. 36.

Widerspruch zu ihnen, daß sie als Manifestationen unvordenklicher Eigenheiten erscheinen, auf die noch nicht einmal die eigene Vorstellung, geschweige denn die Konvention einen sie bestimmenden Einfluß hätte. Vielleicht war es die Verärgerung über Sir Edwins Hochzeit, die Simon zu dem für ihn selbst höchst fatalen Schritt veranlaßte, mit Rhoda ein Verhältnis einzugehen. Die Motivation ist auch für ihn nur eine Sache der Vermutung und bleibt angesichts seines Lebenszieles nicht ganz einsehbar. Wenn aber die Handlungen so wenig mit den erklärten Zielen in Einklang zu bringen sind, so geraten diese in eine unaufhebbare Zweideutigkeit.

Die Fabel bringt diesen Sachverhalt auf zwei verschiedene Weisen zur Anschauung. Durch seine impulsive Handlung schafft Simon neue Realitäten, die ihrerseits das Leben der Mutter, der Kinder, aber auch das von Sir Edwin unter unerwartete Bedingungen stellen. Seine Kinder versucht er ständig auf die Möglichkeit vorzubereiten, ihr weiteres Leben in einem Armenhaus verbringen zu müssen. Mit diesem Plan will er die unvorherbedachten Folgen seiner Handlung wieder einfangen, bewirkt aber nur eine wachsende Entfremdung seiner Kinder, die zum Schluß seine Erziehungsabsicht nur für ein *figment of Father's brain*[111] halten. Wird aber die deutlich verfolgte Absicht als Fiktion durchschaubar, so zeigt sich, wie wenig das für die Figur selbst maßgebliche Verhalten sich mit dem deckt, was sie ist. Die erklärte Intention erweist sich nur als ein partiales Moment des Charakters, das darüber hinaus noch von der Besonderheit der Umstände mit bedingt ist, auf die es antworten möchte. Je mehr das partiale Moment mit dem Charakter selbst verwechselt wird, desto deutlicher erscheint das Verhalten als Verschleierung. Die Fabel zerreißt diese Verschleierung und erzielt dort ihre nachhaltigsten Wirkungen, wo die von ihr aufgedeckte Verstelltheit der Figuren ohne erkennbaren Vorsatz ist und sich daher ins Unmotivierte verliert.

Damit verbindet sich ein zweiter Aspekt, der durch die Fabel zur Geltung kommt. Das Verhalten der Figuren ist nicht dazu angetan, ihnen die Erfüllung ihrer Wünsche zu sichern. Wenn sie am Schluß des Romans das Begehrte ohne eigenes Zutun erhalten, so sind ihre

---

[111] Compton-Burnett, p. 238.

Anstrengungen im Verlaufe des Geschehens als belanglos qualifiziert. Diese Belanglosigkeit läßt zweierlei deutlich hervortreten: die Bedingtheit, der die verfolgten Absichten entsprungen sind, sowie die Bedeutungslosigkeit solcher Absichten für das Gesamtverhalten der Figur. Wenn sich die Situationen verändern, so geschieht dies vornehmlich durch eine unbedachte Handlung, die alle Überlegungen entwertet, oder durch die Verdeutlichung einer Implikation, die die Teleologie des Gesagten gegenstandslos werden läßt. Eine solche Entgegensetzung von beabsichtigtem und unvordenklichem Verhalten erfüllt alle Vorbedingungen des Konflikts. Wenn dieser aber durch die Fabel nicht ausgetragen wird – Simon muß keineswegs die Folgen seiner Handlung tragen – so zeigt sich, wie sehr das entschieden Gewollte zugleich das Belanglose ist. Es bleibt daher nur folgerichtig, wenn sich Simon am Ende des Romans mit keiner Manifestation seiner eigenen Selbstentäußerung wirklich identifizieren kann. In seiner eigenen Geschichte hat er sich selbst bestenfalls in der Gestalt seiner von ihm wesentlich verursachten Zufälligkeit. Deshalb ist es ihm möglich, gegen Schluß zu sagen: *I think being carried beyond ourselves carries ourselves further.*[112] Zur Verdeutlichung dieses Sachverhaltes bedarf es einer konstruierten Fabel, die sich nicht auf die Erwartung der alltäglichen Erfahrung bezieht, sondern auf die untergründige Andersartigkeit des menschlichen Verhaltens, von dem die Alltagserfahrung nur ein verfestigter Abhub ist. So hebt die Konstruktion das Unvordenkliche im Verhalten der Menschen heraus und entlarvt die Gewohnheit als eine von vielen einschränkenden Bedingungen belastete Form der menschlichen Wirklichkeit.

4. Subjektivität als Selbstaufhebung ihrer Manifestationen

S. Beckett: 'Molloy', 'Malone Dies', 'The Unnamable'

Der Zugang zur Subjektivitätsthematik in Becketts Romantrilogie läßt sich durch eine Bemerkung Nietzsches gewinnen, in der die

---

[112] Ibid., p. 228.

Bewußtseinstätigkeit beschrieben wird: "Der interpretative Charakter alles Geschehens. Es giebt kein Ereigniss an sich. Was geschieht, ist eine Gruppe von Erscheinungen, ausgelesen und zusammengefasst von einem interpretirenden Wesen." "Es giebt keine unmittelbaren Thatsachen! Es steht mit Gefühlen und Gedanken ebenso: indem ich mir ihrer bewusst werde, mache ich einen Auszug, eine Vereinfachung, einen Versuch der Gestaltung: das eben ist bewusst-werden: ein ganz actives Zurechtmachen." [113] Die Trilogie hebt diesen Vorgang selbst ins Bewußtsein und entwickelt dadurch nicht nur die Auswirkungen eines solchen "Zurechtmachens", sondern auch die Bedingungen seiner Notwendigkeit.

Becketts drei Romane *Molloy*, *Malone Dies* und *The Unnamable* machen durch die Benennung der einzelnen Teile auf den Rückzug des Ich-Erzählers in die Namenlosigkeit aufmerksam. Ist der Ich-Erzähler im dritten Roman der Unnennbare, so wirken die Namen der ersten beiden Romane wie Masken, die er angenommen hat. Vom Ende her erscheinen die Masken des Unnennbaren auf bestimmte Beziehungen, Beschränkungen und Einstellungen hinzudeuten, die im letzten Roman gegenstandslos geworden sind. Dennoch ist der Unnennbare nicht gänzlich frei von den Namen, die er getragen hat und die ihn nun daran hindern, sich in seiner Namenlosigkeit zu beruhigen. Wird das Zusammenspiel der Teile erst im dritten Roman offenkundig, so entwerfen die ersten beiden wichtige Voraussetzungen.

Dazu gehört vor allen Dingen eine auffallende Stileigentümlichkeit, die in *Molloy* voll ausgebildet und deren Bedingtheit dem Ich-Erzähler bewußt ist. Die Satzkonstruktion dieses und der folgenden Romane besteht vielfach aus deutlich gegeneinander versetzten Verläufen. Auf eine Behauptung folgt bisweilen die unmittelbare Zurücknahme des Gesagten. Die Spielarten dieses Verhältnisses sind variabel; sie reichen von der bloßen Einschränkung über ein sichtbares Unterlaufen der Satzaussage bis zu ihrer vollständigen Negation, wie sie sich bezeichnenderweise erst am Ende von *Molloy* fin-

---

[113] Friedrich Nietzsche, *Gesammelte Werke*, 16 (**Musarionausgabe**), München 1925, p. 59 f. u. 122.

det. Die letzten Sätze dieses Romans lauten: *I shall learn. Then I went back into the house and wrote, It is midnight. The rain is beating on the windows. It was not midnight. It was not raining.*[114] Wie immer die Entgegensetzung im einzelnen auch beschaffen sein mag, der beinahe unaufhörliche Wechsel zwischen Behauptung und Negation bleibt das Kennzeichen der sprachlichen Textur in allen drei Romanen. Die auffallende Zuspitzung der gegeneinander verlaufenden Bewegungen am Schluß des ersten Romans ist gewiß kein Zufall. In ihnen gipfelt die beobachtbare Tendenz des Vor- und Zurücklaufens der einzelnen Sätze; sie machen deutlich, was von sprachlicher Aussage überhaupt zu halten ist, indem sie ihre Beliebigkeit herausstellen.

Der aufmerksame Leser indes wird von diesen Schlußsätzen nicht ganz unvorbereitet getroffen. Molloy gibt durch die Art seines Erzählens viele versteckte, aber auch manche offenen Hinweise auf die Bedingtheit solcher gegeneinander gerichteten Aussagen. Viele der von ihm getroffenen Feststellungen werden von ihm selbst unmittelbar in Frage gezogen. Dies geschieht etwa im Sinne des folgenden Beispiels, das sich gleich zu Anfang des Romans findet: *A and C I never saw again. But perhaps I shall see them again. But shall I be able to recognise them? And am I sure I never saw them again? And what do I mean by seeing and seeing again?*[115] Diese Fragen bringen ein Reflexionsvermögen zum Vorschein, das die in der Behauptung liegenden Vorbedingungen aufdecken möchte und dadurch die Behauptung selbst als eine schwer haltbare Feststellung über die Begebenheit erscheinen läßt. Der Ich-Erzähler aber kann seine Beobachtungen über sich selbst und die ihm begegnenden Dinge zunächst nur in Form von Feststellungen formulieren, durch die sich erst die von ihm zu beschreibende Realität konstituiert. Damit formt er das seiner Wahrnehmung Vorgegebene in seinen eigenen Vorstellungshorizont ein. Eine so bezogene Welt ist zwar faßbar – es fragt sich nur, ob es die Welt ist, die der Ich-Erzähler durch seinen Bericht einzufangen versuchte.

---

[114] Samuel Beckett, *Molloy* (Grove Press), New York ⁷o. J., p. 241.
[115] Ibid., p. 18 f.

Nun, Molloy besitzt davon ein recht eindeutiges Bewußtsein:

And when I say I said, etc., all I mean is that I knew confusedly things were so, without knowing exactly what it was all about. And every time I say, I said this, or, I said that, or speak of a voice saying, far away inside me, Molloy, and then a fine phrase more or less clear and simple, or find myself compelled to attribute to others intelligible words, or hear my own voice uttering to others more or less articulate sounds, I am merely complying with the convention that demands you either lie or hold your peace. For what really happened was quite different. And I did not say, Yet a little while, at the rate things are going, etc.... In reality I said nothing at all, but I heard a murmur, something gone wrong with the silence, and I pricked up my ears, like an animal I imagine, which gives a start and pretends to be dead. And then sometimes there arose within me, confusedly, a kind of consciousness, which I express by saying, I said, etc., or, Don't do it Molloy, ... Or which I express without sinking to the level of oratio recta, but by means of other figures quite as deceitful, as for example, It seemed to me that, etc., or, I had the impression that, etc., for it seemed to me nothing at all, and I had no impression of any kind.[116]

Diese Reflexion ist in einen Vorgang eingebettet, den Molloy erzählen möchte, den er aber gerade deshalb verfälschen muß, weil die Konvention des Erzählens ihre eigenen Gesetze hat, die sich mit der tatsächlich vorgegebenen Realität kaum berühren. Da jedoch im Erzählen der Anspruch gegeben ist, etwas gefaßt zu haben, das durch das Erzählen überhaupt nicht erreicht werden kann, wird jede Darstellung zwangsläufig zur Lüge.

Molloy ist sich bewußt, daß sowohl die Darstellung als auch die Mitteilung bestimmter Begebenheiten eigentlich nur deren Veränderung bewirkt. Die Darstellung bringt den von ihr beschriebenen Sachverhalt in eine wie immer geartete Beziehung und verbildlicht daher eher diese als die zu fassende Wirklichkeit. Andererseits je-

---

[116] Ibid., p. 118 f. Eine wichtige Variation dieser Einsicht bildet etwa die folgende Feststellung: *Not to want to say, not to know what you want to say, not to be able to say what you think you want to say, and never to stop saying, or hardly ever, that is the thing to keep in mind, even in the heat of composition* (p. 36); vgl. dazu auch p. 40 f. G. Zeltner-Neukomm, *Die eigenmächtige Sprache*, Olten und Freiburg o. J., p. 112, bemerkt einmal, die Wörter seien für Beckett "selber ein Phänomen der Trennung".

doch konstituiert sich für den Betrachter Wirklichkeit immer nur unter den für ihn geltenden Bedingungen. Der Ich-Erzähler kann dieses Wissen nur insofern zur Geltung bringen, als er die in seinen Beobachtungen festgehaltene Realität lediglich als Produkt der Darstellung ausgibt, das sich schwerlich mit der nur zu vermutenden Beschaffenheit der Dinge deckt.

Diese Einsicht wird durch das Alternieren von Behauptung und Einschränkung im Stil der Erzählung angezeigt, denn jede Behauptung rückt die Dinge in eine bestimmte Zuordnung und verdeckt dadurch viel von dem, was sie noch sein könnten. Wird aber die in der Satzaussage getroffene Feststellung durch den folgenden Satz wieder zurückgenommen, so spiegelt sich in dieser Operation ein Bewußtsein, das um die völlige Inkongruenz von Ding und Bedeutung weiß. Daher sind die in Molloys Monolog registrierten Wahrnehmungen nahezu unablässig von der Reflexion über ihr Zustandekommen begleitet. Molloy beobachtet nicht nur, wie die festgehaltenen Einzelheiten wahrgenommen werden, er stellt auch die Bedingtheit heraus, die solchem Erfassen eigen ist. So löst die Wahrnehmung vielfach eine Kettenreaktion auseinander hervortreibender Selbstwahrnehmungen aus, in denen sich der Blick für die Modalität ihres Zustandekommens schärft. Diese Tendenz ist häufig so weit getrieben, daß die Dingwahrnehmung und die von ihr angestoßene Selbstwahrnehmung bis zur völligen Dissoziierung auseinandertreten.

Diese Trennung vergegenständlicht sich in der 'Fließstruktur' der Sätze, durch die eine nur phänomenal beschriebene Welt sich genau so als bloßes Produkt des Bewußtseins ausweist wie eine intentional geordnete. Indem die 'Fließstruktur' die Sphäre der Phänomenalität und der Intentionalität als Abscheidungen des Bewußtseins qualifiziert, setzt sie die Bewußtseinstätigkeit selbst frei, die hier aus ihrer Funktion, gesetzte Bedeutung einsichtig zu machen, entlassen ist. Bewußtseinstätigkeit als solche wird gegenständlich, indem sie den asemantischen Charakter der Dinge aufdeckt und die Bedeutung als Setzung enthüllt.

Im Lichte dieser Bewußtheit vollzieht sich die Selbstvergegenständlichung Malones und des Unnamable. Malone liegt in einem

Zimmer und weiß, daß er bald sterben muß, aber nicht der Tod beschäftigt ihn, sondern das Nicht-zu-Ende-Kommen mit sich selbst.[117] Der allmählichen Verödung seiner Umwelt korrespondiert eine gesteigerte Aktivität des Bewußtseins, die die Leere mit Gestalten füllt. Überblickte Molloy noch seine eigene, wenngleich fragmentarisierte Geschichte, so ist diese Distanz zu sich selbst für Malone geschrumpft. Hatte Molloy schon gewußt, daß alle Darstellung ein "Zurechtmachen" ist, das er einmal auf die lapidare Formel *Saying is inventing* [118] brachte, so ist diese Einsicht in der Beschäftigung Malones mit sich selbst vorausgesetzt. Malone kann sich daher vor seinem Tod nicht die eigene Geschichte erzählen, die als Selbstdarstellung nur die Bedingtheit ihres Zustandekommens spiegeln könnte. Er beschließt deshalb gleich, sich Geschichten zu erzählen, deren Erfundensein evident ist. Bezeichnenderweise qualifiziert er die Absicht, durch Geschichten die ihm noch verbleibende Zeitspanne auszufüllen, als Spiel,[119] das von der sonst gegebenen Nötigung, über sich selbst zu schreiben, weglenkt; denn was er im Schreiben über sich selbst festhalten würde, wäre nur, wie er sich erscheint, nicht aber, was er ist. Daraus ergibt sich für Malone die Alternative, sich entweder Geschichten zu erzählen oder, wie es gelegentlich geschieht, über das Schreiben selbst zu schreiben.[120] In dem einen Falle

---

[117] Vgl. dazu auch M. Kesting, *Vermessungen des Labyrinths. Studien zur modernen, Ästhetik*, Frankfurt 1965, p. 68; ferner H. Kenner, *Samuel Beckett. A Critical Study* (Grove Press), New York 1961, p. 65 f. und die literarischen Parallelen, auf die Kenner die Situation zuzuordnen versucht. Als erhellende Vorgeschichte zu dem ganzen hier angeschnittenen Problemkreis vgl. R. Federman, *Journey to Chaos. Samuel Beckett's Early Fiction*, Berkeley und Los Angeles 1965.

[118] Beckett, *Molloy*, p. 41. Diese Feststellung wird aber sogleich von Molloy auf die in ihr enthaltenen Implikationen reflektiert.

[119] Samuel Beckett, *Malone Dies* (Grove Press), New York ⁵1956, p. 2 f. u. 4.

[120] Vgl. u. a. ibid., p. 33, wo es heißt: *I have just written, I fear I must have fallen, etc. I hope this is not too great a distortion of the truth.* Solange Malone über das Geschriebene schreibt, besteht die geringste Gefahr, von der Wahrheit abzuweichen. Denn das Schreiben ist der Modus der Fiktion; es selbst zum Gegenstand zu machen heißt, sich innerhalb der Fiktion zu bewegen und nicht durch das Schreiben andere Gegenständlichkeit in den Modus der Fiktion überzuführen.

257

weiß er, daß es sich um Fiktionen handelt; im anderen wird der Modus der Fiktion selbst Gegenstand.

Der untergründige Zusammenhang dieser Alternative ist Thema des Monologs. Indem Malone sich Geschichten erzählt, weiß er, daß diese Lügen sind, und er fühlt sich von der fatalen Konsequenz entbunden, in der Beschreibung seiner eigenen Situation über sich selbst lügen zu müssen. Durch die Geschichte will er davon ablenken, daß er sich selbst zum Gegenstand der Betrachtung wird, obgleich die Frage danach, wer er ist, ihn eigentlich beschäftigt.[121] Nun aber beginnen ihn die Geschichten zu langweilen, und er bricht ab mit der Feststellung:

> What tedium. And I call that playing. I wonder if I am not talking yet again about myself. Shall I be incapable, to the end, of lying on any other subject? I feel the old dark gathering, the solitude preparing, by which I know myself, and the call of that ignorance which might be noble and is mere poltroonery. Already I forget what I have said. That is not how to play. ... Perhaps I had better abandon this story and go on to the second, or even the third ... No, it would be the same thing. I must simply be on my guard, reflecting on what I have said before I go on and stopping, each time disaster threatens, to look at myself as I am. That is just what I wanted to avoid.[122]

In die Geschichte bricht das Bewußtsein ein, daß sie vielleicht doch von Malone handeln könnte; dabei wollte er gerade durch diese und die anderen Geschichten die Möglichkeit schaffen, von sich wegzulenken. Er weiß, daß die Geschichten Lügen sind, da der in ihnen aufweisbare Zusammenhang nur das "Zurechtmachen" der Dinge anzeigt. Würde er sich selbst zum Gegenstand seiner Betrachtung, indem er seine Situation im Zimmer beschriebe, dann müßte er durch eine solche Darstellung über sich selbst lügen. Das jedoch will er vermeiden.

Je häufiger er indes versucht, sich Geschichten zu erzählen, desto deutlicher wird ihm, daß das Material dieser Geschichten aus seinem eigenen Leben stammt. Er selbst deutet dies gelegentlich an: *All the stories I've told myself, clinging to the putrid mucus, and swelling,*

---

[121] Vgl. u. a. ibid., p. 17.
[122] Ibid., p. 12.

swelling, saying, Got is at last, my legend.[123] Dieser Einsicht entspricht an anderer Stelle die Gewißheit, daß solche Erzählungen nur Vorwand dafür sind, sich nicht mit sich selbst einlassen zu müssen:

> All is pretext, Sapo and the birds, Moll, the peasants, those who in the towns seek one another out and fly from one another, my doubts which do not interest me, my situation, my possessions, pretext for not coming to the point, the abandoning, the raising of the arms and going down, without further splash ... The horror-worn eyes linger abject on all they have beseeched so long, in a last prayer, the true prayer at last, the one that asks for nothing.[124]

Sieht er in den Geschichten seine Legende, so weiß Malone gleichzeitig, daß diese Legende – obwohl ganz aus seinen Vorstellungen entsprungen – nicht mit ihm identisch sein kann. War ihm doch immer die Lügenhaftigkeit solcher Geschichten bewußt, weshalb die daraus entstehende Legende ihn selbst bestenfalls in der Gestalt seines Fremdseins spiegelt.

Daraus ergibt sich eine unaufhebbare Dialektik, d. h., eine Dialektik ohne Synthesis, durch die sich Subjektivität in diesem Roman präsentiert. Wenn das wahre und letzte Gebet die Bitte um nichts ist, so antwortet dieser Wunsch der Nötigung zum Selbstverständnis. In der Bitte um nichts möchte sich die Subjektivität von diesem Zwang befreien, der allerdings seine Dynamik dadurch erhält, daß die reflexive Durchleuchtung aller Äußerungen die Bedingtheit der Selbstvergegenständlichung entdeckt. Dennoch treiben die pure Gegebenheit des Lebens, die Öde der Langeweile, das Offene der Situation und die Leere des bevorstehenden Todes Malone dazu, Bestimmtes gegen Leere, Langeweile und Offenheit zu setzen. Er erzählt sich deshalb seine Geschichten, denen er aber sogleich die Bestimmtheit eines aufscheinenden Sinnes wieder entzieht. Dieses paradoxe Verhalten kennzeichnet seine Lage, deren Implikationen durch den Gedanken des Spiels deutlich werden, mit dem Malone das Geschichten-Erzählen qualifiziert. Spiel [125] sind die Geschichten

---

[123] Ibid., p. 51.
[124] Ibid., p. 107.
[125] U. Schramm, *Fiktion und Reflexion. Überlegungen zu Musil und Beckett*, Frankfurt 1967, p. 205 f., versteht den Gedanken des 'Endspiels' als ein Modell, um die in Becketts Dramen sich vollziehende Bewegung erklä-

insofern, als in ihnen nicht ein letzter Sinn, sondern nur Sinnkonfigurationen gegen diese Leere ausgespielt werden. In ihnen überspielt Malone immer wieder sich selbst, um den letzten Widerstand herauszufinden, der unüberspielbar ist, dessen Unverfügbarkeit jedoch von ihm offenkundig gemacht wird.

Diese Bewegung entspringt der Unausweichlichkeit einer Alternative, vor die sich Malone gestellt sieht und die er ziemlich am Anfang formuliert: *Live and invent. I have tried. I must have tried. Invent. It is not the word. Neither is live. No matter. I have tried.*[126] Leben und Erfinden heißen die Pole, zwischen denen sich die Selbstvergegenwärtigung vollzieht. Keiner der Pole selbst kann dafür Orientierung sein. Leben kann die Alternative für Malone schon deshalb nicht heißen, weil die Reflexion ständig dazu antreibt, die eigene Situierung im Leben orten zu müssen. In der Gegebenheit seiner Vitalfunktionen zu verschwinden, hieße das Problem verlieren, das sich Malone gestellt hat. Er weiß das, und durch dieses Wissen ist das Zurücktauchen in die pure Leiblichkeit als Alternative zu seinem Zustand bereits verworfen:

> The search for myself is ended. I am buried in the world, I knew I would find my place there one day, the old world cloisters me, victorious. I am happy, I knew I would be happy one day. But I am not wise. For the wise thing now would be to let go, at this instant of happiness.[127]

Bleibt also das Erfinden, denn es ermöglicht, daß sich das Ich gegenübertritt, daß es sich selbst zum Bild werden kann. Doch gerade dann hat es sich nur im Aspekt seiner Erscheinung, deren Darstellung diese mit einer Bedeutung ausstattet, die die Bedeutung der Er-

---

ren zu können. Dieser erhellende Gedanke besitzt auch für das Romanwerk Gültigkeit, zumal Malone das Spiel selbst als eine ästhetische Möglichkeit begreift, um seine Situation 'durchzuspielen'. Als er beschließt, sich Geschichten zu erzählen und ein Inventar seiner Sachen anzulegen, heißt es: *I have also decided to remind myself briefly of my present state before embarking on my stories. I think this is a mistake. It is a weakness. But I shall indulge in it. I shall play with all the more ardour afterwards. And it will be a pendant to the inventory. Aesthetics are therefore on my side, at least a certain kind of aesthetics* (p. 4).

[126] Beckett, *Malone Dies*, p. 18.

[127] Ibid., p. 23.

scheinung, nicht aber die der Subjektivität ist. Daher sind die Geschichten eben Selbsterfindung, da sie vorübergehend den Anschein erwecken, als ob in ihnen ein repräsentativer Aspekt des Selbst eingefangen sei, der sich mit diesem identifizieren ließe. Gegen Ende unterbricht Malone die Geschichten von Macmann und Lemuel mit der Feststellung: *I had forgotten myself, lost myself*.[128] Zwingt ihn das Leben dazu, Bestimmtheit zu suchen, so dementiert er diese in den Geschichten, da ihm die Absicht eines solchen Versuches durchsichtig ist. So sind die Alternativen von Leben und Erfinden nicht in eine ausformulierbare Lösung aufzuheben; sie bilden allerdings den Anlaß dafür, daß die Subjektivität die Unabschließbarkeit ihrer selbst durch die ständige Fiktionalisierung ihrer verschiedenen Selbstvergegenständlichungen aus sich heraus produziert.

Wenn Malone diesen Vorgang als Spiel begreift, so heißt dies, daß einem solchen Prozeß keine Teleologie zukommt, die durch ihre notwendige Vollendbarkeit Subjektivität in einem abschließenden Sinne bestimmen würde. Gelänge dies, dann wäre sie nicht sie selbst, sondern Ausdruck von etwas anderem. Im Spiel gibt es Teleologie bestenfalls als Spielregel und damit als Bedingung der Variation von Spielmöglichkeiten. In den Sinnkonfigurationen des Spiels ist Subjektivität als sie selbst dadurch gegenwärtig, daß sie Möglichkeit von Sinn ist. Indem das Spiel immer neue Variationen erlaubt, kommt der Grund des Selbst im fortwährenden Überschreiten seiner Manifestationen zum Vorschein. Auch das weiß Malone:

My concern is not with me, but with another, far beneath me and whom I try to envy, of whose crass adventures I can now tell at last, I don't know how. Of myself I could never tell, any more than live or tell of others. How could I have, who never tried? To show myself now, on the point of vanishing, at the same time as the stranger, and by the same grace, that would be no ordinary last straw. Then live long enough to feel, behind my closed eyes, other eyes close. What an end.[129]

Im dritten Roman wird dieser Sachverhalt thematisch. Damit ist die Notwendigkeit verbunden, den bisher erreichten Reflexionsgrad im Prozeß der Selbstvergegenständlichung zu überbieten. Der namen-

[128] Ibid., p. 97.
[129] Ibid., p. 19.

lose Ich-Erzähler bezieht sich auf keine wie immer geartete, außerhalb seiner Person liegende gegenständliche Realität. Malone hatte immerhin noch von einem Zimmer gesprochen, in dem er sich aufhielt, und von verschiedenen Hantierungen, die ihm seine Lage noch erlaubte. Solche Fabelreste sind in *Unnamable* verschwunden. Glaubte Malone, daß er sich zur Entlastung seiner Langeweile Geschichten erzählen könne, obwohl er wußte, daß diese Geschichten ihr Material aus seinem Leben schöpften, so läßt sich für den Unnennbaren dieses Ausweichen vor sich selbst nicht mehr in Geschichten abdrängen. Seine Reflektiertheit durchschaut diesen Vorgang, ehe es überhaupt zu einer Geschichte kommt. Dennoch ist die Niederschrift des unentwegten Selbstgespräches, das der Unnennbare führt, mit Erinnerungen an Malone und andere Ich-Erzähler sowie mit zitathaften Ereignisfragmenten anderer Figuren und Stimmen durchsetzt. Sie wirken als Reizquellen auf die Reflexion des Unnennbaren, so daß das Thema dieses Romans aus der Vorgegebenheit der anderen entsteht.

Für den Leser besitzt das Auftauchen Malones, Molloys und anderer Figuren aus den vorausgegangenen Romanen einen Signalcharakter, der Bekanntes anzeigt, um den Zugang zur Innovation des *Unnamable* zu öffnen. Zeigte *Malone Dies,* daß die im Schreiben versuchte Selbstbetrachtung in den Prozeß einer unausweichlichen Fiktionalisierung treibt, so ist dieses Bewußtsein dem Unnennbaren vorgegeben. Sein Schreiben bezieht sich daher auf Geschriebenes, dessen Konsequenzen von ihm radikalisiert werden, um die Möglichkeiten des Schreibens erweitern zu können. Was aber ist durch solche Erweiterungen hervorzubringen?

Die Anfangs- und Schlußsätze des Romans sprechen von der Unausweichlichkeit der Selbstkonfrontation. In ihrer Formulierung sind sie einander ähnlich und zeigen dadurch, daß die Nötigung zur Selbstbetrachtung einen undurchdringbaren Reflexcharakter besitzt. Die ersten Sätze lauten: *Where now? Who now? When now? Unquestioning. I, say I. Unbelieving. Questions, hypotheses, call them that. Keep going, going on, call that going, call that on.*[130] Der Roman endet mit folgender Periode:

---

[130] Samuel Beckett, *The Unnamable* (Grove Press), New York 1958, p. 3.

> ... perhaps they have carried me to the threshold of my story, before the door that opens on my story, that would surprise me, if it opens, it will be I, it will be the silence, where I am, I don't know, I'll never know, in the silence you don't know, you must go on, I can't go on, I'll go on.[131]

Die reflexhafte Wiederkehr des 'Weitermachen-Müssens', die sich den ganzen Roman hindurch beobachten läßt, bildet den Spannungspol für die hochgradige Reflektiertheit des Unnennbaren. Sie zeigt sich als eine Erfahrung, die sich jeder Integrierbarkeit entzieht und daher zum unentwegten Antrieb für die über sich selbst entworfenen 'Hypothesen' wird. Sie bewirkt, daß die Selbstvergegenständlichung des Unnennbaren in eine daidalische Bewegung von ihm weglaufender 'Hypothesen' umschlägt, so daß er sich selbst in dem unabweisbaren Zwang erfährt, nicht aufhören zu können und gleichzeitig zu wissen, daß alles, was er über sich niederschreibt, nur das Protokoll einer erfundenen oder besser einer sich ständig selbst erfindenden Figur sein kann. Dieser Modus bringt das Unintegrierbare als die der Reflexion sich entziehende Realität zum Vorschein. Wenn die Reflexion ihre eigene Unbestimmtheit erzeugt, indem sie zu erkennen gibt, daß durch sie eine von ihr nicht mehr zu integrierende Erfahrung aufgewiesen wird,[132] so heißt dies doch, daß der Unnennbare über diese Erfahrung verfügt. Daraus wächst die Spannung, der der Ich-Erzähler ausgesetzt ist. Sie kommt in den verschiedensten Phasen des Protokolls zur Geltung.

Der Unnennbare stellt vielfach fest, daß er die anderen Figuren, von Murphy über Watt und Molloy bis hin zu Malone, erfunden habe, um in solchen Abspaltungen seines Ich bestimmte Zustände zu vergegenständlichen, damit diese erklärbar werden:

> Inexistent, invented to explain I forget what. Ah yes, all lies, God and man, nature and the light of day, the heart's outpourings and the means of understanding, all invented, basely, by me alone, with the help of no one, since there is no one, to put off the hour when I must speak of me.[133]

---

[131] Ibid., p. 179.

[132] Diese Bemerkung verdanke ich M. Smuda; vgl. auch dessen Monographie *Becketts Prosa als Metasprache* (Theorie und Geschichte der Literatur und der schönen Künste, 10), München 1970.

[133] Beckett, *Unnamable*, p. 22.

Diese Selbsterfindungen indes wirken, wie es die abwehrende Geste der zitierten Stelle schon erkennen läßt, auf den Unnennbaren zurück: Die *vice-exister(s)*,[134] wie er sie an anderer Stelle nennt, beginnen, ihn immer wieder zu usurpieren, ja, sie erzählen ihm *what I am like*.[135] Das aber heißt, daß der Namenlose nun von seinen eigenen Erfindungen erfunden wird, und da er gleichzeitig um diesen Vorgang weiß, ist ihm bewußt, daß alles, was er als Einflüsterungen dieser Figuren niederschreibt, nur Fiktion sein kann. Allein dieses Wissen ermöglicht es ihm, dem Erfundenwerden wieder zu entgehen.

Das prägt sich darin aus, daß er das von seinen erfundenen Figuren über ihn Gesagte als ein Zitat bringt, um dadurch die Entfernung zu markieren, die zwischen dem besteht, wozu ihn seine Figuren machen wollen, und dem, was er ist. Indem er im Schreiben die Intention des Geschriebenen löscht, befreit er sich von der Bedingtheit seiner Bewußtseinsgestalten. Da er selbst zum Schreiben keinen Metastandpunkt zu gewinnen vermag, kann er sich nur durch die Inversion von Schreiben und Geschriebenem verdeutlichen. Er beobachtet daher unablässig, wie ihn die von ihm erfundenen Figuren konzipieren. Um dieses Bewußtsein darstellen zu können, bringt er sich als ein von seinen erdachten Figuren Erfundener vor sich selbst. Dieses Bewußtsein läßt dann alle Aussagen über ihn als 'redundant' erscheinen, weil er selbst durch sie nicht gefaßt ist.

Diese 'Redundanz' ist notwendig zur Vermittlung der 'Innovation', denn erst die endlose Folge der als fiktiv durchschauten Vorstellungen seiner selbst bringt die *incomprehension* des Ich zum Vorschein.

My inability to absorb, my genius for forgetting, are more than they reckoned with. Dear incomprehension, it's thanks to you I'll be myself, in the end. Nothing will remain of all the lies they have glutted me with.[136]

Damit erweist sich der Grund des Selbst als das Unintegrierbare. In ihm hat der unentwegte Prozeß der Fiktionalisierung aller von ihm gebildeten Ansichten seine Teleologie. Der Namenlose ist sich be-

---

[134] Ibid., p. 37.
[135] Ibid., p. 38.
[136] Ibid., p. 51.

wußt, daß im Durchschauen seiner fortwährenden Selbsterfindung und in der gleichzeitigen Unaufhebbarkeit dieses Prozesses allein die Möglichkeit liegt, die *incomprehension* des Selbst zu wissen. Er entdeckt damit selbst seine eigene Unverfügbarkeit, die er sich in seiner Niederschrift dadurch vergegenwärtigt, daß er alle Manifestationen des Selbst im Zustand ihres Überholtseins bietet. Deshalb bevölkert sich sein Protokoll mit einer wachsenden Zahl schemenhafter Gestalten, die einerseits dem Drang entspringen, die pure Gegebenheit als 'Stoff' – wie es der Unnennbare formuliert [137] – überschreiten zu müssen, die aber andererseits immer wieder von dem Wissen eingeholt werden, bloße Bilder des bilderlosen Grundes der Subjektivität zu sein.

Dieses Zusammenspiel wird an einzelnen Stellen des Protokolls selbst Thema, am deutlichsten dort, wo die Reflexion die erfundenen Gestalten zersetzt:

Is there a single word of mine in all I say? No, I have no voice, in this

---

[137] Er fleht daher die Gestalten und Stimmen an: *Ah if they could only begin, and do what they want with me, and succeed at last, in doing what they want with me, I'm ready to be whatever they want, I'm tired of being matter, matter, pawed and pummelled endlessly in vain ... Ah if I could only find a voice of my own, in all this babble, it would be the end of their troubles, and of mine. That's why there are all these little silences, to try and make me break them* (p. 84 f.). Wenn der Unnennbare es leid ist, nur *matter* zu sein, so heißt dies, daß er sich in seiner puren Gegebenheit nicht beruhigen kann. Ja, das Gegebensein provoziert allererst die vielen Stimmen, Gestalten und Vorstellungen, die zu dem Zweck heraufgerufen werden, die Materialität des bloßen Gegebenseins faßbar zu machen. Gleichzeitig aber weiß der Unnennbare, daß er mit diesen Gestalten nicht identisch ist. Die Stimmen schweigen deshalb auch gelegentlich – doch nur, um ihn erneut in die Unausweichlichkeit der fortwährenden Selbstvergegenständlichung zu locken. Als der Unnennbare jedoch gegen Ende das Gefühl hat, als ob die Stimmen ihn verlassen hätten, ist er einem Schock nahe (p. 162). Hatte er die Problematik seiner Situation immer darin verspürt, daß er von den Stimmen unentwegt zur Selbsterfindung gedrängt wurde, so steigert sich seine Misere, als sie ihn zu verlassen drohen; denn in seiner puren Gegebenheit vermag sich das Selbst weder zu wissen noch zu beruhigen. Deshalb entstanden auch die Stimmen, die nun, nachdem sie scheinbar verklungen sind, den Unnennbaren nicht in seiner puren Gegebenheit zurücklassen, da sie ihn mit dem Wissen ausgestattet haben, daß man sich darin nicht beruhigen kann. Daher muß es weitergehen.

matter I have none. That's one of the reasons why I confused myself with Worm. But I have no reasons either, no reason, I'm like Worm, without voice or reason, I'm Worm, no, if I were Worm I wouldn't know it, I wouldn't say it, I wouldn't say anything, I'd be Worm.[138]

Dem Ich-Erzähler ist es unmöglich, sich selbst zu konzipieren. Diese Unmöglichkeit aber verwehrt es ihm, das Schreiben zu beenden. Würde er aufhören, so wäre ihm das Motiv gegenwärtig, das seine Handlung leitete, und damit die ganze Bedingtheit einer Situation, der das Motiv entsprang. Er wäre dann mit einer bedingten Handlung identisch. Das aber verbietet ihm sein Wissen. Indem er weitermacht, dokumentiert er, daß ihm die Unverfügbarkeit seines Grundes bewußt ist, denn im Zwang der Selbstreproduktion überschreitet er fortwährend die Begrenztheit der einzelnen Selbstwahrnehmungen. Wenn ihm diese durch die Darstellung zu Fiktionen werden, so qualifiziert er sie als Bewußtsein ohne Realität. Eine solche Qualifikation setzt voraus, daß er über eine Realität verfügt, die sich der Integration durch Darstellung entzieht. Das ist er selbst. Um aber er selbst zu bleiben, muß er sich fortwährend der Setzungen bewußt sein, die seine Selbstvergegenständlichung bedingen.

Dies geschieht, indem er jede einzelne Gestalt seiner selbst, wenn sie gebildet ist, wieder dementiert. Dadurch nimmt er ihr den repräsentativen Charakter, hinterläßt sie aber zugleich als eine individuelle Spur seines Lebens, die nicht zugeordnet oder wie immer integriert werden kann. Die fehlende Integration verleiht solcher Spur ihren Realitätsgehalt. So kommt er durch das fortwährende Dementi seiner Selbstvergegenwärtigungen in die Realität seines Grundes. Da dieser nicht ausformulierbar ist, muß er weitermachen. Darin liegt die Chance seines Wirklichwerdens, vor allem, weil er über die dafür notwendige Bewußtheit verfügt:

I'm all these words, all these strangers, this dust of words, with no ground for their settling, no sky for their dispersing, coming together to say, fleeing one another to say, that I am they, all of them, those that

---

[138] Beckett, *Unnamable*, p. 83. Zu diesem Sachverhalt vgl. die kritische Auseinandersetzung mit Beckett, die R. Baumgart, *Literatur für Zeitgenossen* (edition suhrkamp), Frankfurt 1966, p. 165 ff., unter dem Stichwort 'Kein Nutzen aus Beckett' liefert.

merge, those that part, those that never meet, and nothing else, yes,
something else, that I'm something quite different, a quite different
thing, a worldless thing in an empty place . . .[139]

Die Beckettschen Texte machen eine höchst merkwürdige Paradoxie
offenkundig. Auf der einen Seite führt die Trilogie die wachsende
Unmöglichkeit der Ich-Erzähler vor, sich selbst zu konzipieren, und
das heißt, die gesuchte Identität zu gewinnen. Auf der anderen Seite
ist gerade diese Unmöglichkeit der Grund dafür, daß sie ständig
etwas von ihrer eigenen Wirklichkeit entdecken. Diese Paradoxie
aufzulösen, bleibt schwierig. Wenn man im Sinne der eingangs zitierten Nietzsche-Bemerkung das Bewußtwerden als "ein ganz actives Zurechtmachen" versteht, so muß man sagen, daß dieser Vorgang den Beckettschen Figuren selbst bewußt ist. In aller Bewußtseinstätigkeit ist insofern eine Setzung bzw. eine Annahme enthalten, als erst durch diese die pure Gegebenheit von Welt für die
Anschauung erweckt werden kann. Nun aber vermag sich das Bewußtsein auch auf seine eigene Tätigkeit zu beziehen, und dieses
Bestreben kennzeichnet die Figuren der Trilogie.

   Verhält sich das Bewußtsein zu seiner eigenen Tätigkeit, so liegt
seine Leistung nicht mehr darin, unanschauliche Gegebenheiten von
Welt in Bildgestalt zu überführen, vielmehr wird es sich auf die jeweilige Setzung richten, die in einem solchen Vorgang wirksam ist.
Wird aber der Setzungscharakter als Vorbedingung der Bewußtseins-
leistung sichtbar gemacht, so bedeutet dies, daß die vom Bewußt-

---

[139] Beckett, *Unnamable*, p. 139. A. Cronin, *A Question of Modernity*,
London 1966, p. 108, kommentiert die Auseinandersetzungen des Unnennbaren mit sich selbst einmal wie folgt: "The artist who is concerned only
with the truth can arrive at it only by means of a fiction. The creations of
The Unnamable — Molloy, Malone, Macmann and the rest — stand in
Mr. Beckett's scheme, not only as surrogates of The Unnamable's non-
existent personality, but as an illustration of this tortuous irony in the
artist's search for himself. For there is a sense in which the voices are right,
or at least appear to be right. It does seem that it is only by the adoption of
a fictitious mechanism and the entry into a labyrinth that may never lead
back to the self, that the self can be found." Zum zeitgenössischen Kontext
der Frage nach sich selbst vgl. G. Zeltner-Neukomm, *Das Wagnis des
französischen Gegenwartsromans* (rowohlts deutsche encyclopädie, 109),
Reinbek 1960, p. 144 ff.

sein konstituierte Bildgestalt der Welt bzw. des Selbst nicht als solche, sondern in ihrer spezifischen Bedingtheit gewärtigt wird. Dadurch kommt zwar die in der Bildgestalt eingefangene Selbstanschauung nicht zum Verschwinden, die erkannte Bedingtheit indes hindert sie daran, repräsentativer Ausdruck des Selbst zu werden. Indem die gesteigerte Bewußtseinstätigkeit alle von ihr erstellten Bilder des Selbst auf ihre individuelle Einmaligkeit reduziert, kann sich das Selbst nur in diesem unabschließbaren Auseinanderfalten zu einer unintegrierbaren Bilderfolge als wirklich erfahren. Denn es ist der Ausweis des Wirklichen, daß es sich der Integration widersetzt. Das auf sich selbst gerichtete Bewußtsein wird zur Möglichkeit, dieses zu entdecken. Das aber vollzieht sich als ein Prozeß, der in der Trilogie selbst als *finality without end*[140] qualifiziert ist.

Formelhaft ließe sich dieser Prozeß durch eine Bemerkung Merleau-Pontys benennen: "Der absolute Kontakt des Ich mit sich, die Identität von Sein und Erscheinen, ist nicht setzbar, sondern nur diesseits jeder Behauptung er-lebbar. Hier wie dort also herrscht das gleiche Schweigen, die gleiche Leere. Die Erfahrung der Absurdität und die der absoluten Evidenz implizieren einander, ja sind voneinander ununterscheidbar. Die Welt erscheint nur als absurd, wenn eine Forderung absoluten Bewußtseins in jedem Augenblick die Bedeutungen zersetzt, von denen sie wimmelt, und umgekehrt ist diese Forderung selbst motiviert vom Konflikt der Bedeutungen untereinander. Nicht allein als philosophische Behauptungen, sondern auch als Erfahrungen sind absolute Evidenz und Absurdität einander äquivalent . . . Wahrheit auf einem Untergrund von Absurdität, Absurdität, die eine Teleologie des Bewußtseins in Wahrheit zu wandeln beansprucht – das selbst ist das originäre Phänomen."[141]

Läßt sich die Verschränkung von Absurdität und Wahrheit in den Beckettschen Romanen herausarbeiten, so entsteht die eigentliche Schwierigkeit dort, wo man sich fragen muß, wie der Leser solche Texte überhaupt noch rezipieren kann – eine Frage, die bisher absichtlich ausgeklammert wurde, um die Grundfigur des Problems

---

[140] Beckett, *Molloy*, p. 152.
[141] Merleau-Ponty, p. 343 f.

hervortreten zu lassen, mit der sich der Leser konfrontiert sieht. Im Unterschied zur Lektüre der bisher besprochenen Romane von Faulkner und Ivy Compton-Burnett verliert der Leser der Beckettschen Trilogie nicht nur zeitweise das Privileg der Überschau, es wird ihm vielmehr gänzlich entzogen. Die Figuren besitzen ein Bewußtsein von sich selbst, das vom Leser nur sehr schwer, wahrscheinlich aber überhaupt nicht einzuholen ist. Daraus entspringt das Ärgernis solcher Texte, denn sie verweigern konkrete Ansatzpunkte für die zu ihrer Beurteilung notwendige Distanz. Der Leser wird vom Text dazu genötigt, sich die Distanz selbst zu eröffnen. Der Text treibt ihn zur Aktivität, und statt eine Antwort parat zu halten, gibt er dem Leser auf, diese zu suchen.

Daraus entspringt eine ganze Skala möglicher Reaktionen, deren einfachste das Zuschlagen des Buches ist, weil man den Text für Unsinn hält. Eine solche Entscheidung impliziert, daß man glaubt, über die verläßlichen Kriterien von Sinn und Unsinn zu verfügen. Empfindet man den Text nicht als Unsinn, so ist die Suche nach einem allegorischen Sinn eine häufig feststellbare Reaktion. Wäre der Text mit dem ihm unterlegten allegorischen Sinn zur Deckung zu bringen, dann hätte man die Distanz zu ihm wiedergewonnen. Eine solche Reaktion indes bleibt zweideutig. Sollte der allegorische Sinn den Text erklären, oder sollte diese Erklärung dazu dienen, den unerträglichen Distanzverlust aufzuheben? Denn was sich dem Verstehen unmittelbar entzieht, wirkt beunruhigend. Gilt die allegorische Interpretation daher dem Text oder der eigenen Beruhigung? Sie wird der zwanghaften Selbstreproduktion der Figuren immer hinterherlaufen, ohne das Phänomen je einholen zu können. Dabei muß sie nicht notwendigerweise eine falsche Fährte verfolgen; sie vermag sich jedoch nur dann zu korrigieren, wenn der von ihr projektierte allegorische Sinn nicht als die gemeinte Bedeutung des Textes, sondern als eine 'heuristische Fiktion' zur Überwindung des Distanzverlustes begriffen wird. Ist sich der Leser dessen bewußt, dann weiß er auch, daß er sich mit einer allegorischen Interpretation nur im Bereich der 'Vormeinung' bewegt.

D. Wellershoff hat einmal bemerkt, der Leser könne Becketts Trilogie "in keiner Richtung mit dem Bewußtsein verlassen, vom Autor bestätigt zu sein. Die paradoxe Verstrickung kann nur durchschlagen werden durch ein Evidenzerlebnis, das Beckett, indem er es verweigert, provoziert".[142] Greifen die für den jeweiligen Leser charakteristischen Vorstellungen zu kurz, weil die aus solcher Sicht dem Text zugeschriebene Bedeutung nur dessen partiales Erfassen ermöglicht, dann steht der Vorstellungshorizont des Lesers selbst zur Diskussion. Wer aber ist schon bereit, die ihn leitenden Grundvorstellungen zum Gegenstand der Betrachtung werden zu lassen? Denn nun bedeutet das Verstehen nichts weniger, als daß der Leser den Grund mit bedenken muß, der die spezifische Verstehensleistung ermöglicht. So bringt der Text die unreflektierten Vorbedingungen ins Spiel, denen die Verstehensoperationen entspringen. Werden diese selbst durchleuchtet, dann gerät der scheinbar sichere Besitz des Wissens, über den der Leser zu verfügen glaubt, in Bewegung. Vollzieht er diese Bewegung, dann wandelt sich der Bestand der für ihn unbefragt geltenden Bedeutungen in heuristische Vorstellungen um, die ihrerseits zur Vorbedingung neuer Fremd- und Selbsterfahrung werden können.

Wo dies geschieht, kommt der Leser auch dem Reflexionsniveau der Beckettschen Figuren wieder näher, von dem er sich immer nur dann entfernt, wenn er nach Bestätigung seiner eigenen Erfahrung sucht und daher das Spiel der Figuren durch einen ihm auferlegten Sinn arretiert. Läßt sich aber der Leser auf die Bewegung des Textes ein, so wird es ihm schwer, von ihr wieder loszukommen, denn sie bewirkt, daß der Text eine wachsende Verdeutlichung der dem eigenen Urteil unterliegenden Bedingtheit leistet. Diese wird um so stärker als Reflexionsgegenstand hervorgetrieben, je weniger die Textgestalt einen Standpunkt zuläßt, der sie als Ganzes erklären könnte.

In diesem Vorgang ist auch die ästhetische Valenz solcher Texte zu suchen, deren Grundfigur sich deshalb so hartnäckig gegen ein

---

[142] D. Wellershoff, "Gescheiterte Entmythologisierung. Zu den Romanen Samuel Becketts", *Merkur*, 17 (1963), p. 546. Cronin, p. 109 f., sieht in der Veränderung der Erfahrung das entscheidende Kriterium des Künstlers, wie er es am Schluß seiner Beckettinterpretation formuliert: "If he is a great artist his vision is not only an addition to our already existing knowledge of experience, in the sense that he adds a segment to that yet uncompleted circle which is the total record of human experience, but it will underlie and colour the already existing segment."

mögliches Totalverständnis sperrt, weil nur so der Widerstand gebrochen werden kann, der der Betrachtung der eigenen Vorstellungen vorgelagert ist. Weigert sich der Leser aber, den Text als Katalysator einer gesteigerten Bewußtheit zur Wirkung kommen zu lassen, so liegt in solcher Entscheidung auch eine Wirkung beschlossen. Denn vom Text kann man sich nur dadurch lösen, daß man den Wirbel der Sinnkonfigurationen auf eine abschließende Bestimmtheit zu bringen versucht. Wo das geschieht, entsteht Distanz, in der die Vieldeutigkeit eines Textes zur Eindeutigkeit der nun vermeintlich gewußten oder bloß gesetzten Bedeutung schrumpft. Diese Distanz gestattet zwar eine Betrachtung, faßt aber bestenfalls nur Möglichkeiten des Textes. So verspielt die Bestimmtheit des Verstehenwollens Möglichkeiten des Verstehens, doch erst das Verspielen solcher Möglichkeiten schärft das Bewußtsein für die Freiheit des Verstehens, die vor dem Urteil zur Verfügung stand.[143] Indem uns aber eine solche Literatur zum Verspielen der Freiheit verleitet, entdeckt sie uns diese für das Leben.

Wenn Becketts Romane die Bereitschaft sensibilisieren, über die eigenen Vormeinungen nachzudenken, dann kann sich ihre Intention nicht darin erschöpfen, die Dekadenz gegenwärtiger Gesellschaft darzustellen. Als Signaturen des Zerfalls, der Verzweiflung und des Nichts werden sie aber häufig gelesen, und das gilt oftmals sogar dort, wo die Einstellung des Betrachters erkennen läßt, daß er den Texten gerne eine 'höhere', wenngleich schwer zu artikulierende Bedeutung zuschreiben möchte. Was diesen Betrachter daran hindert, die Deformation der Beckettschen Figuren und ihrer Welt – sofern sie überhaupt noch eine haben – rundweg als Ausdruck der Agonie bürgerlicher Gesellschaft zu begreifen, ist die ungemeine Aktivität, die diese Figuren auszeichnet. Es ist deshalb nicht von ungefähr, daß man sich darüber wundert, wie es sich jüngst wieder in einer Bemerkung von W. Sypher zeigt: "We cannot speak of action in

---

[143] Auf den Gesichtspunkt, daß diese Literatur zum Verspielen der Freiheit verlocke, um sie dadurch allererst zu entdecken, bin ich durch eine Diskussion mit H. Blumenberg aufmerksam geworden, dem ich diese Anregung verdanke.

Beckett's novels, for the hero is fixed in what might be called a condition, which in some ways resembles the continuous texture in 'brutal' painting. The condition is not, however, inert; that is the puzzle. Inertia is to be expected." [144] Die Aktivität läßt sich nicht unter die Verfallssymptome verrechnen. Das aber heißt, daß sich das zentrale Moment dieser Figuren einer Theorie widersetzt, die in ihnen nur die Pathologie gegenwärtiger Gesellschaft abgebildet sieht. In ihrer zwanghaften Produktivität überschreiten sie die ihnen von solcher Theorie zugewiesene Begrenzung, den Niedergang einer Gesellschaftsordnung symbolisieren zu sollen. Die Unzulänglichkeit dieser mimetischen Erklärung, die an der Produktivität der Beckett-schen Figuren scheitert, erhöht indes eher die Schwierigkeiten des Verstehens, als daß sie sie minderte.

Der Zwang zu unausgesetzter Produktivität und die gleichzeitig fortschreitende Deformation lassen die Figuren dem Leser als unzu-gänglich erscheinen. Sie sind keine repräsentativen Gestalten und verweisen auf nichts außerhalb ihrer selbst, so daß dem Leser die Teilhabe an ihrer Situation versperrt wird. In ihrer zwanghaften Selbstreproduktion sind sie selbst Quelle der Produktivität, die sich nur momentan in Gestaltkonfigurationen umsetzt, denen sogleich ihre mögliche Bedeutung wieder entzogen wird. So baut die Produk-tivität nicht etwa eine Welt auf, in der man sich einrichten könnte, in der allerdings dann auch die Produktivität verschwinden würde. Im Gegenteil. Die Produktivität entdeckt alles von ihr Hervorge-brachte in seiner Bedingtheit, die allein schon dadurch gegeben ist, daß das Produzierte Gestaltcharakter besitzt, den es wieder verlieren muß, soll die Dynamik der Produktivität selbst hervortreten. Ihre Dialektik besteht darin, daß alles Hervorbringen ein Hervorbringen von Bedingtheit ist, die – weil als Bedingtheit gewußt – überschrit-ten werden muß. Im ständigen Überschreiten des Produzierten wird das Motorische der Veränderbarkeit als ihre Signatur selbst frei-gesetzt. Wenn Subjektivität der Grund dieser Produktivität ist, dann bleibt es nur folgerichtig, wenn sie sich selbst im Schattenriß ausein-ander hervortreibender und einander wieder löschender Möglichkeiten gegenwärtig werden kann.

---

[144] Sypher, p. 150.

Die hier vorgetragene Diskussion der Subjektivität kann daher nur in einer Frage enden: Greift die Dekadenztheorie in der Bestimmung des hier sichtbar gewordenen Phänomens zu kurz, weil die von ihr vorgebrachten Kriterien die Produktivität außer Acht lassen, wenn nicht sogar negieren müssen, so fragt es sich, ob dieser Zwang zur Produktivität überhaupt von einer Theorie eingeholt werden kann, und wie eine Theorie aussehen müßte, der solches gelänge. Denn hier zersetzt nicht etwa ein auf die Spitze getriebenes Bewußtsein alle Aktivität, vielmehr fällt dieses mit einem Produktivitätszwang zusammen, zu dem es verborgene Beziehungen zu unterhalten scheint. Gleichzeitig ist die in diesem Vorgang erkennbare Freiheit, sich immer wieder von der selbstproduzierten Anschauung lösen zu können, derart, daß diese Freiheit nur als Passion erfahren werden kann, deren Intensität selbst die Deformation der Figuren zu fordern scheint.

*

Der überblickte Zeitraum von reichlich hundert Jahren, der sich zwischen Thackeray und Beckett ausspannt, zeigt, in welch verschiedenartigen Formen die Subjektivität sich selbst zum Gegenstand wird. Die zentrale Bedeutung dieses Themas dokumentiert sich darin, daß es sich für Autoren stellt, die untereinander in keinerlei historischen Zusammenhang zu bringen sind. Die ausgewählten Stadien ordnen sich daher weniger zu einem geschichtlichen Prozeß als vielmehr zu einer sukzessiven Verdeutlichung des aufgeworfenen Problems. Die gemeinsame Signatur der besprochenen Beispiele ist die Reduktion der Subjektivität, d. h., die Rückführung in ihren Grund.

Wenn wir davon ausgegangen waren, daß die Vermittlung von Selbst und Welt ein wesentliches Charakteristikum der Subjektivität bildet, so beginnt dieses in Thackerays *Henry Esmond* problematisch zu werden. Immerhin gelingt es durch den Modus der autobiographischen Fiktion, vom Ende des Lebens her sich die eigene Geschichte so weit zu vergegenständlichen, daß man ihren Sinn entdeckt. Dieser Sinn indes ist ein höchst individueller und kann daher nur für Esmond, weniger aber für den Leser Bedeutung haben. Vielen Lesern ist er daher auch als anstößig erschienen.[145] Von allgemeinem Interesse bleibt die Modalität seines Zustandekommens, die sich zum Thema der autobiographischen Fiktion auswächst und den Ausgangspunkt für die hier dargestellte Reduktion der Subjektivität markiert. Denn nun beobachten wir einen graduellen Rückzug der Romansubjekte aus dem Zusammenhang ihrer Weltbeziehung. Dies geschieht jedoch, um die Bedingungen der Weltbeziehung freizulegen, die in der autobiographischen Fiktion insofern verdeckt waren, als die "life-illusion" den Sinn, der die Weltbeziehung stiftet, immer schon als gegeben voraussetzte. Nun werden die Modalitäten der Weltbeziehung selbst reflektiert, um zu gewärtigen, woraus Subjektivität ist.

Faulkner skelettierte diese Modalitäten als Wahrnehmung, Zeitlichkeit und unreflektierte Identität, Ivy Compton-Burnett als das Unvorherbedachte und Beckett als das sich ständig steigernde Bewußtsein. Wenn dabei die subjektunabhängige Außenwelt, die in den besprochenen Romanen noch auftaucht, in Facetten zerspringt, bis zur Bedeutungslosigkeit schrumpft oder bis auf wenige Spuren nahezu verschwindet, so ist damit nur angezeigt, wie wenig die thematisierten Modalitäten der Weltbeziehung mit einer bestimmten Gestalt der Welt identisch sein können. Denn als Bedingung von Weltbeziehung vermögen sie die von ihnen hervorgebrachten Weltgestalten bestenfalls in ihrem partialen Charakter aufscheinen zu lassen. Daraus resultieren die entgrenzende Durchschichtung von Vergangenheit und Gegenwart bei Faulkner, die völlige Belanglosigkeit der durch Konvention regulierten zwischenmenschlichen Beziehungen bei Ivy Compton-Burnett und schließlich das unentwegte Dementieren aller von der Subjektivität selbst hervorgebrachten Bildgestalten bei Beckett.

Dieser Sachverhalt entbehrt nicht einer inneren Logik. Wenn Subjektivität im Roman des 20. Jahrhunderts nicht mehr Träger oder Ausdruck von etwas anderem ist, sondern als sie selbst erscheint,

---

[145] Zur zeitgenössischen Publikumsreaktion auf Esmonds Lebensziel, die Heirat mit Lady Castlewood, vgl. J. E. Tilford, Jr., "The 'Unsavoury Plot' of 'Henry Esmond'", *Nineteenth-Century Fiction*, 6 (1951), p. 121–130 und H. O. Brogan, "Rachel Esmond and the Dilemma of the Victorian Ideal of Womanhood", *English Literary History*, 13 (1946), p. 223–232.

so wird sie faßbar in den Modalitäten ihrer Welt- und Selbstbeziehung. Damit diese Modalitäten aber nicht aus dem Blick geraten, müssen die von ihr realisierten Welt- und Selbstbeziehungen in ihrer Bedingtheit und Vorläufigkeit aufscheinen; gleichzeitig darf dieser Prozeß nicht an sein Ende gelangen, wie es Beckett demonstriert, da die Subjektivität nur im ständigen Hervorbringen und Entwerten ihrer eigenen Gestalten gegenwärtig ist. In dieser Hinsicht bildet die Trilogie Becketts den Gegenpol zu der mit Thackerays *Henry Esmond* gewählten Ausgangsposition. War in der "life-illusion" der autobiographischen Fiktion der Sinn gesetzt, wenngleich nicht immer schon gewußt, so ist für Beckett die Möglichkeit von Sinn nur dadurch zu demonstrieren, daß im Gewußten der Setzungscharakter aufgedeckt wird; nur wenn sich das Gewußte als das 'Redundante' erweist, kommt der Grund, der solches ermöglicht, zum Vorschein. So ist es eigentlich nur konsequent, wenn Subjektivität sich selbst nur im Modus der Fiktion präsentieren kann. Dies ist ihre Möglichkeit und ihre Not zugleich.

HISTORISCHE STILFORMEN IN JOYCES *ULYSSES*

Zur Interpretation des Kapitels *The Oxen of the Sun*

I

Kurz nach der vollständigen Veröffentlichung von Joyces *Ulysses* erhob T. S. Eliot den Traditionsbezug dieses Romans zu einer Forderung an alle moderne Literatur:

"In using the myth, in manipulating a continuous parallel between contemporaneity and antiquity, Mr. Joyce ist pursuing a method which others must pursue after him. They will not be imitators, any more than the scientist who uses the discoveries of an Einstein in pursuing his own, independent, further investigations. It is simply a way of controlling, of ordering, of giving a shape and a significance to the immense panorama of futility and anarchy which is contemporary history"[1].

Wenn der homerische Mythos hier als Orientierung für eine Welt begriffen wird, deren kennzeichnende Attribute Vergeblichkeit und Verwirrung sind, so erhebt sich die Frage nach der besonderen Verschränkung von Vergangenheit und Gegenwart, damit die im Mythos vorgegebene Ordnung wirksam werden kann.

Die Eigentümlichkeit einer solchen Zuordnung hat die Joyce-Kritik ausgiebig beschäftigt. War das homerische Epos im Sinne der von Eliot in seinem *Hamlet*-Essay geprägten Formel als ein *objective correlative*[2] zu verstehen, durch das die moderne Situation überhaupt faßbar wurde? Oder galt es, durch die literarische Parallele an ein Leitbild zu erinnern, dessen Konturen auch den Horizont der modernen Welt noch bestimmten? Diese beiden Fragerichtungen kennzeichnen die Ansätze, die von Joyce angedeutete Parallele zwischen seinem Roman und Homer auf ihre Funktion hin zu untersu-

---

[1] T. S. Eliot, "Ulysses, Order, and Myth", *James Joyce: Two Decades of Criticism*, ed. by Seon Givens, New York 1948, p. 201. (Der Essay erschien ursprünglich 1923.)

[2] T. S. Eliot, *Selected Essays*, London ²1951, p. 145. (Der *Hamlet*-Essay erschien ursprünglich 1919.)

chen. Die Rückbeziehung der scheinbar chaotischen Fülle des "Welt-Alltags" [3] vom 16. Juni 1904 auf die Abenteuerfolge der *Odyssee* sollte daher in der Vorstellung des Lesers immer wieder die Umrisse einer Ordnung verlebendigen, die es in die Ereignisse von Dublin hineinzusehen galt. Eine solche Betrachtung gewann ihre Legitimation aus der Tatsache, daß in der modernen Welt die unmittelbare Einsicht in den Zusammenhang von Geschehen und Sinn aufgehoben ist. Die homerische Parallele erschien daher als eine mögliche Orientierung, die eine Zuordnung der sinnlos verrinnenden Alltäglichkeit auf eine verborgene Bedeutung versprach. Damit ist sogleich der problematische Aspekt dieses Interpretationsansatzes berührt, denn dieser spart gerade die Besonderheit der Vermittlung von Gegenwart und Mythos aus [4]. Wenn aber nun Homers Epos die Bedeutung,

---

[3] So nannte H. Broch, *Dichten und Erkennen*, Zürich 1955, p. 187, den 16. Juni 1904.

[4] Vgl. hierzu u. a. Stuart Gilbert, *James Joyce's Ulysses*, New York 1955; [1]1930; Frank Budgen, *James Joyce and the Making of Ulysses*, Bloomington 1960; [1]1934; W. Y. Tindall, *A Reader's Guide to James Joyce*, London 1959, p. 128 ff.; Richard Ellmann, *James Joyce*, New York 1959, p. 541 f.; Wylie Sypher, *Rococo to Cubism in Art and Literature*, New York 1960, p. 285; Richard Ellmann, "Ulysses and the Odyssey", *English Studies*, 43 (1962), p. 423 ff. – Der Gedanke der Parallelität wurde auch über die *Odyssee* hinaus ausgedehnt, vgl. dazu u. a. Alan Dundes "Re: Joyce – No in at the Womb", *Modern Fiction Studies*, 8 (1962), p. 137 ff. Wesentlich vorsichtiger werden Analogie und Anspielungen behandelt von Robert Martin Adams, *Surface and Symbol: The Consistency of James Joyce's Ulysses*, New York 1962. – Diese Vorsicht findet sich auch in einigen neueren Arbeiten über die Analogie. Schon W. Y. Tindall, *James Joyce: His Way of Interpreting the Modern World*, New York 1950, p. 102, betont daher zu Recht: "But the Homeric pattern is only one level of the narrative Joyce composed." A. Walton Litz, *The Art of James Joyce*, London 1961, p. 39, stellt fest:
"Similarly, there are many more Homeric references on the Ulysses note-sheets than ever made their way into the text, and we are forced to conclude that the parallel with the Odyssey was more useful to Joyce during the process of composition than it is to us while we read the book. Time and again he spoke of the comfort he derived from the narrative order of the Odyssey: it provided him – in his own words – with fixed "ports of call". The major parallels between the wanderings of Mr. Bloom and those of Ulysses are an important dimension of the novel, but in working out the

277

Joyces Roman dagegen nur eine verwirrende Erscheinungsfülle enthält, die mit Anspielungen auf Homer durchsetzt ist, so zielt eine solche Betrachtungsweise auf eine platonisierende Interpretation des modernen Romans ab. Die *Odyssee* figuriert dann als die Leitidee, Blooms Wanderungen hingegen nur als das problematische Abbild einer Heimkehr, die für Odysseus die Vollendung, für Bloom hingegen nur einen Einschnitt im friedlosen Einerlei des Alltags bedeutet [5]. Wo immer der Analogiegedanke die Interpretation beherrscht, werden die Konsequenzen spürbar, die in der alten Konzeption der *analogia entis* angelegt sind [6].

---

trivial details of the Homeric correspondence Joyce was exploring his own materials, not preparing clues for future readers."
Jackson I. Cope, "The Rhythmic Gesture: Image and Aesthetic in Joyce's *Ulysses*", *ELH*, 29 (1962), p. 87, urteilt über die Parallelität wie folgt:
"If Ulysses is a novel of knowing, if its theme is the everpresence of recovered time in the creative form of the microcosm, we cannot forget that the most obvious mode of organization is the parallelism of mythic echo made living, like the sea in the shell, by being awakened in the protean rôles and memories of everyman."

[5] Vgl. hierzu Richard Ellmann, "Ulysses: The Divine Nobody", *Twelve Original Essays on Great English Novels*, ed. by Ch. Shapiro, Detroit 1960, p. 244 ff.; wie umstritten eine solche Parallelität ist, zeigt bereits die Feststellung von Arland Ussher, *Three Great Irishmen*, London 1952, p. 121: "The life of Mr. Bloom, however, could hardly be described as an Odyssey ... any more than could that of the youthful Stephen Dedalus; though they had a good deal of an Athenian peripatos." Margaret Church, *Time and Reality: Studies in Contemporary Fiction*, Chapel Hill 1962, p. 44, schreibt: "If Odysseus is representative of the heroic age and Bloom is representative of the human age, neither one acts as commentary on the other, for each is sufficient to his own age."

[6] Auf diesen engen Zusammenhang hat neuerdings Gottlieb Söhngen, *Analogie und Metapher: Kleine Philosophie und Theologie der Sprache*, Freiburg 1962, wieder aufmerksam gemacht. Wallace Stevens, *The Necessary Angel*, New York 1951, p. 130, beendet den in dieser Essaysammlung enthaltenen Aufsatz "Effects of Analogy" mit der Feststellung:
"It is a transcendence achieved by means of the minor effects of figurations and the major effects of the poet's sense of the world and of the motive music of his poems and it is the imaginative dynamism of all these analogies together. Thus poetry becomes and is a transcendent analogue composed of the particulars of reality, created by the poet's sense of the world, that is to say, his attitude, as he intervenes and interposes the appearances of that sense."

Die homerische Parallele zu *Ulysses* birgt jedoch noch eine andere Möglichkeit des Verstehens, zu der Joyce selbst gewisse Hinweise geliefert hat. Er bezeichnete die *Odyssee* als *the most beautiful, all-embracing theme*, das die Weltliteratur kenne [7]. In der Detaillierung dieser Ansicht meint Joyce, Odysseus verkörpere die anschaulichste Ballung aller menschlichen Verhaltensformen, so daß der homerische Held für ihn zu einem Archetyp des Menschseins wird. Mit dieser Erklärung nun glaubte die Joyce-Kritik den Gedanken verbinden zu können, daß der moderne Roman erneut die homerischen Archetypen nachzubilden versuche [8]. Die dadurch bezeugte Kontinuität der großen literarischen Themen beherrschte folglich alle jene Interpretationsansätze, für die die Einheit der westlichen Literatur zu einer magischen Vorstellung geworden ist. Ein naives Verständnis der Kontinuität aber macht blind für die Differenzen zwischen Joyces Roman und dem homerischen Epos. Zwar versteift sich die am Kontinuitätsgedanken orientierte Auslegung des *Ulysses* nicht darauf, in Bloom nur eine Wiederkehr des Odysseus zu sehen; dennoch ist sie bemüht, Bloom als einen Odysseus im modernen Gewand zu verstehen [9]. Mit einer solchen Metapher indes wird gerade die zu klärende Eigenart des Joyceschen Romans zugedeckt. – Die beiden grob skizzierten Interpretationstendenzen, die der Analogie und die der Kontinuität, lassen sich gewiß durch Äußerungen von Joyce, durch vorhandene Parallelen und durch die Gruppierung von Episoden in *Ulysses* stützen. Sie klären aber nur den Ansatz und nicht die Absicht des Romans.

---

[7] Vgl. Ellmann, *Joyce*, p. 430.

[8] Vgl. hierzu W. B. Stanford, *The Ulysses Theme*, Oxford ²1963, der den verschiedenen Nuancen und Abwandlungen in der Kontinuität der homerischen Figur nachgeht. Harry Levin, "What Was Modernism?", *Varieties of Literary Experience*, ed. by Stanley Burnshaw, New York 1962, p. 322, schreibt: "It is the metamorphic impetus that provides this controlling device: the transmutation of Dublin citizens into mythical archetypes out of the Odyssey." Mit Recht hat Rudolf Sühnel, "Die literarischen Voraussetzungen von Joyces *Ulysses*", *GRM*, N. F. 12 (1962), p. 202 ff., nur von der Kontinuität als Basis für die Erforschung der Besonderheiten des *Ulysses* gesprochen.

[9] Vgl. hierzu etwa Ellmann, "Ulysses: The Divine Nobody", *loc. cit.*, p. 246 ff., und Broch, p. 193.

Auf die Intention jedoch werden wir hingelenkt, wenn wir uns den vielzitierten Schluß von Joyces *A Portrait of the Artist as a Young Man* ins Gedächtnis zurückrufen. Dort heißt es: *Welcome, O life! I go to encounter for the millionth time the reality of experience and to forge in the smithy of my soul the uncreated conscience of my race.*[10] Dieses Vorhaben entspricht einer modernen Erwartung, die an den Romanautor gestellt wird. Ernst Kreuder hat sie in seiner Mainzer Akademieabhandlung über das *Unbeantwortbare* einmal wie folgt umschrieben: "Vom Romanautor erwarten wir, daß er uns vermöge seiner Phantasie, seiner erfinderischen Energie, seiner Fabulierkunst und seiner schöpferischen Vision hinausträgt aus einer erschöpfend erklärten Welt der Tatsachen ins Unerklärbare ... Das Ziel des Epikers darf ein paradoxes genannt werden: die Vollständigkeit des Unbegrenzten. Das Heranführen des Lesers an das Unenträtselbare des unbegrenzt strömenden Daseins"[11]. Angesichts einer solchen Erwartung gewinnt die homerische Parallele ihre spezifische Funktion. Soll der Roman eine neue Dimension des menschlichen Lebens entdecken, so läßt sich diese nur dann ins Bewußtsein seiner Leser heben, wenn sie sich vor einem durch Anspielung und Verweisung kenntlich gemachten Hintergrund entfaltet, der das zureichende Maß an Vertrautheit gewährleistet. Doch das *uncreated conscience*, das der Roman formulieren soll, kann nicht die Wiederkehr eines schon Gewußten sein, d. h. es darf nicht mit der homerischen Parallele in Deckung stehen. Harry Levin hat daher zu Recht betont, daß es sich bei den Parallelen zwischen Joyce und Homer allenfalls um solche handelt, "that never meet"[12]. Ziehen die Homeranspielungen ein bekanntes Repertoire der literarischen Tradition in den Text hinein, so schnellen die angedeuteten Parallelen eher auseinander, statt zu konvergieren. Damit sind die Bedingun-

---

[10] James Joyce, *A Portrait of the Artist as a Young Man*, London 1952, p. 288. Irene Hendry, "Joyce's Epiphanies", *James Joyce: Two Decades of Criticism*, ed. by Seon Givens, New York 1948, p. 39, bezeichnet diese Stelle als "(the) final epiphany in the *Portrait*".

[11] Ernst Kreuder, *Das Unbeantwortbare: Die Aufgaben des modernen Romans* (Mainzer Akademie der Wissenschaften, Abhandlung der Klasse der Literatur, 1959, Nr. 2), Wiesbaden 1959, p. 19, 25.

[12] Harry Levin, *James Joyce: A Critical Introduction*, New York 1960; ¹1941, p. 71.

gen für ein beziehungsreiches Zusammenspiel geschaffen, das durch eine am Analogie- und Kontinuitätsgedanken orientierte Interpretation nicht ausgeschöpft werden kann. Denn in *Ulysses* wird die Spannung zwischen den beiden Welten selbst thematisch, die sich dadurch entwickelt, daß die angedeutete Beziehung zwischen archaischer Vergangenheit und alltäglicher Gegenwart nicht formuliert ist. Sie bildet eine Leerstelle des Romans, die es dem Leser erlaubt, die Zuordnung der angedeuteten Parallelität selbst zu motivieren.

Dieser Vorgang indes rückt nur dann in den Blick, wenn man das Verhältnis von homerischer Welt und modernem Alltag weniger als Parallele, sondern eher als Horizont und Thema versteht, wobei der Horizont als virtueller Standpunkt für die Erfassungsakte des Themas gedacht ist. Was Bloom und Stephen erleben, rückt durch die Strategie der Anspielungen in einen archaischen Horizont, der den Leser die Kluft zwischen den Joyceschen Figuren und den homerischen Gestalten gewärtigen läßt. Wird Bloom durch Odysseus und wird Stephen durch Telemach gesehen [13], dann ist für den mit Homer vertrauten Leser deutlich, was ihnen jeweils fehlt. Nun treten jene Züge an den Figuren stärker hervor, die nicht mit den angespielten Schemata des homerischen Epos übereinstimmen. Doch erst dadurch ist die Möglichkeit gegeben, Individualität zu konturieren und begreifbar zu machen. Sie vermag sich daher nur als die Negativform zu jenem Standpunkt zu konstituieren, von dem aus sie gesehen werden soll. So bedingt die mangelnde Einlösung aufgerufener Erwartungen die Individualität der Joyceschen Figuren, die in dem Maße zum Leben erwachen, in dem wir auf sie zu reagieren beginnen. Durch unsere Reaktionen versuchen wir, Individualität einzufangen und festzumachen – ein Vorgang, der dort nicht notwendig ist, wo die Romanfiguren als Typen einen gesetzten Bezugsrahmen repräsentieren. Hier aber ist der Leser gehalten, einen solchen Rahmen mit zu entdecken. Je intensiver das geschieht, desto unabweisbarer

---

[13] Es ist selbstverständlich, daß für Stephen auch die Hamlet-Parallele eine gewichtige Rolle spielt. Im Prinzip jedoch dient auch der Bezug auf Hamlet bzw. Stephens Verdeutlichung durch Hamlet dem Hervortreiben seiner besonderen Lage und ist daher der homerischen Parallele sehr ähnlich.

rückt für ihn die moderne Situation in den Blick, die hier nicht vorgeführt, sondern als mögliche Erfahrung angeboten wird.

Das homerische Repertoire indes bildet nicht nur den virtuellen Ort für die Erfassung des thematisch gewordenen Alltags. Es ergeben sich durchaus Wechselwirkungen, in deren Verlauf Odysseus gelegentlich in die Perspektive Blooms rückt. Das ist insofern bedeutsam, als für Joyce der homerische Held die Fülle des Menschseins verkörpert [14]. Wie aber kann ihm dann etwas fehlen, über das Bloom allein durch die Tatsache, daß er nicht mit Odysseus identisch ist, verfügt? Offensichtlich wohl deshalb, weil das Menschsein mit keiner seiner historischen Manifestationen je vollkommen zusammenfällt, sondern als Potential zu verschiedenen Zeiten jeweils anders aktualisiert wird. Zwar behält Odysseus das Prädikat einer idealtypischen Ausprägung; doch dieses gewärtigt man erst aus der Perspektive Blooms, die den Blick nicht ausschließlich auf die Idealität des Odysseus, sondern viel eher darauf lenkt, daß das Menschsein, wie immer arm und reich es auch erscheinen mag, nur in den geschichtlich bedingten Manifestationen zu fassen ist, in denen es sich als Antwort auf gegebene Lagen realisiert. So gewinnt der homerische Mythos im Spiegel des "Welt-Alltags" wiederum eine eigene Dimension, an die S. L. Goldberg schon einmal erinnert hat: "Once divorced from their origin in implicit, pious belief – and that is the only condition under which we now know the myths of Greece and, for most of us, the myths of Christianity as well – their meanings are perpetually created in our experience, are the colouring they take on from the material into which we project them. The myth is like a potentiality of meaning awaiting actualization in the world we recognize as real, in a specific 'now and here'" [15].

---

[14] Vgl. dazu die bei Ellmann, *Joyce*, p. 430, wiedergegebene Äußerung.
[15] S. L. Goldberg, *The Classical Temper: A Study of James Joyce's Ulysses*, London 1961, p. 202.

II

Oxen of the Sun - Kapitel

Die Aktualisierung eines solchen Bedeutungspotentials ist jedoch nicht in das Belieben des Lesers gestellt. Vielmehr werden die ihm zugemuteten Auffassungsakte des Geschehens von der Darstellungstechnik des Romans gelenkt. Diese dem Stil zufallende Funktion besitzt hier ein solches Gewicht, daß ein ganzes Kapitel des Romans der Thematisierung des Stils gewidmet ist. Stil als Technik der Vermittlung besaß für Joyce eine zentrale Bedeutung. Stanislaus überliefert aus einem Gespräch, das er mit seinem Bruder über den Faschismus führen wollte, die von Joyce geäußerte lakonische Bemerkung: *Don't talk to me about politics. I'm only interested in style* [16]. Das Kapitel *The Oxen of the Sun* verdeutlicht diese Besessenheit auf eine besondere Weise, obwohl es in der Joyce-Kritik durchweg mit dem Gefühl der Verlegenheit umgangen wird [17], weil man in den Sprachexperimenten ein sichtbares Abgleiten von der bis dahin im Roman erzielten Verdeutlichung des Dubliner Alltags zu gewärtigen glaubte. Die noch am ehesten vertretbare Erklärung für das weit verbreitete Unbehagen gibt Goldberg, der jedoch ebenfalls dieses Kapitel für problematisch hält: "The 'symbolic' scheme so violently obtruded into these chapters from 'Wandering Rocks' to 'Oxen of the Sun' attempts much the same effects as the Homeric parallel, but without its foundation and enactment in the characters' own lives and in the reader's belief in the abiding poetic truth of the original myth. The trouble with these chapters in short is that their order is not 'aesthetic' enough. Perhaps this is the necessary price for the attempt Joyce makes to shift our attention from the represented reality to the shaping activity of the artist. Given the

---

[16] Zitiert von Ellmann in seiner Einleitung zu Stanislaus Joyce, *My Brother's Keeper*, London 1958, p. 23.

[17] Charakteristisch für eine negative Bewertung ist das Urteil von Walter Allen, *Tradition and Dream*, London 1964, p. 7. Zurückhaltender äußern sich u. a. Levin, *Joyce*, p. 105 f.; Franz Stanzel, *Die typischen Erzählsituationen im Roman* (Wiener Beiträge zur Englischen Philologie, 63), Wien 1955, p. 135; Litz, p. 37 f. Sehr vorsichtig bewertet M. Butor, *Repertoire* I, übers. von Helmut Scheffel, München o. J., p. 108, die Stilexperimente.

strategic need to bring himself, as artist, into the action of his book, Joyce could hardly use the old tactic of direct authorial commentary. That would draw attention to him, but not as a dramatis persona and certainly not as an unmoved mover suggested within yet beyond the action. What he did, however, is in its way very like intruded authorial comment." [18]

Wenn die von Joyce gezeigte Fehlleistung darin besteht, daß er in diesem Kapitel eher sein Verfahren aufdeckt als die Dramatisierung der einzelnen Positionen vorantreibt, so bietet sich in der Entschlüsselung der hier praktizierten Technik ein ausgezeichneter Anlaß dafür, die Funktion des Stils für die Darstellungsabsicht des Romans zu bestimmen. Technik sollte man dabei in dem von Ezra Pound formulierten Sinne verstehen: *I believe in technique as the test of a man's sincerity* [19].

Gegenstand des Kapitels ist Blooms Besuch in einem Entbindungsheim. Dort erwarten er und seine Bekannten die Niederkunft von Mrs. Purefoy. Das Gespräch der Wartenden umkreist vorwiegend die Themen von Liebe, Zeugung und Geburt [20]. Die sprachliche Darstellung dieser Themen entfaltet sich in verschiedenen, voneinander abgehobenen Stilebenen. Eröffnet wird das Kapitel durch eine eigentümlich verrätselte Anrufung. Darauf folgt eine ebenso kryptisch wirkende Reihung überlanger Sätze, deren Sinn sich zu entziehen scheint. Danach setzt unvermittelt jene historische Stilfolge ein, die das ganze Kapitel beherrscht. Die Gesprächsthemen von Liebe, Zeugung und Geburt werden in charakteristischen Stilformen der englischen Literatur geboten, die von der alliterierenden Prosa bis hin zum *pidgin English* reichen. Der Eingang des Kapitels *The Oxen of the Sun* besteht aus drei Sätzen, die unmittelbar hintereinander dreimal wiederholt werden. Die Dreizahl evoziert einen magischen Bezug. Die Sätze lauten: *DESHIL HOLLES EAMUS. Send us, bright one,*

---

[18] Goldberg, p. 288.

[19] Ezra Pound, *Literary Essays*, ed. by T. S. Eliot, London 1960, p. 9.

[20] Für die vorliegende Diskussion wurde nur dieses Zentralthema des Kapitels ausgewählt. In der Sache sind auch die anderen Themen, die gelegentlich angeschnitten werden, vom Stilzwang der einzelnen nachgeahmten Autoren überformt.

light one, Horhorn, quickening and wombfruit. Und schließlich der
dadaistisch wirkende Satz: *Hoopsa, boyaboy, hoopsa!*[21] Die Entschlüsselung dieser drei Sätze besagt ungefähr: Bloom fühlt sich aufgefordert, in die Holles Street zu gehen, wo das Entbindungsheim
von Dr. Horne liegt. Danach wird die Kunst des Dr. Horne angeru-
fen, der Frucht des Leibes zur Welt zu verhelfen. Schließlich wird
das Entzücken der Hebamme dreimal wiederholt, die das neugeborene
Kind in ihren Händen hält[22]. Dieser banale Satzinhalt gewinnt eine
auffallende Profilierung durch die Verwendung lateinischer Wörter,
latinisierender Wendungen, sprachlicher Rhythmisierungen und be-
schwörender Gebärden. Daraus entspringt ein Spannungsverhältnis;
denn die einfache Aussage der Sätze und die sprachliche Modalität
ihrer Darstellung wirken unangemessen. Bedarf es sprachlicher Mon-
tagen und magischer Verweisungen, um einfache und alltägliche
Vorgänge ins Bewußtsein zu rufen? Mit dieser Frage gewinnt der
Eingang des Kapitels sogleich eine leitmotivische Bedeutung. Wir
stoßen damit auf eine in *Ulysses* vielfach praktizierte Technik, die
einzelnen Kapitel mit einem verschlüsselten Motiv zu eröffnen, das
dann durch den Erzählvorgang orchestriert wird[23]. Sodann schlägt
die Anrufung unvermittelt in eine andere Stilqualität um. In über-
langen, meist interpunktionslosen Passagen wird der Versuch gemacht, Art und Bedeutung eines *Maternity Hospital* zu beschreiben.
Doch diese Absicht beginnt sich für den Leser erst nach mehrmaliger
Lektüre in Umrissen abzuzeichnen. Durch die fehlende Interpunktion ist auf eine sprachlogische Gliederung verzichtet. Dahinter verbirgt sich offenbar die Scheu, in der Befolgung von Gesetzmäßigkeiten der Sprache überhaupt eine Feststellung über den zu beschreibenden Gegenstand zu treffen. Joyce hat diese Befürchtung selbst ausgesprochen, denn er fragt: *For who is there who anything of some
significance has apprehended but is conscious that that exterior
splendour may be the surface of a downwardtending lutulent real-*

---

[21] James Joyce, *Ulysses,* London: Bodley Head 1958, p. 366.

[22] Vgl. hierzu auch Gilbert, p. 296. Für die vorliegende Interpretation
wurde auf eine Diskussion der anderen Parallelen bewußt verzichtet.

[23] Vgl. hierzu etwa die Interpretation, die E. R. Curtius, *Kritische Essays
zur europäischen Literatur,* Bern ²1954, p. 309 ff., und Stanzel, p. 130 ff.,
geben.

ity? [24] Das Bewußtsein, nur die Oberflächenansicht der Dinge zu gewärtigen, veranlaßt ihn, sich im sprachlichen Ausdruck gleichsam von allen Seiten dem Gegenstand zu nähern, damit es nicht zu einer perspektivischen Verkürzung des Sachverhaltes kommt. So werden die langen Appositionen nicht mehr als solche gekennzeichnet, desgleichen wird weitgehend auf die Markierung von Abhängigkeiten verzichtet, da Einschnitte dieser Art eine voreilige Gegenstandsbestimmung leisten würden. Dabei läßt es sich nicht verkennen, daß die Sprache hier mit einem großen Aufwand an Spezialvokabular und genau berechneten Bedeutungsnuancen arbeitet. Gerade daraus entsteht der Eindruck, daß die Institution des *Maternity Hospital* mit größter Präzision beschrieben werden soll, obgleich ihre Konturen eher zu verschwimmen drohen. In dem Versuch einer möglichst allseitigen Darstellung gerät der Gegenstand in ständige Bewegung. Damit stoßen wir bereits auf ein kennzeichnendes Stilmerkmal dieses Abschnitts, das gleichzeitig für wichtige Partien des ganzen Romans aufschlußreich ist: Die Sprache soll nicht dazu dienen, einen Gegenstand zu fixieren, sie soll ihn vielmehr für die Vorstellung entwerfen. Das aber bedeutet, daß der Gegenstand nicht aus einem einzigen Blickwinkel gesehen wird, sondern aus möglichst vielen. Durch die Vermehrung der Perspektiven werden zwar die Umrisse des Gegenstandes unschärfer, dafür beginnt er jedoch zu wachsen. An dieser Ausdehnung würde er gehindert, wollte man ihn bestimmen. Denn Bestimmung bedeutet Zuordnung des Gegenstandes auf den für seine Betrachtung gewählten Blickpunkt, der zwangsläufig eine Stilisierung der wahrgenommenen Realität bewirkt. Es ist daher nicht überraschend, daß nahezu jedes Kapitel des *Ulysses* in einem anderen Stil geschrieben ist [25], um, wie es Broch einmal formuliert hat, "das Objekt von einer Stilbeleuchtung in die andere" zu rücken, da nur so "das höchste Maß von Wirklichkeit" [26] in der Darstellung zu erreichen ist. Der Wechsel einheitlicher An-

---

[24] Joyce, *Ulysses*, p. 366.

[25] Vgl. dazu auch Philip Toynbee, "A Study of Ulysses", *Modern British Fiction*, ed. by Mark Schorer, New York 1961, p. 347 f., und Levin, *Joyce*, p. 105 f. und 111 f.

[26] Broch, p. 191. Der von Broch benannte Sachverhalt wird allerdings von ihm nicht weiter diskutiert.

sichten dämpft die in der jeweils gewählten Stilvariante enthaltene Bestimmung und läßt so die zu beschreibende Welt als ständige Expansion sichtbar werden. Der Eingang des Kapitels *The Oxen of the Sun* zeigt eine Sprachform, die auf eine Ausdehnung des Gegenstands für die Wahrnehmung gerichtet ist. Die Distanz der Betrachtung wird laufend verschoben, so daß der zu beschreibende Gegenstand so erscheint, als ob er aus dem Dunkel des Unartikulierten gerade hervorgelockt würde. Jede sprachliche Konturierung versteht sich als Versuch, eine bestimmte Seite zu fassen; in der Überlagerung dieser Anläufe gewinnt er eine sonderbare Dichte, und man erhält den Eindruck, daß selbst banale Dinge unserer alltäglichen Welt so wirken, als ob sie potentiell unabschließbar seien.

Damit ist aus dem Eingang des Kapitels eine erste Einsicht gewonnen: Die Anrufung zu Beginn ließ erkennen, daß es offenbar nur einer hermetischen Sprachform gelingt, Aussagen über einfache Dinge zu machen. Das Verhältnis von Sprache und Gegenstand erscheint als ein Geheimnis. Die darauf folgende Stilform interpretiert diese Spannung, indem durch den Wechsel von Betrachtungsnuancen der Gegenstand in eine expansive Beweglichkeit gerät. Damit sind gewisse Voraussetzungen für die nun anhebende Reihung historischer Stilformen der englischen Literatur geschaffen. Wenn man dabei bedenkt, daß die beiden unterschiedenen Stilebenen am Anfang des Kapitels nur den Weg in das Entbindungsheim und den Zustand solcher Institutionen zu fassen suchen, daß nun aber die großen Themen von Liebe, Zeugung und Geburt dargestellt werden sollen, so wäre zu erwarten, daß sich das Mißverhältnis zwischen Sprache und Gegenstand bis zur Unüberbrückbarkeit ausweiten würde. War es schon schwierig, die banalen Themen des Eingangs sprachlich zu veranschaulichen, so müßte die wesentlich umfassendere Thematik der nun anhebenden Diskussion das Vermögen der Sprache eigentlich übersteigen. Doch gerade das Gegenteil tritt ein. Nach anfänglicher Verwirrung bedarf der Leser eigentlich nur einer gewissen Kenntnis der englischen Literatur, um die Vorgänge ganz zu verstehen. Es ist unbestreitbar, daß dafür der Kommentar von Stuart Gilbert wertvolle Hinweise liefert [27]. Dennoch hat man gerade

---

[27] Vgl. Gilbert, p. 298 ff.

die von ihm postulierte Parallelität zwischen der Abfolge der Epochenstile und der Embryonalentwicklung sowie die vielen anderen
Verweise und 'Symbolverkreuzungen', die er als Grundriß des *Ulysses* herauspräparierte, niemals ganz akzeptiert. Goldberg beschließt
die an Gilberts Buch geäußerte Kritik mit der Frage: "But if Mr.
Gilbert's way of interpreting it [d. h. *Ulysses*] is generally felt to be
wrong, what is the right way, and why?"[28] Für das Kapitel *The
Oxen of the Sun* müßte eine vorläufige Antwort lauten: weil Gilbert
die einzelnen Epochenstile und die Embryonalentwicklung als eine
zu starre Entsprechung begreift, die jenem Analogiedenken nicht
unähnlich ist, das zwischen *Ulysses* und der *Odyssee* stets genaue
Korrespondenzen fixieren wollte. Gilbert übersah die latente Komik,
die sich durch die imitierten Epochenstile hindurchzieht, und die
zum Signal dafür wird, den Grad der vom jeweiligen Stil bewirkten
Deformation am darzustellenden Sachverhalt anzuzeigen.

Verdeutlichen wir uns den Charakter der historischen Stilfolgen
durch ein paar ausgewählte Beispiele: In Nachahmung der altengli-
schen Dichtung wird zunächst in alliterierender Prosa ein erster Eindruck vom *Maternity Hospital* des Dr. Horne entworfen. Ein vorwiegend nominaler Stil faßt die wahrgenommenen Dinge von außen
und setzt sie blockartig und unverbunden nebeneinander. Es scheint,
als ob die beschriebenen Einrichtungsgegenstände des Entbindungs-
heims gleichsam um ihrer selbst willen da seien, obwohl die Allite-
ration auf gewisse, wenn auch nicht ausformulierbare Zusammenhänge hinweist[29]. Die Funktion der einzelnen Gegenstände bleibt
für die Wahrnehmung unterdrückt, die Dinge gewinnen dadurch
einen unbegreifbaren Zug, der ihren Gebrauchswert zu einer ge-
heimnisvollen Verweisung umwandelt. Durch die hier dargebotene
Stilform wird insofern ein Kontrasteffekt erzeugt, als die karge alli-
terative Prosa unmittelbar auf den Versuch folgt, durch höchste
sprachliche Nuancierung Zustand und Bedeutung eines *Maternity
Hospital* zu beschreiben. Andere Konsequenzen ergeben sich, wenn
die Vorgänge im *Maternity Hospital* in der Sprachgebung eines spät-

---

[28] Goldberg, p. 212.
[29] Joyce, *Ulysses*, p. 368.

mittelalterlichen Reiseberichtes wiedergegeben werden. Alles erscheint im Aspekt einer gewissen Verwunderung. Die Oberflächenbeschreibung der wahrgenommenen Dinge ist darauf abgestellt, das Neue aus dem Horizont des Bekannten heraus begreifen zu müssen. Doch diese Absicht stößt auf große Schwierigkeiten, als sich plötzlich dem Blick des Reisenden eine Dose Ölsardinen aufdrängt. Die daraus entspringende Komik zeigt das Mißverhältnis an, das sich zwischen der Bestimmungsfunktion einer einheitlich durchgehaltenen Stilform und dem zu erfassenden Gegenstand ausspannt. Dabei ist der determinierende Zwang dieser Stilform hier so groß, daß aus dem Zeitungsannoncenacquisiteur Leopold Bloom plötzlich der mittelalterliche *traveller Leopold* wird [30]. Wiederum schlägt die Sprache in eine andere Stilform um: Die Figuren im Vorraum des *Maternity Hospital* unterhalten sich in der Diktion von Sir Thomas Malory [31]. Die vereinheitlichende Tendenz des Stils bemächtigt sich auch hier der Personen. Der soeben noch als mittelalterlicher Entdeckungsfahrer apostrophierte Bloom verwandelt sich in den Ritter *Sir Leopold*. Diskussionsgegenstand der hochstilisierten Deklamation ist das sittliche Problem, das durch die Geburt eines Menschen aufgeworfen wird. Nach der Anrufung traditioneller Ideale jedoch gewahren die Ritter in der Empfängnisverhütung eine praktische Lösung des Problems. In der Unterhaltung tauchen plötzlich Neologismen [32] auf, die als Zeichen menschlicher Selbständigkeit den Eingriff in den gottgefügten Lauf der Dinge benennen. Dadurch wird offenkundig, daß die vom christlich-ritterlichen Ideal geprägte Stilform die Vielfalt des diskutierten Verhältnisses von Liebe und Zeugung nicht mehr zu erfassen vermag. Dennoch ist der Versuch erkennbar, durch das im christlich-ritterlichen Ideal gegenwärtige Bezugssystem über die

---

[30] Ibid., p. 369.

[31] Ibid., p. 370 ff. Zur Aufschlüsselung der Stilfolgen vgl. Gilbert, p. 298 ff.; Budgen, p. 215 ff., und Stanislaus Joyce, p. 104. Es wurde hier davon abgesehen, auch noch die anderen Parallelen anzuführen, die Gilbert für dieses Kapitel bringt. Über die Beurteilung dieser Parallelen finden sich wichtige Hinweise bei Litz, p. 34 f.

[32] Vgl. etwa Joyce, *Ulysses*, p. 372: "But, gramercy, what of those God-possibled souls that we nightly impossibilise, which is the sin against the Holy Ghost, Very God, Lord and Giver of Life?"

Auffassung der Liebe zu entscheiden. Dieses Übergewicht der sprachlichen Stilisierung über die Natur des Gegenstandes durchzieht alle hier vorgeführten Stilnachahmungen durch die Jahrhunderte. Nach der Variation des Liebesaktes in der Sprache arkadischer Schäfer melden sich Stimmen innerer Entrüstung über die Tendenz des Gespräches. Die Stilform bietet sich als Bunyansche Allegorie[33]. Die Entschiedenheit des seelischen Konflikts verwandelt das *Maternity Hospital* und seine Umgebung *in the land of Phenomenon*[34], da erst durch die Unwirklichkeit der äußeren Welt der ausschließliche Vorrang des Inneren zur Geltung kommt. Die verborgenen Gedanken und Empfindungen der Gesprächspartner werden in allegorischen Figuren nach außen gesetzt, um in der Handlung den entstandenen Konflikt auszutragen. Doch auch hier wird die den Gegenstand kontrollierende Stilisierungstendenz auffallend durchbrochen, wenn sich plötzlich die Lustempfindungen der Gesprächspartner allegorisieren und eine höchst seltsam anmutende Psychomachia aufführen. Die Allegorie als Personifizierung stellte in der älteren Dichtung die übersinnliche Bedeutung der Dinge dar. Wenn aber hier die Lustempfindungen der Gesprächspartner allegorisiert werden, so sprengt dies das Formprinzip der Allegorie, wie es bis hin zu Bunyan noch gegolten hatte. Die Allegorisierung individueller Regungen treibt die Unangemessenheit von Gegenstand und Stil hervor. Gleichsam zur Entlastung nach soviel personifizierter 'Innerlichkeit' folgt nun eine minutiöse Beschreibung der äußeren Ereignisse des späten Abends in der Diktion von Samuel Pepys[35]. Die unauffälligsten Dinge gewinnen durch die liebevolle Beobachtung eine überdimensionierte Gestalt, so daß jede wahrgenommene Einzelheit als eine Welt für sich erscheint. Mit dem Stil der moralischen Wochenschriften rückt die Zentralthematik des Kapitels in den Aspekt utopischer Projekte[36]. In dilettierender Wissenschaftlichkeit wird eine Fülle praktischer Lösungen angeboten, die alle Vorgänge der Intimsphäre mit mechanischer Perfektion zu regeln versprechen. Dieser latente Utopismus wird in kurzen Erzählungen geboten, um dem Leser die Illusion zu

---

[33] Vgl. Joyce, *Ulysses*, p. 377 f.
[34] Ibid., p. 378.
[35] Ibid., p. 379.
[36] Ibid., p. 384 ff.

vermitteln, als ob sich diese absonderlichen Einfälle im Leben bestimmter Personen wirklich zugetragen hätten. Durch die Lektüre solcher Geschichten soll er an das für ihn entworfene Leben auf einer *national fertilising farm*[37] wie an eine Selbstverständlichkeit gewöhnt werden. Um das zu erreichen, wird die Erzählform der moralischen Wochenschriften nachgeahmt, die auf das Herstellen eines vertrauten Kontaktes mit dem Publikum bedacht war. Hier jedoch bietet sie Projekte, die alle Intimität zerstören; Stil und Gegenstand decken ihre wechselseitige Unangemessenheit auf. Die Stileigentümlichkeiten der großen Romanciers des 18. Jahrhunderts bieten dann vielfältige Möglichkeiten, die unausgesetzte Überformung der Liebesthematik durch die individuelle Sprachgebung zu variieren. Die Stilimitationen des 19. Jahrhunderts weisen fast durchweg eine Hypostasierung von Empfindungen und Stimmungen auf, die mit der Liebe verbunden sind. Gerade solche Übersteigerungen lassen die Zentralthematik in einer höchst einseitigen Verkürzung erscheinen, denn die Stilformen zeigen einen latent ideologischen Charakter, indem die Realitäten ständig auf Prinzipien zugeschnitten werden. In der Sprache Landors gewärtigen wir ein fortgesetztes Verwischen des Unschicklichen in der Liebe durch das heitere Spiel mythologischer Figuren[38]. Diese graziöse Unschuld findet in dem beseligenden Biedermeier des Dickens'schen Sprachduktus seine Entsprechung. Liebe ist Frieden und häusliches Glück in der Familie[39]. Dazwischen aber geschieht eine Detaillierung der physiologischen Aspekte der Liebe und des menschlichen Lebens in der wissenschaftlichen Spezialterminologie von Hygiene und Biologie mit dem Anspruch, in der Theorie positivistischer Wissenschaft eine Bestimmung der Phänomene leisten zu können[40]. Die theologisierenden Interpretationen im Stile Ruskins, Carlyles und Newmans binden dann die Welt der Erscheinungen in ihren metaphysischen Horizont zurück, wenngleich auch sie unterschiedliche Definitionen der Liebe und der wahrgenommenen Welt liefern. Nach dieser Folge nuancenreicher Stilisierungen scheint zum Schluß des Kapitels die Sprache in ihre

[37] Ibid., p. 384.
[38] Ibid., p. 396 ff.
[39] Ibid., p. 402 ff.
[40] Ibid., p. 399 ff.

Möglichkeiten zu explodieren. In der Verwirrung eines Sprachmisch-maschs versinken die bisher erkennbaren Bedeutungen; sie verschwimmen in einer daidalischen Beweglichkeit der Sprache.

III

Aus den skizzierten Beispielen ergeben sich Folgerungen, die sich zu einer Einsicht in die Joycesche Stiltechnik verdichten. Obgleich die Konsequenzen untereinander sehr eng verbunden sind, sollen sie zur besseren Veranschaulichung zunächst voneinander isoliert werden. Die erste Folgerung verbindet sich mit der Tatsache, daß die in historischer Reihung gebotenen Stilformen der englischen Literatur darauf abzielen, einen bestimmten Sachverhalt sprachlich zu fassen. Jede einzelne Stilform entwirft eine deutlich erkennbare Vorstellung von Liebe, Zeugung und Geburt. Die von Joyce imitierten Stilarten entsprechen damit den Forderungen, die John Middleton Murry einmal wie folgt umriß: "Style is a quality of language which communicates precisely emotions or thoughts, or a system of emotions or thoughts, peculiar to the author ... Style is perfect when the communication of the thought or emotion is exactly accomplished; its position in the scale of absolute greatness, however, will depend upon the comprehensiveness of the system of emotions and thoughts to which the reference is perceptible" [41].

Die Durchdringung der Aussage mit systematischen Überlegungen, die dem Horizont eines vorgegebenen Bedeutungszusammenhanges entstammen, verwandelt die Sprache erst zum Stil. Von solchen systematischen Standpunkten sind die von Joyce nachgeahmten Stilarten beherrscht. Die bedeutungssetzende Qualität allen Stils wird in den individuellen Abwandlungen der einzelnen Autoren mit unverkennbarer Deutlichkeit vorgeführt. Die in den Stilformen ent-

---

[41] John Middleton Murry, *The Problem of Style*, Oxford 1960; [1]1922, p. 65; vgl. hierzu auch F. L. Lucas, *Style*, London [3]1956, p. 14 ff., und Herbert Read, *English Prose Style*, Boston 1961, p. 183 f.

haltenen Urteile über die dargestellten Erscheinungen formen diese zu einem einheitlichen Bild um. Denn jeder systematische Blickpunkt des Stils wählt aus der Fülle gegebener Wirklichkeit aus, um dadurch jenen *frame of reference* zur Geltung zu bringen, der alle Beobachtungen zu leiten hat[42]. Er verfügt damit über die Darstellungswürdigkeit einzelner Phänomene, die aus der Fülle vorhandener Erscheinungen herausgelöst werden. An diesem Punkt enthüllt sich für Joyce der problematische Charakter des Stils. Das Darstellungswürdige ist keine Qualität, die der für die Beobachtung offenliegenden Wirklichkeit zukäme. Sie wird vielmehr in diese hineingesehen. Dadurch geschieht eine latente Verformung des Wahrgenommenen, das im Extremfall zur illustrativen Folie für die Veranschaulichung einer gesetzten Bedeutung absinkt. Erinnern wir uns jetzt an den Eingang des Kapitels, so gewärtigen wir nicht nur die kontrapunktische Anordnung von Auftakt und historischer Stilfolge, sondern darüber hinaus eine kontrastreiche Verspannung unterschiedener Darstellungsarten. Zu Beginn schien es nur einer hermetischen Sprache möglich, banale Dinge zu benennen, während die darauffolgende Passage erkennen ließ, daß sich die Realität im sprachlichen Zugriff dem Verstehen eher entzieht als öffnet. Dies führte zu einer verwirrenden Facettierung der gegenständlichen Aussage, da alles sprachliche Bemühen darauf abgestellt ist, den Sachverhalt von allen nur erdenklichen Seiten her zu umfassen. Die Sprache mußte daher vom normierenden Zwang grammatischer und syntaktischer Beziehungen gelöst werden, um alle Nuancen dieses Sachverhaltes für die Leserphantasie parat zu halten. Die Aussage durfte demzufolge keine Urteile enthalten, weil sonst nicht der zu beschreibende Sachverhalt, sondern eine Beziehungsinstanz dargestellt worden wäre. Solche Instanzen aber zeigen sich in der von Joyce vorgeführten historischen Stilfolge, die deshalb nur Ansichten von der Wirklichkeit, nicht aber diese selbst wiederzugeben vermag. Joyce jedoch wollte die durch den systematischen Blickpunkt gezogene Begrenzung allen Stils problematisieren, um auch diejenigen Aspekte eines Sachverhaltes zu evozieren, die durch die perspektivische Betrachtung verdeckt bleiben. Es ist deshalb nicht von ungefähr, daß er fast jedes

---

[42] Vgl. ibid., p. 65.

Kapitel seines *Ulysses* in einem anderen Stil schrieb [43]. Darin gründet ein wesentlicher Unterschied zwischen Joyce und allen anderen modernen Autoren. Joyce versuchte, das im Stil vorhandene Ungenügen an der Darstellung von Wirklichkeit durch den Wechsel der Stilformen herauszustellen, wenn nicht gar zu überwinden, denn erst die Relativierung des im Stil sich bekundenden Formzwangs setzt den expansiven Charakter wahrnehmbarer Wirklichkeit frei. Daher erscheint die historische Stilfolge in dem Kapitel *The Oxen of the Sun* als eine Reihung einseitiger Aussagen über Liebe, Zeugung und Geburt.

Damit ist bereits auf die zweite Folgerung hingewiesen, die sich aus dem Beispielmaterial ziehen läßt. Wenn der Stil nur Ansichten von Realität, nicht aber – wie es sein Anspruch impliziert – diese selbst wiedergibt, so verfehlt er seine eigentliche Absicht. Dieser Gedanke wird durch die parodistische Behandlung der Individual- und Epochenstile herausgearbeitet. Joyce überzeichnete den Formzwang des Stils, so daß sich Leopold Bloom, die Hauptgestalt des Romans, in die verschiedensten, der jeweiligen Stillage angepaßten Figuren verwandelt sieht. Die dadurch bewirkte Deformation muß sich dem Leser schon deshalb aufdrängen, weil er aus den voraufgegangenen Kapiteln des Romans mit Blooms vielschichtigem Charakter vertraut ist. Die gleiche Deformation läßt sich auch an der zentralen Thematik des Kapitels ablesen, denn nicht die Liebe überhaupt wird dar-

---

[43] Vgl. Jacques Mercanton, "The Hours of James Joyce. Part I", *Kenyon Review*, 24 (1962), p. 701 f., der die folgende Äußerung von Joyce über den Stil des *Ulysses* wiedergibt:
"The hallucinations in Ulysses are made up out of elements from the past, which the reader will recognize if he has read the book five, ten, or twenty times. Here is the unknown. There is no past, no future; everything flows in an eternal present. All the languages are present, for they have not yet been separated. It's a tower of Babel. Besides, in a dream, if someone speaks Norwegian to you, you are not surprised to understand it. The history of people is the history of language."
Einzelne Bemerkungen zu diesem Sprachproblem finden sich auch in dem Aufsatz von Theodore Ziolkowski, "James Joyces Epiphanie und die Überwindung der empirischen Welt in der modernen deutschen Prosa", *DVLG*, 35 (1961), p. 594 ff.; vgl. dazu auch Heinz Decker, "Der Innere Monolog", *Akzente*, 8 (1961), p. 107. Zur Funktion der Stilexperimente bei Joyce vgl.

gestellt, sondern nur die Art, wie Malory, Bunyan, Addison und die anderen angeführten Autoren sie verstehen. Der vorwiegend komische Effekt gründet in dem Eindruck, daß die in unterschiedlicher Manier geäußerten Ansichten sich eher ausschließen als ergänzen. Das zentrale Thema gewinnt bei jedem Autor eine andere Kontur. Da aber gleichzeitig mit jeder Stilform der unbefragte Anspruch verbunden ist, die Wirklichkeit auszusagen, wird eine latente Naivität offenkundig. Denn nun erhebt sich die Frage, welche der einzelnen Ansichten die Sache wohl am angemessensten getroffen habe. Dabei stellt sich heraus, daß die einzelnen Autoren durch ihre Manier die Realität auf eine nicht in ihr enthaltene Bedeutung zugeschnitten haben. Joyce deckt mit seinem parodistischen Nachzeichnen der historischen Stile den formenden Zwang der Manier auf. Im Bewußtsein des Lesers bildet sich dadurch die Einsicht, daß der Stil insofern seine Absicht verfehlt, als er Wirklichkeit nicht erfaßt, sondern überformt. Wird ein solcher Vorgang parodistisch geboten, so bekundet sich darin ein polemischer Zug gegen die im Stil enthaltene Tendenz, die in der Wahrnehmung gewärtigten Realitäten zu verendlichen. Wenn wir von hier aus an jene Anrufung zurückdenken, mit der Joyce das *Portrait* schloß, so sollte für ihn die Begegnung mit Wirklichkeit eine Ausdehnung der Erfahrung über die Grenzen des Bekannten hinaus zum Ziele haben. Ihre Darstellung verlangt daher eine Befreiung vom Zwang einer einheitlich durchgehaltenen Manier.

Damit sind wir auf eine dritte Folgerung verwiesen. Die den Stil charakterisierende Qualität, die vielgestaltige Wahrnehmung zu verendlichen, demonstrierte Joyce durch die historische Ausfächerung der Individual- und Epochenstile, denn erst dadurch wird das Mißverhältnis offenkundig, das zwischen dem gemeinsamen Thema und seiner bloß ausschnittartigen Wiedergabe durch die einzelne Stilform besteht. So prägen sich in den über die Liebe vorgeführten Ansichten nur die historischen Bedingungen aus, die für das Verständnis dieses Phänomens zu den verschiedensten Zeiten maßgebend waren. Offensichtlich erweist sich das gemeinsame Thema als so aspektreich,

---

"Der Archetyp als Leerform. Erzählmodalitäten und Kommunikation in Joyces *Ulysses*", in diesem Band, p. 306 ff.

daß es alle Möglichkeiten seiner historischen Spiegelungen zu umgreifen vermag. Je bestimmter die im Stil ausgesprochene Bewertung des Sachverhaltes erscheint, desto historischer ist die betreffende Stilform. Die Einseitigkeit einer Manier und die Geschichtlichkeit ihrer Wertmaßstäbe stehen in einem Bedingungsverhältnis, das sich an der von Joyce vorgeführten Abfolge der Stile erkennen läßt. Damit aber stellt sich die Frage nach der Wahrheit des Stils. Denn in der Einheitlichkeit der sprachlichen Manier waltet ja nicht von vornherein das Bewußtsein, daß ein Erfassen von Wirklichkeit nur höchst bedingt möglich ist. Nun aber zeigte die Stilfolge, daß die gleichen Phänomene zu anderen Zeiten und unter veränderten Bedingungen im Stil eine ganz andere Gestalt gewinnen. Welche dieser Gestalten enthält dann einen höheren Grad der Wahrheit? Welche Stilform sagt den Sachverhalt am angemessensten aus? Die Antwort darauf gibt Joyce mit seiner Stilreihung, denn die im Stil sich abzeichnende Bewertung verweist auf seine historische Bedingtheit.

Damit stoßen wir auf eine letzte Folgerung: Wenn die in den einzelnen Stilformen aufweisbaren Koordinaten immer wieder der Geschichtlichkeit verfallen, so kann die durch den Stil getroffene Bestimmung eines Gegenstandes allenfalls eine pragmatische sein, da sie von den verschiedensten historischen Bedingungen abhängt. Dieser pragmatische Charakter des Stils wird jedoch erst durch die historische Folge aufgedeckt. Denn keiner der von Joyce nachgeahmten Autoren hat seine Darstellungsform als eine bloß pragmatische Ansicht der von ihm behandelten Gegenstände verstanden. Die historische Zusammenschau aber enthüllt die im Individualstil dominierende Ansicht als eine aus historischen und sozialen Bedingungen abgeleitete Setzung. Leistet der Stil nur eine pragmatische Bestimmung, so besitzt er allenfalls eine gleichnishafte oder metaphorische Funktion bei der Verdeutlichung wahrgenommener Wirklichkeit. Der metaphorische Charakter des Stils läßt sich daran ablesen, daß in der Darstellung von Realität stets das im Stil enthaltene Bezugssystem auf den ganzen Umfang der wahrgenommenen Erscheinungen übertragen wird; denn nur so gelingt dem Stil ihre einheitliche Verbildlichung. Vermag der Stil die Gegenstände nur in einem metaphorischen Sinne zu benennen, so gehört er mit zu jenem

Arsenal rhetorischer Figuren, von denen Lessing einmal sagte, "daß sie nie bei der strengen Wahrheit bleiben; daß sie bald zu viel und bald zu wenig sagen" [44]. Die von Joyce gebotene Fächerung der Individualstile macht deutlich, daß diese nur Metaphern der Wirklichkeitsaussage sind und daher den Sachverhalt immer nur bedingt und einseitig treffen. Daraus ergibt sich ein für Joyce zentrales Problem, das zwei verschiedene, wenngleich aufeinander bezogene Seiten besitzt. Das im Stil angelegte Bestreben, ein Phänomen möglichst genau zu fassen, bringt viele Aspekte, die ein solches Phänomen noch haben kann, zum Verschwinden; es sei denn, man ist sich des metaphorischen Charakters allen Stils bewußt und daher in der Lage, sich die prinzipielle Scheidung zwischen der sprachlichen Möglichkeit des Stils und der möglichen Beschaffenheit der Gegenstände immer vor Augen zu halten.

Wenn durch die Stilfolge ein solches Bewußtsein entsteht, dann wird deutlich, daß sich der Stil zu dem von ihm zu fassenden Gegenstand wie eine Ansicht zum möglichen Gesamtumfang eines Phänomens verhält. Jeder einzelne Stil bietet eine solche für Autor und Epoche charakteristische Ansicht des gemeinsamen Themas, das als ganzes umfassender ist als die in den einzelnen Stilen gebotenen Aspekte. Durch die dem Stil innewohnende Verdeutlichungstendenz kommt es zwangsläufig zu einer Verkürzung des darzustellenden Gegenstands, da dieser mehr als nur die eine im Individualstil formulierte Qualität besitzt. Roman Ingarden beschrieb einmal die im Stil des Kunstwerks zur Geltung kommenden Ansichten wie folgt: "Die Ansichten, die wir im Laufe der Erfahrung von ein und demselben Dinge erleben, verwandeln sich auf verschiedene Weise, und manches, was in einer früheren Ansicht nur in der Gestalt einer unerfüllten Qualität aufgetreten war, ist in der späteren unter der

[44] G. E. Lessing, *Gesammelte Werke*, VII, hrsg. von Paul Rilla, Berlin 1956, p. 233; Lucas, p. 15, stellt fest: "What, in fact, is 'style'? A dead metaphor." Vgl. hierzu auch die Bemerkung, die Stanislaus Joyce, p. 105, von Joyce über die Literatur wiedergibt. Zum pragmatischen Charakter der Metapher vgl. Hans Blumenberg, *Paradigmen zu einer Metaphorologie*, Bonn 1960, p. 19 ff.

Gestalt einer erfüllten Qualität vorhanden und umgekehrt. Aber in jeder Ansicht eines Dinges sind erfüllte und unerfüllte Qualitäten vorhanden, und es ist prinzipiell unmöglich, die unerfüllten Qualitäten überhaupt zum Verschwinden zu bringen" [45].

Diese Feststellung bewährt sich in der Beurteilung der Joyceschen Stilparodien, die in der Beweglichkeit stetig wechselnder Blickpunkte die Absicht erkennen lassen, "unerfüllte Qualitäten" in "erfüllte" zu wandeln, doch nur, um zu bedeuten, daß sich das Phänomen in diesem Vorgang ständig zu weiten beginnt; denn jede Bestimmung setzt neue Unbestimmtheit. Wenn wir nun das Kapitel *The Oxen of the Sun* im Sinne der von Goldberg geäußerten Meinung als einen Kommentar des Autors zu seinem Roman begreifen [46], dann erhalten wir einen wichtigen Hinweis auf die von Joyce intendierte Leistung des Stils. Die Parodie historischer Individualstile soll nicht nur deren Begrenzung aufdecken, sie zeigt auch die kontinuierliche Expansion des Gegenstandes, wenn er aus unterschiedlichen Blickpunkten gesehen wird. Der Gegenstand gerät dadurch in eine auffallende Beweglichkeit; er wandelt sich zu einem iterativen Phänomen. Diese Beobachtung deckt sich mit der im ganzen Roman zur Geltung kommenden Auffassung der menschlichen "Lebenswelt", die in den einzelnen Kapiteln deshalb unterschiedlich stilisiert wird, weil sie als Ganzes niemals gefaßt werden kann; erst die Iteration der Phänomene bietet die Möglichkeit, etwas vom potentiellen Umfang der "Lebenswelt" sichtbar zu machen. Der iterative Charakter der von Joyce dargestellten gegenständlichen Realität kommt aber nur zum Vorschein, wenn diese aus einer Vielzahl von Aspekten betrachtet wird, die dann zureichend faßbar werden, wenn sie durch eine jeweils charakteristische Stilmodalität geformt sind. Der iterative Charakter dargestellter Phänomene ist als Grundtendenz des Romans schon sehr früh, bezeichnenderweise aber nur von Joyces Kritikern wahrgenommen worden. Wyndham Lewis, der die erste bedeutsame Kritik am *Ulysses* übte, sprach von einer "jellyfish structure" [47]. Die Stilparodie das Kapitels *The Oxen of the Sun* liefert Anhalts-

[45] Roman Ingarden, *Das literarische Kunstwerk,* Tübingen ²1960, p. 277.
[46] Vgl. Goldberg, p. 288.
[47] Zitiert nach L. A. G. Strong, *The Sacred River*, London 1949, p. 101.

punkte dafür, wie die Darstellung gegenständlicher Realität vor der Gefahr einer einseitigen und daher verdinglichten Wiedergabe bewahrt werden kann. Die parodistische Reduktion der Individualstile zeigt sowohl das Phantastische einer eindeutigen Bestimmung gegebener Phänomene an als auch die Möglichkeit, durch die Vermehrung von Ansichten das Phänomen in eine ihm wesentlich angemessenere Vorstellung, die der 'iterativen Expansion', zu übersetzen. Joyce hat zu diesem Kapitel selbst einmal bemerkt:

> The companions of Ulysses disobey the commands of Pallas. They slay and flay the oxen of the Sungod and are all drowned save the prudent and pious Ulysses. I interpret the killing of the sacred oxen as the crime against fecundity by sterilising the act of coition. And I think my interpretation is as sound as that of any other commentator on Homer [48].

Da es sich in dem vorliegenden Kapitel hauptsächlich um die Darstellung von Liebe, Zeugung und Geburt handelt, könnte man von dieser Selbstauslegung fast zu einer allegorischen Interpretation verführt werden. Dennoch stimmt die von Joyce gemachte Bemerkung zu den skizzierten Beobachtungen, daß der normierende Zwang eines einheitlich durchgehaltenen Stils die Vielgestaltigkeit des Wirklichen eher beschneidet als zur Entfaltung bringt. Deshalb muß dem Stil ein Dementi seiner Form eingezeichnet sein, um das Realitätsdefizit kenntlich zu machen, das zwangsläufig durch die Erfassungsakte des Stils entsteht.

---

[48] Budgen, p. 215.

DER ARCHETYP ALS LEERFORM
ERZÄHLMODALITÄTEN UND KOMMUNIKATION
IN JOYCES *ULYSSES*

Das Problem

Joyce hat seinen Roman *Ulysses* nach einem homerischen Helden benannt, ohne diesen je auftreten zu lassen. Statt dessen gibt er 18 verschiedene Ausschnitte aus einem genau datierbaren Tag in Dublin, der im wesentlichen von den Verstrickungen der beiden Hauptfiguren – Leopold Bloom und Stephen Dedalus – in Ereignisse handelt, die vom frühen Morgen bis zur späten Nacht spielen. Was aber hat die *Odyssee* mit dem 16. Juni 1904 in Dublin zu tun? Die gängigen Antworten auf diese oft gestellte Frage orientieren sich an 'bewährten' Vorstellungen – sei es der der Kontinuität von Archetypen oder der der Analogie von Ideal und Wirklichkeit –, um die beiden so weit auseinanderliegenden Pole des Romans miteinander verspannen zu können [1]. In dem einen Fall läuft die Erklärung auf den unzerstörbaren Bestand menschlichen Grundverhaltens hinaus – *Ulysses* also wird zurückgeholt in das, was man immer schon wußte; im anderen Falle stellt eine platonisierende Interpretation klar, daß in der *Odyssee* die Leitidee, in Blooms Wanderungen hingegen das problematische Abbild einer Heimkehr zu suchen sei, die für Odysseus die Erlösung von den Leiden, für Bloom jedoch nur einen Einschnitt im friedlosen Einerlei des Alltags bedeutet.

Selbst wenn man die Berechtigung solcher Interpretationsansätze nicht von vornherein bestreiten möchte, so leiden sie doch darunter, daß keine Figur der *Odyssee* in *Ulysses* wirklich auftaucht – ganz im Gegensatz zu vielen modernen Texten, die die Wiederkehr mythi-

---

[1] Zur Diskussion dieser beiden Erklärungsversuche vgl. "Historische Stilformen in Joyces *Ulysses*. Zur Interpretation des Kapitels *The Oxen of the Sun*", in diesem Band, p. 276 ff.; dort finden sich auch die wichtigsten Literaturangaben. Kritisch zur homerischen Parallelität äußert sich auch A. Esch, "James Joyce und Homer. Zur Frage der Odyssee-Korrespondenzen im Ulysses", *Lebende Antike – Symposion für Rudolf Sühnel*, hrsg. von H. Meller u. H.-J. Zimmermann, Berlin 1967, p. 423 f.

scher Gestalten thematisieren –, sowie darunter, daß die von Joyce wohl beabsichtigten Anspielungen auf homerische Helden und epische Ereignisse diese wiederum anders erscheinen lassen, als sie uns durch die *Odyssee* vertraut sind. Die Kontinuitätsthese gerät hier in Schwierigkeiten, da die zu harmonisierenden Positionen nicht deutlich genug formuliert sind, während sich die erkennbaren Unterschiede als hartnäckig erweisen, wenn sie nivelliert werden sollen. Nicht viel besser ist es um die Analogiethese bestellt, denn sie postuliert ein Wertgefälle von Homer zur Gegenwart. Man hat jedoch keineswegs den Eindruck, als ob der Dubliner Alltag als beklagenswerter Niedergang einer nunmehr vergangenen Idealität konzipiert worden sei. So sehr homerische Anspielungen den Leser auch leiten mögen, so geschieht gerade dadurch eine fortlaufende Rückkoppelung des 16. Juni 1904 auf die *Odyssee*. Dabei erscheint vieles an dem homerischen Epos in einem anderen Licht. Diese Andersartigkeit aber wird zur Bedingung einer ästhetischen Spannung, die vernichtet würde, wollte man sie mit dem Schema 'Ideal und Wirklichkeit' verrechnen.

Odyssee und *Ulysses* geraten wegen der äußerst sparsamen Bestimmtheit der Anspielungen eher in ein Spiegelungsverhältnis, so daß *Ulysses* an manchen Stellen genauso zum Hintergrund homerischer Ereignisse werden kann, wie diese den Hintergrund mancher Situationen des *Ulysses* bilden. Für ein solches Umspringen der Zuordnung sorgen die angedeuteten, aber nicht ausformulierten Beziehungen. Dieser Sachverhalt ließe sich noch am ehesten mit einem Begriffspaar der Gestaltpsychologie fassen: man könnte sagen, *Odyssee* und *Ulysses* werden sich wechselseitig zu Figur und Grund [2]. – Dennoch versteht man, warum Kontinuität und Analogie als immer wiederkehrende Interpretationsmöglichkeiten eine solche Zugkraft entfaltet haben, wenn es galt, Gegenwart und Frühzeit zuzusammen zu sehen: versprachen sie doch, die oftmals tropisch wuchernde Undurchsichtigkeit dieses Alltags zu ordnen, indem man ihn auf die aus Homer geschöpften Bedeutungen zurückschnitt. Die Lösung überzeugt durch ihre Einfachheit, ästhetisch gesehen indes ist sie unergiebig.

---

[2] Vgl. dazu R. Arnheim, *Art and Visual Perception. A Psychology of the Creative Eye*, Berkeley and Los Angeles ²1966, p. 213 f. u. 229 f.

Nun hat Joyce selbst im Gespräch über seinen Roman einmal ironisch bemerkt: *I've put in so many enigmas and puzzles that it will keep the professors busy for centuries arguing over what I meant, and that's the only way of insuring one's immortality*[3]. Nimmt man diese Äußerung für einen Augenblick ernster, als sie wohl gemeint war, so hinterläßt sie die Frage, wodurch die ausgiebige Beschäftigung mit solchen Rätseln bewirkt wird. Gründet sie in den Rätseln selbst oder vielleicht eher im Begriffsarsenal, das die Professoren zu ihrer Lösung aufbieten? Wie dem auch sei, in jedem Falle hat die im Titel des Joyceschen Romans angedeutete Parallelität einen Sehzwang geschaffen, der Dublin und Homer vorwiegend deshalb gegeneinander verrechnete, weil man der scheinbar sinnlos verrinnenden Alltäglichkeit doch noch einen Sinn abgewinnen wollte. Wie alle Zwänge, so machte auch dieser blind für nicht unwichtige Tatsachen; eine solche bietet sich in der eigentümlichen Beschaffenheit der beiden den Roman konstituierenden Pole.

So wenig wie homerische Gestalten in *Ulysses* wirklich auftreten, so wenig läßt sich der Roman als realistische Darstellung eines Dubliner Alltags qualifizieren, und dies gerade wegen der vielen nachprüfbaren Details, mit denen er buchstäblich übersät ist. Wir wissen in der Zwischenzeit, daß eine Unmenge solchen Materials aus Dubliner Adreßbüchern, aus Ortsbeschreibungen und der Tagespresse jener Jahre stammt, so daß sich eine erstaunliche Fülle an Namen, Wohnungen, Lokalereignissen, ja sogar an Zeitungsausschnitten identifizieren läßt[4], die allerdings in den Text häufig unter gleichzeitiger Aussparung ihrer Beziehung zueinander montiert sind. Manchmal verlieren sich solche Details in der undurchdringlichen Privatsphäre von Joyce selbst, manchmal scheinen sie den Leser in einen wahren Irrgarten zu führen, wenn er Einzelheiten kollationieren möchte. Über dem Suchen und Entdecken von Zusammenhängen verliert er oftmals den Rahmen einer möglichen Zuordnung der von ihm gefundenen Verbindungen. Häufig aber scheint es so, als ob die

---

[3] R. Ellmann, *James Joyce*, Oxford 1966, p. 535.
[4] Es ist das große Verdienst von R. M. Adams, *Surface and Symbol. The Consistency of James Joyce's Ulysses*, New York 1962, dieses Material aus dem Roman ausgehoben und identifiziert zu haben.

vielen Details um ihrer selbst willen da seien, und oftmals verwischt ihre Massierung mehr oder minder gewollt eine in der Erzählung sich bildende Kontur der Ereignisse.

Ein solcher Sachverhalt wirkt paradox, weil er so gänzlich den Erwartungen zuwiderläuft, die der realistische Roman in seinem Publikum ausgebildet hat. Auch dort gab es oft eine Fülle von Details, die sich im Umkreis der dem Leser vertrauten Erfahrungen wiederfinden ließen. Tauchten sie im Roman auf, so dienten sie vorwiegend der Beglaubigung der jeweils entworfenen Weltsicht[5]. Aus dieser Funktion sind sie in *Ulysses* weithin entlassen. Wenn nun aber die Details nicht mehr die Wahrscheinlichkeit erhärten müssen noch dazu dienen, die Illusion stabil zu halten, so gewinnen sie jenen Selbstzweck, der uns aus den Collagen vertraut ist. Das unstrukturierte Material des *Ulysses* ist direkt dem 'Leben' entnommen, gleichzeitig aber aus der Funktion entlassen, eine vom Autor entworfene Vorstellung des Lebens derart erhärten zu müssen, daß diese für das Leben selbst gehalten werden kann. So bilden diese Details nichts mehr ab, sondern präsentieren sich selbst. Wenn sie nichts mehr außerhalb ihrer zu bezeugen haben, dann bricht die Annahme zusammen, daß der Roman eine ihm vorgegebene Wirklichkeit darstelle. Kein Wunder, daß man sich immer wieder des Titels erinnerte, um nun die außer Kontrolle geratene Detailfülle im Rückgriff auf die *Odyssee* in einen Bezugsrahmen spannen zu können, der Gliederung, Sinn und Bedeutung dieses Alltags zu gewährleisten versprach.

Dabei wird eine merkwürdige Korrespondenz augenscheinlich: dem Nichterscheinen der homerischen Figuren in *Ulysses* scheint die aus ihrer hergebrachten Funktion entlassene Detailfülle des Romans zu entsprechen; dem Ausbleiben des Odysseus stehen die sich selbst präsentierenden, unstrukturierten Materialien gegenüber. Dieses negative Resultat lenkt allerdings den Blick auf die Appellstruktur des Romans. Der Leser ist mit einer Dichte an Einzelheiten konfrontiert, die er als einen nicht abbaubaren Überschuß über die ebenfalls vom Roman bereitgestellten Organisationsschemata gewärtigt. Jeder Lek-

---

[5] Vgl. dazu auch *Nachahmung und Illusion* (Poetik und Hermeneutik I), hrsg. von H. R. Jauss, München 1964, p. 16 f. u. 241 f.

türevorgang wird zur erneuten Chance, die Details jeweils anders zu integrieren.

Joyce hat mit dieser Anlage seines Romans – ob bewußt oder unbewußt, sei dahingestellt – einer zentralen Disposition des Lesers entsprochen, die Northrop Frye einmal wie folgt umschrieben hat: "Whenever we read anything, we find our attention moving in two directions at once. One direction is outward or centrifugal, in which we keep going outside our reading, from the individual words to the things they mean, or, in practice, to our memory of the conventional association between them. The other direction is inward or centripetal, in which we try to develop from the words a sense of the larger verbal pattern they make" [6]. Diese beiden Tendenzen scheinen den Leser des *Ulysses* in gänzlich verschiedene Richtungen zu tragen, die eher auseinanderschnellen als konvergieren. Der Dubliner Alltag beginnt beim Lesen ständig über die visierbaren Begrenzungen hinweg auszuufern und verlockt den Leser immer wieder dazu, die kontingenten Details zu entschlüsseln, mit dem Erfolg, daß die gesuchte Sinnbeziehung des Textes aus dem Blick gerät. Aber auch das im Titel gesetzte Signal scheint die Hoffnung auf eine Kontrolle des Materials eher zu zerstreuen als zu erfüllen. Denn der zentrale Bezugsrahmen, den man gern an der *Odyssee* ablesen möchte, ist im Text selbst nirgends formuliert. Je nachdem, ob der Roman mehr aus der Sicht Dublins oder aus der im Titel angezeigten Orientierung gelesen wird, ergeben sich andere 'Bilder'. In dem einen Fall produzieren die unformulierten Beziehungen der vielen Einzelheiten den Eindruck einer recht chaotischen Welt, im anderen Falle fragt man sich, was die Wiederkehr des Odysseus in moderner Drapierung bedeuten soll. Beide Lesarten sind, jeweils für sich genommen, relativ spannungslos. Sie zu verspannen, ja immer wieder konvergieren zu lassen, ergibt sich als Aufgabe, die der Roman an seine Leser stellt.

Eliot und Pound haben bald nach dem Erscheinen des *Ulysses* das Zusammenspiel der beiden den Roman konstituierenden Pole mit unterschiedlichen Metaphern veranschaulicht. In seiner Besprechung des *Ulysses* erhob Eliot den Traditionsbezug dieses Romans zu einer Forderung an alle Literatur: "In using the myth, in manipulating a

---

[6] N. Frye, *Anatomy of Criticism. Four Essays*, New York ⁵1967, p. 73.

continuous parallel between contemporaneity and antiquity, Mr. Joyce is pursuing a method which others must pursue after him. They will not be imitators, any more than the scientist who uses the discoveries of an Einstein in pursuing his own, independent, further investigations. It is simply a way of controlling, of ordering, of giving a shape and a significance to the immense panorama of futility and anarchy which is contemporary history"[7]. Die mythische Parallele soll demnach immer wieder Umrisse einer Ordnung verlebendigen, die es in die Ereignisse von Dublin hineinzusehen gilt. Das aber kann, zumindest für Joyce, nicht heißen, daß die 'chaotische und sinnentstellte' Gegenwart an der Bedeutung homerischer Archetypen gemessen wird. Die mythische Parallele stellt vielmehr Muster der Betrachtung bereit, ohne daß man das Betrachtete darunter jemals vollständig subsumieren könnte. Ja, in der Verdeutlichung solcher nicht abbaubarer Unterschiede liegt die eigentliche Funktion der mythischen Muster, durch die hindurch auf die moderne Welt geblickt werden soll. Wenn aber solche Muster nicht alles einzufangen vermögen, so geben sie gerade dadurch dem Nicht-Integrierbaren das notwendige Maß an Spannung, damit es sich der Beobachtung aufdrängen kann. Daher ist es nicht von ungefähr, daß Eliot auf Einstein zurückgreift, um anzudeuten, wie die 'Entdeckung' von Joyce zu bewerten, aber auch zu handhaben sei. Die mythische Parallele besitzt danach eher den Charakter einer Erklärungshypothese und läßt sich schwerlich als Wiederkehr des Mythos begreifen. Sie ist nicht mehr als ein Repertoire von Schablonen, die einer Strategie zu dienen haben, durch die gegenwärtige Welt vorstellbar gemacht werden soll. – Ezra Pound bemerkte zum gleichen Sachverhalt: "These correspondences are part of Joyce's mediaevalism and are chiefly his own affair, a scaffold, a means of construction, justified by the result, and justifiable by it only. The result is a triumph in form, in balance, a main schema, with continuous inweaving and arabesque"[8]. Pound sieht in den mythischen Korrespondenzen nur Vorbedingun-

---

[7] T. S. Eliot, "Ulysses, Order and Myth", *James Joyce: Two Decades of Criticism*, ed. by S. Givens, New York 1948, p. 201. (Der Essay erschien ursprünglich 1923.)

[8] E. Pound, *Literary Essays*, ed. by T. S. Eliot, London 1960, p. 406. (Der Essay "Ulysses" erschien ursprünglich 1922.)

gen für die Komposition des Romans, die als Gerüst die Hohlform für den zu errichtenden Bau abgeben. Der Roman selbst aber ist mehr als seine Vorbedingungen und daher keinesfalls auf diese reduzierbar. Das Geflecht mythischer Korrespondenzen bildet letztlich nur den Darstellungsraster, der deshalb so deutlich im Roman markiert ist, damit die Begrenztheit aller Organisationsmuster sichtbar werden kann. Das gilt nicht zuletzt auch für die erkennbaren Archetypen. Es fragt sich daher, was durch eine solche Begrenzung zur Geltung kommen soll.

Die Stilexperimente

Die Homeranspielungen des *Ulysses* reißen einen Horizont auf, der mit dem des modernen "Welt-Alltags" [9] sicherlich nicht identisch ist. Liegt doch zwischen den Archetypen des homerischen Epos und der Gegenwart die Geschichte, die nur dann übersprungen werden könnte, wenn *Ulysses* nichts weiter als die Wiederkehr mythischer Archetypen zeigen wollte. Man darf bei aller Fixierung auf die mythische Parallele nicht vergessen, daß Joyce seinen Roman mit einer den Homeranspielungen vergleichbaren Dichte an Shakespeare-Reminiszenzen durchsetzt hat. Selbst wenn man die Gegenwart Shakespeares in *Ulysses* als Wiederkehr der Archetypen reklamieren wollte, so läßt sich die Tatsache nicht wegdiskutieren, daß Joyce offensichtlich an der jeweils unterschiedlichen Ausprägung solcher Archetypen ein größeres Interesse zeigte als an der Konstatierung ihrer Wiederkehr. Das aber hieße: Der Archetyp ist für ihn bestenfalls Vehikel, nicht aber Thema. Die Geschichte seiner Ausprägung wäre vorrangig vor seiner mythischen Beschaffenheit. Was aber ist diese Geschichte, und in welcher Form wird sie im Roman reflektiert?

Die Antwort darauf muß sich an den Stilexperimenten orientieren.

---

[9] So nannte H. Broch, *Dichten und Erkennen*, Zürich 1955, p. 187, den 16. Juni 1904.

Diese verkörpern insofern ein Novum, als die 18 Romankapitel das erzählte Geschehen aus 18 unterschiedlich strukturierten Perspektiven entwerfen. Sind wir gewöhnlich bei der Lektüre von Romanen nur einmal genötigt, die vom Autor gewählte Einstellung zu übernehmen, um seine Absichten nachzuvollziehen, so wird uns hier diese Bereitschaft 17 weitere Male abgefordert, da jedes Kapitel in einem anderen Stil geschrieben ist. Stil, so definierte John Middleton Murry einmal, "is a quality of language which communicates precisely emotions or thoughts, or a system of emotions or thoughts, peculiar to the author .... Style is perfect when the communication of the thought or emotion is exactly accomplished; its position in the scale of absolute greatness, however, will depend on the comprehensiveness of the system of emotions and thoughts to which the reference is perceptible" [10]. Die Durchdringung der Aussage mit systematischen Überlegungen, die auf den Horizont eines vorgegebenen Bedeutungszusammenhangs verweisen, verwandelt die Sprache erst zum Stil. In ihm bringen die systematischen Blickpunkte einen Bezugsrahmen zur Geltung, der die Beobachtungen zu steuern hat und über die Auswahl darzustellender Sachverhalte verfügt.

In dieser Leistung des Stils indes liegt zugleich seine Bedingtheit, denn er muß zwangsläufig die Wahrnehmungsfelder begrenzen und innerhalb dieser Entscheidungen darüber treffen, was dargestellt bzw. weggelassen werden soll. Die von ihm sichtbar gemachte Bedeutung läßt sich nur durch eine Auswahl bestimmter Aspekte der darzustellenden Phänomene konturieren, so daß der Stil immer die Tendenz zeigt, Phänomene zum Zweck ihrer Kommunikation zu verendlichen. Indem der Stil eine Bedeutung setzt und die dargestellte Realität auf sie zuschneidet, enthüllt er sich als ein "mythisches Analogon" [11], das – in der Beschreibung von Clemens Lugowski – nicht nur eine bestimmte Realitätsauffassung impliziert, sondern diese überhaupt erst bildet. So ist zwar diese "'mythische Künstlich-

[10] J. M. Murry, *The Problem of Style*, London ⁹1960, p. 65.
[11] C. Lugowski, *Die Form der Individualität im Roman*, Berlin 1932, p. 12.

keit' ... das Ergebnis eines tief unbewußten und indirekten Sinngebungsaktes"[12], doch sie wird gerade dadurch die historischen Bedingungen verewigen, unter denen solche Akte zustande gekommen sind.

Joyce deckt nun diese Bedingtheit auf, indem er die Leistungsfähigkeit des Stils selbst thematisch macht. In den 18 Kapiteln hebt er durch eine ständig sich wandelnde Optik den normierenden Zwang der im Stil angelegten Betrachtungsmodalitäten heraus, um ihre "Sinngebungsakte" als höchst einseitige Konstitutionsweisen der jeweils dargestellten Realität kenntlich zu machen. Zeigt der Wechsel der Stile, von welcher Bedingtheit die bedeutungsetzende Qualität allen Stils ist, so wird dieser Vorgang in den einzelnen Kapiteln noch einmal dadurch unterstrichen, daß diese mit einer Fülle unstrukturierten Materials übersät sind. Solche Materialien treiben erneut die Begrenztheit der im Stil enthaltenen Beziehungsinstanz hervor und wirken deshalb oftmals realer als die vom Stil des Kapitels konstituierte Realitätsansicht. So spiegelt sich in den unstrukturierten Materialien der einzelnen Kapitel die jeweilige Bedingtheit der Stilmuster. Zu dieser durchgängigen Beobachtung findet sich im Roman selbst eine Art Autorenkommentar[13], in dem die Bedingtheit des Stils zum Thema wird. Gemeint ist das Kapitel *The Oxen of the Sun*, das die Joyce-Kritik durchweg mit dem Gefühl der Verlegenheit umgangen hat[14]. Denn in diesem Kapitel, das Blooms Besuch in einem Entbindungsheim schildert, läßt Joyce alle repräsentativen Epochenstile der englischen Literatur von der alliterierenden angelsächsischen Prosa bis hin zur Gegenwart paradieren, um zu zeigen, wie verschieden sich das gemeinsame Thema von Liebe, Zeugung und Geburt im Aspekt des jeweiligen Stils ausnimmt. In dieser Hinsicht wirkt das Kapitel wie ein verspätetes Vorwort, durch das der Autor seine Stilexperimente erläutert[15]. T. S. Eliot gewann aus die-

---

[12] Ibid., p. 206.

[13] Vgl. dazu auch S. L. Goldberg, *The Classical Temper. A Study of James Joyce's Ulysses*, London 1961, p. 288.

[14] Für Einzelheiten sowie bibliographische Hinweise vgl. "Historische Stilformen in Joyces *Ulysses*", in diesem Band, p. 283 f.

[15] Bekanntlich hat auch Sterne das Vorwort des *Tristram Shandy* erst im 20. Kapitel des 3. Buches gebracht. Über die Beziehungen zwischen

sem Kapitel den Eindruck der "futility of all the English styles" [16], und damit dürfte er sicherlich ein Moment der von Joyce beabsichtigten Wirkung getroffen haben.

Versteht man das Kapitel *The Oxen of the Sun* als Reflexion des Autors auf sein Unternehmen, so wird man nicht erwarten dürfen, daß Joyce seinen Roman als zunehmende Entfaltung eines "Sinngebungsaktes" angelegt hat. Die Präsentierung des Alltags besitzt Vorrang vor einer wie immer gearteten Bewertung.

Nun aber bedarf die Präsentierung selbst bestimmter Darstellungsformen, die zwangsläufig die von Joyce herausgestellte Verkürzung der Phänomene zur Folge haben. Also könnte man annehmen, daß die Kapitel des Romans als wechselseitige Dementierung des jeweiligen *principium stilisationis* angelegt seien. Das aber hätte weitreichende Folgen. Konnte Joyce die Epochenstile parodistisch behandeln, um aufzudecken, was der Stil eigentlich leistet, so würde eine Übertragung dieses Verfahrens auf den ganzen Roman bedeuten, daß Joyce in der Absicht, den 16. Juni 1904 darzustellen, sich ständig selbst parodieren müßte. Gewiß gibt es solche Spuren im Text. Doch eine ständige Selbstparodie würde es verhindern, daß der 16. Juni 1904 überhaupt in den Blick des Lesers gerät. Hieße das aber nicht, die Auffassung vom Stil als einem "Sinngebungsakt" erneut, wenngleich auf indirekte Weise, zu bestätigen, so daß die von Joyce parodierten Autoren der englischen Literatur eigentlich recht gehabt hätten, wenn für sie Stil mit einer bedeutungsetzenden Qualität identisch war?

Gibt es Darstellung, in der die "Sinngebungsakte" weithin suspendiert sind, ohne daß das Intendierte ins Ungreifbare zerrinnt? *Ulysses* ist die Antwort auf diese Frage. Um die "Sinngebungsakte" des Stils zu dämpfen, wenn nicht gar zu neutralisieren, bot Joyce nahezu alle Stilmuster auf, die der Roman in seiner vergleichsweise jungen Geschichte entwickelt hat. Diese werden um das Arsenal der Anspielungen und um die Wiederkehr von Archetypen bereichert. Der daraus gebildete Darstellungsraster bewirkt gerade durch die

---

Sterne und Joyce vgl. G. Melchiori, "Joyce and the Eighteenth Century Novelists", *English Miscellany*, 2 (1951), p. 236 f.

[16] Zitiert nach Ellmann, p. 490.

Vielfalt seiner Schemata sowie die Komplizierung ihrer Verbindung, daß jede sich einstellende Bedeutung im Zustand ihrer Zerstreuung erscheint. Daraus folgt, daß der Roman nicht das Bild des "Welt-Alltags" entwirft, und daß heißt letztlich, daß er nicht mehr im gewohnten Sinne darstellt, sondern daß er durch die Vielzahl seiner Blickpunkte Vorstellungsmöglichkeiten des "Welt-Alltags" parat hält, die der Leser realisieren muß, wenn er mit der Realität des Romans in Kontakt kommen will. Daher empfiehlt es sich, eine terminologische Unterscheidung zwischen 'darstellen' und 'vorstellen' einzuführen.

Zwar muß sich der Leser auch dann, wenn die "Sinngebungsakte" des Romans deutlich sind, etwas vorstellen. Er selbst aber wird erst dort die "Sinngebungsakte" aufgebürdet bekommen, wo der Darstellungsraster des Romans die Koordination der beobachtbaren Phänomene und Situationen ausblendet. Dies geschieht in *Ulysses* vorwiegend durch die Überpräzisierung des Rasters, der ungleich mehr vorstellbar macht, als der Leser im Vorgang der Lektüre verarbeiten kann. Daher schneidet hier nicht der Stil des Romans, sondern der bisweilen überstrapazierte Leser die Vielfalt des Beobachtbaren auf ein kontrollierbares Maß zurück. Er kann dabei schlecht umhin, dieses Maß für die Bedeutung zu halten. Blickt man auf die Leseerlebnisse des *Ulysses* in den letzten vierzig Jahren, soweit diese durch Interpretationen greifbar sind, so zeigt sich, wie eminent geschichtlich eine solche Bedeutung ist. Gleichzeitig aber wird man nicht leugnen können, daß *Ulysses* aufgrund der vielen Kombinationsmöglichkeiten seiner Stilmuster den Leser ständig zu nuancierten Formen der Sinnkonstitution reizt. Indem diese erfolgt, tritt der Leser in das Geschehen ein.

Die einzelnen Kapitel des *Ulysses* sind Signalkomplexe von unterschiedlicher Dichte. Sie steuern den Leser eher durch diesen "Welt-Alltag", als daß sie ihm bestimmte Bedeutungen der gebotenen Ausschnitte aufdrängen würden. Ihre Anlage soll nun an einigen Beispielen aufgezeigt werden, um die Voraussetzung dafür zu gewinnen, daß die Funktion der Darstellungsschablonen und Anspielungen, aber auch die der Archetypen besser eingeschätzt werden kann.

Der Roman beginnt mit der Parodie eines kirchlichen Ritus. Mulligan, der Medizinstudent, hebt seine Rasierschüssel in feierlicher Gebärde hoch und intoniert im Dachzimmer des Martelloturms einen Meßgesang: *Introibo ad altare Dei*[17]. Versteht man diesen Auftakt als ein Signal, so scheint der Roman zu Beginn ganz auf massive Parodierung abgestimmt zu sein. Das der imitierten Meßhandlung folgende Gespräch zwischen Mulligan und Stephen könnte auf den ersten Blick diesen Eindruck noch bestätigen, denn die Äußerungen des Medizinstudenten zeigen ein unvermitteltes Umkippen in höchst unterschiedliche Stillagen, das noch nicht einmal als Gefälle bezeichnet werden kann, da Slangterminologie mit gelehrten Anspielungen auf Griechenland, den irischen Mythos sowie Zarathustra ständig wechselt[18]. Ja, selbst einzelne Anspielungen weisen in sich wieder eine Segmentierung, manchmal sogar eine Kontaminierung unterschiedlicher Sachverhalte auf. Sollten nun nach der Parodie der Messe die Stillagen an der Reihe sein? Wäre dies so, dann drohte die parodistische Spannung abzugleiten, denn die stärksten Effekte wären vorweggenommen. Außerdem läßt sich ein *tertium comparationis* der miteinander verschränkten Niveauunterschiede in Mulligans Sprache kaum ausmachen.

Worauf aber würde dann die Parodie zielen, es sei denn, man möchte aus der Kontamination der Stillagen schließen, Joyce wolle einem puristischen Sprachgebrauch das Wort reden – eine wohl undenkbare Vorstellung. Statt dessen gewinnt man eher den Eindruck, als ob alles Gesagte erst durch seine Verkehrung ins rechte Licht gerückt würde. Dadurch erhalten auch die ins Profane verzerrten Meßgebärden eine andere Bedeutung als die einer bloßen Parodie. Wie die Äußerungen Mulligans, so greift auch der parodistisch anmutende Auftakt immer nach seinem Gegenteil. Dabei verlieren die ineinander geblendeten Gebärden bzw. Stillagen den Anschein, als bloße Abwertungen gedacht zu sein. Sie erzeugen einen spiegelbildlichen Effekt, der darauf hinzielt, durch seine Verkehrung die Begrenztheit aller eindeutigen Formulierungen herauszuheben und dadurch ihre Überschreitbarkeit zu suggerieren. An diesem Punkt wird der Leser angestoßen, die ihm vorenthaltene Beziehung der segmen-

---

[17] James Joyce, *Ulysses*, London: The Bodley Head 1937, p. 1.
[18] Vgl. u. a. ibid., p. 5, 9, 20.

tierten Stilebenen bzw. der kontaminierten Aspekte zu suchen. Dabei bildet gerade die Verweigerung eines gemeinsamen Fluchtpunktes aller Erscheinungen durch den Text die Bedingung dafür, daß der Leser dazu neigt, Einzelheiten mit Sinn aufzuladen. Da sich dieser indes nicht voll realisieren läßt, geraten die unverbundenen Aspekte in eine latente Spannung.

Dieses Grundmuster wird mit einigen Variationen im ersten, von Joyce als *Telemach* [19] bezeichneten Kapitel durchgehalten. Wichtigster Variationstyp ist das unvermittelte Umspringen der Erzählhaltung. Mitten im auktorial erzählten Text stehen Sätze, die aus der Ich-Perspektive geboten werden [20]. Sie stoßen so unvermittelt aneinander, daß ihr Charakter als Erzählschablone hervorzutreten beginnt. Indem sie unterschiedliche Sichtwinkel zur Betrachtung des gleichen Phänomens anbieten, sprechen sie sich wechselseitig ihre repräsentative Bedeutung ab. Daraus entspringt hier wie andernorts im Roman der Eindruck, als ob man ständig zwischen den sprachlichen Möglichkeiten des Stils und der möglichen Beschaffenheit der Phänomene unterscheiden müsse.

Das im ersten Kapitel vorherrschende Muster spiegelbildlicher Verkehrung reduziert alles Eindeutige auf eine bloße Stelle im Leben, das Leben selbst aber überschießt solche Eindeutigkeiten. Das folgende Kapitel entfaltet die Implikation dieses Sachverhalts, und es versteht sich, daß dazu eine andere Gruppierung von Stilmustern notwendig ist, um die verdeckten Konsequenzen hervorzubringen. Stephens innerer Monolog bildet die beherrschende Perspektive des Kapitels, doch diese wird von anderen durchschichtet. Auktoriale Passagen, direkte Rede sowie Zitate aus Miltons *Lycidas* sind in Stephens Betrachtungen eingesprengt [21]. Diese werden durch Beobachtungen beim vormittäglichen Schulunterricht angestoßen. Sie

---

[19] Diese Kapitelbezeichnungen finden sich in den 'note-sheets', die Joyce angelegt hatte. Sie dienten ihm zur Gruppierung des Materials. Vgl. dazu A. W. Litz, *The Art of James Joyce. Method and Design in Ulysses and Finnegans Wake*, New York 1964; zu ihrer Beurteilung vgl. bes. ibid., p. 39.

[20] Vgl. Joyce, p. 7 f.

[21] Ibid., p. 22 f.

312

münden in Reflexionen über Geschichte und die Stelle des Menschen in der Geschichte:

For them too history was a tale like any other too often heard, their land a pawnshop. Had Pyrrhus not fallen by a beldam's hand in Argos or Julius Caesar not been knifed to death? They are not to be thought away. Time has branded them and fettered they are lodged in the room of the infinite possibilities they have ousted. But can those have been possible seeing that they never were? Or was that only possible which came to pass? Weave, weaver of the wind... It must be a movement then, an actuality of the possible as possible [22].

Es ist nicht unwichtig, daß sich diese Reflexion über die Möglichkeit ausgerechnet an historischen Vorgängen entzündet, in denen doch alles so unverrückbar determiniert erscheint. Sollte nun etwa solche Determiniertheit am Ende selbst nur Möglichkeitscharakter haben? Wie steht es dann um die Existenzweise historischer Individuen? Hatten sie doch durch ihre Taten und Leiden gerade das Reich unendlicher Möglichkeiten überschritten – weshalb also sollten sie nun wieder dahin zurücksinken? Fast mutet es wie ein Sophisma an, wenn Stephen fragt, ob Pyrrhus und Caesar in ihrem Leben die Möglichkeit je mitgedacht hätten, einmal nicht mehr zu sein, oder gerade so zu enden, wie es dann geschah. Obgleich er selbst solche Überlegungen für Spekulationen hält, hindern sie ihn nicht, daraus zu folgern, das wirkliche Leben könne als eine Aktualität des Möglichen von vielen Möglichkeiten verstanden werden. Wenn aber das Geschehene nicht mit Notwendigkeit geschehen ist, dann ist das Wirkliche nur eine Zufallsspur des Möglichen. Hat aber Wirklichkeit nur einen solchen Spurcharakter, dann bleibt sie überschattet von den verschenkten und nicht gesehenen Möglichkeiten; sie schrumpft zur bloßen Kuriosität. Diese in Stephens Reflexion zur Geltung kommende Tendenz läßt sich auf den Romananfang zuordnen, wo im Gespräch alles Gesagte auf seine Verkehrung hinzielt. Was an der jeweiligen Äußerung abgedeckt blieb, wurde durch eine andere zum Vorschein gebracht.

Die Situation indes hat sich insofern verändert, als das vergleichs-

---

[22] Ibid.

weise verwandte Thema des ersten Kapitels hier nur als Perspektive erscheint. Diese ist nun durchbrochen von anderen Blickpunkten. Zunächst wünschen die vom Unterrichtsstoff der Historie gelangweilten Kinder, daß Stephen ihnen eine Geschichte erzähle: *Tell us a story, sir. – Oh, do, sir, A ghoststory*[23]. Hatte Stephen nicht soeben selbst den Eindruck, daß sich die Geschichte in Geistergeschichte verwandelt, wenn man über sie nachdenkt? Allerdings ist diese wohl von anderer Art als jene, die nun die Kinder hören wollen. Gelangweilt vom Faktischen, verlangen sie das Phantastische, ohne zu wissen, wieviel Unbegreifbares gerade im Faktischen sitzt. Davon ist zwar im Text nichts gesagt, gleichzeitig aber eröffnet das unmittelbare Aneinanderstoßen unterschiedlicher Perspektiven einen Spielraum an Beziehungsmöglichkeiten, in den der Leser schon deshalb hineingezogen wird, weil er keine Signale für die mögliche Bewertung der Blickpunkte erhält. Bestenfalls kann er sich an der nun folgenden Perspektive orientieren, die wie die der Kinder in Stephens Monolog eingelassen ist. Die erhoffte Geistergeschichte bleibt aus; statt dessen beginnen die Kinder, Verse aus Miltons *Lycidas* zu lesen, und zwar jene Stelle, an der die Pastoralelegie durch die Trosttopik die Gewißheit vom Weiterleben des Toten entfaltet. Unvergänglichkeit gibt es offensichtlich nur in der Dichtung; doch Dichtung ist Fiktion.

In dieser vergleichsweise kurzen Textstelle sind drei formal unterschiedene Perspektiven: innerer Monolog, direkte Rede, literarisches Zitat, auf einen relativ einheitlichen Sachverhalt gerichtet, der jedoch für den Blick des Lesers jeweils unterschiedlich konstituiert wird. Für Stephen ist das Wirkliche so vom Möglichen überschattet, daß es sein Gewicht verliert. Die Kinder sind vom Gewesenen gelangweilt und verlangen nach dem Kitzel des Unwirklichen. Das literarische Zitat macht deutlich, daß es Unvergänglichkeit nur im Modus der Fiktion gibt. Wie die einzelnen Blickpunkte aufeinander zu beziehen sind, läßt der Text ungesagt. Er bietet drei Möglichkeiten an, die das Verhältnis von Wirklichem und Nichtwirklichem jeweils anders zu sehen erlauben. Da gleichzeitig die einzelnen Stilmuster als Textsegmente angelegt sind, wird eine hierarchische Zuord-

---

[23] Ibid., p. 22.

nung verhindert. Deshalb erscheinen dann auch die Reflexionen des inneren Monologs als private Einsicht, der Wunsch der Schulkinder als unreflektiertes Verlangen und das literarische Zitat als eine Versicherung ohne Realitätscharakter. – Dieser Eindruck ist vielleicht schon ein Resultat, das sich im Lektürevorgang aus der Überlagerung der einzelnen Blickpunkte ergeben hat. Obgleich man es nicht für die einzige Auslegung der segmentierten Textmuster halten muß, lassen sich doch die Bedingungen für sein Zustandekommen angeben. Den Textmustern fehlt ein Konvergenzpunkt; deshalb ist ihr Verhältnis zueinander das einer ständigen Interaktion. Diese bildet dann die Bedeutung der Textstelle, wobei nicht übersehen werden darf, daß der Leser das Spiel der Interaktion erst in Bewegung setzt. Besäßen die drei Textmuster einen im Text selbst ausformulierten archimedischen Punkt, dann wäre eine Bedeutung gesetzt. Bedeutung als Interaktion der Muster anzulegen aber heißt, daß der Leser in den Text verstrickt wird.

Dafür sorgt neben den besprochenen Mustern nicht zuletzt das Ende des Kapitels, das von einem Gespräch zwischen Stephen und seinem Schulrektor, Mr. Deasy, handelt. Der Rektor übergibt Stephen einen Brief, der im *Evening Telegraph* veröffentlicht werden soll, weil er Deasys Lösung eines wichtigen Problems: das der Maul- und Klauenseuche, enthält.

> I have put the matter into a nutshell, Mr Deasy said. It's about the foot and mouth disease. Just look through it. There can be no two opinions on the matter [24].

Für Mr. Deasy ist nicht nur diese, sondern auch eine Reihe anderer politischer Alternativen Irlands entschieden. Nun aber wird das segmentierte Textmuster aus Stephens Schulstunde zum Hintergrund der von Mr. Deasy geäußerten Gewißheiten, durch die er die bestehenden Realitäten ein für alle Mal in einem richtigen Sinn verändern will. Wiederum ist über das Verhältnis dieser beiden Passagen im Text selbst nichts gesagt. Der Leser aber wird nicht zögern, eine solche Leerstelle mit relativer Eindeutigkeit zu besetzen. Also käme es hier nur zu einer begrenzten Interaktion der Textstellen,

---

[24] Ibid., p. 30.

weil die Beurteilung Mr. Deasys durch den Leser auf dem ihm bisher bekannten Hintergrund entscheidbar wäre, denn die Bewertung des Verhaltens stellte sich zweifelsfrei ein. So zweifelsfrei indes bleibt sie nicht; dafür sorgt die Homeranspielung. Joyce hatte dieses Kapitel in seinen Notizen wegen des Auftretens von Mr. Deasy *Nestor* genannt. Zwar macht die Homeranspielung aus Mr. Deasy keine ehrwürdige Figur, doch sie rückt die Selbstgefälligkeit des Schulrektors in ein anderes Licht: Der, der alles weiß, erschiene dann dem Leser gerade wegen eines solchen Anspruchs als beschränkt. Wenn aber nun mit dieser Figur auf Nestor angespielt wird, dann hieße dies, Weisheit und Voraussicht als Beschränkung zu plakatieren. An diesem Punkt kommt es zur Interaktion zwischen dem Eindruck von Mr. Deasy, den sich der Leser auf dem Hintergrund von Stephens Schulstunde gebildet hat, und dem neuen Horizont, auf den Mr. Deasy nun projiziert wird. Daraus folgt zweierlei. Formal gerät das scheinbar im eindeutigen Urteil über Mr. Deasy zum Stillstand gekommene Interaktionsspiel der Textmuster wieder in Bewegung. Sachlich ist damit angezeigt, daß Weisheit wohl nur dann als Beschränktheit erscheinen kann, wenn man Wissen mit der Beherrschbarkeit des Lebens identifiziert.

Damit aber gewinnt das Textmuster der Schulstunde eine neue Dimension. Es wird nachhaltiger in die Erlebnissphäre des Lesers eingesenkt, denn der Text veranlaßt den Leser, das aus den Textsignalen gewonnene Urteil über Mr. Deasy auf eine beinahe dramatische Weise zu modifizieren. Fiel das Urteil über Mr. Deasy relativ eindeutig aus, so wird es durch die Überblendung mit Nestor zweideutig. Mr. Deasy ist dann nicht deshalb beschränkt, weil er vorgibt, alles zu wissen; vielmehr ist alles zu wissen deshalb Beschränkung, weil diese die Veränderbarkeit alles Gewußten nicht kennt. Deasy und Nestor ironisieren sich wechselseitig. Der daraus entspringende Schwebezustand provoziert den Leser dazu, einen Standpunkt zu beziehen. Geschieht dies, dann sagt ein solcher eher etwas über den Leser und weniger über die Homerparallele aus.

Das dritte, von Joyce als *Proteus* bezeichnete Kapitel treibt das Experiment in eine andere Richtung und beschließt gleichzeitig die zur *Telemachie* gruppierten Abschnitte, die Stephens innere Situation vor dem Auftritt Blooms hervorkehren. Im Blick auf die vorangegangenen Kapitel fällt zunächst die relative Einheitlichkeit des hier verwendeten Stilmusters auf. Stephens Monolog bildet das vorherrschende *principium stilisationis,* in dem sich gelegentlich Spuren eines auktorialen Mediums finden. Diese sind jedoch von besonderer Art. Statt den Monolog auf eine ihn übergreifende Situation zuzuordnen oder ihn zu präsentieren, wie es für das auktoriale Medium charakteristisch ist, wirkt hier die Stimme des Autors so, als ob das von ihr Gesagte Stephens Reflexionen überhaupt nicht mehr einzuholen vermöchte. Um zu signalisieren, wie sehr der Autor unter Stephens Niveau herabgedrückt ist, werden die auktorialen Passagen gelegentlich mit syntaktischen Formen eines sozial unterschichtlichen Sprachgebrauchs durchsetzt[25]. Damit ist die Verwendung des auktorialen Mediums beinahe in ihr Gegenteil verkehrt. Es vermittelt nicht mehr zwischen dem gesetzten Erzählrahmen und der erzählten Situation; vielmehr emanzipiert sich der Monolog vom Erzählrahmen. Wird die Funktion des auktorialen Mediums so reduziert, daß sie sich aufzuheben beginnt, so entsteht eine Leerstelle, die die unterbrochene Verbindung zwischen Monolog und Erzählrahmen anzeigt. Leerstellen ließen sich ganz allgemein als die Reizsignale der Texte bezeichnen; indem sie Zuordnungen aussparen, stoßen sie den Leser an, selbst welche zu finden. Hier aber ist die dem Leser aufgebürdete Aktivität deshalb schwierig, weil Stephens Monolog wiederum aus sehr verschiedenen Mustern des inneren Monologs zusammengesetzt ist. Bald wirkt er wie ein Bewußtseinsstrom, der Vergangenes aufwirbelt, bald wie ein bloßes Registrieren der Beobachtungen am Strand von Sandymount, bald wie ein Soliloquium, vielfach aber wie eine Selbstreflexion, die sich jedoch nicht – wie das für den inneren Monolog üblich ist – auf Erinnerung und Beobachtung bezieht, sondern auf die Bedingungen, durch die Erinnerung und Beobachtung allererst möglich werden.

Gleich im ersten Satz seines Monologs gibt Stephen die ihn charakterisierende Besessenheit zu erkennen:

Ineluctable modality of the visible: at least that if no more, thought through my eyes. Signatures of all things I am here to read, seaspawn

[25] Vgl. dazu ibid., p. 34.

and seawrack, the nearing tide, that rusty boot. Snotgreen, bluesilver, rust: coloured signs. Limits of the diaphane [26]. Stephen versucht die Konsequenzen zu verdeutlichen, die sich aus der unüberschreitbaren Gebundenheit an seine Wahrnehmung ergeben. Dies scheint nur möglich zu sein, indem man den Wahrnehmungsmodus selbst gegenständlich macht, um dadurch die Begrenztheit der Sehakte hervortreiben zu können. Wenn die bloße Wahrnehmung bereits so viele Vorentscheidungen trifft, wie sollen dann die Zeichen der Dinge gelesen werden? Bestenfalls lassen sich Seetang und Flut noch als Farben beschreiben, doch eine solche Reduktion bewirkt nicht nur ihre Verarmung, sie treibt auch rasch der Grenze zu, an der sie sich der Betrachtung verschließen und undurchsichtig werden. Produziert am Ende die Wahrnehmung selbst diese Undurchsichtigkeit, die immer dann als Eigenschaft der Dinge erscheint, wenn diese erfaßt werden sollen? Damit steht für Stephen der Bezugsrahmen der Wahrnehmung selbst zur Diskussion. Ist er vielleicht von der Art, daß er im Zugriff die Dinge verändert, indem er sie für das Begreifen zurechtmacht?

Stephen scheint eine solche Einsicht testen zu wollen; er schließt die Augen, um zu 'sehen', ob eine solche Veränderung wirklich durch den Blick hervorgebracht wird. Er öffnet seine Augen wieder mit der Feststellung: *See now. There all the time without you: and ever shall be, world without end* [27]. Offensichtlich existieren die Dinge unabhängig von ihrem Begriffenwerden. Wenn dieses wiederum begriffen werden soll, so nur in der Einsicht, daß der Akt des Sehens erst die Undurchsichtigkeit der Dinge erzeugt. Welt ist nur gegenwärtig, indem sie sich der Integration durch Wahrnehmung und Bewußtsein entzieht. Der nun folgende Monolog Stephens wirkt wie der Versuch, eine solche Einsicht zu realisieren. In einem Wirbel fragmentarisierter Situationen, zerlegter Bilder, reduzierter Gestalten sowie zerschnittener Kontexte wird Stephens Reflexion auf die Bedingtheit der Wahrnehmung aktiv. Der Leser ist verwirrt, und dies nicht zuletzt deshalb, weil eine reflektierende Romanfigur andere Erwartungen erzeugt als das von Stephen gebotene Resultat. Denn

---

[26] Ibid., p. 33.
[27] Ibid., p. 34.

die Rechtfertigung aller Reflexion gründet doch in ihrem Fortschritt zu Klarheit und Wahrheit; sie muß aufklären und darf nicht verdunkeln [28].

Der befremdliche Eindruck des Monologs kommt vorwiegend dadurch zustande, daß die einzelnen Sätze bzw. Passagen, die sich auf erkennbare Sachverhalte beziehen, relativ unverbunden nebeneinander stehen. Dadurch wird der Betrag an Leerstellen in diesem Text außerordentlich erhöht. Diese mögen dem Leser zum Ärgernis werden. Von der Intention des Monologs her gesehen ist ihre Dichte jedoch konsequent. Sie suspendieren ständig die mögliche Anschließbarkeit der einzelnen Sätze bzw. Passagen aneinander und schaffen so die Voraussetzung dafür, daß die von Stephens Wahrnehmung erweckten Gestalten der äußeren Welt sich unaufhörlich wandeln und ineinander übergehen. Wenn dieser Vorgang zunächst Verwirrung hinterläßt, so kann diese doch angesichts der Reflektiertheit Stephens nicht die alleinige Absicht des Textes sein. Verwirrung wäre hier wie anderwärts eher als ein Provokationssignal aufzufassen, das der Leser natürlich nicht befolgen muß – und er wird es immer dann unbeachtet lassen, wenn er sich strapaziert fühlt. Trotzdem hält der Text die Möglichkeit bereit, aus seinem fragmentarisierten Aufbau etwas herauszulesen. Denn Stephens Reflexion auf seine Wahrnehmungsakte zeigt einen Bewußtseinszustand, den man mit einem Zitat Cassirers wie folgt umschreiben kann: "Je weiter das Bewußtsein in seiner Formung und Gliederung fortschreitet, und je mehr seine einzelnen Inhalte 'bedeutsam' werden, d. h. je mehr sie die Kraft gewinnen, auf andere 'hinzuweisen', um so mehr wächst die Freiheit, mit der es, durch einen Wechsel der 'Sicht', eine Gestalt in eine andere umwandeln kann" [29]. Im unablässigen Gestaltwandel des Monologs wird diese Disposition des Bewußtseins ausgetragen. Es wäre jedoch zu ergänzen, daß dieser Gestaltwandel im wesentlichen dadurch bedingt ist, daß Stephen fortwährend die Distanz

---

[28] Auch dieser Sachverhalt ist Stephen bewußt: "You find my words dark. Darkness is in our souls, do you not think? Flutier. Our souls, shame-wounded by our sins, cling to us yet more, a woman to her lover clinging, the more the more"; ibid., p. 45.

[29] E. Cassirer, *Philosophie der symbolischen Formen* III, Darmstadt [4]1964, p. 185.

zu der beobachteten Realität und zu sich selbst als einem reflektierenden Beobachter variiert. Diese Variation sorgt dafür, daß die der
Wahrnehmung offenliegende Welt nicht in den Bezugsrahmen der
Bewußtseinsoperationen eingesperrt wird. Bedingung dafür bildet
das unablässige Dementieren der jeweils bezogenen Einstellung zu
allem, was am Strand von Sandymount passiert. Dieser Vorgang
wird durch die Leerstellen des Textes angezeigt. Sie zerbrechen die
im Wahrnehmungsakt entstandenen Ansichten der Phänomene und
geben dadurch einen Blick frei, der es ermöglicht, die Interaktion
zwischen Wahrnehmung und Realität selbst zu beobachten.

Auch dafür finden sich im Text Signale. Stephen ist sich bewußt:
*I throw this ended shadow from me, manshape ineluctable, call it
back. Endless, would it be mine, form of my form? Who watches me
here* [30]? Das hier zur Geltung kommende Bewußtsein, ständig die
Wahrnehmungsmodalitäten vom Wahrgenommenen trennen zu müssen, damit die beobachtete Welt überhaupt erst zu ihrer Vielgestaltigkeit erwachen kann, ist im Text durch die Dichte der Leerstellen
markiert. Denn erst sie verhindern die Anschließbarkeit der durch
die Beobachtung zurechtgemachten Phänomene. Der Monolog vermittelt daher den Eindruck, als ob er die Fülle wahrgenommener Einzelheiten ständig aus ihrer Strukturierung entließe.

Angesichts eines solchen Eindrucks könnte man versucht sein, in
diesem Kapitel den zentralen Blickpunkt für die Vorstellungsweisen
des "Welt-Alltags" zu sehen. Stephens Reflexion auf seinen Wahr-
nehmungsraster, die ständige Kontrolle des Beobachteten durch
Selbstbeobachtung und die Befreiung des Wahrgenommenen vom
Zugriff der Wahrnehmung könnte man leicht für ein Grundschema
des Romans halten. Wäre dies so, dann verfiele Joyce seiner eigenen
Kritik. Er würde dann lediglich die von ihm parodierten Stilisierungs-
prinzipien durch ein anderes ersetzen. Doch gerade deshalb dürfen
die Signale nicht übersehen werden, durch die der Präsentationsmodus dieses Kapitels wiederum eingeschränkt wird. Zunächst handelt
es sich lediglich um die Sicht einer Romanfigur, sodann ist diese
Perspektive als ein Monolog geboten, der sich gelegentlich in die
undurchdringbare Eigenheit der Person verliert. Aber auch dort, wo

---

[30] Joyce, *Ulysses*, p. 45.

die Reflexion nachvollziehbar bleibt, zeigt die monologische Form den privaten Charakter der Einsicht an; denn der innere Monolog ist eine Darstellungsform des Privaten, das Ich ist sich selbst Adressat. Schließlich hat Joyce an einer anderen Stelle des Romans Hinweise darauf eingefügt, wie Stephens Reflexionsverhalten zu beurteilen sei. Lange nach diesem Kapitel, genau 352 Seiten später, wird im Kapitel über die Stilparodie – notabene – Stephens Reflektiertheit als *perverted transcendentalism* [31] etikettiert. Gewiß, der Joyce-Leser braucht ein gutes Gedächtnis, das vielfach nicht gut genug ist, um alle Signale beachten zu können. Doch selbst ein bisweilen überfordertes Erinnerungsvermögen vermag nicht darüber hinwegzutäuschen, daß der Präsentationsmodus des *Proteus*-Kapitels nur als Facette, nicht aber als Paradigma für die Vorstellungsmöglichkeiten des Alltags zu verstehen ist.

Daran ließe sich noch eine Überlegung knüpfen, die die homerische Parallele berührt. Joyce hat dieses Kapitel *Proteus* genannt, und aus der *Odyssee* wissen wir, daß Proteus sich dem Menelaos deshalb immer wieder entzieht und in andere Gestalten verwandelt, weil er ihm nicht preisgeben will, wie er am besten nach Hause gelangen könne. Menelaos aber ist vorher bedeutet worden, er solle sich durch den Gestaltwandel nicht beirren lassen, denn gerade sein Mut würde Proteus zwingen, das begehrte Geheimnis zu nennen. Anders verläuft der von Stephens Reflektiertheit hervorgebrachte Gestaltwandel. Zwar scheint sich auch ihm ein Geheimnis verweigern zu wollen, doch im Gegensatz zum homerischen Helden produziert er dieses selbst. Er kennt seine unausweichliche Gebundenheit an die Wahrnehmung, und er weiß, daß sich die Dinge verändern, wenn man sie betrachtet. Jeder Zugriff macht sie zu etwas anderem. So verstellt der unentwegte 'Mut' zu wissen, was wir eigentlich zu sehen und zu begreifen vermögen, den Zugang zum Begehrten. Der Erkenntnisakt selbst erzeugt das Geheimnis der Dinge, die sich ändern, wenn sie beobachtet werden. Ließ die homerische Weltordnung eine Lösung des von Menelaos begehrten Geheimnisses zu, so zeichnet sich die moderne Welt dadurch aus, daß sie durch ihr Wissen den Unbestimmtheitsgrad der Phänomene allererst entdeckt.

---

[31] Ibid., p. 399.

Die äußerst sparsame Homeranspielung eröffnet einen breiten Spielraum für mögliche Fixierungen der Beziehung. Doch gerade dadurch werden Interpretationen fast zu Entscheidungen. Für Menelaos mündet das Proteus abgerungene Wissen in eine Handlung, für Stephen mündet die Einsicht, unausweichlich an die Wahrnehmung gebunden zu sein, in einen unendlichen Regreß auf letzte Konstitutionsbedingungen der Welt. Sofern sich der Leser überhaupt um die Homeranspielung kümmert, gewärtigt er in solcher 'Parallelität' nur die äußersten Begrenzungen eines Entscheidungsspielraumes, der gerade durch seine Unbestimmtheit zu Urteilen verlockt.

Da hier nicht alle Stilexperimente des Romans analysiert werden können, sollen im folgenden nur noch diejenigen betrachtet werden, in denen die Variation der Stile bemerkenswerte Schwankungen aufweist. Dazu gehört zweifellos das *Aeolus*-Kapitel, dessen Diskussion sich an dieser Stelle insofern anbietet, als es in mancher Hinsicht einen Kontrast zum *Proteus*-Kapitel bildet. Es handelt vom Dubliner Zeitungshaus und den von ihm in 'alle Winde' verstreuten Nachrichten. Damit ist zugleich die Homeranspielung benannt, die sich hier nur auf ein paar Verse der *Odyssee* bezieht, diese aber in einer Form ausweitet, daß von einer Parallelität im bisherigen Sinne nicht mehr gesprochen werden kann. Zwar ließe sich das Zeitungshaus als eine moderne Allegorie des Aeolus verstehen, doch eine solche Gleichsetzung wäre einfach zu schlicht, wollte man in ihr den Rahmen des ganzen Kapitels sehen. Denn so gewiß die Zeitungen, dem Winde vergleichbar, ihre Neuigkeiten in die Welt streuen, so gewiß ist es auch, daß Neuigkeiten für Adressaten gedacht sind. Gerade dieser Gesichtspunkt aber strukturiert das *Aeolus*-Kapitel; die Empfängerseite bildet die vorherrschende Orientierung der Textgestalt. Diese aber ist eigentümlich.

Für die Betrachtung könnte man zwei Textschichten voneinander isolieren, die sich als mikro- bzw. makrostrukturelle Schicht bezeichnen ließen; beide sind jeweils in sich wiederum differenziert. Die mikrostrukturelle Schicht besteht aus einer Fülle von Anspielungen, die sich im wesentlichen auf drei verschiedene Gruppen hin aussortieren lassen: 1. solche, die sich auf die unmittelbare Situation des Kapitels, Blooms Besuch im Zeitungshaus und die damit verknüpften

Ereignisse, beziehen; 2. solche, die auf ganz andere, außerhalb des Kapitels liegende Episoden verweisen. Sie zielen dabei manchmal auf bereits erzählte Begebenheiten ab, manchmal antizipieren sie kommende; 3. solche, die sich selbst dann noch ins Dunkle verlieren, wenn man die Stellen ihrer möglichen Zielrichtung kollationieren würde. Da aber die Anspielungen durcheinanderwirbeln und nicht so säuberlich getrennt sind, verlockt eine jede von ihnen, ihr zu folgen. Sie werden zu Mikroperspektiven, die gerade wegen ihrer Dichte gar nicht alle zu durchlaufen sind. So ziehen sich in ihnen Realitätsausschnitte zu Abbreviaturen zusammen, die den Leser zwangsläufig zu Selektionen zwingen.

Das gilt auch angesichts der anderen, in der mikrostrukturellen Schicht erkennbaren Stilmuster. Wie die Anspielungen, so wechseln auch Dialog, direkte und indirekte Rede, auktorialer Bericht, Ich-Perspektive und innerer Monolog unvermittelt miteinander ab. Zwar ordnen solche Muster die Fülle der Anspielungen bis zu einem gewissen Grade, gleichzeitig aber geben sie ihnen einen jeweils unterschiedlichen Stellenwert. Die Anspielung im auktorialen Bericht hat sicher eine andere Funktion für den Zusammenhang des Textes als eine solche, die in direkter Rede steht. So sind Sachverhalte, Realitätsausschnitte und Ereignisse nicht nur auf Anspielungen zusammengezogen, vielmehr tauchen diese nun durch die Stilmuster in Zuordnungen auf, die ihnen eine unterschiedliche Reichweite und Relevanz geben. Zugleich erzeugen die unverbundenen Anspielungen und der abrupte Wechsel der Stilmuster einen hohen Betrag an Leerstellen.

Daraus entsteht das Reizquantum des Textes. Auf der einen Seite bewirken Anspielungsdichte sowie die immer erneute Segmentierung der Stilmuster ein fortwährendes Umspringen der Blickpunkte, die gerade dann außer Kontrolle geraten, wenn der Leser ihnen möglichst genau zu folgen versucht. Auf der anderen Seite bieten sich die aus Schnitten und Verkürzungen entstehenden Leerstellen der Besetzung durch den Leser an. Er wird zu gruppieren versuchen, weil erst dadurch für ihn die Umrisse von Sachverhalten erkennbar bzw. die Situationen bestimmter Romanfiguren durchschaubar werden.

Einem solchen Gruppierungsbedürfnis nun kommt die Makrostruktur des Textes entgegen, wenngleich auf eine besondere Weise.

Schlagzeile und Kommentar bilden das Kompositionsschema, das die Fülle der Anspielungen und den Wechsel der Stilmuster umgreift. Die Schlagzeile ist eine "Erwartungsinstruktion" [32], sie gruppiert den folgenden Text. Dieser aber zeigt die beschriebene Organisation und löst daher in den meisten Fällen die mit der Schlagzeile signalisierte Erwartung nicht ein. Da sich die Zeitungsüberschriften auf die verschiedensten Vorfälle in der City, auf die Situation Irlands und ähnliches mehr beziehen, scheinen sie Alltagsereignisse zu bezeichnen, deren Realitätscharakter außer Zweifel steht. Nun aber frustriert der folgende kommentarähnliche Text diese Erwartung, indem er banale, aber auch gewichtige Realitäten nicht nur in unvorhersehbare Richtungen führt und dadurch den Gruppierungseffekt der Schlagzeile aufhebt, sondern auch darüber hinaus den Sachverhalt so zu facettieren beginnt, daß ein Begreifen der oft banalen Vorkommnisse zur Anstrengung werden kann. Scheint die Überschrift dem Elementarbedürfnis unserer Wahrnehmung nach Gruppierung entgegenzukommen, so wird dieses Bedürfnis vom folgenden Text nachhaltig 'enttäuscht'.

Der Leser erfährt dann in diesem Kapitel nicht nur etwas über Ereignisse zu einer bestimmten Zeit am 16. Juni 1904 in Dublin, sondern gleichzeitig auch die Schwierigkeit, durch die hindurch überhaupt erst Ereigniskonturen faßbar werden. Gerade weil die Schlagzeile eine Gruppierung andeutet und damit eine Perspektive setzt, wirkt der folgende Text so wenig wahrnehmungskonform. Er scheint die Transkription des angezeigten Sachverhalts zu verweigern und bietet statt dessen dem Leser Einstellungen bzw. Vorstellungsmöglichkeiten für den vermeinten Sachverhalt an. Folgt ihnen der Leser, dann wird er zu einer Aktivität genötigt, die B. Ritchie in einem anderen Zusammenhang einmal wie folgt beschrieben hat: "The solution to this paradox is to find some ground for a distinction between 'surprise' and 'frustration'. Roughly, the distinction can be made in terms of the effects which the two kinds of experiences have upon us. Frustration blocks or checks activity. It necessitates new orienta-

---

[32] Diesen Terminus gebraucht H. Weinrich, *Linguistik der Lüge*, Heidelberg 1966, p. 46, in einem anderen Zusammenhang. Er läßt sich jedoch ohne weiteres auf den hier beschriebenen Sachverhalt anwenden.

tion for our activity, if we are to escape the *cul de sac*. Consequently, we abandon the frustrating object and return to blind impulsive activity. On the other hand, surprise merely causes a temporary cessation of the exploratory phase of the experience, and a recourse to intense contemplation and scrutiny. In the latter phase the surprising elements are seen in their connection with what has gone before, with the whole drift of the experience, and the enjoyment of these values is then extremely intense ... any aesthetic experience tends to exhibit a continuous interplay between 'deductive' and 'inductive' operations. To make clear what is involved in these 'deductive' and 'inductive' procedures we must give a precise account of the formal structure of the aesthetic object. To do this we must first specify in what sense the elements of the objects are signs, that is, we must show what kind of signs they are" [33].

Nun zeigt es sich, daß manchmal in diesem Kapitel die von der Schlagzeile signalisierte Erwartung eingelöst wird. An solchen Stellen wirkt der Text banal [34]. Dieser Eindruck ist durch den Kontext bedingt, denn in ihm wird das Erwartungsspiel von Überschrift und Text ständig suspendiert. Hat sich der Leser darauf eingestellt, dann wird er auf die erfüllte Erwartung anders reagieren. Der Grund ist leicht einzusehen. Wenn der Text nicht an die Überschrift anschließt, dann muß der Leser die entstandene Leerstelle besetzen. Seine Beteiligung an der Intention des Textes steigt. Erfüllt der Text aber die in der Überschrift angezeigte Erwartung, dann ist die Aktivität des Lesers weder gefordert noch gefragt. So provoziert die Textgestalt dieses Kapitels fortwährend Konflikte mit der Wahrnehmungsfähigkeit des Lesers, und da sich der Autor durch die Textmontage völlig zurückgezogen hat, erhält der Leser keine Anhaltspunkte für mögliche Lösungen. Indem er einen solchen Konflikt erlebt und die Lösungsmöglichkeit selbst zugeschoben bekommt, vermittelt sich ihm in solcher Textgestalt das Erfahren von Realität.

Vielleicht ist es nicht von ungefähr, daß in diesem Kapitel die

---

[33] B. Ritchie, "The Formal Structure of the Aesthetic Object", *The Problems of Aesthetics*, ed. by E. Vivas and M. Krieger, New York 1965, p. 230 f.
[34] Vgl. dazu u. a. Joyce, *Ulysses*, p. 118.

Homerparallele zu einer minimalen Erinerung geschrumpft ist. Denn nicht das Zerstreuen von Nachrichten in 'alle Winde', sondern der Empfang des so Zerstreuten bildet das Kompositionsschema des *Aeolus*-Kapitels. Was für Homer nicht in den Blick rückt, macht Joyce zum Thema. Darin zeigt sich zugleich etwas von der Strategie literarischer Anspielungen, die in *Ulysses* verfolgt wird.

Einen Höhepunkt der Stilexperimente bildet das vielfach als 'Walpurgisnacht' bezeichnete *Circe*-Kapitel, das Szenen des nächtlichen Dublin in einer der Dramenform angenäherten Gesprächsfolge vorführt. Diese Anlage sagt bereits, daß hier das Erzählen auf weiten Strecken aufgegeben ist. Wenn man das Gruppieren von Ereignissen als ein Elementarcharakteristikum des Erzählens unterstellt, so scheint es, als ob sich hier der Roman von seinem konstitutiven Element, dem Entwickeln solcher Ereignisreihen, überhaupt befreien wolle. Wenn gelegentlich dennoch erzählt wird, dann in einer Form, durch die deutlich die Depotenzierung des Erzählten angezeigt ist, denn das Kapitel besitzt die formalen Umrisse eines Theaterstücks. Es läuft weithin als unentwegter Dialog höchst verschiedener Figuren ab und ist wie viele Bühnenstücke mit Regieanweisungen ausgestattet, in denen sich die Erzählreste des Kapitels finden.
Bedient man sich der von Ingarden eingeführten Terminologie von Haupt- und Nebentext zur Qualifikation der Textgestalt eines Dramas [35], so ist hier das Erzählen in den Nebentext abgedrängt und dient vorwiegend dazu, die Kulisse für das nächtliche Schauspiel zu entwerfen. Doch auch dieses hat sich so weit von der Dramenform entfernt, daß man es kaum noch als Theaterstück bezeichnen kann. Zwar besteht das Kapitel durchweg aus Elementen des Dramas – Monolog, Dialog, Gesprächssituationen sowie Auftritte und Bühnenanweisungen bilden die Muster seiner Textgestalt. Doch diese scheinen ihre dramatische Funktion nahezu vollständig verloren zu haben. So bleiben die Konflikte der Gesprächspartner konsequenzlos und schwinden ebenso unvermittelt aus dem Blick, wie sie sich eingestellt hatten. Das Arsenal der miteinander sprechenden Personen

[35] Vgl. R. Ingarden, *Das literarische Kunstwerk*, Tübingen ²1960, p. 220 f. u. 403.

erweckt den Eindruck, als ob es sich ständig vergrößern würde, denn es kommen nicht nur die Figuren des Romans zu Wort, sondern ganz unvermittelt beginnen Lord Tennyson [36] und Edward VII.[37] zu sprechen, beginnt die Gasflamme zu zischen [38], der Apportierhund zu bellen [39], beginnen die Stimmen der Gesegneten und der Verdammten zu ertönen [40] und die Apokalypse mit schottischem Akzent [41] zu sprechen.

Dieser unausgesetzten Vergrößerung des 'Dramenpersonals' stehen höchst wunderliche Auswirkungen der Dialoge gegenüber. Hat im Drama der Dialog im allgemeinen das wechselseitige Beeinflussen der Gesprächspartner zum Ziel, so ist diese Elementarfunktion hier gleichsam beim Wort genommen. Als Bloom zu Anfang, von den verschiedenen Partnern umstellt, auf Ereignisse des Tages sowie seiner Vergangenheit angesprochen wird, nimmt er in der Entgegnung jeweils diejenige Gestalt an, auf die angespielt ist [42]. Manchmal ist diese Tendenz so weit getrieben, daß Bloom etwa in der Auseinandersetzung mit Bella Cohen, der *whore-mistress* des Bordells, sich in eine Frau verwandelt und verängstigt unter das Sofa kriecht, um schließlich eine unterwürfige Rolle vor der inzwischen zu einem maskulinen Ungeheuer gesteigerten Bella Cohen zu spielen [43]. Die vom dramatischen Dialog verfolgte Wirkung ist hier so intensiviert, daß Bloom die ihm vom Partner zugedachte Rolle spielt. Das rasche Nachgeben indes bleibt auch für den Partner nicht ohne Schwierigkeiten, denn Blooms Gestaltwandel schwächt die Reaktionssicherheit seines Gegenüber.

Solche Szenen machen deutlich, daß die Elemente des Dramas nicht mehr dramatisch strukturiert sind, so daß sich das Drama vom Kompositionsschema der Gattung zu emanzipieren beginnt. Sind schon die Erzählreste weithin zum bloßen Entwerfen von Kulissen

---

[36] Joyce, *Ulysses*, p. 555.
[37] Ibid., p. 557 u. 560.
[38] Ibid., p. 485 u. 550.
[39] Ibid., p. 567.
[40] Ibid., p. 565.
[41] Ibid., p. 481.
[42] Vgl. u. a. ibid., p. 423 f. u. 433 f.
[43] Ibid., p. 500 f.

geschrumpft, so verlieren hier noch zusätzlich die Dramenelemente ihre dramatische Teleologie. Der Leser aber wird durch die Redesituation des Kapitels direkt mit dem Gesagten konfrontiert, dessen Auswirkungen ihm angesichts der Erosion von Erzähl- und Dramenform immer unkontrollierbarer erscheinen müssen. Er wird daher geneigt sein, das Ganze für phantastisch zu halten.

Nun fragt es sich, was er für phantastisch hält. So sehr sich das Geschehen immer wieder ins Unvorhersehbare verzweigt, so beherrschend steht doch die Gestalt Blooms im Zentrum des Kapitels. Diese Gestalt indes bietet sich nun von höchst überraschenden Seiten. Dafür gibt es gleich zu Beginn ein aufschlußreiches, wenngleich verdecktes Signal. Bloom wird in der Bühnenanweisung beim nächtlichen Gang durch Dublin als eine Figur beschrieben, die in Konvex- und Konkavspiegel schaut und demzufolge immer anders erscheint [44]. Das Kapitel entfaltet dieses 'Thema'. Was Bloom ist, scheint perspektivisch gebunden zu sein; je nach seiner Umgebung wird sich ein anderes Spiegelbild einstellen. Kein Wunder also, daß Bloom im Lauf der Nacht Bürgermeister von Dublin [45], ja sogar Wohltäter der ganzen Nation wird [46]. Er löst aber auch Trancezustände unter den schönen Frauen der Dubliner Oberschicht aus [47], die – von seiner Großherzigkeit berührt und in Leidenschaft entflammt – sich umzubringen beginnen [48]. Die gleichen Damen indes kehren in einer Gerichtsszene wieder und bezichtigen Bloom ausgeklügelter Perversitäten [49]. Es bleibt offen, ob Bloom seine Gefühle in die Ankläger projiziert oder ob er sich von ihnen befreien möchte, indem er sie anderen zuschreibt. In der Unfestigkeit solcher Situationen werden alle Äußerungen zu Möglichkeiten des Charakters. Beispiele dieser Art ließen sich häufen; wollte man sie alle nennen, müßte man das Kapitel nacherzählen.

Dieser Ausfächerung Blooms scheinen zwei Tendenzen zugrunde zu liegen; die eine ist offensichtlicher als die andere. Offensichtlich

[44] Ibid., p. 414.
[45] Ibid., p. 455 f.
[46] Ibid., p. 460 f.
[47] Ibid., p. 458 f.
[48] Ibid., p. 467 f.
[49] Ibid., p. 443 f.

ist, wie sehr für Bloom im nächtlichen Dublin all das zur Realität wird, was in seinem täglichen Leben ausgespart, verdeckt oder verdrängt geblieben ist. Wenn diese Aspekte nun mit dem gleichen Realitätsgrad ausgestattet werden, so rückt Blooms bisheriges Leben in einen neuen Horizont. Der Alltag, so scheint es, hat ihn zu einer fragmentarisierten Figur gemacht, die nun in dieser nächtlichen Stunde ihre vollen Möglichkeiten zurückerhält. Ein einfacher Fall also für eine psychoanalytische Interpretation. Damit diese jedoch nicht voreilig gegeben wird, hat sie Joyce selbst vorsorglich in diesem Kapitel durch den Medizinstudenten Buck Mulligan ironisiert [50]. Beachtet man das Signal, dann ist die Wiederkehr von Blooms verdeckten Gestalten nicht als bloßer Kompensationsakt für gesellschaftliche Zensur zu verstehen. Vielmehr läuft die offensichtliche Tendenz dieses Kapitels darauf hinaus, das Potential eines Charakters zu veranschaulichen, der sich im Alltag immer nur sehr partiell realisieren kann.

Dieser Sachverhalt kommt in dem daidalischen Wandel der Möglichkeiten zur Geltung, in dem die uns bisher vertraute Gestalt Blooms immer wieder zerbricht. Blooms virtueller Charakter, der dadurch mehr und mehr hervorzutreten beginnt, ist so aspektreich, daß man ihn willkürlich verarmen müßte, wollte man ihn auf ein Oppositionsverhältnis zum gelebten Leben reduzieren. Was sich von Bloom im Alltag zeigt, ist nur das punktuelle Moment seines Lebensvollzugs, das von einem Überschuß möglicher Verhaltensweisen überschattet bleibt. Dieser wird nun im *Circe*-Kapitel manifest, so daß hier der Anschein entsteht, als ob Bloom alles, was er ist, nur sei, um jede Gestalt zum Anlaß einer neuen zu machen. Er selbst wäre demnach nur gegenwärtig als Bewegung in der Wandelbarkeit der von ihm vorgestellten Aspekte.

Dazu findet sich im Text eine wichtige Bemerkung, die bezeichnenderweise von der Figur mit dem höchsten Reflexionsniveau, von Stephen, stammt. In einer von der Regieanweisung als abrupt charakterisierten Äußerung sagt er: *Self which it itself was ineluctably preconditioned to become. Ecco* [51]! Mit seinem Lieblingswort 'un-

[50] Vgl. ibid., p. 468 f.
[51] Ibid., p. 479.

ausweichlich' kennzeichnet Stephen die Gegebenheit des Selbst. Dieses ist ein Potential, das mit keiner seiner Manifestationsgestalten identisch sein kann. Ihm Identität zuzuschreiben hieße, es willkürlich fixieren zu wollen. Demnach wäre das Selbst nur als der Konvergenzpunkt seiner Aspekte zu qualifizieren, und da diese niemals vollständig mit dem Selbst zu verrechnen sind, bleibt es letztlich unbestimmbar. Diese Unbestimmtheit aber ist die Bedingung der Vielgestaltigkeit, die Bloom in diesem Kapitel zeigt.

Damit stellt sich die Frage, wodurch sich diese Unbestimmtheit in die Fülle bestimmter, wenngleich begrenzter Gestalten umsetzt. Die Antwort darauf muß sich an der zweiten, weniger offensichtlichen Tendenz des Kapitels orientieren. Was Bloom zeigt, zeigt er, weil er in einer bestimmten Situation ist; die Gestalten seines Charakters entstehen durch den Situationsbezug auf wechselnde 'Lebenskontexte'. Was immer von ihm offenbar wird, ist perspektivisch gebunden, und nur so ist das Potential des Charakters überhaupt realisierbar. In einem Situationsbezug äußert sich der Charakter immer nur unter Bedingungen; je schneller diese wechseln und je undurchsichtiger die Abfolge der einzelnen Situationen bleibt, desto reicher erscheinen die Möglichkeiten, in denen sich der Charakter entfaltet.

An diesem Punkt nun läßt sich die Funktion angeben, die der eigentümliche Präsentationsmodus dieses Kapitels zu erfüllen hat. Die drastische Reduktion des Erzählens und die Suspendierung des Zusammenhangs dramatischer Stilformen bewirken eine verstärkte Isolierung der einzelnen Situationen voneinander. Die Unterbrechung ihrer Verbindung gibt ihnen nahezu den Charakter eines Selbstzwecks. Nun aber erscheint Bloom in den jeweiligen Situationen immer anders, so daß der Wandel in solche Andersartigkeit zur Realität des Kapitels wird. Dafür sorgen nicht zuletzt die Erzählreste der Bühnenanweisungen, durch die die Realität der Stadt Dublin zur Kulisse depotenziert wird. Erst wenn die Umwelt selbst zum Theaterrequisit verblaßt, lockert sich der Determinierungszwang, dem der Charakter durch seinen Situationsbezug immer ausgesetzt ist. Je mehr diese Bestimmtheit nachläßt, desto ungezügelter öffnet sich der Charakter in seine Möglichkeitsvielfalt hinein [52]. Die Un-

---

[52] F. Kermode, *The Sense of an Ending. Studies in the Theory of Fiction*,

wirklichkeit des Gestaltwandels als Wirklichkeit dieses Kapitels zu bieten, setzt allerdings voraus, daß dem Leser die Anschließbarkeit der gebotenen Textmuster beinahe hartnäckig vorenthalten wird. Gerade weil in diesem Text so viele Muster und die mit ihnen gekoppelten Erwartungen erkennbar sind, gewinnen die ausgesparten Verbindungen einen hohen Provokationsgrad. Da gibt es Dramenformen ohne bestimmte dramatische Intention; da gibt es Erzählspuren eines Autors, doch dieser hat sich hinter Bühnenanweisungen versteckt, die einem Drama ohne erkennbaren Konflikt und ohne fixierbare Absicht dienen. Das ganze Kapitel scheint in der Luft zu schweben, und wollte man es verankern, so bliebe nur die Virtualität von Blooms Charakter als durchgängiges Moment übrig. Doch dieses erscheint nicht nur phantastisch, sondern hinterläßt auch den Eindruck einer Halluzination, weil eine solche Verkehrung des Möglichen mit dem Faktischen nicht zu unseren Erfahrungen stimmt. Doch "(s)präche man nur von Erfahrungen, mit denen man koinzidiert, so spräche man von gar nichts mehr".[53]

Hält man die virtuelle Vielgestaltigkeit Blooms für phantastisch, dann ist man wohl schon in eine Falle gelaufen. Denn ein solcher Eindruck – oder sollte man besser sagen, ein solches Urteil? – bezeugt doch, daß man über die Differenz von Wirklichkeit und Möglichkeit Bescheid weiß. Hier aber wird die Unterscheidung offensichtlich verwischt. Doch zu welchem Zweck: dem der Verwirrung oder dem gesteigerter Klarsicht? Halluzination als Produkt aus purem Nonsense bliebe spannungslos; daß es spannungslos sei, läßt sich von diesem Kapitel nicht sagen. Der hohe Grad seiner Unbestimmtheit schafft Spannungen eigener Art, deren Lösung eine Mobilisierung dessen erfordert, was der Leser bisher über Bloom erfahren hat.

Ein solches Erinnerungsbild ist als Projektionshintergrund für das *Circe*-Kapitel beinahe unumgänglich. Dadurch wird der Leser

New York 1967, p. 141, meint im Anschluß an eine Bemerkung Sartres über die Charaktere im Roman: "The characters ... ought surely to be 'centres of indeterminacy' and not the slaves of some fake omniscience." In dem vorliegenden *Circe*-Kapitel enthüllt sich Blooms Charakter in besonderem Maße als 'centre of indeterminacy'.
[53] M. Merleau-Ponty, *Phänomenologie der Wahrnehmung*, übers. von R. Boehm, Berlin 1966, p. 388.

auf die Suche nach der ihm vorenthaltenen Verbindung geschickt, und was immer er auch dabei finden mag, angesichts des *Circe* Kapitels wirkt jede Manifestation von Blooms Charakter, die wir aus der bisherigen Erzählung kennen, wie eine bloße Abschattung seiner Möglichkeiten. Wer aber wäre dann der wirkliche Bloom? Oder noch radikaler gefragt: Was wäre eigentlich als wirklich zu bezeichnen? Das Manifeste oder gar am Ende das Mögliche? Damit eröffnet sich fast eine Alternativentscheidung für den Leser, die im Text selbst von Stephen einmal wie folgt markiert wurde: ...*the fundamental and the dominant are separated by the greatest possible interval* [54]. Der Leser wird diese 'Pause' nicht als bloße Unentscheidbarkeit verstehen können, zumal sie ja die Verbindung zwischen Grund und Manifestation nicht leugnet, sondern nur verdeckt. Sollte aber der Grund die Realität, und sollten die Manifestationen lediglich seine Möglichkeiten verkörpern, dann hieße dies, traditionelle Auffassungen über die Romancharaktere revidieren zu müssen. Bloom besitzt keine Identität; was ihn auszeichnet, ja vielleicht erst zu einem Menschen und damit zu mehr als nur einem Repräsentanten macht, ist seine "constitutive instability" [55], die als Potential der Freiheit das ständig erneute Verarbeiten seiner Umwelt ermöglicht. Es gibt nichts in seiner Natur, das auf Dauer gestellt wäre. Jede Herausforderung zwingt ihn dazu, andere Vermögen zu aktivieren, und mit jeder Situationsbewältigung verschwindet die alte Gestalt in eine neue. Zu meinen, daß der Mensch in seiner erkennbaren Triebwelt oder in den Äußerungen seines Bewußtseins gründe, erscheint auf dem Hintergrund von Blooms Gestaltwandel als Mythologie.

So bliebe noch die Frage nach der Homeranspielung übrig. Mehr als in anderen Kapiteln gilt hier die Feststellung Harry Levins, daß *Odyssee* und *Ulysses* Parallelen seien, die sich niemals schneiden [56]. Wurden die Freunde des Odysseus von Circe in Schweine verwandelt, so konnte Odysseus dem Bann nur durch das ihm von Hermes

---

[54] Joyce, *Ulysses*, p. 479.

[55] Dieser Terminus ist die Übersetzung eines von Ortega y Gasset gebrauchten Begriffs zur Beschreibung der Gegebenheit des Menschen. Vgl. Einzelheiten dazu bei Kermode, p. 140 f., Fußnote.

[56] H. Levin, *James Joyce. A Critical Introduction*, New York ²1960, p. 71.

geschenkte Zauberkraut 'Moly' widerstehen. Odysseus blieb er selbst, indem er sich den Künsten der Circe zu entziehen vermochte. Bloom wird er selbst, indem er sich in die Möglichkeiten seines Charakters verwandelt. So beginnen sich *Odyssee* und *Ulysses* durch die Anspielungen wechselseitig zu interpretieren: Nun heißt Verwandlung bei Homer Reduktion, bei Joyce dagegen Emanzipation.

In eine ganz andere Richtung führt das Stilexperiment des *Ithaca*-Kapitels, das allein schon deshalb ein gesteigertes Interesse weckt, weil es von der Heimkehr handelt. Diese archetypische Situation des *Ulysses* vollzieht sich als ein unausgesetztes Frage- und Antwortspiel, dem die Hauptfiguren unterworfen werden. Allem Anschein nach wird dieses Spiel von einem anonymen Erzähler veranstaltet, der die Fragen, was Bloom und Stephen denken, was sie machen, wie sie sich fühlen, was sie vorhaben, was sie zueinander sprechen, was sie damit meinen etc., mehr oder minder an sich selbst stellt, um darauf sogleich eine ebenso ausladende wie detaillierte Antwort zu geben. Was aber soll hier eigentlich erfragt werden, und warum fragt der Erzähler überhaupt, der doch ohnehin alles zu wissen scheint?

Der Präsentationsmodus dieses Kapitels wirkt so, als ob er sich ständig wie eine Barriere zwischen die erzählbaren Vorgänge von Blooms nächtlicher Heimkehr und den Leser schöbe; statt Ereignisse zu vermitteln, scheint er sie ständig zu unterbrechen. Dadurch rücken die Romanfiguren in eine große Distanz, zumal der jeweils gestellten Frage eine Antwort zuteil wird, die gerade wegen ihrer Präzision das Fassungsvermögen des Lesers immer wieder zu übersteigen droht. Damit wird der Leser vom Geschehen weg und auf den kuriosen Charakter des Frage- und Antwortspiels hingelenkt. Denn offensichtlich sitzt in ihm und nicht in den eruierbaren Details des nächtlichen Geschehens die Intention des Kapitels. Wenn aber der Präsentationsmodus das Geschehen eher abschirmt, statt es zu entwerfen, und sich selbst dem Leser aufdrängt, statt ihn zu orientieren, dann kann sich eine solche 'gegen den Strich' gerichtete Darstellungsweise nur dadurch rechtfertigen, daß sie etwas aufdeckt, was im allgemeinen gerade durch sie nicht in den Blick gerät.

Dafür ein Beispiel: Als Bloom nach Hause kommt, setzt er Wasser auf den Herd, da er sich rasieren möchte. Das Frage- und Antwortspiel bezieht sich in diesem Augenblick auf den Kochvorgang:

What concomitant phenomenon took place in the vessel of liquid by the agency of fire? The phenomenon of ebullition. Fanned by a constant updraught of ventilation between the kitchen and the chimneyflue, ignition was communicated from the faggots of precombustible fuel to polyhedral masses of bituminous coal, containing in compressed mineral form the foliated fossilised decidua of primeval forests which had in turn derived their vegetative existence from the sun, primal source of heat (radiant), transmitted through omnipresent luminiferous diathermanous ether. Heat (convected), a mode of motion developed by such combustion, was constantly and increasingly conveyed from the source of calorification to the liquid contained in the vessel, being radiated through the uneven unpolished dark surface of the metal iron, in part reflected, in part absorbed, in part transmitted, gradually raising the temperature of the water from normal to boiling point, a rise in temperature expressible as the result of an expenditure of 72 thermal units needed to raise 1 pound of water from 50° to 212° Fahrenheit [57].

Der Aufwand an wissenschaftlicher Erklärung – ein für das ganze Kapitel weithin herrschender Sprachduktus, dessen Komplikationen sich an manchen Stellen noch erheblich steigern – zeigt, wie schwierig es ist, den gesuchten Grund für das erfragte Phänomen anzugeben.

Die in ihren scheinbaren Ursprung laufende Kausalkette wirkt insofern phantastisch, als sie statt der letzten Ursache immer nur Abhängigkeiten hervorzukehren vermag. Indem eine exakte Beschreibung darum bemüht ist, Abhängigkeiten zu klären, lenkt sie zwangsläufig den Blick auf den Grund, der das Entstehen solcher auseinander hervorgehenden Phänomene bedingt. Je genauer beschrieben wird, desto mehr entzieht sich dieser Grund der Erklärbarkeit. Wenn sich daher der Erzähler fortwährend Fragen stellt, so gelten seine Antworten weniger der Demonstration seines Wissens, sondern eher der von der Präzision des Gewußten hervorgekehrten Uneinholbarkeit des Erfragten. Damit wird eine dem Frage- und Antwortspiel unterliegende Tendenz sichtbar, die darauf abzielt, den Betrag an Unbestimmtheit, ja vielleicht sogar Unbestimmbar-

---

[57] Joyce, *Ulysses*, p. 634.

keit zu profilieren, der in jedem Phänomen steckt. Kein Wunder also, daß neue Fragen aufgeworfen werden, die das Maß an Unbestimmtheit einschränken sollen, das allerdings gerade durch die exakte Antwort eher zunimmt als vermindert wird.

Das Ausmaß wissenschaftlicher Erklärung, das zur Beantwortung oft recht banaler Fragen aufgeboten wird, hinterläßt Verblüffung. Diese aber kommt dadurch zustande, daß ein simpler Vorgang präzise beschrieben wird. Offensichtlich sind dann unsere gewohnten Vorstellungen von solchen Vorgängen weniger genau und scheinen gerade deshalb problemloser zu sein. Warum aber sollen sie problematisiert werden? Vielleicht um anzuzeigen, wie unser Vorverständnis den Unbestimmtheitsgrad selbst alltäglicher Phänomene unentwegt durch pragmatische Bestimmungen beseitigt? Denn erst diese Beseitigung ermöglicht es, sich Vorstellungen von alltäglichen Phänomenen zu formen. Diese Aktivität aber wird von dem Frage- und Antwortspiel gebremst. Dafür sorgt die als wissenschaftlich plakatierte Erklärung der Phänomene [58]. Sie läßt den von ihr herausgestellten Unbestimmtheitsgrad als unüberspringbar erscheinen und bringt damit zur Geltung, daß alle halbwegs konsistenten Vorstellungen, die wir uns unentwegt von alltäglichen Phänomenen bilden, offensichtlich nur deshalb zu Vorstellungen werden, weil sie ein fiktives Element besitzen.

Wenn aber Unbestimmtheit nur um den Preis der Fiktion zu beseitigen ist, dann wird der Leser immer dort in einen Schwebezustand geraten, wo ihm dieses bewußt wird. Das Kapitel manövriert ihn des öfteren in eine solche Position, aus der er nur herauskommen kann, indem er Stellung bezieht. Der Leser könnte den Ironiesignalen folgen, um die Kette der Antworten als unentwegtes Unterlau-

---

[58] F. Budgen, *James Joyce and the Making of Ulysses*, Bloomington 1960, p. 257, berichtet, Joyce habe ihm im Februar 1921 geschrieben: "I am writing *Ithaca* in the form of a mathematical catechism. All events are resolved into their cosmic physical, psychical, etc., equivalents, e. g., Bloom jumping down the area, drawing water from the tap, the micturation in the garden, the cone of incense, lighted candle and statue, so that not only will the reader know everything and know it in the baldest coldest way but Bloom and Stephen thereby become heavenly bodies, wanderers like the stars at which they gaze."

fen wissenschaftlicher Pedanterie zu lesen. Doch die ironische Lösung ist, wie Northrop Frye einmal in anderem Zusammenhang formuliert, "the negative pole of the allegorical one. Irony presents a human conflict which . . . is unsatisfactory and incomplete unless we see in it a significance beyond itself . . . What that significance is, irony does not say: it leaves that question up to the reader or audience" [59]. Von dieser Art ist die Ironie des *Ithaca*-Kapitels, das durch seine ironischen Spuren die Lösung an den Leser zurückverweist. Lösungen zu finden heißt, interpretieren zu müssen; damit dieses aber nicht allzu ungehemmt geschieht, sind dafür besondere Warnsignale in den Text eingesetzt. Auf die Frage:

> What qualifying considerations allayed his (d. h. Blooms) perturbations?

kommt die Antwort:

> The difficulties of interpretation since the significance of any event followed its occurence as variably as the acoustic report followed the electrical discharge and of counterestimating against an actual loss by failure to interpret the total sum of possible losses proceeding originally from a successful interpretation [60].

Die Schwierigkeiten der Interpretation gründen nach der hier gegebenen Antwort vor allen Dingen darin, daß die Bedeutung eines jeden Ereignisses unerhört variabel ist. Der Vergleich mit der elektrischen Entladung, die sich in Schallwellen nach allen Seiten fortpflanzt, macht deutlich, daß jedes Ereignis, indem es geschieht, zugleich ein Bedeutungsspektrum besitzt. Wollte man daraus eine Bedeutung ablösen, um sie gar als die Bedeutung des Ereignisses auszugeben, dann hieße dies, alle anderen Bedeutungsvariablen zum Verschwinden zu bringen.

Gewöhnlich versteht sich eine erfolgreiche Interpretation als Ermittlung eines bestimmten Sinnes. Erfolgreich aber wäre nach der hier gegebenen Antwort eine Interpretation nur dann, wenn es ihr gelänge, die Gesamtsumme möglicher Bedeutungsverluste wenigstens

---

[59] N. Frye, "The Road of Excess", *Myth and Symbol. Critical Approaches and Applications*, ed. by B. Slote, Lincoln ²1964, p. 14.

[60] Joyce, *Ulysses*, p. 637.

abzuschätzen, die immer dann entstehen, wenn eine erfolgreiche Interpretation glaubt, die Bedeutung eines Ereignisses eruiert zu haben. So geschieht das Feststellen von Bedeutung durch die Interpretation immer nur um den Preis eines großen Verlustes an Bedeutungsvariablen. Deshalb könnte nur die Gegenrechnung möglicher Verluste durch eine erfolgreiche Interpretation den interpretierten Phänomenen in etwa ihr Bedeutungsspektrum zurückgeben. Das aber ist schwierig, wie die zitierte Antwort bekennt.

Bedeutungen haben dann allenfalls einen heuristischen Charakter. Sie sind "Suchbegriffe" [61], die gerade in den wissenschaftlich drapierten Antworten des Textes die Vielseitigkeit der beschriebenen Phänomene hervorzukehren vermögen. Je schwächer in solcher Beschreibung die Dominanz einer bestimmten Bedeutung ist, desto reicher erscheinen die behandelten Phänomene. Ihre Aspekte sind nicht fixiert, sondern in Bewegung; ihre mögliche Zuordnung auf Standpunkte für die Betrachtung ist ungleich größer, als wenn sie durch die Interpretation des Autors dem Leser bereits als klassifizierte Phänomene geboten wären. So sehr der Leser von der Vielgliedrigkeit der Phänomene gelegentlich verwirrt sein mag, so hat er doch die Chance, etwas vom Charakter der Phänomene selbst zu erfahren. Denn ihr Unbestimmtheitsgrad erlaubt es ihm, die verschiedenen Aspekte im Zustand verschiedener Zuordnungsmöglichkeiten zu gewärtigen. Die Bedeutung der einzelnen Phänomene wäre dann die vom Leser immer wieder neu zu bildende dynamische Resultante aus dem Interaktionsspiel der Aspekte. So ist es möglich, daß der Leser die Phänomene mehr als sie selbst und weniger als Ausdruck von etwas anderem erfährt. – Diese Tendenz ist im Frage- und Antwortspiel des ganzen Kapitels mehr oder minder deutlich wirksam. Das Scheitern von präzisen, oftmals sich sogar naturwissenschaftlich gebenden Erklärungen in dem Versuch, auf den Grund der beschriebenen Phänomene zu kommen, kehrt allererst deren Vielfalt hervor, die sich gerade immer dann erneut zu verzweigen beginnt, wenn sie durch eine Erklärung eingeholt werden soll.

---

[61] Vgl. dazu H. Lipps, *Die Verbindlichkeit der Sprache*, hrsg. von E. v. Busse, Frankfurt ²1958, sowie die Diskussion dieser Auffassung bei S. J. Schmidt, *Bedeutung und Begriff*, Braunschweig 1969, p. 157 f. u. 163.

Nun hat Joyce dieses Kapitel *Ithaca* genannt. Von welcher Art jedoch ist diese Heimkehr? Für Odysseus brachte sie die Erlösung von den Leiden seiner abenteuerlichen Fahrt, aber auch die Abrechnung mit den Freiern; für Bloom hingegen verrinnt das Nach-Hause-Kommen in viele triviale Verrichtungen, aber auch in eine phantastische, wenngleich machtlose Verdammung aller Liebhaber Mollys. Von diesem universellen Bannfluch ist niemand ausgenommen; er trifft schließlich die Ehe als Institution und am Ende Bloom selbst. "What then remains after this holocaust? Only himself with his desires – not as husband or householder but as Leopold Bloom, an Einziger with no Eigentum" [62]. Die in den Anspielungen gegenwärtig gehaltene Heimkehr des Odysseus schafft den notwendigen Hintergrund, vor dem sich Blooms Singularität entfalten kann, ja, vor dem sie sich überhaupt wahrnehmen läßt. Wie wenig Bloom in ein Verhaltensschema zurückholbar ist, zeigt wohl keine Situation mit solcher Deutlichkeit wie die der archetypischen Heimkehr. Indem er ihre Erfüllungsmuster überspringt, verhält er sich nicht mehr oppositionell zu der mit der Heimkehr verbundenen Erwartung; er überschreitet noch einmal das bloße Oppositionsverhältnis zu Odysseus, läßt es hinter sich, weil Singularität nur im Anderssein hervorgekehrt werden kann. Dieses wiederum ließe sich ohne die Homeranspielung kaum konturieren.

Die Stilexperimente des *Ulysses* enden mit dem vielberufenen inneren Monolog Molly Blooms. Er muß die Schwierigkeit lösen, ein Geschehen abzuschließen, das seiner Anlage nach aller Abschließbarkeit zuwiderläuft. Das uralte Problem des Romans, wie aufgehört werden soll, stellt sich hier mit aller Radikalität. Das Ende kann nicht als Spiegel der Vollendung vorgestellt werden, denn es fragt sich, wessen Vollendung es anzeigen soll. Aber nicht nur dieser konventionelle Schluß erweist sich als untauglich. Auch sein Gegenteil, das bloße Hinschwinden und langsame Verebben, wäre nach allem, was die Stilexperimente aufgedeckt haben, nicht mehr als ein Zeichen der Resignation und damit schließlich eine dem Ende aufgepfropfte Bedeutung. Joyce aber hatte sich vorgenommen, den Roman mit dem

---

[62] Budgen, p. 261.

Wort "Yes" zu beschließen [63], und wie immer man diese Absicht beurteilen mag, der Tenor des Ganzen ist auf Affirmation gestimmt. Das Ende sollte daher die Bewegung des ganzen Romans in sich tragen und gerade dadurch das Ende selbst zum Vergessen bringen.

Molly Bloom als die Penelope des *Ulysses* beschließt ein Geschehen, an dessen Anfang Telemach stand. Doch nicht nur in diesem äußeren Sinne kehrt eine Bewegung in sich zurück; vielmehr zeigt der Monolog, wie der Rückgang in die Erinnerung zu einer neuen Gegenwart wird. Der interpunktionslose Monolog suggeriert ein Kontinuum. Das Ich ist mit sich selbst zusammengeschlossen, es macht sich selbst zum Adressaten seiner wiedererinnerten Vergangenheit. Aus dieser Selbstbeziehung ist der Leser weithin ausgesperrt. Ihm erscheint daher dieses Ich weniger als Kontinuum, sondern eher als kaleidoskopischer Wechsel fragmentarisierter Facetten. Sollte das Zurücktauchen des Ich in sich selbst bedeuten, daß es sich dadurch seiner Bestimmbarkeit entzieht? Zunächst lassen sich Äußerlichkeiten registrieren, die den Rahmen für den Monolog abgeben. Molly merkt, daß Bloom nach Hause gekommen ist, offenbar jemanden mitgebracht hat und schließlich ins Bett geht. Der Wecker zeigt ihr die Stunde und die großblumige Tapete an der Wand den fahlen Schein der brechenden Nacht [64]. Diese äußeren Anstöße verlieren sich immer wieder in der heraufgerufenen Erinnerung, die sich ihrerseits in ein noch Ungeschehenes hineinzuweiten beginnt. Die Gegenwart dieser nächtlichen Stunde wird von einer anderen Gegenwart nahezu vollkommen überdeckt. Doch Erinnerung und Gegenwart sind nicht etwa miteinander konfrontiert; vielmehr wird das Erinnerte gerade deshalb zur Gegenwart, weil es nicht auf den Anstoß bezogen bleibt, der es heraufgerufen hat. Da aber Gegenwärtiges erst Vergangenes in Bewegung setzt, muß dieses zwangsläufig ein wenig anders erscheinen, als es einst war. Denn es ist nun durch etwas erweckt, das es damals noch nicht gab. Diese Veränderung des Erinnerten zeigt sich hier im Ausbleichen aller zeitlichen und räumlichen Begrenzungen der heraufsteigenden Vergangenheit. Durch diese Entgrenzung schießen die Situationen ineinander, erscheinen

---

[63] Vgl. hierzu S. Gilbert, *James Joyce's Ulysses*, New York [7]1960, p. 403, sowie die bei A. W. Litz, p. 46, zitierte Äußerung von Joyce.

[64] Vgl. Joyce, *Ulysses*, p. 740.

elliptisch und gewinnen die Offenheit ihres Ausgangs zurück, über den in den Vergangenheit längst entschieden worden war.

Damit wird eine erste Qualität des Monologs sichtbar. Er holt nicht nur vergangenes Leben zurück, sondern befreit es aus der Determinierung seiner Damaligkeit. Die einzelnen Situationen gewinnen ihre Offenheit wieder, die sie verloren hatten, als sie zu einem Glied in der Kette des Lebensvollzugs wurden. Der Monolog streicht die Teleologie dieses Lebensvollzugs und zeigt damit an, daß es hier nicht um eine Vermittlung von Gegenwart und Vergangenheit im Stile der Autobiographie geht, durch die der Sinn des gelebten Lebens ermittelt werden soll, sondern daß das gelebte Leben einer Zufallsspur gleicht, wenn man sich daran erinnert, was die Lebenssituationen alles enthielten, solange sie noch nicht miteinander verbunden waren. Werden sie nun aus dieser Zuordnung entlassen, so bewirkt eine solche Befreiung, daß bestimmte Situationen aus der Optik anderer gesehen werden können, die im gelebten Leben durch ihre räumliche und zeitliche Determinierung auch nicht einmal entfernt miteinander in Berührung standen. So aber wird die Vergangenheit in der Wiedererinnerung ganz neuer Kombinationen fähig, und Mollys eigenes Leben kommt auf sie mit einem Überschuß an Möglichkeiten zurück, die zumindest den Reiz andersartiger Zuordnungen vorspiegeln.

Diese Variation erweitert das Gewesene um immer andere Nuancen, so daß die Vergangenheit eine Tiefendimension bekommt, die wie eine neue Zukunft des Gewesenen wirkt. Ein solcher Eindruck ist durch die Tatsache bedingt, daß das Erinnerte bei aller Intensität seiner Vergegenwärtigung niemals volle Gegenwart zu werden vermag. Geschähe dies, dann fiele das Erinnerte mit dem Wahrgenommenen zusammen[65]. Doch gerade diese Differenz ist unaufhebbar, so daß das Erinnerte gegenüber jeder Gegenwart transzendent bleibt. Das aber bedeutet letztlich, daß das Ich selbst seine eigene Uneinholbarkeit produzieren kann.

Der innere Monolog entdeckt die Unausschöpfbarkeit der eigenen Vergangenheit dadurch, daß er Vergangenes unter immer wechseln-

---

[65] Vgl. dazu auch R. Ingarden, *Vom Erkennen des literarischen Kunstwerks*, Tübingen 1968, p. 116.

340

de Blickpunkte rückt. Sie machen deutlich, welch verschiedenartiger Anschließbarkeit die einzelnen Situationen fähig sind, je nachdem, ob sie im Spiegel eines unmittelbaren Anlasses, eines in die Zukunft gerichteten Wunsches oder gar einer vergebenen Möglichkeit von damals erscheinen. Der innere Monolog ist die Form dieses Kombinationsspiels, und wie die anderen Stilmuster des *Ulysses* hält auch diese Form die Beziehungen der wiedererinnerten Situationen undurchsichtig. Der Leser gewärtigt demzufolge nur fragmentarisierte Facetten. Die Facettierung der einzelnen Ereignisse verhindert es, daß sie in ein hierarchisches Verhältnis zueinander gebracht werden können.

Angesichts dieser mangelnden Gruppierung wird alles Geschehene auf die gleiche Ebene nivelliert, die dann das erinnerte Leben Molly Blooms als ständige Transformation erscheinen läßt. Woraufhin aber wird hier transformiert? Transformationsprozesse laufen in der Regel ja doch ab, um in der Vielgestaltigkeit diejenigen Ähnlichkeiten aufzufinden, die ein gemeinsames Grundmuster besitzen. Gälte es, die wiedererinnerte Vergangenheit als Kompensation für verweigerte Wünsche zu verlebendigen, dann würde Mollys Vergangenheit auf eine punktuelle Situation dieser nächtlichen Stunde hin versammelt. Oder gälte es, in der Vergangenheit eine Gegenwart zu entdecken, die bestand, solange noch nichts entschieden war, dann würde der Lebensvollzug ständig in seine Möglichkeiten aufgedröselt und wirkte wie ein rückwärts laufender Film. Der Monolog indes läßt weder den einen noch den anderen Standpunkt mit zureichender Deutlichkeit erkennen. Molly schaut weder von ihrer Gegenwart her auf die Vergangenheit, noch von dieser auf die nächtliche Stunde. Das aber heißt: Sie verschwindet als Person hinter der Vielfalt ihres eigenen Lebens. Je unbestimmter ihre Gestalt zu werden droht, desto dynamischer erscheint ihr Leben. Dynamisch wirkt es insofern, als dem Leser unaufhörlich Blickpunkte angeboten werden, auf die hin jeweils einzelne Facetten zu beziehen wären, ja transformiert werden können. Gleichzeitig aber verweigert der Monolog die Preisgabe eines Grundmusters für alle seine Verwandlungen. Daher geschieht die Transformation in mikrostrukturellen Schritten, die deswegen den Eindruck einer ständigen Ausweitung, ja einer Unausschöpfbarkeit des Vergangenen hervorrufen, weil der Konvergenzpunkt dieser

Schritte ausgespart ist. Der Leser wird sich immer wieder versucht fühlen, den Monolog zu gruppieren, um 'Ordnung in das Ganze zu bringen', mit dem Resultat allerdings, daß sich in solchen Gruppierungen eher seine Präferenzen spiegeln und weniger der gesuchte, vermeintlich objektive Sinn. Vielleicht aber ist gerade die Spiegelung solcher Präferenzen der Sinn.

Wiederum bleibt die Frage nach der homerischen Parallele übrig. Wenn durch Vergegenwärtigung das Vergangene gleichsam einer neuen Zukunft fähig wird, und diese wiederum das Vergangene aus seiner Determiniertheit erlöst, so drängt sich die Vorstellung von der zyklischen Wiederkehr auf. Molly wäre dann sogar mehr als Penelope. Sie wäre die Mutter Erde selbst. Doch ihr Monolog erfüllt die Bedingungen des mythischen Kreises höchst unzureichend. Die von der zyklischen Wiederkehr vorausgesetzte Substanz, die nach dem Durchlaufen der verschiedenen Realisationszustände doch immer wieder als sie selbst restituiert wird, gibt es in Mollys Monolog nicht. Zwar kehrt sie zum Schluß an den Ausgangspunkt zurück – sie erinnert sich der ersten Liebesszene mit Bloom –, doch selbst die wiedererinnerten Liebesszenen des Monologs haben eher den Charakter einer seriellen Variation als den einer zyklischen Wiederkehr. Gerade weil hier die Bestimmtheit dessen fehlt, was im zyklischen Rhythmus wiederkehrt, läßt sich der Monolog nicht in die mythische Parallele sperren. Molly ist auf keine ihrer Ausprägungen reduzierbar, auch nicht auf ihre Liebeserinnerungen. Ihre ganze Person kommt nirgends zum Vorschein, und gerade diese Unbestimmtheit sprengt die mythische Kreisvorstellung. Es ist daher nur konsequent, wenn der Roman durch den inneren Monolog in einer Form endet, die alles Geformte, und d. h. alles durch den Lebensvollzug Bestimmte wieder freisetzt.

Die Funktion der Stilexperimente

Einen Roman in ständig wechselnden Stilformen zu schreiben, heißt, die im jeweiligen Stil entworfene Ansicht lediglich als einen Vorschlag aufzufassen. *Ulysses* baut sich aus einer Reihe solcher Vorschläge auf, in denen bestimmte Realisierungsweisen des dargestellten Alltags 'parat gehalten' werden. Dabei fällt auf, daß die "schematisierten Ansichten" [66] der einzelnen Stile bei allem, was sie zu leisten vermögen, auch ihre Begrenzung mit zur Geltung bringen. Dies läßt sich an den ausgewählten Beispielen ablesen. Je eindeutiger die am Anfang des *Telemach*-Kapitels beschriebenen Handlungen sowie der in der Unterhaltung gebrauchte Sprachduktus sind, desto häufiger tauchen parodistische Elemente auf. Das *Proteus*-Kapitel macht bewußt, in welchem Maße die Wahrnehmung den Zugang zur Welt ebenso aufschließt wie verstellt. Das *Circe*-Kapitel gibt sich als Versuch, die Virtualität des Charakters aufscheinen zu lassen – um den Preis allerdings, daß dieser wie eine Halluzination wirkt. Im *Ithaca*-Kapitel wird augenscheinlich, daß die präzise Erklärung allererst eine von ihr nicht mehr faßbare Dimension entstehen läßt. Und Mollys Monolog schließlich macht deutlich, wie sehr sich uns der Charakter entzieht, je mehr wir von ihm wissen.

Wenn auch dieses Resümee allzu pauschal erscheinen mag, so läßt sich nicht verkennen, daß den "schematisierten Ansichten" ihre jeweilige Begrenzung eingezeichnet ist. Daraus ergibt sich, daß keine der 18 Stilformen eine repräsentative Bedeutung für den Darstellungsakt des Romans beanspruchen kann. Die Stilisierungen der verschiedenen Kapitel bilden lediglich Elemente eines Rasters, der deshalb die Vielfältigkeit des Alltags zu konstituieren vermag, weil die kenntlich gemachte Begrenzung ein hierarchisches Verhältnis zwischen den einzelnen Stilmustern nicht aufkommen läßt. Das Unterbrechen von Zuordnungen läßt die 'Kapitelstile' als bloße Organisationsformen eines sich der Strukturierung widersetzenden Materials erscheinen. So führt die einzelne Stilform eher die Anstrengung der Objektbewältigung und weniger das durch sie erzielte Resultat vor, zumal die Stilform des jeweils folgenden Kapitels einen ganz anderen Blick auf den Alltag freigibt, der keineswegs vom Resultat des vorangegangenen gesteuert ist. Wir beobachten demzufolge ein unvermitteltes Umspringen der Perspektiven von Kapitel

---

[66] Zur Definition dieses Terminus vgl. Ingarden, *Das literarische Kunstwerk*, p. 270 ff.

zu Kapitel. Dieser unmotiviert scheinende Blickwechsel zielt offensichtlich darauf ab, das einzufangen, was von der eben noch dominierenden Perspektive ausgeschlossen war. Ein solches Einfangen indes geschieht um den Preis eines erneuten Ausschließens. Darauf macht das Überlagern der Perspektiven aufmerksam.

Was sich zwischen den einzelnen Kapiteln vollzieht, ist in ihnen selbst vorbereitet. Sie bestehen durchweg aus segmentierten Textmustern, die gerade durch die Schnittechnik weniger eine Bedeutung formulieren als vielmehr "Erwartungsinstruktionen" für mögliche Bedeutungen verkörpern. So zeigt die Mikrostruktur der einzelnen Stile, wie sehr sich ihre vermeintliche Einheitlichkeit immer wieder zu differenzieren beginnt und dadurch die Vorschläge für die Beobachtung ständig vermehrt. Die Stile machen den Alltag für die Anschauung verfügbar, sie zeigen jedoch zugleich, daß er im Wechsel der Modalitäten immer ein wenig anders erscheint. Sie registrieren darüber hinaus die Veränderungen, die dieser Alltag durch sein Beobachtetwerden erfährt.

Wo aber wäre dann die eigentliche Leistung der Stile zu suchen? Zunächst läßt sich sagen, daß durch sie eine Form der Beobachtung verlebendigt wird, die der Struktur der Wahrnehmung überhaupt zugrunde liegt. Denn wir "haben Erfahrung von einer Welt nicht im Sinne eines Systems von Beziehungen, die jedes Vorkommnis in ihr vollständig determinieren, sondern im Sinne einer offenen Totalität, deren Synthese unvollendbar bleibt ... Ist einmal als Anfang der Erkenntnis die Erfahrung – d. h. die Offenheit für unsere faktische Welt – anerkannt, so bleibt keine Möglichkeit mehr, zwischen einer Ebene apriorischer Wahrheit und einer Ebene faktischer Wahrheit, zwischen dem, was die Welt sein soll, und dem, was sie wirklich ist, zu unterscheiden" [67]. Indem die Stile durch die Vielfalt ihrer auseinanderschnellenden Verweisungen eine auf Integration bedachte Bedeutung dementieren, reduzieren sie sich selbst zu einem Gliederungsschema der Beobachtung, das die Möglichkeit ständiger Erweiterung in sich aufgenommen hat. Im Reichtum der Blickpunkte vermittelt sich die Reichhaltigkeit der beobachteten Welt. Zugleich ist aus diesem Schema die utopische Bestimmung des Romans getilgt,

---

[67] Merleau-Ponty, p. 257 u. 259.

Wirklichkeit im Horizont bestimmter Forderungen an sie zu entwerfen.

Der Darstellungsraster des *Ulysses* besteht aus einer Fülle dementierter Formen. Diese sind zu Blickpunkten depotenziert und als Erzählschablonen kenntlich gemacht. In solcher Einschränkung manifestiert sich der Sinn für die Offenheit unserer faktischen Welt. Ihn gilt es durch den Raster zu vermitteln. – Zeigten schon die Stilformen der einzelnen Kapitel, daß ihre vielfältigen Erzählschablonen schwer miteinander harmonisierbar sind, so trifft dies in verstärktem Maße für die undurchsichtige Abfolge der 18 'Kapitelstile' zu. Können wir den Stil eines Kapitels noch als "schematisierte Ansicht" beschreiben, weil bei aller Verschiedenheit bestimmte Grundmodalitäten durchgehalten sind, so stoßen die jeweiligen 'Kapitelstile' unvermittelt aneinander. Zwischen ihnen herrscht ein hohes Maß an Unbestimmtheit, denn die jeweils gewählten Stile ergeben sich nicht notwendigerweise auseinander. Die Frage nach dem Grund ihres jeweiligen Aneinander-Angeschlossenseins wird von ihnen verweigert. Da aber alle Kapitel sich auf den 16. Juni 1904 beziehen und darin ihre Gemeinsamkeit besitzen, rückt der Alltag unter ständig wechselnde Aspekte.

Dieser Wechsel wirkt insofern dynamisch, als er durch keine erkennbare Teleologie begrenzbar ist. Das hat zur Folge, daß der Alltag von Kapitel zu Kapitel immer in einem anderen Horizont erscheint, und da die Verbindung zwischen den individuell konturierten 'Kapitelstilen' ausgespart bleibt, ergibt sich für den Leser eine ständige Horizontverschiebung. An dieser ist er selbst nicht unbeteiligt, denn das jeweils gelesene Kapitel bildet den Horizont für das nächste, so daß sich der Lektürevorgang als ein ständiges Überlagern und Ineinanderblenden der einzelnen, von den Kapiteln entworfenen Ansichten vollzieht. Da aber die Gelenkstellen zwischen den Kapiteln nicht ausformuliert sind, reizt der entstehende Unbestimmtheitsgrad die Projektionsfähigkeit des Lesers dazu an, die Leerstellen zu besetzen, indem er die Kapitel zu einem Verlauf gruppiert.

Dabei aber geschieht folgendes: Die konkreten Vorstellungen, die sich der Leser von den Aspekten dieses Alltags bildet, erfahren im Lesevorgang eine ständige Modifikation. Jedes Kapitel wird zur "Erwartungsinstruktion" für das nächste. Der hohe Unbestimmtheitsgrad indes sorgt dafür, daß diese "Erwartungsinstruktion" beim Lesen zu einem Randphänomen schrumpft. Je deutlicher dies erfolgt, desto stärker wird der Rückkoppelungseffekt sein, der von dem neuen Kapitel auf das alte ausgeht, das nun unter diesem Eindruck seine ursprüngliche Gestalt zu verändern beginnt. Je häufiger der Leser diese Erfahrung macht, desto behutsamer, ja vielleicht differenzierter werden seine Erwartungen sein, die sich durch die Aktualisierung des Textes einstellen. In gleicher Weise jedoch wird sich der Rückmeldeeffekt des soeben Gelesenen auf das zuvor Gelesene differenzieren. Diese vom Leser selbst bewirkte Horizontverschiebung bedingt es nun, daß er den "Welt-Alltag" als ein Geschehen erfährt.

Eine solche Erfahrung setzt zweierlei voraus. 1. Der Text muß den Verlauf des Alltags in ständig wechselnder Orientierung bieten, um eine Teleologie des Geschehens zu unterdrücken. Demzufolge ordnen sich die Kapitel nicht zu einer aus wechselseitiger Ergänzung aufgebauten Situationsfolge. Vielmehr wirkt jedes Kapitel durch die unvorhersehbare Andersartigkeit seiner Stilisierung wie ein Wendepunkt. Da aber der ganze Roman aus solchen Wendepunkten besteht, erscheinen die Anschlußstellen der Kapitel als Hohlräume. Eine solche Anlage sorgt dafür, daß der Alltag weder auf eine konkrete Bedeutung zugeschnitten noch eine solche in ihn hineinprojiziert werden kann. Vielmehr tritt er durch die Iteration seiner Aspekte als Geschehen hervor.

2. Den Iterationscharakter indes gewinnen diese Aspekte erst durch den Leser, der in der Lektüre die Hohlräume durch Verbindungen zu überbrücken sucht. Da aber diese Hohlräume keine eindeutige Besetzung zulassen, ist der Lesevorgang ständiger Anlaß, die jeweils gewonnenen Vorstellungen zu modifizieren.

Daß es sich so verhält, bestätigen selbst jene Joyce-Leser, die das Ganze für ein Chaos halten. Denn eine solche Qualifizierung zeigt an, wie sehr durch die Lektüre die einzelnen Aspekte in Bewegung geraten, und da man diese nicht mehr einzufangen vermag, nennt man den Verlauf chaotisch [68]. In jedem Falle aber produziert der

---

[68] Der erste prominente Joyce-Leser, der *Ulysses* in dieser Richtung qualifizierte, war Wyndham Lewis. Er sprach von der "jellyfish structure" des Romans. Vgl. dazu L. A. G. Strong, *The Sacred River*, London 1949, p. 101.

Leser den Geschehenscharakter des Alltags durch die ihm vorgegebene Textstruktur weitgehend selbst.

Es versteht sich, daß Geschehen als es selbst nur hervortreten kann, wenn es nicht teleologisch gerichtet ist, denn sonst wäre es nur die Verwirklichungsphase eines Zweckes. Je unbestimmter aber die Zielrichtung des Geschehens ist, desto intensiver wird der Leser in dieses weithin von ihm selbst hervorgebrachte Geschehen hineingezogen; er möchte es orientieren und erfährt dabei doch nur, wie vielfältig orientierbar selbst triviale Vorkommnisse sind. Die 18 Stillagen des *Ulysses* wirken daher wie Perspektiven, zu denen es weder eine Invariante noch einen gemeinsamen Fluchtpunkt gibt. Auch der Autor kann für eine mögliche Zuordnung nicht bemüht werden, hatte doch Joyce schon im *Portrait* erklärt: *The artist, like the God of creation, remains within or behind or beyond or above his handiwork, invisible, refined out of existence, indifferent, paring his fingernails* [69]. Der Autor scheint viel eher darauf bedacht zu sein, den Konstitutionsgrund seines Werks zu verschleiern, damit er als Schöpfer einer eigenen Wirklichkeit mit der erfahrbaren Wirklichkeit zu konkurrieren vermag. Um Erklärung jedenfalls ist der in großer Gleichgültigkeit verharrende, seine Fingernägel schneidende Autor nicht bemüht. Von ihm können wir allenfalls erfahren, daß der Roman im Verschweigen seines Konstitutionsgrundes nicht Wirklichkeit darstellt, sondern Wirklichkeit ist. Deshalb gibt es für die 18 Stillagen des *Ulysses* keinen ausformulierten Konvergenzpunkt.

Wenn das so ist, wo hat dann die Intention des Romans ihren Ort? Nun, in der Einbildungskraft seiner Leser. Die Hohlräume des Ungesagten lassen in *Ulysses* die 18 Stile als einen unausgesetzten Formulierungsversuch erscheinen. Indem die Erzählung dem, was sie zu fassen bestrebt ist, hinterherläuft, gibt sie unaufhörlich die sich einstellenden Bedeutungen preis. Eine solche Reduktion der Bedeutungen ist notwendig, damit der Alltag in den Blick rücken kann: er ist, indem er geschieht.

---

[69] Joyce, *The Portrait of the Artist as a Young Man*, London 1966, p. 219.

Wie steht es nun um die Homer-Anspielungen? Bieten sie oder bieten gar die in *Ulysses* erkennbaren Archetypen die Möglichkeit, die ses Geschehen einzufangen, um es am Ende doch noch auf einen repräsentativen Sinn bringen zu können? Die Intention der Stilexperimente jedenfalls zielt nicht in diese Richtung. Die Homer-Anspielungen sind von unterschiedlicher Dichte, und sie sind auch in unterschiedlicher Direktheit über den Roman verstreut. Dabei bleibt die Beobachtung aufschlußreich, daß die Anspielungen immer dort einen ironischen Zug erhalten, wo sie deutlich und direkt sind; Blooms Zigarre als Speer des Odysseus ist ein Beispiel für viele [70]. Ironiesignale machen auf Differenzen aufmerksam, und wie immer sie auch verstanden werden, sie hindern uns daran, *Ulysses* mit der homerischen Parallele zur Deckung zu bringen. Gleichzeitig aber zieht dieser Roman mit seinem Anspielungsnetz die archaische Welt in seinen Alltag ein, ohne den Schattenriß der Geschichte als die Überwölbung dieses einen Tages zu verstehen.

Demnach bestünde die zentrale Funktion der Anspielungen darin, die jeweilige Andersartigkeit zu verdeutlichen. In *Ulysses* geschieht daher eher eine Umwendung des homerischen Mythos, indem die Episoden der *Odyssee,* an denen sich Joyce orientiert hat, als Anweisung auf ihre empirische oder alltägliche Besonderung zu verstehen sind. Nicht die Erscheinungen des Alltags auf eine ihnen untergeschobene Bedeutung zurückzuführen, sondern von der homerischen Bedeutung auszugehen, um zu zeigen, in welche Vielzahl von Erscheinungen sie auseinanderzulegen ist, ist ein Grundmoment für die Beziehung des *Ulysses* zur *Odyssee*. Was in den homerischen Episoden abgedeckt bleibt, ja was sie vielleicht gar nicht einmal vermuten lassen, wird in *Ulysses* ausgefaltet. Daraus erklärt sich dann auch der ständige Wechsel dieser empirischen Besonderungen. Doch die Blickrichtung geht nicht nur von Homer zur Gegenwart, sie zielt ebenso von dieser auf die archaische Welt zurück.

---

[70] Zu solchen Parallelen vgl. R. Ellmann, "Ulysses. The Divine Nobody", *Twelve Original Essays on Great English Novelists*, ed. by Ch. Shapiro, Detroit 1960, p. 244 f., bes. 247.

Die Anspielungen bilden einen Projektionshintergrund, durch den die europäische Literatur von Homer bis Shakespeare 'parat gehalten' wird. Der Leser wird zum Wiedererkennen provoziert, denn Wiedererkennen und Gruppieren gehören zu seiner natürlichen Disposition und bilden eine elementare Aktivität der Lektüre. Indem dies geschieht, erweckt der Leser die Schattenrisse der Anspielungen 'zum Leben', um doch nur zu gewärtigen, daß sie nicht gegeneinander aufzurechnen sind. Sie besitzen gerade soviel Gemeinsamkeit, daß er sich durch sie ihrer jeweiligen Verschiedenheit bewußt werden kann. Der Leser selbst aktualisiert diese Verschiedenheit, ohne sich mit ihrer Feststellung vollkommen beruhigen zu können.

Wenn *Ulysses* nicht auf die *Odyssee* zurückzuführen ist und Joyce nicht auf Homer, d. h. wenn das eine Werk nicht das Grundmuster des anderen bildet, dann werden die Transformationen, zu denen sich der Leser immer wieder provoziert fühlen mag, nicht damit enden, ein gemeinsames Schema aufspüren zu wollen. Offensichtlich widersetzt sich die ihnen unterliegende Matrix der Formulierung. Da aber gleichzeitig immer wieder auf sie hingelenkt wird, schiebt sich dieser unformulierbare Grund in den Blick: Er ist die Bedingung der Wirkung.

Es fragt sich daher auch, ob die in *Ulysses* erkennbaren Archetypen sich hinreichend als mythische Wiederkehr qualifizieren lassen. Die Heimkehr, die Stadt und die Suche sind solche Archetypen[71], die ein Strukturmuster des Romans bilden. Die Verwandtschaft mit der *Odyssee* ist augenscheinlich; darüber hinaus gehören Stadt und Suche zum zentralen Bestand ermittelter Archetypen. Ihre Massierung würde *Ulysses* zu einem gesteigerten Exemplar der Epik machen, denn die Stadt ist gegenüber Heimkehr und Suche ein ungleich selteneres archetypisches Muster der epischen Literatur. Die engste Berührung zwischen *Ulysses* und der *Odyssee* gründet im Archetyp der Heimkehr, wenngleich sich die Heimkehr Blooms innerhalb der Stadt vollzieht. Die Suche ist schon äußerlich verschieden. Suchte Telemach seinen Vater, so sucht Bloom seinen Sohn. Die Stadt als

---

[71] Vgl. dazu N. Frye, *Anatomy of Criticism*, p. 118 f. u. 141.

new Bloomusalem [72] besitzt in der *Odyssee* keine Entsprechung. Orientiert man sich am Archetyp der Heimkehr, der das größte Maß an Gemeinsamkeit in sich zu tragen scheint, so schärft gerade die Erinnerung an solche Ähnlichkeiten den Blick für Differenzen. Abgesehen davon, daß für Odysseus die Heimkehr die Erlösung von seinen Leiden bedeutete, während sie für Bloom – den *conscious reactor against the void incertitude* [73], wie er im *Ithaca*-Kapitel genannt wird – nur eine gesteigerte Empfindlichkeit gegenüber dem Unvorhersehbaren bringt, fehlt es an einer erkennbaren Parallelität sowohl der Gestalten als auch der archetypischen Situationen im ganzen Roman. Da aber der Titel eine Beziehung anvisiert, wird diese in den Unterschieden ansichtig.

Sieht man Bloom unter der Optik des Odysseus, so fallen zwei Momente ins Auge: Man wird ständig den Niveauunterschied zwischen dem homerischen Helden und dem Dubliner Kleinbürger gewärtigen. Man wird aber auch die vielen Züge menschlichen Verhaltens an Bloom registrieren, die das übersteigen bzw. unterschreiten, was wir von der Menschlichkeit des Odysseus wissen. Nimmt man hinzu, daß Joyce Odysseus selbst als die umfassendste Gestalt menschlicher Verhaltensweisen empfand [74], so wird man sagen müssen, daß Bloom dieser 'Vollkommenheit' noch ein paar Varianten hinzugewonnen hat, ohne dadurch je vollkommener als Odysseus zu sein. Denn was diesen auszeichnete, fehlt Bloom, und was Bloom charakterisiert, läßt sich an Odysseus nicht unbedingt entdecken. So sehr Bloom unter das Niveau des homerischen Helden fällt, so bringt er als neuer Odysseus etwas zur Geltung, was bei Homer wegen der herrschenden Konvention überhaupt nicht in Erscheinung treten konnte.

Daraus ergibt sich eine Spannung zwischen der modernen Figur und dem archaischen Helden. Sie läßt erkennen, daß die Ausprägungen menschlichen Verhaltens im homerischen Mythos ihrerseits Stilisierungen sind, die Bloom in verschiedener Richtung überschreitet: Die Gestalten seiner Triebphantasie wie die seiner Bewußtheit

---

[72] Joyce, *Ulysses*, p. 461.
[73] Ibid., p. 694.
[74] Vgl. R. Ellmann, *Joyce*, p. 430.

kommen in diesem Transzendieren zum Vorschein. So würde die Beziehung auf Homer nicht den hoffnungslosen Abfall der Moderne von der Welt der Frühe zum Inhalt haben, sondern zeigen, inwieweit Bloom Möglichkeiten des Menschseins hervorkehrt, die durch die herrschenden Normen im homerischen Epos gar nicht in den Blick geraten konnten, ja vielleicht nicht einmal denkbar waren. Das soll nicht heißen, daß Bloom mehr als Odysseus sei. Vielmehr dient die suggerierte Gleichsetzung dazu, Bloom von Odysseus abheben zu können, damit seine Singularität vorstellbar wird.

Dies aber hat Folgen für die Auffassung des Archetyps und seiner Wiederkehr in *Ulysses*. Wenn Joyce ständig andere Konfigurationen der aus Homer geschöpften Muster thematisiert, so mögen die Reaktionen des Odysseus ihren paradigmatischen Charakter behalten; sie werden indes um so viele Varianten bereichert, daß Wanderung und Heimkehr des Odysseus nur wie eine idealtypische Artikulation eines Archetyps wirken. Denn Blooms Heimkehr führt die Realisierung anderer Möglichkeiten vor, so daß die *Odyssee* aus dieser Sicht zwar eine idealtypische Verwirklichung der Heimkehr bleibt, nicht aber dieser Archetyp selbst ist. Diese Differenz drängt sich durch die Koppelung des antiken Epos mit dem modernen Roman ständig auf. Die dadurch entstehenden Beziehungen besitzen eine Wechselwirkung. Stellt das antike Epos Sehformen für die moderne Welt bereit, so qualifiziert diese die Heimkehr des Odysseus als bloße, wenngleich ideale Verwirklichung dieses Archetyps.

Ulysses und *Odyssee* konvergieren erst dann, wenn man sich bewußt macht, daß der Archetyp keine ausformulierbare Größe ist[75]. Wir haben von ihm nur durch seine Realisierung Kenntnis. Werden aber nun verschiedene Realisierungen miteinander verspannt, so ist die archetypische Heimkehr in *Ulysses* nicht bloß eine Wiederholung

---

[75] Eine ganz andere Auffassung des Archetyps vertritt N. Frye. Die prägnanteste Definition, die ich in seinen Schriften finden konnte, steht in dem Aufsatz "The Archetypes of Literature", der in der Aufsatzsammlung N. Fryes, *Fables of Identity. Studies in Poetic Mythology*, New York 1963, wiederabgedruckt ist. Dort heißt es: "The myth is the central informing power that gives archetypal significance to the ritual and archetypal narrative to the oracle. Hence the myth *is* the archetype, though it might be convenient to say myth only when referring to narrative, and archetype when speaking of significance." (p. 15.)

dessen, was schon die *Odyssee* gezeigt hat Vielmehr hält auch hier gerade die Ähnlichkeit des archetypischen Musters den Sinn für die Unterscheidung so verschiedener Verwirklichungen wach. Wenn aber diese Differenz nicht zum Verschwinden gebracht werden kann, dann läßt sich Blooms Heimkehr nicht auf die Wiederholung des homerischen Archetyps reduzieren. Statt dessen zeigt die Wiederkehr des Archetyps, daß er immer anders erzählt werden kann.

Indem *Ulysses* die Differenz der verschiedenartigen Realisierungen akzentuiert, ja diese dem Leser aufdrängt, wird nicht die im Archetyp angelegte Wiederkehr thematisch, sondern die in der Wiederkehr liegende Bedingung seines Anders-Erzähltwerdens. Wenn aber das jeweilige Anders-Erzähltwerden als zentrales Moment des Archetyps greifbar wird, dann kann keine bestimmte Erzählung mit dem Archetyp identisch sein, auch nicht die des Homer. Der Archetyp selbst wäre demnach eine Leerform, die die Bedingung dafür bildet, daß er immer anders erzählt werden kann. Die Leerform trägt dann alle realisierten Formen und ist zugleich der Grund ihrer Variation.

Bringt die Leerform zur Geltung, daß archetypische Situationen immer wieder anders erzählt werden können, so produziert sie zugleich den Eindruck von der Uneinholbarkeit dessen, was überhaupt an Erzählmöglichkeiten in solchen Situationen liegt. Uneinholbar sind sie insofern, als es keine für alle repräsentative Bedeutung gibt. Das aber läßt sich erst durch die Homer-Parallele verdeutlichen; indem *Ulysses* die Heimkehr des Odysseus zu einer bloß idealtypischen Verwirklichung einschränkt, dementiert er zugleich jede Bedeutungshierarchie. Die gleiche Einschränkung läßt sich auch an den beiden anderen Archetypen ablesen. Zeigte es sich bereits, daß die Heimkehr hier nicht das Ende der Leiden bedeutet, so besitzt auch Dublin nicht die überlieferte archetypische Qualität der Stadt. Sie ist kein himmlisches Jerusalem, sondern als *Bloomusalem* das Exil eines Unerlösten. Und was die Suche betrifft, so ist sie beherrscht von der Unsicherheit des Gefundenhabens. Zwar sind Bloom und Stephen zum Schluß unter einem Dach, doch Mollys Gedanken gelten schon den Beziehungen zu dem jungen 'Intellektuellen'[76], Blooms gefun-

---

[76] Vgl. dazu auch Gilbert, p. 386 u. 394.

denem Sohn. Keiner der wiederkehrenden Archetypen besitzt die archetypische Erfüllung. Indem diese ausgeklammert wird, richtet sich der Blick darauf, was der Archetyp sein könnte: In *Ulysses* erscheint er als die Gestaltmöglichkeit seiner Gestalten.

Versteht man ihn so, dann wird seine Funktion für die Darstellungsstrategie des Romans angebbar. Formal gesprochen besitzt der Archetyp eine 'Feldstruktur': Heimkehr, Stadt und Suche sind solche Felder, die es erlauben, den Alltag in seinen groben Umrissen so weit zu topographieren, daß er vorstellbar gemacht werden kann. Diese Gruppierungstendenz darf indes nicht zur Determination der in den Feldern versammelten Textsignale führen. Deshalb zieht der Roman durch die Archetypen so viel Literatur und Geschichte in sich hinein, um im vielfältigen Echo höchst verschiedenartige Verwirklichungen archetypischer Situationen gegenwärtig zu halten. Der Darstellungsakt selbst verhindert die Abschließbarkeit solcher Situationen durch einen faßbaren Sinn, doch nicht, um sie für sinnlos zu erklären, sondern um sie in ihre Möglichkeitsvielfalt hinein öffnen zu können.

Die Archetypen topographieren diesen Alltag nur insoweit, als der Leser ein gewisses Maß an Vororientierung haben muß, wenn er in das Geschehen eintreten soll. Dann aber gewähren ihm die gebündelten Stilmuster und das Echo archaischer und neuzeitlicher Literatur einen Spielraum, um das Gelesene zu Gestaltkonfigurationen zu gruppieren. Diese sind insofern dynamisch, als keine von ihnen trotz erkennbarer Archetypen als repräsentativ für alle bestätigt wird. David Daiches hat einmal festgestellt: "If Joyce could coin one kaleidoscopic word with an infinite series of meanings, a word saying everything in one instant yet leaving its infinity of meanings reverberating and mingling in the mind, he would have reached his ideal" [77]. Deshalb ist auch das Geschehen mit vielen Bedeutungen ausgestattet, die innerhalb des ursprünglichen Kontextes, aus dem sie herausgelöst wurden, durchaus einen repräsentativen Charakter trugen. Da sich aber die Stile und die durch Anspielungen jeweils evozierten Sachverhalte ständig durchschichten, schränkt eine solche Segmentierung jede sich bildende Bedeutungshierarchie ein. Dadurch

---

[77] D. Daiches, *The Novel and the Modern World*, Chicago ⁴1965, p. 129.

kommt ein anderes Element der Bedeutung zum Vorschein: die in ihrer Bestimmtheit liegende Begrenzung. Wird diese noch durch die Bedeutungsvielfalt, die der ganze Roman zu erkennen gibt, akzentuiert, so kommt es zu einer Interaktion der verschiedenen Bedeutungen, die dann die Uneinholbarkeit des Geschehens selbst produzieren, weil es in keine repräsentative Bedeutung zurückgeholt werden kann.

So erzeugt der Darstellungsakt dieses Romans selbst die Unabschließbarkeit der vorgestellten Situationsfolge. In ihm ist die Reflexion lebendig, daß jede Darstellung angesichts der von ihr getroffenen Auswahl das von ihr Ausgeschlossene nicht nur mitsetzt, sondern bis zu einem gewissen Grade konturiert. Die Gegenwart des Ausgeschlossenen zeigt sich im Wechsel der Stilmodalitäten genauso wie in der Textsegmentierung der einzelnen Kapitel. Ja, es bricht insofern in den Text ein, als es den Betrag an Leerstellen ansteigen läßt. Je größer dieser Betrag ist, desto unverbundener wirken die "schematisierten Ansichten" des Textes. Sie schränken sich auf Vorschläge für die Erfassungsakte des Alltags ein, der selbst nicht mit diesen Erfassungsakten identisch ist. Ein solcher Text vermittelt dann den Eindruck, als ob die von ihm entworfene Welt den Erfassungsakten gegenüber transzendent sei.

Die Illusionsbildung im Leser als Konsequenz der Suche

Diesem Sachverhalt ist eine bestimmte Rezeption eingezeichnet, die wenigstens noch thesenartig benannt werden muß, weil sie die Folgen des skizzierten Kompositionsschemas verdeutlicht. Edmund Wilson hat einmal gesagt, daß jede Lektüre des *Ulysses* einem erneuten Besuch in einer großen Stadt gleicht, die wir jedesmal in einer anderen Richtung durchstreifen: ". . . I doubt whether any human memory is capable, on a first reading, of meeting the demands of 'Ulysses'. And when we reread it, we start in at any point, as if it were indeed something solid like a city which actually existed in space and which could be entered from any direction"[78]. Das Angebot für die vom Leser zu wählenden Richtungen besteht aus den vielen Mustern und Strukturen sowie den Archetypen, die der Roman bereithält. Der Leser wird allerdings gar nicht in der Lage sein, alle ihm angebotenen Perspektiven und Betrachtungsschemata zu durchlaufen. Die Fülle der Wahrnehmungsmöglichkeiten übersteigt bei weitem die normale Beschaffenheit des sehr selektiv verfahrenden 'Sehens'. Wenn der Roman daher manchmal den Eindruck der Irrealität erweckt, so nicht deswegen, weil er Irrealität darstellt, sondern weil das Umspringen der Blickpunkte, die Segmentierung der Situationen, die gleichzeitige Betrachtung der Figuren von innen und außen sowie das Tempo wechselnder Erzählmodalitäten die Beobachtungsmöglichkeiten so dicht werden lassen, daß unsere der Wirklichkeit gegenüber im allgemeinen sehr durchlässige Wahrnehmung ständig strapaziert wird. Der Leser wird folglich mehr oder minder bewußt zur Auswahl innerhalb der ihm angebotenen Perspektiven gedrängt, und dies bedeutet, daß er sich entsprechend seiner Disposition Vorstellungen bildet, die aus der Verknüpfung von Hinweisen, Zeichen und den durch die Erinnerung gebündelten Situationen entstehen.

Diese Form der Lektüre gründet im Roman selbst, der durch das Gitterwerk aufeinander verweisender und einander überlagernder Strukturen den Leser zu immer neuen und anderen 'Bildern' von diesem Alltag verlockt. Jede Lektüre wird zum Anlaß, die vom Roman bereitgehaltenen Anschauungsmöglichkeiten selbst zu komponieren. Das Lesen vollzieht sich als Kompositionsvorgang. Dafür sind vornehmlich zwei Gründe ausschlaggebend. Der Roman entwirft kein einziges 'Bild', das den Anspruch erheben könnte, eine repräsentative Ansicht dieses Alltags zu sein. Statt dessen bietet er Strukturen. Struktur soll hier nur heißen: in den Textsegmenten sind gewisse Zeichen so gruppiert, daß sie zu einem Zusammenhang erweckt werden können. Dieser aber ist nicht formuliert, sondern wird erst vom Leser eingelöst. Gleichzeitig ist damit gesagt, daß solche Einlösungen auch Varianten erlauben. Strukturen also sind transitorische Ganzheiten und deshalb notwendig, damit der darge-

---

[78] E. Wilson, *Axel's Castle. A Study in the Imaginative Literature of 1870–1930* (The Fontana Library), London 1961, p. 169.

stellte Alltag erfahrbar wird. Sie ermöglichen jedoch nur diese Erfahrbarkeit und enthalten keinen diesen Alltag determinierenden Sinn. "Die Energetik der Struktur beruht darauf, daß jedes der Elemente in der gemeinsamen Einheit eine bestimmte Funktion hat, die es in das strukturelle Ganze eingliedert, die es an das Ganze bindet; die Dynamik des strukturellen Ganzen ist dadurch gegeben, daß diese einzelnen Funktionen und ihre gegenseitigen Beziehungen wegen ihres energetischen Charakters ständigen Veränderungen unterworfen sind. Die Struktur als Ganzes befindet sich daher in einer unaufhörlichen Bewegung, im Gegensatz zu einer summativen Ganzheit, die durch eine Veränderung zerstört wird" [79].

Bei der Lektüre allerdings werden diese Strukturen ständig determiniert, und es entstehen 'Bilder', die bestimmte Einlösungen ihres Sinnpotentials verkörpern. In diesen 'Bildern' wird der Kompositionsvorgang der Lektüre manifest, denn jedes 'Bild' aktualisiert einen möglichen Sinn der entsprechenden Struktur. Da der Roman selbst kein 'Gesamtbild' von der Bedeutung dieses Alltags entwirft, wird die Lektüre zur Suche. In seinen Strukturen bietet er nur die Bedingungen und die Variationen für die Vorstellbarkeit des Alltags an. Gleichzeitig verzichtet er darauf, diese Vorgestelltheit der Veranschaulichung einer bestimmten Absicht dienstbar zu machen. Seine Strukturen transformieren lediglich die Detailfülle dieses Alltags auf die Beobachtungskapazität des Lesers, und d. h., sie organisieren Wahrnehmungsfelder, in denen das Sinnpotential des Romans soweit vorgegliedert ist, daß es durch die Erfassungsakte des Lesers erschlossen werden kann. Dadurch aber steigt die Beteiligung des Lesers am Vollzug des Geschehens. Der Roman erweist sich als eines der "cool media" [80], wie McLuhan Texte und Sachverhalte bezeichnete, die wegen ihrer mangelnden Definiertheit einen hohen Grad an Beteiligung ermöglichen, ja sogar fordern.

Darin gründet der große Unterschied des *Ulysses* zu der ihm vorausliegenden Romantradition. Statt einen Illusionszusammenhang

---

[79] Jan Mukařovský, *Kapitel aus der Poetik* (edition suhrkamp), Frankfurt 1967, p. 11.
[80] Vgl. M. McLuhan, *Understanding Media. The Extensions of Man*, New York ³1966, p. 22 f.

der dargestellten Wirklichkeit zu entwerfen, hält er nur ein Potential ihrer Vorstellbarkeit bereit, dessen Einlösung zu einer Aktivität des Lesers wird. Statt den Leser in den Sinn einer entworfenen Welt hineinzuspielen, gibt er ihm die Suche nach diesem Alltag auf. So besitzt die Lektüre selbst eine archetypische Struktur, die genauso wenig wie die Archetypen des Textes an ein definiertes Ziel führen kann. Als Suche trägt die Lektüre dieses Romans die Möglichkeit des jeweils Anders-Gelesenwerdens in sich. Daher sind viele 'Bilder' von diesem Alltag möglich, ohne daß sie je in einem ausgezeichneten 'Bilde' konvergierten. Daraus empfängt die Suche ihren Antrieb. So strukturiert *Ulysses* noch die Form seiner Lektüre, und wenn die Suche nicht an ein endgültiges Ziel gelangt, so produziert sie doch eine Fülle von Vorstellungsweisen, in denen die Realität dieses Alltags immer anders lebendig wird. – Die Leerstellen des Textes bedingen es, daß die entstehenden 'Bilder' auf ihre bloße Aspekthaftigkeit reduziert bleiben. Denn sie sparen die Anschließbarkeit der einzelnen 'Bilder' aneinander aus, so daß der Leser noch einmal die Verbindung zwischen den von ihm gruppierten 'Bildern' entdecken muß. Der Lesevorgang vollzieht sich daher als "categorical aspection" [81], und d. h., daß im Verlauf der Lektüre die im 'Bild' gruppierten Aspekte dieses Alltags genauso ständig ineinandergleiten, wie sie durch ihre Verschiedenheit wieder auseinandertreiben. So wird der vom Leser bewirkte Aspektwandel zur Möglichkeit, den Alltag zu erfahren; zugleich zeigt sich in ihm das Wirkungsäquivalent seiner Uneinholbarkeit.

Der Leser indes wird unablässig versucht sein, die Zeichen, Muster und Segmente zu harmonisieren, um Konsistenz herzustellen. Wann immer dies geschieht, "illusion takes over" [82]. "Illusion is whatever is fixed or definable, and reality is best understood as its negation: whatever reality is, it's not *that*" [83]. Diese Bewußtheit stellt sich im Lesevorgang ein. Zunächst reizt die Inkonsistenz der

---

[81] Zur Verwendung dieses Terminus' für die Beschreibung ästhetischer Gegenstände vgl. V. C. Aldrich, *Philosophy of Art*, Englewood Cliffs 1963, p. 21–24.

[82] E. H. Gombrich, *Art and Illusion*, London ²1962, p. 278; vgl. dazu auch die dort geführte Diskussion.

[83] Frye, *Anatomy of Criticism*, p. 169 f.

Stilmuster und der Strukturen des *Ulysses* den Leser zur Illusionsbildung, nicht zuletzt deshalb, weil erst das gesuchte Maß an Stimmigkeit das Begreifen einer fremden Erfahrung ermöglicht. Nun aber werden im Vorgang einer solchen Konsistenzbildung auch diejenigen Möglichkeiten des Textes mit erweckt, die sich der Integration in eine stimmige Vorstellung widersetzen; diese überschatten dann die hergestellte Konsistenz, so daß der Leser im Prozeß der Illusionsbildung zugleich deren latente Störung mit produziert. Dadurch wird er gedrängt, den selbstverfertigten Zusammenhängen zu mißtrauen, ja, sie als Illusionen zu gewärtigen. Illusionen zu produzieren und diese gleichzeitig als solche durchschauen zu müssen, heißt letztlich, daß dem Leser die Möglichkeit zur Distanz vom vorgestellten Alltag genommen wird. Er ist dann immer mitten drin, und dieser Zustand ist jenem nicht unähnlich, der sich einstellt, wenn wir in Situationen verstrickt sind. Kein Wunder also, daß für viele Joyce-Leser die Interpretation manchmal den Charakter der Selbsthilfe annimmt. Doch wenn immer dies geschieht, so kommt die nur vermeintlich beseitigte Ambivalenz in einer anderen Form zum Vorschein; das läßt sich durch eine Beobachtung Simmels umschreiben, die in einem ganz anderen Zusammenhang gemacht worden ist, aber gerade deshalb eine allgemeine Geltung beanspruchen kann: "Die niedrigere Stufe des ästhetischen Triebes spricht sich im Systembau aus, der die Objekte in ein symmetrisches Bild faßt ... wenn sie unter das Joch des Systems gebeugt waren, konnte der Verstand sie am schnellsten und gleichsam mit dem geringsten Widerstande erfassen. Die Systemform zerbricht, sobald man der eigenen Bedeutsamkeit des Objekts innerlich gewachsen ist und sie nicht erst aus einem Zusammenhang mit anderen zu entlehnen braucht; in diesem Stadium verblaßt deshalb auch der ästhetische Reiz der Symmetrie, mit der man sich die Elemente zunächst zurechtlegte" [84].

---

[84] Georg Simmel, *Brücke und Tür*, hrsg. von Michael Landmann, Stuttgart 1957, p. 200 f.

NEGATIVER DIALOG

Ivy Compton-Burnett: *A Heritage and its History*

I

Nathalie Sarraute schrieb in ihrem 1956 veröffentlichten Essay *Conversation et sous-conversation:* "... pour la plupart d'entre nous, les œuvres de Joyce et de Proust se dressent déjà dans le lointain comme les témoins d'une époque révolue. Le temps n'est pas éloigné où l'on ne visitera plus que sous la conduite d'un guide, parmi les groupes d'enfants des écoles, dans un silence respectueux et avec une admiration un peu morne, ces monuments historiques." [1] In dieser Äußerung sind die revolutionären Formexperimente des modernen Erzählens in die Distanz klassischer Kunstwerke gerückt, deren Vorbildlichkeit schon soweit geschichtlich geworden ist, daß Schulkinder damit vertraut gemacht werden können. Im gleichen Zusammenhang bemerkt Nathalie Sarraute zu der in den zwanziger Jahren von Virginia Woolf entwickelten Romantheorie, diese sei von einem naiven Vertrauen durchzogen, das an die "innocence d'un autre âge" [2] erinnere.

Die Distanzierung von den auch heute noch als modern geltenden Romanen entspringt bei Nathalie Sarraute der Überzeugung, neue Formen für die Darstellung der menschlichen Realität suchen zu müssen. Damit hat sie die von der Literaturkritik stets als bedrängend empfundene Frage berührt, ob es für den modernen Roman nach Joyce und Proust überhaupt noch Variationsmöglichkeiten des Er-

---

[1] Nathalie Sarraute, *L'Ère du Soupçon: Essais sur le Roman,* Paris 1956, p. 82.

[2] Ibid., p. 81. Ivy Compton-Burnett bemerkte in einem Interview:
"Interviewer: What about Virginia Woolf?
Miss Compton-Burnett: Well, is she really a novelist?
Interviewer: It's an open question, perhaps.
Miss Compton-Burnett: I admire her use of words, I enjoy most of her work, but I wouldn't actually call her a good novelist".
"Interview with Miss Compton-Burnett", *A Review of English Literature,* 3 (1962), p. 103.

fassens von Realität gibt. Als Zeugen einer solchen Möglichkeit zitiert sie Ivy Compton-Burnett[3], die seit der Mitte der zwanziger Jahre in einer langen Reihe einander sehr ähnlicher Romane bestimmte Techniken praktiziert, durch welche die von Joyce and Virginia Woolf entworfene und fast zur Gewohnheit gewordene moderne Romanerwartung sich erneut zu wandeln beginnt.

Eine Betrachtung der Romane von Ivy Compton-Burnett muß sich daher die Vielfalt modernen Erzählens immer gegenwärtig halten, um die individuelle Kontur ihrer Neuerung gewärtigen zu können. Wenn für die vorliegende Interpretation *A Heritage and its History* aus dem Jahre 1959 ausgewählt wurde[4], so war dafür die Überlegung ausschlaggebend, ob nicht die relative Gleichförmigkeit der Romane von Ivy Compton-Burnett diesen nach ein paar Jahrzehnten ihre Wirkung nimmt. Hinterläßt aber ein Roman des Jahres 1959 fast den gleichen Eindruck wie die Werke der zwanziger Jahre, so erweist sich die scheinbare Monotonie ihrer Form als eine nicht zu verbrauchende Möglichkeit, um die von Roman zu Roman wechselnden gesellschaftlichen Verhältnisse zu durchleuchten.

II

Die Romane von Ivy Compton-Burnett bestehen aus einer beinahe endlosen Folge von Dialogen, und diese Formkonstante bewirkt eine weitreichende Veränderung des Erzählens: Die Sprechsituation des Dialogs verlegt das Romangeschehen in eine unmittelbare Gegenwärtigkeit. Dadurch wird das vom Roman normalerweise erwartete Erzählen weitgehend verdrängt, denn der Dialog durchlöchert die Abgeschlossenheit der zu erzählenden Geschichte. Thomas Mann hat im 'Vorsatz' zum *Zauberberg* geschrieben: ". . . Geschichten müssen vergangen sein, und je vergangener, könnte man sagen, desto besser für sie in ihrer Eigenschaft als Geschichten und für den Erzähler, den

---

[3] Vgl. Sarraute, p. 119 ff.
[4] Ivy Compton-Burnett, *A Heritage and its History*, London 1959.

raunenden Beschwörer des Imperfekts".[5] Die Tilgung des Imperfekts beseitigt eine für das Erzählen nahezu konstitutive Beziehung.[6] Zwar ist auch der im Imperfekt geschriebene realistische Roman gelegentlich mit Dialogpartien durchsetzt, die eine Verringerung der Distanz zwischen dem Leser und den im Romangeschehen agierenden Figuren bewirken und diese vorübergehend aus dem Hintergrund der erzählten Welt herausheben, um sie *in actu* vorzuführen; doch ist ihr Gespräch meist beziehungsreich mit der als Hintergrund figurierenden erzählten Welt verwoben, es dramatisiert eine bestimmte Situation, um ihre Bedeutung zu verlebendigen. Der Tempuswechsel ins Präsens ermöglicht es, den Leser unmittelbar mit wichtigen Augenblicken im Leben der Romanfiguren zu konfrontieren, während das im Imperfekt entfaltete Geschehen des Romans längst keinen so bedrängenden Charakter besitzt. "Wenn wir . . . erzählen, so begeben wir uns aus der Sprechsituation heraus in eine andere Welt, die vergangen oder fiktiv ist." [7] Das Gespräch kontrastiert mit einer solchen Abgeschlossenheit der Erzählung, weil in ihm die Offenheit des Ausgangs fortbesteht. Solange der Dialog als eine Form der Verlebendigung in die erzählte Welt eingesetzt ist, entsteht ein Wechsel der Distanzen, durch den graduelle Bedeutungsunterschiede im Handlungsverlauf markiert werden. Eine solche 'Reliefgestalt' des Romans indes wird beseitigt, wenn sich das

---

[5] Thomas Mann, *Der Zauberberg*, Berlin 1956, p. 5.

[6] Über die Bedeutung des Imperfekts für das Erzählen gibt es inzwischen schon eine kontroversenreiche Literatur. Vgl. dazu u. a. Käte Hamburger, "Das epische Präteritum", *Deutsche Vierteljahrsschrift für Literaturwissenschaft und Geistesgeschichte*, 27 (1953), p. 329 ff.; Käte Hamburger, *Die Logik der Dichtung*, Stuttgart 1957; H. R. Jauss, *Zeit und Erinnerung in Marcel Prousts 'A la recherche du temps perdu'*, Heidelberg 1955, p. 19 ff.; Franz Stanzel, "Episches Präteritum, erlebte Rede, historisches Präsens", *Deutsche Vierteljahrsschrift für Literaturwissenschaft und Geistesgeschichte*, 33 (1959), p. 1 ff.; K. A. Ott, "Über eine 'logische' Interpretation der Dichtung", *Germanisch-Romanische Monatsschrift*, N. F. 11 (1961), p. 214 ff.; Roy Pascal, "Tense and the Novel", *Modern Language Review*, 57 (1962), p. 1 ff., und Harald Weinrich, *Tempus. Besprochene und erzählte Welt*, Stuttgart 1964, p. 44 ff. Für die vorliegende Interpretation wird das Imperfekt nur als Darstellungsweise einer fiktiven Abgeschlossenheit des Erzählten verstanden.

[7] Weinrich, p. 91.

Geschehen beinahe ausschließlich als Folge eines ununterbrochenen Gesprächs vollzieht. *A Heritage and its History* ist, trotz der im Titel angedeuteten Verwicklungen, die die Erbschaft auslösen wird, nach diesem für Ivy Compton-Burnett kennzeichnenden Stilprinzip komponiert.

Durch das im Dialog vorherrschende Präsens wird versucht, den bedrängenden Charakter von Ereignissen zu verlebendigen, die in ihren Folgen noch nicht abzusehen sind. Der Dialog verändert daher die seit dem realistischen Roman des 19. Jahrhunderts beinahe selbstverständlich gewordene Thematik des Erzählens, eine abgeschlossene Welt zu bieten, die gerade dadurch einen fiktiven Charakter erhält, daß es dieses Abgeschlossensein in Wirklichkeit nicht gibt. So versucht der Dialog in *A Heritage and its History* nichts weniger, als durch ein Stilistikum eine wirkliche Situation der 'Lebenswelt' zu erzeugen, um damit eine Nähe zur menschlichen Realität zu erreichen, die jeder erzählenden Darstellung verwehrt bleiben muß. Dieser Absicht wird das Erzählen weitgehend geopfert. Bekanntlich hat Werfel für seinen Roman *Das Lied von Bernadette* einen besonderen Wahrheitsanspruch erhoben, den er dadurch unterstrich, daß er die Geschichte im Präsens schrieb.[8]

Die Dialogfolge in *A Heritage and its History* verdrängt das Panorama gesellschaftlicher und historischer Ereignisse, die selbst bei Joyce und Virginia Woolf noch die Tiefendimension des Romans bilden. Es bleibt allenfalls ein altes Haus als Merkmal einer völlig geschrumpften Realität übrig, doch auch dieses wird nicht beschrieben, sondern ist nur in den Anspielungen des Dialogs gegenwärtig, den die von aller Umwelt abgeschnittenen Figuren miteinander führen. Die völlige Isolierung der Menschen von der sonst im Roman entfalteten Welt gibt der nie abreißenden Gesprächsfolge das Unheimliche nicht ausschöpfbarer, weil niemals endgültig zu fixierender Beziehungen. Dadurch wird jeder Ansatz zur Konstituierung einer in ihrer Bedeutung restlos faßbaren Realität im Roman verhindert. Die Ablösung der Gespräche von einem durch den Autor erzählten Hin-

---

[8] Vgl. Franz Werfel, *Das Lied von Bernadette,* Berlin/Frankfurt 1948, p. 8.

tergrund macht die nach allen Seiten beziehungsfähigen Äußerungen der Menschen selbst hintergründig.

Dieser Eindruck wird durch die weitgehende Zurückhaltung des Autors verstärkt, die er sich bei der Kommentierung der Vorgänge auferlegt. Die von der Gegenwart des Autors [9] zeugenden Spuren im Geschehen sind außerordentlich spärlich; auf seine Anwesenheit verweisen nur die gelegentlich in den Dialog eingesetzten formelhaften Bemerkungen wie *said Sir Edwin, said Graham to Ralph* (p. 148, 149), etc. Es werden jedoch keineswegs alle Äußerungen der Figuren durch den Autor kenntlich gemacht; vielfach wechselt die Rede ohne ausdrückliche Benennung des Subjekts. Die vom Autor eingestreuten *inquit*-Formeln scheinen daher eine gewisse Hilfe für die Orientierung des Lesers zu bieten. Diese Hilfe indes erweist sich bald als doppeldeutig, denn die Formeln deuten ebenfalls auf einen vom Autor vorgespiegelten Mangel an eigenem Wissen hin. Indem er feststellt, das soeben Gesagte stamme von einer bestimmten Figur, impliziert er, daß ihm Entstehung und Motivation der Äußerung ebensowenig zugänglich sind wie dem Leser. Dadurch steigert er die Selbständigkeit der Figuren; er läßt eine Distanz zu ihnen erkennen, die derjenigen zwischen Leser und Figur nicht unähnlich ist. Mit zunehmendem Eigenleben werden die Figuren daher auch undurchsichtiger [10], da nur ihre Äußerungen Anhaltspunkte für die Aufhellung ihrer wachsenden Abgründigkeit bieten. Die gelegentliche Interven-

---

[9] Hier wurde bewußt die Bezeichnung 'Autor' gewählt. Es soll damit auf die *author's voice in fiction* hingewiesen werden, die nicht zu verwechseln ist mit dem Autor, der den Roman konipiiert hat. Zu dieser wichtigen Unterscheidung liefert das aufschlußreiche Buch von Wayne C. Booth, *The Rhetoric of Fiction*, Chicage 1961, wertvolle Hinweise; vgl. bes. Part II, "The Author's Voice in Fiction", p. 169 ff., u. Part III, "Impersonal Narration", p. 271 ff. Zu der zwischen Autor und Figur bestehenden Distanz in den Romanen von Ivy Compton-Burnett vgl. auch Paul West, *The Modern Novel*, London 1963, p. 68.

[10] E. M. Forster, *Aspects of the Novel*, London 1958, p. 61, erachtete es noch als eine entscheidende Qualifikation der Romancharaktere, völlig durchsichtig zu sein. Sie unterscheiden sich dadurch von den Menschen im Leben. Von Moll Flanders heißt es: "she cannot be here because she belongs to a world where the secret life is visible, to a world that is not and cannot be ours."

tion des Autors gibt dem Leser allenfalls zu verstehen, daß dieser Zeuge eines Gesprächs war, in das der Leser dann stärker hineingezogen wird, wenn er selbst die Äußerungen auseinanderhalten muß. Da der Autor den Anschein erweckt, als ob die Figuren ein eigenes, von ihm nicht zu beeinflussendes Leben führten, kann er den Leser auch nicht auf die Konfrontation mit dem Dialog vorbereiten. Er gibt sich allenfalls als ein aufmerksamer Beobachter, der das Geschehen gleichsam für sich und – an den entsprechend markierten Stellen – auch für den Leser mit verfolgt.

Diese Überlegung wird durch die Tatsache gestützt, daß der Autor keine bestimmte Person des Romans bevorzugt. Damit entfällt die Zentralperspektive, die seit Henry James ein wichtiges Mittel für die Orientierung des Lesers im Romangeschehen bildet.[11] Die Hauptfigur von *A Heritage and its History* eröffnet nur einen Blickwinkel der Betrachtung, der durch diejenigen anderer Figuren vielfach überlagert wird. Da aber alle Personen in der Sprechsituation vorgeführt werden, und da der Autor darauf verzichtet, von ihnen zusätzlich noch etwas zu erzählen, kommt keine nach ihrer jeweiligen Bedeutung gestaffelte Zuordnung der Perspektiven zustande. Dieser Eindruck wird durch den Schluß des Romans nachhaltig bekräftigt, wo nach der Entwirrung der Ereignisse plötzlich die Frage nach dem eigentlichen Helden der Geschichte aufgeworfen wird:

"And who is the hero?" said Naomi.
"Hamish?" said her brother, in question.
"Uncle Walter might turn out to have been so all the time. But he is inclined to suggest it himself, and that is against it."
"Father," said Ralph. "It can be no one else. And if we think, it is no one else. Unless my saying it makes me the hero myself." (p. 240)

Mit diesem Passus endet der Roman. Die Personen selbst sind sich bewußt, wie schwierig es ist, die Bedeutung abzumessen, die jedem einzelnen im Verlauf des Geschehens zukommt; allenfalls gewinnt derjenige den Charakter des Helden, dessen Bewußtsein besonders geschärft ist. In dieser Hinsicht jedoch erweisen sich sehr viele Fi-

---

[11] Vgl. u. a. Booth, p. 271 ff.

guren des Romans der Hauptperson Simon Challoner überlegen. Seine Mittelpunktstellung ist lediglich durch die Tatsache bedingt, daß er der prospektive Erbe des Adelstitels und des Besitzes ist, um den das Geschehen kreist. Wenn indes weder die Hauptperson noch irgendeine andere Romanfigur die Zentralperspektive bildet, so zerfällt das Geschehen in eine Pluralität der Blickpunkte, durch die bestimmte Wirkungen ausgelöst werden. Die Sicht jeder einzelnen Figur erweist sich als begrenzt, und die Gesprächssituation ist auf eine Verdeutlichung dieser Enge abgestimmt, indem der Dialogpartner jede geäußerte Ansicht in seiner Entgegnung zu unterlaufen beginnt. Eine solche Form des Dialogs verwandelt das scheinbar Einfache in das Vieldeutige.

Die aus dem Schwinden der Zentralperspektive sich ergebende Konsequenz berührt auch den Leser in besonderer Weise. Die Gesprächsfolge wird ihm nicht mehr vermittelt; es fehlen die noch von Henry James in die szenische Darstellung des Romans eingeführten *ficelles* [12], die dem Leser Anhaltspunkte für die Beurteilung der Handlung liefern könnten. Die unvermittelte Darbietung zielt darauf ab, den Leser direkt mit der 'Lebenswelt' der Figuren zu konfrontieren. Die mangelnde Bestimmtheit des Geschehens bildet den ästhetischen Reiz, Möglichkeiten des Verstehens aus der dargebotenen Welt selbst auszufalten. Dazu bedarf es einer geschärften Beobachtung, und diese Notwendigkeit hebt der Autor durch seine gelegentlich in die Handlung eingesetzten Kommentare heraus. Die unvermittelte Darbietung macht den betroffenen Leser auf die Erläuterungen des Autors gespannt, seine Kommentare indes enttäuschen die Erwartung, denn er beschreibt hauptsächlich das Aussehen einiger Figuren nach ihrem ersten Auftritt (p. 6, 13, 15 u. a.). Gelegentlich enthalten die Kommentare Beobachtungen, die unschwer aus dem Gang des Gesprächs bereits zu entnehmen waren. So erfahren wir, daß sich Mrs. Challoner um die Gesundheit ihres Mannes sorgt (p. 13); Andeutungen über das Sterben waren jedoch schon im vorausgegangenen Dialog zwischen den beiden Söhnen gefallen

---

[12] Vgl. Henry James, *The Art of the Novel*, ed. by R. P. Blackmur, New York 1937, p. 322 ff. In dieser Ausgabe sind die Vorworte gesammelt, die James zur New Yorker Ausgabe seiner Romane geschrieben hat.

(p. 10 ff.). Die Informationen des Kommentars erweitern demzufolge kaum das Wissen, das der Leser sich ohnehin aus der Beobachtung der Gesprächssituation erwerben konnte. Der Autor sieht seine Gestalten nur von außen, subsumiert Eindrücke des Dialogs, gibt ab und zu eine Geste wieder (vgl. u. a. p. 9) und verweist eigentlich nur darauf, wie wenig sie ihm wirklich vertraut sind. Er fingiert den Eindruck, über eine gesteigerte Aufmerksamkeit zu verfügen, die dem Leser noch abgeht, die es aber zu erwerben gilt, wenn er die Vorgänge verstehen will. Erweist sich der auktoriale Kommentar für die erhoffte Aufklärung als eine Enttäuschung, so wird die Dürftigkeit der Hinweise zum Antrieb, die Beobachtung zu schärfen. Damit versucht der Autor, den Leser in einer besonderen Weise auf die Vorgänge hinzulenken.

Die bisher über die Anwesenheit des Autors im Geschehen angeführten Gesichtspunkte lassen einen ersten Umriß der Romanintention erkennen. Der fingierte Mangel an Wissen führt zu einem weitgehenden Verzicht auf das Erzählen. Da erzählte Welt immer durch ihre Abgeschlossenheit qualifiziert ist, bedeutet die scheinbare Passivität des Autors nichts weniger als die Zerstörung einer Fiktion, die der Wirklichkeit nicht angemessen ist. Der Autor möchte ein Geschehen bieten, dessen authentischer Realitätscharakter dadurch verbürgt ist, daß in seiner Darstellung die fiktive – weil unwirkliche – Abgeschlossenheit erzählter Realität preisgegeben wird. Einer solchen Absicht entsprechen die Interventionen des Autors; er darf allenfalls die Optik der Betrachtung einstellen, um mit ihrer Hilfe dem Leser ein offenes Geschehen unvermittelt zu bieten. Der Autor ist letztlich nur deshalb im Handlungsverlauf der Geschichte anwesend, weil er die ihm zu Gebote stehenden Möglichkeiten der Erklärung vor den Augen des Lesers eher reduzieren als nutzen möchte. Er vertauscht nahezu die Beziehung zwischen sich und dem Leser, wenn er das von ihm verfaßte Geschehen so bietet, als ob er selbst aufpassen müßte, um hinter den Sinn der Gespräche zu gelangen. Er verlebendigt allenfalls die Gespanntheit, die vom Leser gefordert wird, wenn er in die hintergründige Unterhaltungen eindringen möchte.

III

Die Spur des Autors in der Handlung indes ist nur ein Moment der Darstellung, die sich durch die Form der Gesprächssituation noch schärfer fassen läßt. Der Roman beginnt mit einer Unterhaltung zwischen den beiden Brüdern Walter und Simon Challoner, die zusammen mit ihren Eltern den Landsitz des Onkels Sir Edwin Challoner bewohnen:

"It is a pity you have not my charm, Simon," said
Walter Challoner.
   "Well, we hardly want a double share in a family."
   "I am glad you are all without it. It is untrue that
we cannot have too much of a good thing. I could not
bear to be one amongst many. It would not suit the
something there is about me."
   "I don't see anything to mind in it."
   "But is there anything about you, Simon?"
   "It would not help me, if there was. One amongst
many is what I am. The number of us is my trouble.
My uncle has his dealings with my father, and my
father passes them on to me. I have no personal scope.
My youth is escaping without giving me anything it
owes me. I see it shortening before my eyes. And
Uncle must leave everything to Father, before I even
become the heir. It throws my life into an indefinite
future. I never put it into words, but I carry a burden
about with me."
   "It is praiseworthy not to put it into words. I wonder
how it would be, if you did."
   "Words do not hasten things," said Simon.
   "No, or yours would have done so. Can it be that you have
death in your heart? What a different thing
from charm! To think of the gulf between us! I wonder if there is any outward sign of it." (p. 5 f.)

Dieser Auftakt des Gesprächs dient der individuellen Schraffierung der Charaktere und entspricht noch den an einen Dialog zu stellenden Erwartungen. Die in der Selbstbeurteilung sichtbar werdende Besonderheit der beiden Brüder wird jeweils zum Anlaß genommen, diejenigen Momente hervorzukehren, die darin verdeckt blieben.

Spricht der prospektive Erbe Simon nur von der zunehmenden Vereitelung seiner Wünsche, so läßt Walters Replik den fatalen Wunsch erkennen, der hinter Simons Unzufriedenheit verborgen liegt. Diese Tendenz bestimmt die Unterhaltung und beginnt, die eingangs bezogenen Positionen zu verändern. Simon scheint den Tod der ihm im Wege stehenden Personen nicht ausdrücklich zu wünschen, Walter aber führt ihn desto unerbittlicher auf ein solches Eingeständnis hin. Simon bekennt:

> "I am held back in everything. Look at this room and its dinginess! It gets darker with every day. It is that creeper smothering the house. And I can do nothing. When the place is mine, I shall have it cut away."
> "I did not mean you to be led as far onward as that. Uncle Edwin and Father would both have to die."
> "Well, people must die in the end."
> "Of course they must not. People are immortal. You must have noticed it. Indeed you betray that you have."
> "I wish I could think I was. My time will be too short to serve any purpose. And there are things I want to do so much." (p. 7)

Kaum hat Simon seine verdeckten Empfindungen bloßgelegt, da wird das Gespräch durch Walter unvermittelt in eine andere Richtung gelenkt. Seine Entgegnung ist keineswegs von der zu erwartenden moralischen Entrüstung gekennzeichnet, vielmehr pariert er Simons unverhohlene Feststellung mit der in diesem Augenblick paradox wirkenden Ansicht, die Menschen seien unsterblich. Mit dem Aufblenden dieser unerwarteten Dimension, die durch die Wendung *of course ... not* zumindest für den Leser auf den ersten Augenblick so wirkt, als ob sie schockieren sollte, wird das Thema der Unterhaltung in einer aufschlußreichen Weise abgewandelt. Das Absonderliche der von Walter getroffenen Feststellung begreift Simon so, als ob es das Selbstverständliche sei. Indem er Walters Antwort weder als unsinnig noch als unmöglich betrachtet, da er selbst unsterblich sein möchte, wird seine Versessenheit auf das Erbe in allen Konsequenzen deutlich.

Die hier erfolgte Wendung des Gesprächs gibt dem Dialog eine ungewöhnliche Form, die noch besser faßbar wird, wenn wir die bisher diskutierte Thematik an einer anderen Stelle der Unterhaltung aufsuchen. Simon fragt Walter:

"Do you really think that Father will live to
eternity?"
"Of course I do not. I should be as ashamed of it,
as you would. I meant an eternity of nothingness,
which was a good thing to mean. It almost seems you
might mean something else. I admire Father for
quietly facing extinction. I see nothing in facing
eternity, when we should all like to so much."
"What does Father think himself?" said Simon.
"He thinks what we do, and knows we think it. It
makes it hard to know how to behave with him."
"He said we were to forget it. I suppose he meant
what he said."
"Simon, how can you suppose that?"
"If he heard us talking, what would he think?"
"That we were covering our feelings. Or I hope he
would. And in my case there would be truth in it. In
yours there is the knowledge that there will be a person
less in your path."
"I do not really consider that. If I did, I should not
talk of it. And it will not be so much of a change
for me. I have seen Uncle's life as a better one than
Father's. And a feeling is not less strong, that another
can exist with it."
"I think the strife between them weakens it, when it
is not strong enough to kill the other."
"You need not be so sure you are nobler than I
am."
"I am sure," said Walter. (p. 27 f.)

Der Gedanke, der das Gespräch der beiden Brüder durchzogen hatte, taucht nun in einer ungleich komplizierteren Form auf. Simon ist von der Möglichkeit beunruhigt, ihr Vater könne ewig leben. Inzwischen aber hat sich die Gesprächssituation verändert, und ein solcher Wandel bedingt offenbar auch Walters neue Haltung gegenüber seiner früheren Ansicht über die Unsterblichkeit. Er bezieht die Mehrdeutigkeit sofort in seine Antwort ein: Die Möglichkeit des ewigen Lebens habe für den Vater eine andere Bedeutung als für Simon, den prospektiven Erben. Diese Ansicht scheint Simon zu erleichtern, belastet aber zugleich seine Beziehungen zum Vater mit bisher nicht bedachten Komplikationen. Was würde der Vater denken, wenn er von ihren geheimen Empfindungen wüßte? Daß er sie kennt, bleibt eine Vermutung, die allerdings das Unbehagen eher zu nähren als abzuschwächen beginnt. So versucht Simon, seine Äußerungen über den Tod des Vaters als hypothetische Überlegungen hinzustellen, doch diese erweisen sich sogleich als doppeldeutig: Ihr scheinbar humanitäres Motiv wird von Simon selbst verdrängt, wenn er an die Gesundheit des Onkels denkt, die den möglichen Tod des Vaters für ihn als prospektiven Erben ohnehin belanglos werden läßt. In diesem Augenblick nun macht Walter seinem Bruder wieder Hoffnung, indem er ihm versichert, der permanente Streit zwischen Vater und Onkel werde beide rasch verbrauchen. In Simons Antwort darauf schimmert ein Zweifel durch, da der wesentlich humanitärer gesonnene Bruder ihm jene Aussicht eröffnet, die er sich zwar wünscht, aber eigentlich verbieten müßte.

Wenn wir an die Eingangssituation des Gesprächs zurückdenken, so hat sich das dort angeschlagene Thema nun in subtile Nuancen verästelt, wobei zu bedenken ist, daß die zitierten Gesprächspartien zweifellos noch mehr Implikationen enthalten, und daß sie zudem nur einen Ausschnitt aus der Vielzahl der vom Dialog angerührten Themen bilden. Der Wechsel der Themen entspricht der unerwarteten Abwandlung wiederkehrender Gesprächsgegenstände. Zwar nehmen die Partner noch aufeinander Bezug, jedoch nur, um einen bisher verdeckt gebliebenen Aspekt in der Äußerung des Gegenüber herauszukehren. Damit geschieht eine unabsehbare Erweiterung der Gesprächsgegenstände, die die Figuren so leicht zu neuen, unvermittelt eingeführten Themen verleitet und ihre Einstellung zu den bislang diskutierten Phänomenen verändert. Dies läßt sich an den zitierten Beispielen deutlich erkennen. Die Unterhaltung wird von einer Überraschung zur anderen vorwärts getrieben, bis sich allmählich das Unerwartete als eine zentrale Qualität des Dialogs herausbildet.

Eine solche Form der Sprechsituation unterscheidet sich von der aus dem Drama in den Roman übernommenen Dialogtechnik.[13] "Im

---

[13] Vgl. hierzu Edwin Muir, *The Structure of the Novel*, London 1957,

Gespräch zweier Menschen handelt es sich ... sehr selten um eine bloße Kommunikation; es handelt sich um etwas viel Lebenswichtigeres, und zwar um eine Beeinflussung desjenigen, an den die Rede gerichtet ist. In allen 'dramatischen' Konflikten, die sich im Theaterschauspiel in der dargestellten Welt entwickeln, ist die an jemanden gerichtete Rede eine Form der Handlung des Sprechenden und hat im Grunde nur dann eine wirkliche Bedeutung in den im Schauspiel gezeigten Geschehnissen, wenn sie wirklich die sich entwickelnde Handlung wesentlich vorwärtstreibt." [14] So konträr die Positionen der Menschen im Schauspiel auch sein mögen: Durch den Dialog werden sie aufeinander zu geordnet. – In *A Heritage and its History* scheint die für den dramatischen Dialog notwendige Zuordnung in der Einheitlichkeit des Milieus zu liegen, in dem die Figuren sich bewegen. Die Vorstellungswelt des Landadels um die Jahrhundertwende bildet den Raum für das sich entfaltende Geschehen. Ivy Compton-Burnett hat einmal selbst gesagt: *I do not feel that I have any real or organic knowledge of life later than about 1910.*[15] Der Dialog ihres Romans indes spiegelt eine höchst eigenartige Auffassung dieser historischen Bestimmtheit. Die Art der Unterhaltung scheint die geschichtliche Zugehörigkeit der Figuren zur viktorianischen Ge-

---

p. 41 ff., wo der Zusammenhang von Dialog und Handlung im Roman diskutiert wird. Über den Zusammenhang von dramatischem Dialog und Roman hat sich Ivy Compton-Burnett einmal wie folgt geäußert: "Interviewer: Your dialogue has been compared with that of dramatists like Congreve and Oscar Wilde. Quite apart from this question of likeness and influence, it is impossible not to wonder about the source of the theatrical quality in your novels, which comes out particularly well when they are broadcast ... But you have never actually tried to write a play?

Miss Compton-Burnett: No, I never have. I think a novel gives you more scope. I think I should call my books something between a novel and a play, and I feel the form suits me better than the pure play. It gives me more range and a little more length, and it doesn't subject me to the mechanical restrictions of a play" ("An Interview", p. 101).

[14] Roman Ingarden, *Das literarische Kunstwerk*, Tübingen ²1960, p. 408 f.

[15] Zitiert nach Pamela Hansford Johnson, *Ivy Compton-Burnett*, London 1951, p. 36. Die bisher ausführlichste Beschreibung der Romane von Ivy Compton-Burnett gibt Robert Liddell, *The Novels of I. Compton-Burnett*, London 1955.

sellschaft eher zu verwischen als hervorzuheben. Zwar schimmert die Atmosphäre eines viktorianischen Familienmilieus unverkennbar durch den Roman hindurch, doch die Figuren überschreiten in Äußerung und Handlung fortwährend die Grenzen dessen, was sich für diese Gesellschaft ziemt und schickt. Indem der Dialog die vom Milieu gesetzte Erwartung verletzt, richtet er den Blick auf die noch unabgeklärten Beweggründe des menschlichen Verhaltens, die sich der gesellschaftlichen Determinierung entziehen. Dadurch wird die Aufgabe, die der Dialog im Drama und in der 'dramatic novel' zu leisten hat, ins Gegenteil verkehrt: Er vermittelt nicht mehr unterschiedliche Positionen durch das allmähliche Hervorkehren einer dem Gespräch unterliegenden Gemeinsamkeit, sondern läßt die Gewohnheiten einer historisch bestimmbaren Gesellschaft zerspringen, indem er das von solcher Ordnung nicht mehr Vorbedachte in der Unterhaltung freisetzt.

Um diesen Vorgang besser fassen zu können, empfiehlt es sich, zunächst diejenigen Gesprächssituationen des Romans zu beleuchten, die noch am ehesten die gängigen Erwartungen des Dialogs erfüllen. Das gesprochene Wort des dramatischen Dialogs ist, – wie es Styan einmal formulierte – an einem "predetermined end" [16] orientiert. Dementsprechend müssen die Partner ihre Äußerungen auf einen solchen Zweck abstimmen und die Art ihrer Unterhaltung dieser Notwendigkeit anpassen. In *A Heritage and its History* entsteht eine solche Notwendigkeit aus folgender Konfliktsituation: Simon Challoner selbst vereitelt seinen langgehegten Wunsch, das Erbe des Onkels bald anzutreten; zwar stirbt der Vater, doch Sir Edwin heiratet trotz seines hohen Alters, und Simon wird der Vater des Kindes, das Sir Edwins Frau zur Welt bringt. Dadurch werden die Beziehungen der Personen äußerst verwickelt, und ihr Zusammenleben gebietet es, den ganzen Umfang des folgenschweren Einschnitts zu verschleiern (p. 103). Es fehlt nicht an prekären Situationen, in denen die

---

[16] J. L. Styan, *The Elements of Drama*, Cambridge 1963, p. 12. Über die vom dramatischen Dialog unterschiedene Bewegungsrichtung der Sprache bei Ivy Compton-Burnett vgl. Sarraute, p. 122, u. die Besprechung von *A Heritage and its History* von John Preston, "The Matter in a Word", *Essays in Criticism*, 10 (1960), p. 348 ff.

ganze Wahrheit offenbar zu werden droht. In solchen Augenblicken
scheint es geraten, sich im Gespräch auf den Partner einzustellen,
um seine Ahnungen zu beschwichtigen und ihn von der Entdeckung
der wahren Zusammenhänge wegzuführen (p. 101 ff.). Sobald der
Dialog von diesem Zweck beherrscht wird, erfüllt er seine dramatische Funktion, den Gesprächspartner in eine vorherbedachte Richtung zu lenken. – Nachdem Simon resigniert die Schwester von Sir
Edwins Frau geheiratet hat, sieht er sich eines Tages mit dem Wunsch
seiner Tochter Naomi konfrontiert, den offiziell als Sir Edwins Sohn
geltenden Erben Hamish zu heiraten. Die Bestürzung der Familie
über die drohende Verbindung der Stiefgeschwister ist groß. Die
Kinder stoßen auf einen so massierten Widerstand, daß sie die einheitliche Ablehnung ihres Wunsches nur als Konspiration interpretieren können. Naomi fragt daher:

> "What is there behind it all? There seems to be a
> sort of conspiracy. Did you foresee the question, and
> agree on a common line?" (p. 150)

Bisher hatten sich die Beziehungen der Erwachsenen untereinander
keineswegs immer durch Übereinstimmung ausgezeichnet, so daß
sich die Frage nach dem Zweck einer solchen Übereinkunft aufdrängt. In dieser Situation erfüllt das Wechselgespräch zwischen
den Figuren wieder die Funktion des dramatischen Dialogs: Es gilt,
den Gesprächspartner zu beeinflussen, um ihn zu einer vorherbe-
dachten Handlung zu bewegen. Dazu bedarf es einer engen Beziehung zwischen Äußerung und Entgegnung, damit der verfolgte
Zweck durch die Unterhaltung entsprechend abgesichert werden
kann. Die an einem gemeinsamen Zweck orientierte Übereinkunft
ist jedoch mit der Unterdrückung der Wahrheit identisch. Sir Edwin
formuliert diesen Gedanken ausdrücklich:

> "It must not be," said his uncle. "We are to forget
> the truth. It must not lie below the surface, ready to
> escape." (p. 115)

Das Vergessen der Wahrheit ist Voraussetzung der Gemeinsamkeit,
und da alle Figuren in das Verwischen der wahren Zusammenhänge
hineingezogen sind, entsteht zwischen ihnen eine von gesellschaft-

lichen Rücksichten diktierte Verbindung, die mit der Konvention identisch ist. Als die Krise um die Enthüllung der wahren Herkunft von Sir Edwins vermeintlichem Sohn ihren Höhepunkt erreicht hat, wird diese Einsicht von Sir Edwin ausgesprochen:

> "Civilised life exacts its toll. We live among the civilised."
> "The conventions are on the surface," said his wife.
> "We know the natural life is underneath."
> "We do; we have our reason. But we cannot live it.
> We know the consequences of doing so. If not, we
> learn." (p. 160)

Die hier getroffene Unterscheidung zwischen Konvention und natürlichem Leben rückt die bisher besprochenen Qualitäten des Dialogs in eine neue Beleuchtung: Dominiert die Notwendigkeit der Konvention, dann beziehen sich die Figuren aufeinander; bestimmt dagegen das von der gesellschaftlichen Übereinkunft zeitweilig verdeckte natürliche Leben die Äußerungen der Menschen, so werden ihre Reaktionen unabsehbar.

Diese Doppelheit bildet die Struktur des Dialogs in *A Heritage and its History*. Damit sich die Menschen überhaupt unterhalten können, ist ein gewisses Maß an Konvention notwendig; würden sie sich aber nur in den ihnen durch das gesellschaftliche Zusammenleben vorgezeichneten Bahnen bewegen, so wäre ihre Übereinkunft um den Preis der Wahrheit erkauft. Wenn sich Konvention als Übereinstimmung definiert und diese als Lüge erscheint, so ist damit bedeutet, daß hier die Realität durch die pragmatischen Zwecke der Menschen verdeckt wird, die zumindest vorübergehend mit dem Leben gleichgesetzt werden. Dennoch ist nicht zu leugnen, daß die Konvention eine wichtige Funktion zu erfüllen hat; sie verbürgt die Mitteilbarkeit von Ansichten, die unbegreifbar blieben, wäre nicht ein Minimum garantierter Gemeinsamkeit vorausgesetzt. Die Notwendigkeit, sich mitzuteilen, ja, den Partner in einem bestimmten Sinne zu beeinflussen, bedeutet aber eine Verformung des *natural life*. Beide Tendenzen sind im Dialog des Romans gegenwärtig. Beide verleihen ihm eine auffallende Spannung, denn in der Unterhaltung spielen die teleologisch berechnete Äußerung und die unvermittelte Entdeckung einer im Augenblick aufleuchtenden Wahrheit des Lebens ständig durcheinander. Indem der Dialog diese Verschiedenartigkeiten verklammert, erzeugt er eine höchst folgenreiche Wirkung.

Die konventionell orientierte Äußerung ist notwendig, damit die verdeckten Wahrheiten des Lebens allererst provoziert werden können. Pragmatische Notwendigkeiten beschneiden den Umfang des *natural life* und schaffen damit eine künstliche Trennungslinie zwischen dem Gebotenen und dem überhaupt Möglichen. Der Dialog hebt diese Unterscheidung auf, indem die konventionelle Verhaltensweise dazu benutzt wird, auf die Vielzahl unvorherbedachter Reaktionen hinzuführen; gleichzeitig lassen solche Reaktionen die von der Konvention geforderte Verhaltensweise als einen Sonderfall des Möglichen erscheinen. Daraus entsteht die eigentümliche Atmosphäre des Romans: Sie widerspricht der normalen Erwartung, weil hier kein repräsentativer Ausschnitt des Wirklichen erzählt wird. Statt dessen sieht sich der Leser mit einer fluktuierenden Reaktionsfolge konfrontiert, deren Teleologie immer dunkler wird; und da dieser Prozeß als Gesprächssituation geboten ist, erscheint ihm die unablässige Verästelung des vorgeführten Geschehens in beklemmender Unmittelbarkeit.

IV

Diese Anlage des Dialogs ist mit der Auffassung der Romancharaktere eng verkoppelt, da das Dauergespräch die einzige Form ihrer Verdeutlichung bleibt. Damit entfallen etliche Faktoren, die selbst noch im modernen Roman des 20. Jahrhunderts wesentlich zur Profilierung der Personen beitragen. Der von der Autorin geübte Verzicht auf das Erzählen schneidet die Figuren von einer sonst im Roman detailliert beschriebenen Umwelt ab, die als Herausforderung wesentlich zu ihrer individuellen Konturierung dient; vielfach gewinnen die Romanfiguren dadurch überhaupt erst ihren Charakter. Dieser wird sich in der von ihnen geforderten Handlung konkretisieren, so daß eigentlich Dialog und innerer Monolog in der Romantradition die Möglichkeit bieten, durch Gespräch und Selbstgespräch diejenigen Eigenheiten anzudeuten oder nachzutragen, die in der Konfrontation des Charakters mit der Welt nicht zureichend zur Geltung kamen. Alle Faktoren zusammen formen das Bild des individuellen Charakters. Dabei legen Dialog und innerer Monolog die Figuren längst nicht in dem Maße fest, wie das durch ihre Handlungen geschieht. Was immer die Figuren im Gespräch bewegt, besitzt eine Beziehung zu der Welt, in die sie der Autor gestellt hat. Eine Erinnerung an diese Selbstverständlichkeiten der Charakterkomposition im Roman ist notwendig, um die veränderten Voraussetzungen abzuschätzen, die sich aus dem Verzicht auf eine vom Autor erzählte Welt ergeben.

Zunächst wird die binnenweltliche Verspannung aufgehoben, die sich im Roman aus dem Verhältnis zwischen der Figur und ihrer vom Autor gesetzten Umwelt ergibt. Reduziert sich jedoch die vom Autor erzählte Welt, so wirken die Äußerungen der Figuren ungleich beziehungsloser, als wir dies aus der Romantradition gewohnt sind. Diese Beziehungslosigkeit besitzt insofern einen Reizcharakter, als der Dialog des vorliegenden Romans aus sehr präzisen und ausformulierten Äußerungen besteht. Sie erwecken den Eindruck, als ob sie der Entschiedenheit einer vorbedachten Überlegung entsprängen, verweigern aber gleichzeitig den Zugang zu ihrer Motivation. Da auch der Erzähler nichts über die individuelle Eigenart der Figuren berichtet, müssen wir die Ansätze zu ihrer Beurteilung aus den von ihnen geäußerten Ansichten gewinnen. Sie alle besitzen bestimmte Vorstellungen: Simon möchte das Erbe seines Onkels antreten (p. 7), während dieser versucht, ihn von der Erbfolge auszuschließen (p. 103 f.), Hamish möchte Naomi heiraten (p. 145 f.) und, als dies mißlingt, das Erbe verschenken (p. 167). Trotz der Entschiedenheit solcher Absichten verhalten sich die Figuren so, daß ihre Wünsche weitgehend vereitelt werden, und da diese Entwicklung ihnen relativ problemlos erscheint, wird die Individualität als unverwechselbares Kennzeichen für die Komposition der Romanfiguren nebensächlich. Ein gewisser individueller Habitus scheint notwendig zu sein, damit ein Anstoß zum Gespräch erfolgt, in dem auch individuelle Ansichten zur Geltung kommen. Gleichzeitig jedoch bemerken wir, daß in der Äußerung einer jeden Figur – trotz des individuellen Ansatzes – eine Fülle von Implikationen verborgen liegt, die von ihr weder gesehen noch kontrolliert werden kann. Sie bemüht sich auch nicht, die Implikationen zu überschauen. In seiner Antwort auf das Gesagte entfaltet der Gesprächspartner dann eine der vielen in der Äußerung enthaltenen Implikationen. Eine solche Konkretisierung hat zwei prinzipielle Folgen. Zunächst bewirkt sie eine völlig unvermutete Richtungsänderung des vom Gesprächspartner eigentlich Gemeinten, so daß die Ausfaltung einer Implikation zum glatten Gegenteil der die Äußerung bedingenden Absicht führen kann. Ferner bedeutet diese Konkretisierung, daß die Bestimmung einer Implikation durch die Antwort des Gesprächspartners wiederum neue schafft. Damit ist die Voraussetzung der nun folgenden Antwort gegeben, die ihrerseits durch den Doppelaspekt von Entfaltung einer Implikation bei gleichzeitigem Produzieren neuer Implikationen charakterisiert ist. So enthält jede Äußerung einen Überschuß an virtuellen Sinnrichtungen, der nur bedingt ausgewertet und durch die in der Entgegnung neu auftauchenden Implikationen ständig vermehrt wird.

Eine solche Bewegung des Dialogs verhindert die Konstituierung eines bestimmten, im Gespräch durchgehaltenen Themas. Da aber jede Entgegnung die Präzisierung einer Implikation bewirkt, entstehen Umrisse von Gesprächsgegenständen, die allerdings durch neue Implikationen in den Strudel einer unvorhersehbaren Verwandlung hineingerissen werden. Jeder beliebige Anstoß des Gesprächs kann solche Konfigurationen hervortreiben, die dann zum Zeichen für das unkontrollierbare Potential des menschlichen Charakters werden. So fördern die wechselnden Konfigurationen das Unvorherbedachte ans Licht. Die Figuren erscheinen dem Leser in einer nachdenkenswerten Doppelgesichtigkeit. Was sie von sich selbst bekunden, dient weniger ihrer Selbstverdeutlichung, sondern bringt eher die Unabgeklärtheit des Grundes zum Vorschein, aus dem sie sind. Je mehr sie daher auf ihren Absichten beharren und sich mit diesen ganz identifizieren, desto fiktiver erscheint ihr Verhalten. Sie verkennen, daß die manifesten Reaktionen durch pragmatische Notwendigkeiten bedingt sind, die sich von Situation zu Situation ändern können. Wird aber die situationsbedingte Äußerung für den authentischen Ausdruck der Person gehalten, dann spiegelt sich in der Entschiedenheit des Verhaltens nur der äußere Anschein des Charakters. Der Dialog deckt diesen Sachverhalt fortwährend auf. Damit aber die Verdeutlichung des Verborgenen gelingt, müssen die jeweiligen Äußerungen der Figuren für ihr wechselseitiges Verhältnis konsequenzlos bleiben, denn sonst würde sich ein Konflikt herausbilden, in dem sich ein bestimmter Zustand so verfestigen müßte, daß die Möglichkeiten des Hervorkehrens unvordenklicher Reaktionen unterbunden wären.

Die Konfigurationen des Gesprächs besitzen daher einen seltsam verschwebenden Charakter, ohne jedoch irreal zu sein. In ihnen vermittelt sich die individuelle Kontur eines Charakters mit seinen unvorhersehbaren Möglichkeiten des Reagierens, die durch einen bestimmten individuellen Habitus eigentlich als ausgeschlossen gelten sollten. Das Wirkliche und das Mögliche des Menschen gewinnen in solchen semantischen Interferenzen für Momente eine Gestalt, deren Zerfall notwendig ist, damit sich eine wechselnde Folge dieses Gestaltwandels entfalten kann. Der Struktur nach ist das im Dialog vorgeführte Entfalten von Implikationen immer neuer Gesprächsthemen endlos; folglich wirkt das sichtbare Profil der Figuren wie das Zufällige. In dem Maße, in dem das Bekannte als das Zufällige erscheint, wird das Unabsehbare zur Realität. Der Dialog der Figuren ist demzufolge ". . . not a transcript of what he or she would have said in 'real life' but rather of what would have been said *plus* what would have been implied but not spoken *plus* what would have been understood though not implied." [17]

Wenn wir bedenken, daß die Dialogpartner ihre eigenen Implikationen nicht überschauen und die im Gesagten enthaltenen Implikationen immer nur in einem begrenzten Sinne entfalten und daher niemals in ihrem ganzen Umfang verstehen können, so wird uns ein Zugang zum Kompositionsprinzip der Romancharaktere eröffnet. Ihre Äußerung bzw. Entgegnung evoziert durch die Implikation Umfang und Ausmaß unvordenklicher Gegebenheiten der menschlichen Wirklichkeit selbst. Die Charaktere sind nicht mit dem Unbekannten konfrontiert, es wird durch sie selbst und aus ihnen heraus zur Anschauung gebracht. Die sich hier abzeichnende Neuartig-

---

[17] Hilary Corke, "New Novels", *The Listener*, Bd. LVIII, Nr. 1483 (1957), p. 322, machte diese Bemerkung anläßlich der Besprechung von *A Father and his Fate*. Sie trifft auf den Dialog aller Romane von Ivy Compton-Burnett zu und wurde auch von Corke in diesem Sinne geäußert.

keit in der Auffassung der Figuren ist verschiedentlich bemerkt, jedoch meist getadelt worden. So schreibt etwa Pamela Hansford Johnson: "The ease with which the persons of the novels may be confused in the memory is a genuine flaw, a flaw which, above all, must make Miss Compton-Burnett always a writer for the 'few', as only a few are able to make the concentrated intellectual effort she demands from them through both her virtues and her faults." [18] In diesem Urteil spiegelt sich eine aus dem Roman des 19. Jahrhunderts gewonnene Erwartung wider. Diese verlangt von der Romanfigur ein unverwechselbares Profil, das nicht zuletzt durch ihr individuelles Schicksal entscheidend mitgeformt wird. Wenn daher die Figuren in den Romanen von Ivy Compton-Burnett in der Erinnerung nicht mehr genau auseinanderzuhalten sind, ja, wenn sie eher ineinander verfließen, so lenken sie den Blick nicht mehr auf sich, sondern auf das, was durch sie zur Geltung kommen soll. Dadurch aber verblaßt der individuelle Habitus zu einem beiläufigen Merkmal der Figur.

Diese Funktion macht es notwendig, das Verhalten der Figuren in einem Bereich jenseits von Gut und Böse zur Anschauung zu bringen. Pamela Hansford Johnson bemerkte daher zu Recht, Ivy Compton-Burnett sei "the most amoral of living writers." [19] Die Moral kann im Vorstellungshorizont der einzelnen Figuren nur einen Grenzwert des Verhaltens bilden, der sich qualitativ nicht sehr von jener Begrenzung unterscheidet, die durch die individuelle Kontur markiert ist. Die in den Äußerungen der Figuren gezeigte Ausfächerung von Implikationen wird erst jenseits ihrer moralischen Bewertung aufschlußreich. Jede moralische Qualifizierung würde eine voreilige Bestimmung jener Bereiche beinhalten, die erst in den Implikationen offenbar gemacht und entdeckt werden sollen. – Dieses Kompositionsprinzip der Charaktere ist selbst in banalen Situationen des Romans nachweisbar. Das läßt sich etwa an folgender Gesprächssituation ablesen: Sir Edwin ist mit 94 Jahren endlich gestorben.

"This day brings another back to me," said Julia.

---

[18] Johnson, p. 22.
[19] Ibid., p. 11.

"The day when my husband was buried, Edwin's
younger brother! All those years ago! Life is a strange
thing. It will soon be my turn to follow."
"What ought we to say?" said Graham. "Silence
means consent, and seems to mean it. And yet we can
hardly disagree."
"Say nothing," said Simon.
"Father is in a sinister mood," said Ralph. "It can
hardly be the loss of his uncle at ninety-four." (p. 188)

Graham und Ralph, Julias Enkelkinder, fallen schon dadurch aus
ihrer Rolle heraus, daß sie keineswegs wie Kinder sprechen. Im Romangeschehen wird nirgends darauf Rücksicht genommen, ob die
Charaktere als das erscheinen, was sie sind. Für die hier dargestellte
Reaktion ist es offenbar uninteressant, ob die Replik auf Julias Feststellung von einem Kinde stammt. Der sentimentalen Äußerung der
Großmutter wird keine den Gedanken an den Tod verscheuchende
Antwort zuteil, es unterbleibt daher die in solchen Augenblicken zu
erwartende mechanische Reaktion. Dessen ist sich Graham bewußt;
indem er die konventionelle Antwort ausspart, muß er sich fragen,
wie er hätte reagieren sollen. Die Möglichkeiten solchen Reagierens
werden zum Inhalt seiner Äußerung. So unnatürlich eine solche Entgegnung auch wirken mag, ihr Wahrheitsgehalt ist unbestreitbar.
Wirkt die Äußerung der Wahrheit verletzend, so erweist sich die
Rücksichtnahme auf die Empfindungen der Mitmenschen eher als
ein pragmatisches Gebot des menschlichen Zusammenlebens, es sei
denn, die Wahrheit wäre unmoralisch.[20] Pragmatische Beziehungen

---

[20] Zur Frage der Moral bemerkt Stuart Hampshire, "The Art of a Moralist", *Encounter*, Bd. 9, Nr. 5 (1957), p. 80: "First, Miss Compton-Burnett
is a moralist, in a sense of the word that allows that there have been many
great French moralists and very few English. The pleasure of the moralist is
to probe through the decent conventions to the natural laws of conduct and
feeling in which we have all really believed and to find apt words for
them: if possible, a few words, the maxim that puts the smothered general
truth shortly and only once. This is the pleasure of discussion, of intellectual surprise, of the contrast of what is ordinarily said with what is
really believed, of the ambiguity of a situation condensed in plain words,
of having every side expressed, nothing smothered. The art of the moralist
must be difficult in English, because there is no tradition of it, outside a
healthy intellectual horseplay, as in Shaw: more difficult still, if the story

aber gelten immer nur unter gewissen Bedingungen, so daß ihre Veränderung andere Verhaltensweisen der Figur hervorrufen wird. Das deutet sich schon in Simons und Ralphs Äußerungen an. Simon rät seinem Sohn Graham zu schweigen, Ralph hingegen macht auf das verdeckte Motiv aufmerksam, das hinter der Replik seines Vaters verborgen liegt; denn Simon ist darüber verdrossen, daß er sich selbst die Möglichkeit verstellt hat, in Sir Edwins Erbe einzurücken.

Ein solches Nachzeichnen der Implikationen wird dem Gespräch nur sehr bedingt gerecht, ja, es gerät in Gefahr, falsch zu sein, wollte man damit die Szene für ausinterpretiert halten. Jede Erklärung solcher Gespräche unterscheidet sich nicht wesentlich von der durch die einzelnen Romanfiguren praktizierten Ausfaltung der Implikationen. Gewiß kann die Interpretation noch ein paar Nuancen verdeutlichen, sie kann jedoch die Implikationen niemals voll ausschöpfen. Es ließen sich andere Gründe für Grahams Äußerung und für Simons Rat anführen, die ebenso zutreffend sein könnten wie die der Figuren, denen die Interpretation folgte. Jede Auslegung verdeckt die anderen Möglichkeiten des Verstehens. Wenn bereits die Interpretation Gefahr läuft, die vom Dialog bewirkte Ausfächerung der Implikationen zu verendlichen, dann kommt eine Qualität des Unvorherbedachten zum Vorschein: es sperrt sich gegen jede Typisierung. Damit der Leser stärker auf diesen Vorgang hingelenkt wird, bleiben die Romanfiguren in ihren menschlichen Zügen bisweilen recht unanschaulich. Ihre individuelle Durcharbeitung wird von der Autorin bewußt unterlassen, damit der Blick des Lesers sich nicht an die sichtbare Gestalt verliert, sondern in den Vorgang der Entdeckung des Überraschenden mit hineingezogen werden kann. Gerade wenn der Leser von der Antwort einer Figur düpiert ist, sieht er sich genötigt zu fragen, warum eine Implikation ausgefaltet wurde, an die er selbst nicht gedacht hatte. Erst danach wird der Weg in das Abgründige begehbar, auf dem die Figuren immer schon sind. Wenn sie uns daher wie Schemen erscheinen, so bezeugt sich in diesem Eindruck, daß hier ein unveräußerlich scheinendes Prinzip der Kon-

---

is to be carried forward to a climax for which the reader waits, as in a detective story, to know who loses and who wins, and – not usually the same – who is guilty and who is innocent."

zipierung von Romancharakteren aufgegeben ist: Die Subjektivität als der einheitliche Bezugspol der dargestellten Romanwelt überhaupt.

Dieser folgenreiche Wandel läßt sich durch eine kurze Betrachtung der heute noch als modern geltenden Darstellungsform der Romane von Virginia Woolf und Joyce schärfer fassen. Der Bewußtseinsstrom, der sich im inneren Monolog abbildet, strukturiert weitgehend die von den genannten Autoren entworfenen Charaktere. "... the novels that are said to use the stream-of-consciousness *technique* to a considerable degree prove, upon analysis, to be novels which have as their essential subject matter the consciousness of one or more characters; that is, the depicted consciousness serves as a screen on which the material in these novels is presented ... Interior monologue is, then, the technique used in fiction for representing the psychic content and processes of character, partly or entirely unuttered, just as these processes exist at various levels of conscious control before they are formulated for deliberate speech." [21] So zeigt der innere Monolog die aus Eindrücken und Erinnerung sich bildende Bewußtheit der Figuren. Ein individuelles Bewußtsein ist notwendig, damit die vielfältigen Erfahrungen aufeinander bezogen werden können. Wenn die Welt im inneren Monolog sich als ein schwer entwirrbares Durcheinander bietet, das nur durch Assoziationen verbunden ist, so kündet sich im Streben nach Zuordnung die unverwechselbare Eigenart der Romanfigur an. Die erfahrbare Welt erscheint im inneren Monolog als zusammenhanglos, zugleich aber erweckt der Bewußtseinsstrom die Illusion, als ob die im Zustand beginnender Artikulation gefaßte Eindruckserfahrung auf ein mögliches Begreifen hin tendiere. Damit gelingt es, ein Bild vom kontingenten Charakter der Wirklichkeit zu entwerfen. Um eine solche Vorstellung anschaulich zu machen, bedarf es eines gemeinsamen Bezugspunktes aller im Bewußtsein auftauchenden Details; dieser bietet sich in der Subjektivität der Romanfiguren. Deshalb sieht die zusammenhanglose Wirklichkeit aus dem Blickwinkel der einzelnen

---

[21] Robert Humphrey, *Stream of Consciousness in the Modern Novel*, Berkeley/Los Angeles 1959, p. 2 u. 24.

Personen jeweils anders aus, denn die Subjektivität begründet sowohl die perspektivische Sicht als auch die Möglichkeit, eine an sich zusammenhanglose Welt gerade als solche zu fassen. Aus diesem Grunde erzeugt der innere Monolog längst nicht das Befremden, das durch den Dialog in den Romanen von Ivy Compton-Burnett ausgelöst wird. Zwar wird der Inhalt des Bewußtseinsstroms jeweils verschieden sein, die Form des Gewärtigens von unabgeklärter Erinnerung und von Eindrucksfetzen als Signatur einer kontingenten Welt jedoch wird der Leser im eigenen Erleben nachkontrollieren können.

Ist die Subjektivität als Bezugspol der Realitätserfahrung aufgegeben, so verlieren die Romanfiguren ihr individuelles Schicksal, das beispielsweise Mrs. Ramsay (*To the Lighthouse*) und Leopold Bloom (*Ulysses*) durchaus noch besitzen. Aus der Perspektive von Ivy Compton-Burnett wirken diese Charaktere fast wie 'normale Menschen', da alle Oszillationen ihres Bewußtseins auf eine unverwechselbare Subjektivität verweisen. Gleichzeitig gewärtigen wir die umfangreiche Darstellung von Welt, die wesentlich zur Profilierung dieser Subjektivität beiträgt. Je mehr Realität im Bewußtsein von Mrs. Ramsay und Leopold Bloom auftaucht, desto deutlicher treten ihre Eigenheiten hervor. Im Gegensatz dazu wirken die Romanfiguren von Ivy Compton-Burnett nahezu gesichtslos, und selbst Katastrophen scheinen sie kaum zu berühren. Ihr letztes Merkmal bleibt die Entfaltung von Implikationen, die ihrerseits eine völlig inkonsistente Reaktionsfolge bedingen.

Diese befremdlich wirkende Technik wurzelt in einem grundsätzlichen Problem, das dem Roman als Gattung eigen ist. Auf einer begrenzten Zahl von Seiten soll die nach ihrem Umfang unabsehbare Wirklichkeit dargestellt werden.[22] Dieses Paradox kann von Fall zu Fall nur durch ein Auswahlprinzip gelöst werden, indem eine bestimmte Konzeption des Wirklichen so geboten wird, als ob sie mit der Realität überhaupt identisch sei. Der realistische Roman hat sich stets solcher Illusionsformen bedient; er zielte darauf ab, das Auswahlprinzip mit der Wirklichkeit zu identifizieren, und stellte

---

[22] Vgl. dazu Hans Blumenberg "Wirklichkeitsbegriff und Möglichkeiten des Romans", *Nachahmung und Illusion* (Poetik und Hermeneutik I), hrsg. von H. R. Jauss, München 1964, p. 21 ff.

damit weniger die Wirklichkeit als die über sie getroffenen Ansichten dar.[23] Im modernen Roman hingegen ist das Bestreben spürbar, die Technik der Darstellung und die dargestellte Wirklichkeit im Bewußtsein des Lesers zu trennen, damit der Auswahlmodus nicht mit der gezeigten Wirklichkeit verwechselt werde. Je 'unnatürlicher' dem Leser die angewandten Techniken erscheinen, desto weniger ist die Gefahr der Verwechslung gegeben, die der realistische Roman immer wieder suchte. Indem Ivy Compton-Burnett sogar noch die relative Einheitlichkeit der Romanfiguren als Kompositionsprinzip preisgibt, verzichtet sie auf die illusionsstiftende Wirkung der Subjektivität.

Wenn der moderne Roman die traditionellen Maßstäbe der Beurteilung abbaut, so geschieht dies aus dem Bestreben heraus, die für alle dargestellte Welt notwendige Vorentscheidung auf ein Minimum herabzudrücken. Die im inneren Monolog der Romane von Virginia Woolf und Joyce anschaubar werdende Subjektivität ist ein solcher Minimalwert. Aus der Perspektive der Romane von Ivy Compton-Burnett indes wirkt diese Auffassung der Subjektivität wie die Bedingung der Möglichkeit, eine an sich zusammenhanglose Realität als solche zu begreifen. Aus diesem Grunde konnte Ivy Compton-Burnett feststellen: *My writing does not seem to me 'stylised'*.[24] Das mag zunächst verblüffen, denn ihre Romane wirken gerade wegen der unaufhörlichen Folge von Dialogen als 'unnatürlich' und daher als stilisiert, weil so etwas im 'Leben' nicht vorkommt. Bezieht man indes die Stilisierung auf die für die Darstellung von Welt im Roman notwendige Vorentscheidung, so besitzen paradoxerweise die konstruiert erscheinenden Romane von Ivy Compton-Burnett ein Minimum an Bewertung der entworfenen Vorgänge. Bei ihr hört die Verwechslung bzw. Identifikation von Darstellungsform und dargestellter Welt auf. Der Leser hat bei der Lektüre diese Unterscheidung immer gegenwärtig, denn Ivy Compton-Burnett stilisiert die dargestellten Reaktionen ihrer Menschen nicht, weil sie auf eine allen Äußerungen gemeinsame Zuordnung verzichtet.

---

[23] Vgl. dazu "Historische Stilformen in Joyces 'Ulysses': Zur Interpretation des Kapitels 'The Oxen of the Sun', in diesem Band, p. 292 ff.

[24] Zitiert nach Johnson, p. 36.

V

Diese Auffassung spiegelt sich in der Fabel des Romans wider. In ihrer schon mehrfach herangezogenen Selbsterklärung äußert sich Ivy Compton-Burnett zu Charakter und Fabel ihrer Romane wie folgt: *I think that actual life supplies a writer with characters less than is thought... As regards plots, I find real life no help at all. Real life seems to have no plots. And as I think a plot desirable and almost necessary I have this extra grudge against life. But I do think there are signs that strange things happen, though they do not emerge. I believe it would go ill with many of us, if we were faced by a strong temptation, and I suspect that with some of us it does go ill.*[25] Wenn das *real life* nur eine Oberflächenansicht des menschlichen Lebens liefert, weil es offensichtlich von den jeweils herrschenden Konventionen geordnet ist, gelingt es nur einer konstruierten Fabel, den Untergrund dieses Lebens freizulegen. Die Konstruktion wird zum Protest gegen die Unmittelbarkeit des Selbstverständlichen, das die Notwendigkeit seines Befragtwerdens auszuschließen scheint. Die Fabel gibt dabei eines ihrer traditionsgeheiligten Attribute preis: die Wahrscheinlichkeit. Das aber geschieht offenbar um der Wahrheit willen. Dient sonst die Wahrscheinlichkeit einer erzählten Geschichte dazu, den Schein des Wahren zu erzeugen, so ist die konstruierte Fabel darauf angelegt, diese an bestimmten Zwecken orientierte Täuschungsabsicht zu vernichten. Die Folgen eines solchen Ansatzes zeigen sich in der Handlung des vorliegenden Romans.

Obgleich die Gesprächssituation die Wünsche und Vorstellungen der Figuren offenkundig macht, stehen ihre Handlungen vielfach in auffallendem Widerspruch zu den von ihnen geäußerten Absichten.

---

[25] Ibid., p. 36. Das von Ivy Compton-Burnett gegebene Interview, das Margaret Jourdain im *Orion* abdruckte, war mir leider nicht zugänglich. Vgl. dazu noch folgende Bemerkung:
"Interviewer: Perhaps if we had had experiences like those in your books we would keep quiet about them.
Miss Compton-Burnett: Well, perhaps that is so – perhaps that is what it is" ("An Interview", p. 107).

Am deutlichsten zeigt sich diese Tendenz bei Simon Challoner. Er wird der Vater eines Kindes, das ihm jede Aussicht auf die erhoffte Erbschaft nimmt. Ebenso unvermittelt heiratet er Fanny, deren Schwester Rhoda als Frau Sir Edwins die Mutter seines Kindes ist. Solche Verkettungen wirken deshalb so konstruiert, weil die Elemente der Fabel typische Erwartungen eines viktorianischen Gesellschaftsromans wecken, dann aber in eine Zuordnung geraten, die diesen Rahmen immer wieder sprengt. Vor dem viktorianischen Hintergrund gewinnt daher das Handeln der Figuren bisweilen recht absurde Züge, es sei denn, diese zeigten an, wie wenig menschliches Reagieren durch Konventionen überhaupt zu steuern ist. Offensichtlich entspringen die gravierenden Handlungen nicht dem zentralen Anliegen der Figuren, ja, sie stehen oftmals in einem solchen Widerspruch zu ihnen, daß sie als Manifestationen unvordenklicher Eigenheiten erscheinen, auf die noch nicht einmal die eigene Vorstellung, geschweige denn die Konvention einen sie bestimmenden Einfluß hätte. Vielleicht war es die Verärgerung über Sir Edwins Hochzeit, die Simon zu dem für ihn selbst höchst fatalen Schritt veranlaßte, mit Rhoda ein Verhältnis einzugehen. Die Motivation ist auch für ihn nur eine Sache der Vermutung und bleibt angesichts seines Lebensziels niemals ganz einsehbar. Wenn aber die Handlungen so wenig mit den erklärten Zielen in Einklang zu bringen sind, so geraten diese in eine unaufhebbare Zweideutigkeit.

Die Fabel bringt diesen Sachverhalt auf zwei verschiedene Weisen zur Anschauung. Durch seine impulsive Handlung schafft Simon neue Realitäten, die ihrerseits das Leben der Mutter, der Kinder, aber auch das von Sir Edwin unter unerwartete Bedingungen stellen. Seine Kinder versucht er ständig auf die Möglichkeit vorzubereiten, ihr weiteres Leben in einem Armenhaus verbringen zu müssen. Mit diesem Plan will er die unvorherbedachten Folgen seiner Handlung wieder einfangen, bewirkt aber nur eine wachsende Entfremdung seiner Kinder, die zum Schluß seine Erziehungsabsicht nur für ein *figment of Father's brain* (p. 238) halten. Wird aber die deutlich verfolgte Absicht als Fiktion durchschaubar, so zeigt sich, wie wenig das für die Figur selbst maßgebliche Verhalten sich mit dem deckt, was sie ist. Die erklärte Intention erweist sich nur als ein partiales Moment des Charakters, das darüber hinaus noch von der Besonderheit der Umstände mit bedingt ist, auf die es antworten möchte. Je mehr das partiale Moment mit dem Charakter selbst verwechselt wird, desto deutlicher erscheint das Verhalten als Verschleierung. Die Fabel zerreißt diese Verschleierung und erzielt dort ihre nachhaltigsten Wirkungen, wo die von ihr aufgedeckte Verstelltheit der Figuren ohne erkennbaren Vorsatz ist und sich daher ins Unmotivierte verliert.

Damit verbindet sich ein zweiter Aspekt, der durch die Fabel zur Geltung kommt. Das Verhalten der Figuren ist nicht dazu angetan, ihnen die Erfüllung ihrer Wünsche zu sichern. Wenn sie am Schluß des Romans das Begehrte ohne eigenes Zutun erhalten, so sind ihre Anstrengungen im Verlaufe des Geschehens als belanglos qualifiziert. Diese Belanglosigkeit läßt zweierlei deutlich hervortreten: die Bedingtheit, der die verfolgten Absichten entsprungen sind, sowie die Bedeutungslosigkeit solcher Absichten für das Gesamtverhalten der Figur. Wenn sich die Situationen verändern, so geschieht dies vornehmlich durch eine unbedachte Handlung, die alle Überlegungen entwertet, oder durch die Verdeutlichung einer Implikation, die die Teleologie des Gesagten gegenstandslos werden läßt. Eine solche Entgegensetzung von beabsichtigtem und unvordenklichem Verhalten erfüllt alle Vorbedingungen des Konflikts. Wenn dieser aber durch die Fabel nicht ausgetragen wird – Simon muß keineswegs die Folgen seiner Handlung tragen –, so zeigt sich, wie sehr das entschieden Gewollte zugleich das Belanglose ist.

Im Dialog wird fortwährend die Inkongruenz von Äußerung und Situation offenkundig, ja, diese ist sein eigentliches Thema. Da aber die Figuren bemüht sind, durch ihre Äußerungen die Situationen zu fassen, ohne dies restlos zu vermögen, enthüllt sich die ihre Vorstellung leitende Ansicht in ihrer ganzen Vorläufigkeit. Das Vorläufige für das Endgültige zu halten, macht den Charakter der Konvention aus, der hier durch die Konstruktion der Fabel ständig offengelegt wird. Die Konstruktion macht das Widerspiel deutlich, angesichts der Uneinsehbarkeit der eigenen Situation so handeln zu müssen, als ob man wisse, was man tue. Kein Wunder, daß sich dann die verschiedensten Katastrophen ereignen, durch die die Konvention in ihrem fiktiven Charakter durchsichtig wird, weil sie aus dem Anspruch lebt, durch ihre rationale Ordnung alles regulieren zu können. Diese Unzulänglichkeit aber ist Voraussetzung dafür, den von ihr nicht einzuholenden Grund der Subjektivität überhaupt in den Blick rücken zu können. Simon bemerkt einmal: *I think being carried beyond ourselves carries ourselves further* (p. 228). Öffnet sich erst im Überschreiten der eigenen Selbstbestimmung der Zugang zu sich selbst, so hat die Konvention einen notwendigen Anteil an dieser Entdeckung, da ein solches Fortschreiten nur möglich wird, wenn sich das sicher Gewußte mehr und mehr in seiner Vorläufigkeit enthüllt. Deshalb ist auch der Dialog darauf abgestellt, die Implikationen des Gesagten bewußt zu machen. Er hebt das heraus, was in der Entschiedenheit des jeweiligen Verhaltens bzw. der Selbstverdeutlichung mit gesetzt ist, aber unbedacht bleibt. Je mehr und je öfter sich die Figuren festlegen, desto größer wird der Spielraum der Implikationen, so daß der unreflektierte Grund ihres Verhaltens die gezeigten Reaktionen mehr und mehr zu überschatten beginnt und die geäußerte Ansicht als bloße Konvention erscheinen läßt. Die Unabschließbarkeit dieses Vorgangs zeigt, daß die Subjektivität niemals ganz gegenständlich werden kann. Was an ihr gegenständlich geworden ist, enthüllt sich als Vorläufigkeit, die ihrerseits jedoch die Virtualität des Selbst allererst in den Blick rückt.

Zur Verdeutlichung dieses Sachverhaltes bedarf es einer konstruierten Fabel, die sich nicht auf die Erwartung der alltäglichen Erfahrung bezieht, sondern auf die untergründige Andersartigkeit des menschlichen Verhaltens, von dem die Alltagserfahrung nur ein verfestigter Abhub ist. So hebt die Konstruktion das Unvordenkliche im Verhalten der Menschen heraus und entlarvt die Gewohnheit als eine von vielen einschränkenden Bedingungen belastete Form der menschlichen Wirklichkeit.

Wenn der Roman die Konvention eines viktorianischen Familienmilieus wiedergibt, so dient eine solche 'Einkleidung' vorwiegend dazu, die Erwartung des Lesers entsprechend zu lenken. Die Gepflogenheiten viktorianischer Gesellschaft eröffnen ihm einen vertrauten Horizont, in dem nun aber Dinge passieren, die ungeheuerlich sind. Statt die Erwartung einzulösen, wird sie vom Romangeschehen eher düpiert. In solchen Effekten vermittelt sich dann die spezifische Qualität, die die unvorhersehbaren Reaktionen der Figuren besitzen. Nur in der Zerstörung des Gewohnten vermögen sie offenbar zu werden, wenngleich die Gewohnheiten der Konvention ihre Funktion gerade dadurch erfüllen, daß sie das hervortreiben, was von ihnen ausgeschlossen wird.

VI

Damit läßt sich die Sinnrichtung der Konstruktion angeben. Der ständig ausufernde Dialog, die Reduktion der Figuren auf bloße Schemen und die konstruierte Handlungsführung sind nicht dazu angetan, die Illusion einer Lebenswirklichkeit zu erzeugen. Die Intention des Romans zielt viel eher darauf ab, die Technik der Darstellung und die dargestellte Wirklichkeit im Bewußtsein des Lesers zu trennen, damit der Auswahlmodus nicht mit der gezeigten Wirklichkeit verwechselt werde. Je konstruierter die angewandten Kompositionstechniken erscheinen, desto weniger ist die Gefahr der Verwechslung zwischen Darstellung und Wirklichkeit gegeben, die der realistische Roman mit seinen raffiniert ausgebildeten Illusionsformen immer wieder suchte. Um eine solche Illusionsbildung zu verhindern, ist die Dialogführung in *A Heritage and its History* so angelegt, daß dem Leser die Gespräche als unwahrscheinlich erscheinen. Daraus ergibt sich bei der Lektüre der Eindruck, daß die künstlich wirkende Technik der Darstellung und die durch sie zu entdeckende Realität immer gleichzeitig gesehen werden. Wir empfinden diese Sonderung von Technik und enthüllter Wirklichkeit als unwahrscheinlich, weil wir vom Roman im allgemeinen ein konsistentes Bild der dargestellten Welt erwarten. Hier aber wird uns bewußt gemacht, daß jede Veränderung der Technik eine veränderte Welt aufleuchten läßt. "Was bei einem Gespräch 'herauskommt', weiß keiner vorher".[26] Diese Tendenz wird von der konstruierten Dialogführung radikalisiert, bis das Wirkliche als das Überraschende,

---

[26] H. G. Gadamer, *Wahrheit und Methode*, Tübingen 1960, p. 361; vgl. dazu auch auf p. 361 ff. die Ausführungen über den hermeneutischen Charakter des Gesprächs.

Unerwartete, Unvordenkliche erscheint. Doch solche Qualifikationen gewinnt die Realität nur dann, wenn wir sie aus einem bestimmten Blickwinkel zu sehen gewohnt sind. So hebt *A Heritage and its History* die Illusion auf, daß sich Wirklichkeit überhaupt perspektivisch fassen läßt. Ein solcher Eindruck bleibt nicht ohne Rückwirkungen auf den Leser, der im Spiegel solcher potentiellen Erfahrungen auf die eigene Realitätsvorstellungen hingelenkt ist. Im Blick auf den Roman von Ivy Compton-Burnett stellen sehr viele Romane des 20. Jahrhunderts nicht Wirklichkeit, sondern viel eher das Prinzip einer vorgefaßten Ansicht über sie dar, die durch realistische Details lediglich wahrscheinlicher gemacht wird.

Das Paradox des Romans von Ivy Compton-Burnett gründet darin, daß die konstruierte Dialogtechnik es erlaubt, die Realität als eine unkontrollierbare Folge immer neuer Möglichkeiten darzustellen. Je weniger das in der Form des Romans verankerte Auswahlprinzip durch ideelle Momente belastet ist, desto konstruierter muß die Form des Romans erscheint. Die unverhüllte Konstruktion indes vermag eine ebenso unverhüllte, weil durch keine Prinzipien vorentschiedene Vorstellung der verdeckten Wirklichkeit zu eröffnen.

IST DAS ENDE HINTERGEHBAR?

Fiktion bei Beckett

I

"Obwohl ich nicht der Auffassung bin, daß in unseren finsteren Zeiten nur mehr die Negativität das der Literatur Angemessene sei, haftet doch am Affirmativen, mag es auch dann und wann, episodisch, sogenannte 'Begleiterscheinungen' kritisieren, der Hauch der Heuchelei".[1] Dieser bemerkenswerte Satz Ernst Fischers steht in einer Beckett-Diskussion, die zugleich die Beiträge "zu einer modernen marxistischen Ästhetik" eröffnet, wie der Untertitel von Fischers Buch *Kunst und Koexistenz* lautet. Becketts Werk gibt in der Tat keine Affirmation, und demzufolge sah man in ihm vielfach nur die 'Spiegelungen' eines Daseins, dessen Kennzeichen, wie Georg Lukács es einmal formulierte, die "allertiefste pathologische Erniedrigung des Menschen"[2] sei. Solche Urteile sind keineswegs auf bestimmte Richtungen marxistischer Literaturkritik eingeschränkt. Sie finden sich auch dort, wo man Beckett aus metaphysischen oder literarischen Voraussetzungen heraus erklären möchte, und sie werden oftmals mit der gleichen Entschiedenheit vertreten. Unterstellt man einmal, daß auch Becketts Kritiker von Literatur nicht durchgängig einen Bestätigungseffekt erwarten, so scheint doch in ihren Urteilen die Forderung mitzuschwingen, daß Literatur nachprüfbare Sachverhalte darstellen müsse. Die Beckettschen Texte indes lassen sich nicht mehr ohne weiteres auf die Darstellung vorgegebener Wirklichkeit reduzieren; ihre Negativität manifestiert sich gerade darin, daß sie eine durch die Tradition schon fast zur Selbstverständlichkeit gewordene Bedingung von Literatur: repräsentative Darstellung von Welt zu sein, fast hartnäckig verweigern. Sucht man bei Beckett nach Affirmation, so kann man immer nur die De-

---

[1] Ernst Fischer, *Kunst und Koexistenz. Beitrag zu einer modernen marxistischen Ästhetik*, Hamburg 1966, p. 21.

[2] Georg Lukács, *Wider den mißverstandenen Realismus*, Hamburg 1958, p. 31.

formation des Menschen entdecken, die allerdings nur die halbe Wahrheit seiner Texte verkörpert. Denn diese Menschen verhalten sich so, als ob sie ihr Elend schon gar nichts mehr anginge; wie vieles andere, so liegt auch dieses bereits hinter ihnen, und wenn immer sie davon sprechen, so lassen sie den Eindruck zurück, als ob die von ihnen benannten Situationen überholt seien. Selbst das Elend moderner Gesellschaft also scheinen die Beckettschen Texte nicht zu bestätigen, obwohl sie den Anschein erwecken, als ob sie davon handelten. Wenn immer sie auf eine Bedeutung festgelegt werden sollen, entziehen sie sich dem Zugriff. Ihr Sinn läßt sich nicht fixieren, es sei denn, man sähe ihn darin, daß er die Begrenztheit von Bedeutung überhaupt deutlich werden läßt. Doch gerade hier bilden sich Einwände gegen Beckett, wie sie Reinhard Baumgart einmal formuliert hat: "Wäre Literatur eine Wissenschaft, das hieße Grundlagenforschung. Das Denken, die Sprache wird da einer Art Heisenbergscher Unsicherheitsrelation unterworfen und möchte sie doch aufheben: denkend möchte Beckett aus dem Denken hinaus, sprechend die Sprache verlassen. Grundlagenforschung setzt sich nur zäh und auf Umwegen um in Praxis; Lebensnutzen also wie sonst aus Literatur, ist aus Beckett schwerlich zu gewinnen. Gerade die Radikalität seiner Fragestellung widersetzt sich dem Alltagsgebrauch".[3]

Worin besteht nun diese Radikalität Becketts, die ihn für eine mögliche Verhaltensorientierung untauglich werden läßt? Becketts Dichtung ist ein ständiger Exodus. Dieser erfolgt jedoch nicht nur aus den Gegebenheiten von Sprache und Denken, sondern noch einmal aus den jeweils formulierten Etappen des Auszugs selbst. Das "'Ende' ist ein Heilswort für Beckett".[4] Als Heil aber wäre es nach unserem eingeübten Sprachgebrauch überhaupt nur zu verstehen, wenn sich das Ziel visieren ließe, das sich im Aufhören eröffnet. Doch davon ist bei Beckett nirgends die Rede, ohne daß dadurch die Faszination des Endes schwinden würde. *The end is terrific*[5], sagt Clov im *Endgame*. Becketts Figuren umkreisen das Ende so unent-

---

[3] Reinhard Baumgart, *Literatur für Zeitgenossen* (edition suhrkamp), Frankfurt 1966, p. 166.

[4] Ibid., p. 165.

[5] Samuel Beckett, *Endgame*, London 1958, p. 34.

wegt, daß in dieser Aktivität alle Gedanken verschwinden, das Ende könne nur als Wunsch, nun endlich aufzuhören, als die große Müdigkeit oder gar als Überdruß verstanden werden. Die Varianten, in denen das Ende durchgespielt wird, sind einfach zu zahlreich, als daß man im Zuendekommen nur die Sehnsucht nach Entlastung gewärtigen könnte. Das Ende ist für diese Figuren keine Durchgangsstufe, und gerade darin widersprechen sie so entschieden den selbstverständlichen Vorstellungen, die mit dem Ende verbunden sind. So wenig das Aufhören Befreiung von einer schlechten Wirklichkeit bedeutet, so wenig ist das Ende als Anbruch einer Millenniumserwartung gedacht. Diese merkwürdige Indifferenz macht das Ende fast zu einem Selbstwert. Doch das Ende um des Endes willen in immer neuen Variationen aufzugreifen, deckt die Intention einer solchen Beschäftigung genauso auf, wie es alle jene Parolen tun, die den Selbstwert einer Sache seit dem l'art pour l'art proklamieren. Wenn eine Sache im Begriff steht, sich selbst zum Ziel zu werden, so ist damit angezeigt, daß sie sich von den Bedingungen emanzipiert, die bisher ihre Beurteilung bestimmten. Dies geschieht im Werke Becketts mit dem Ende, das wie ein Heilswort erscheint, ohne das Heil zu meinen.

Das Ende hat eine lange Geschichte. Allein die Dauer dieser Beschäftigung scheint anzuzeigen, daß mit dem Ende gar nicht das Zuendekommen gemeint war, oder daß man mit dem Ende nicht fertig wurde und daher immer wieder seinen Charakter zu bestimmen versuchte. In dieser Geschichte ist die Apokalypse eine beherrschende Figur. Vielleicht steht sie sogar an deren Anfang. In jedem Falle aber sind in ihr bereits Merkmale greifbar, die sich in den Visionen, aber auch in den Beschreibungen des Endes durchgehalten haben. Das wichtigste ließe sich wie folgt charakterisieren: Man weiß, was geschieht, wenn das Ende kommt. Dieses Kennzeichen bildet in der Geschichte der Endzeiterwartung eine Konstante. Ein solches Wissen galt als unerschütterlich, selbst wenn es durch Zeit und Umstände dementiert wurde. Trafen die Erwartungen nicht ein, so wurde nicht etwa die Vorstellung vom Ende überhaupt liquidiert, sondern lediglich der neuen Situation angepaßt. Frank Kermode bemerkt in seinem Buch *The Sense of an Ending* dazu: "Men ... make considerable imaginative investments in coherent patterns which, by the provision of an end, make possible a satisfying consonance with the origins and with the middle. That is why the image of the end can never be permanently falsified. But they also, when awake and sane, feel the need to show a marked respect for things as they are; so that there is a recurring need for adjustments in the interest of reality as well as of control".[6] Wenn aber die vom Ende verfertigten Bilder nicht gänzlich 'falsifiziert' werden dürfen, dann muß der Zusammenhang von Ursprung, Mitte und Ende immer wieder neu hergestellt werden. Damit das Wissen um das Ende unangetastet bleibt, ist es notwendig, das Leben stets neu zu interpretieren, und zwar so, daß die jeweilige Interpretation mit dem Leben selbst zusammenfällt. Diese Identität wird in den Texten Becketts ständig aufgebrochen.

Die Adaptierbarkeit, mit der die Bilder des Endes ausgestattet sind, vermag ihren Wahrheitsgehalt weder zu trüben, geschweige denn zu verdächtigen. Das gilt selbst dort, wo der Sinn des Endes von unverkennbar historischen Bedingungen abhängt, die er zu überschreiten verspricht. Ist aber der Sinn des Endes auf je unterschiedliche historische Lagen abstimmbar, so muß der jeweils postulierte Sinn stark historische Züge tragen. Man sollte daher meinen, daß die Geschichte selbst die ständig in sie hineingelegten Endzeiterwartungen als das aufdeckt, was sie in Wirklichkeit sind: Bilder menschlicher Hoffnungen und menschlicher Ängste. Doch die Einsicht, daß es sich nur um Projektionen handelt, stellt sich trotz wechselnder Bildinhalte niemals ein. Im Gegenteil, der Trieb, Bilder zu verfertigen, ist so ausgeprägt, daß die Preisgabe konkreter Visionen keinerlei Rückwirkungen auf diese Aktivität besitzt. Wenn aber das Ende nur durch Bilder in die Gegenwärtigkeit des Lebens hereingeholt werden kann, dann erweisen sich diese gegenüber der Realität des Lebens als Fiktion. Ein solcher mangelnder Realitätsgehalt indes schmälert ihre Wirkung nicht, er scheint sie im Blick auf die geschichtliche Erfahrung eher zu steigern. "Fiction are for finding things out, and they change as the needs of sense-making change".[7] Kermode hat sie daher treffend als "concord-fictions"[8] bezeichnet,

---

[6] Frank Kermode, *The Sense of an Ending*, New York 1967, p. 17.
[7] Ibid., p. 39.
[8] Ibid., p. 62.

denn sie schließen genau die Lücke im menschlichen Haushalt, die durch das Ende verursacht wird. Darauf hat schon Bacon hingewiesen, wenn er von den Fiktionen sagt, sie lieferten "some show of satisfaction to the mind, wherein the nature of things doth seem to deny it".[9]

An diesem Punkt läßt sich die Notwendigkeit der Fiktion formulieren, durch die gleichzeitig ihr paradoxer Charakter einsehbar wird. Das Ende ist ein Ereignis, dem man sich nicht entziehen kann, ohne daß man je hoffen darf, von seiner Natur Kenntnis zu erlangen. Ein Ereignis indes, das so beschaffen ist, daß seine Natur eine Einsicht in es ausschließt, erweist sich als ein nicht zu tolerierender Zustand. Dieser wird zum Antrieb der Fiktionsbildung. Denn allein die Fiktion vermag das zu kompensieren, was dem Wissen verweigert wird. Daraus erklärt sich der hohe Grad des 'Bescheidwissens' über den Charakter des Endes, von dem alle diese Fiktionen zeugen, aber auch die oft radikale Revision der Endzeiterwartungen angesichts neuer Lagen. Wie nützlich solche Fiktionen sind, läßt sich allein daran ablesen, daß die Frage nach ihrer Wahrheit überhaupt nicht in den Blick gerät. Ja, die Macht der Fiktion gründet darin, daß ihr Ursprung verschleiert bleibt. So hat denn auch noch keine der vielen Endzeiterwartungen von sich je behauptet, daß sie durch ihre Bilder lediglich ein menschliches Bedürfnis habe stillen wollen, obwohl dies ihr Ursprung ist. Vielleicht wäre eine solche Behauptung sogar als Zynismus empfunden worden, denn die Wahrheit der Fiktion aufzudecken, heißt gerade das zu liquidieren, was sie zu versprechen vorgibt. Die Texte Becketts zielen auf diese anthropologische Verwurzelung der Fiktion und lassen sich dadurch in die Geschichte des Endes einrücken, allerdings weniger im Sinne einer weiteren Manifestation solcher Erwartungen, sondern eher einer Entschleierung unseres Fiktionsbedürfnisses. Die Heftigkeit der Reaktionen, aber auch die Beklemmung, die Becketts Texte auszulösen vermögen, legen die Vermutung nahe, daß durch sie gerade diese Wurzel getroffen ist.

Danach bestünde die Negativität dieser Texte darin, daß sie die Bestätigung unserer Elementarbedürfnisse verweigern, ja, daß sie die

---

[9] Zitiert nach Kermode, p. 63.

Gewißheit ihrer Befriedigung in Frage stellen, indem sie zeigen, daß immer dort, wo wir etwas Endgültiges zu wissen vermeinen, Fiktionen im Spiele sind; mehr noch: daß wir ständig Fiktionen fabrizieren, um durch sie scheinbar verläßliche Orientierungen, wenn nicht sogar Realitäten, herzustellen, die am Ende keine sind. Zugleich aber verdeutlichen diese Texte auch, daß wir trotz des von ihnen eröffneten Wissens um unser Fiktionsbedürfnis nicht von den Fiktionen lassen können, so daß die eigenen Bedürfnisse zum Grund unserer Selbstverstrickung werden. Davon aber vermag uns dann keine Fiktion mehr zu befreien.

II

In Ansätzen ist davon bereits in dem *Proust*-Essay die Rede, den Beckett als 25jähriger im Jahre 1931 als Qualifikationsnachweis für eine Dozentur in romanischer Philologie am Trinity College Dublin veröffentlichte. Obwohl der Essay als eine Proust-Interpretation gedacht war, gewinnt er auf weite Strecken den Charakter eines Manifests, zu dem der Romanzyklus *A la Recherche du Temps Perdu* nur noch die Stichworte lieferte. Beckett geht es primär darum, den Problemcharakter der Voraussetzungen aufzudecken, denen Prousts zentrale Absichten entsprungen sind. Dies gilt vor allem für die in der Erinnerung wiedergefundene Identität des Ich.

> The aspirations of yesterday were valid for yesterday's ego, not for today's. We are disappointed at the nullity of what we are pleased to call attainment. But what is attainment? The identification of the subject with the object of his desire. The subject has died – and perhaps many times – on the way.[10]

Zu glauben, daß die Erinnerung in der Lage sei, den vom Leben verweigerten Zusammenhang der vielen Manifestationen des Ich wiederzubringen, heißt für Beckett, endgültig den Gewohnheiten zu

---

[10] Samuel Beckett, *Proust* (Evergreen), New York [6]o. J., p. 3.

verfallen. *The laws of memory are subject to the more general laws of habit ... Habit is the ballast that chains the dog to his vomit.*[11] Wenn die Gewohnheit über den Zusammenhang der Lebensphasen verfügt, dann sind wir rückwärts orientiert; das Leben selbst aber läuft nicht in diese Richtung, so daß die Gewohnheiten zu Fiktionen werden, wenn sie uns zu orientieren beginnen. Ihre Funktion besteht darin, dem Leben die Fremdheit zu nehmen; deshalb beziehen wir uns auf die Erinnerung. Was durch sie bewahrt wird, hat den Filter der Gewohnheit passiert und damit die Aggression entschärft, der die Wahrnehmung ausgesetzt ist; Beckett bezeichnet daher das aus der Erinnerung aufgebaute Ich als *agent of security*.[12] Wird dieses Sicherheitsbedürfnis zum Antrieb der Bedeutungsprojektion, die wir den Dingen auferlegen, dann schneiden wir uns gerade von den Erfahrungen ab, die erst dann entstehen können, wenn wir die Dinge ungeschützt durch unsere Vorentscheidungen darüber, was sie zu bedeuten haben, auf uns wirken lassen.

But when the object is perceived as particular and unique and not merely the member of a family, when it appears independent of any general notion and detached from the sanity of a cause, isolated and inexplicable in the light of ignorance, then and then only may it be a source of enchantment. Unfortunately Habit has laid its veto on this form of perception.[13]

Hier zeigt sich der Umriß eines Problems, das die Beckettschen Texte in einer beinahe seriell zu nennenden Variation austragen. Die kontingente Gegebenheit der Dinge mobilisiert unser Gruppierungsbedürfnis, das immer darauf aus ist, die Dinge in Zusammenhänge einzufangen und sie miteinander zu verketten. In diesem Vorgang erlischt der 'Zauber der Realität'. Denn die von Gewohnheiten gesteuerte Wahrnehmung läßt die Erfahrung von Kontingenz nicht zu. Deshalb, könnte man folgern, ist Dichtung notwendig, weil sie Fremdes so unabweisbar unserem Blick aufdrängen kann, daß dieser auf den Modus des Erfahrungserwerbs selbst gelenkt wird. Läßt sich

---

[11] Ibid., p. 7 f.
[12] Ibid., p. 10.
[13] Ibid., p. 11.

die Erfahrung der Fremdheit nicht mehr integrieren, dann besteht die Möglichkeit, daß sie uns das Funktionieren unseres eigenen Erfahrungshabitus entdeckt. Erfahrungen gibt es erst, wenn durch sie die Voraussetzungen modifiziert oder gar verändert werden, die aller Wahrnehmung und aller Bewußtheit vorgegeben sind. In diesen Sachverhalt stoßen die Beckettschen Texte hinein.

Wie der *Proust*-Essay, so ist auch Becketts erster, 1937 veröffentlichter Roman *Murphy* noch von dem Versuch beherrscht, scheinbare Gesetzmäßigkeiten literarischer Prosa als situationsabhängige Konventionen kenntlich zu machen. Im Gegensatz zum *Proust*-Essay allerdings ist der Roman ein fiktionaler Text, und das bedeutet, daß die von Beckett verfolgte Anatomie der Fiktionsbildung sich selbst im Modus der Fiktion vollzieht. Den Grund der Fiktion durch sie selbst aufdecken zu wollen, kann am Ende heißen, daß die Liquidation des Problems zur Bedingung seiner Unabschließbarkeit wird. Deshalb ist *Murphy* auch nur ein Anfang. Der erste Satz lautet: *The sun shone, having no alternative, on the nothing new.*[14] Der Hinweis darauf, daß die Sonne scheint und daher keine Alternative zum ewig Gleichen hat, entleert den Auftakt des Romans zur Trivialität. Gewöhnlich aber ist das Setzen eines Anfangs ein wichtiger Akt, da er die Richtung visiert, innerhalb derer sich die Bedeutung des Geschehens entfaltet. Diese wird bei Beckett durch den Beginn gestrichen, und was zurückbleibt, ist eine inhaltsleere Formel, die ihre Funktion verloren hat. *Murphy* ist von solchen Worthülsen nahezu übersät, so daß sich der Leser bisweilen versucht fühlen könnte, sie aufzufüllen, um ihnen die Bedeutung wiederzugeben, die ihnen der Autor genommen hat. Geschieht dies, dann wird das Ganze abstrus, allerdings nur, solange man gewillt ist, den Roman als repräsentative Darstellung von Wirklichkeit zu verstehen.[15]

Was aber soll an dem zentralen Wunsch des 'Helden', in ein Irrenhaus zu gehen, um schließlich selbst ein Irrer zu werden, repräsentativ sein? Bestenfalls noch der Rückzug aus seiner sozialen Um-

---

[14] Samuel Beckett, *Murphy* (Evergreen), New York o. J., p. 1.
[15] Vgl. hierzu Manfred Smuda, *Becketts Prosa als Metasprache*, München 1970, p. 31 f.

welt, schwerlich schon der Rückzug aus seinem Körper in seinen Geist und unvorstellbar gar der Rückzug aus den erkennbaren Formen seiner geistigen Aktivität in eine Bewegung, die nur erkennbar ist, sofern sie das von ihr Hervorgebrachte wieder zerstört. In dem Maße, in dem sich Murphy auf den Punkt zurückzubringen sucht, der als der Antrieb dessen, was er ist, bezeichnet werden kann, scheint er sich immer unverfügbarer zu werden. Im Inneren seines Geistes, so heißt es,

> there was nothing but commotion and the pure forms of commotion. Here he was not free, but a mote in the dark of absolute freedom. He did not move, he was a point in the ceaseless unconditioned generation and passing away of line. Matrix of surds.[16]

Was hier geschieht, hat Maurice Merleau-Ponty einmal in einem anderen Zusammenhang wie folgt umschrieben: "Der absolute Kontakt des Ich mit sich, die Identität von Sein und Erscheinen, ist nicht setzbar, sondern nur diesseits jeder Behauptung er-lebbar. Hier wie dort also herrscht das gleiche Schweigen, die gleiche Leere. Die Erfahrung der Absurdität und die der absoluten Evidenz implizieren einander, ja sind voneinander ununterscheidbar. Die Welt erscheint nur als absurd, wenn eine Forderung absoluten Bewußtseins in jedem Augenblick die Bedeutungen zersetzt, von denen sie wimmelt, und umgekehrt ist diese Forderung selbst motiviert vom Konflikt der Bedeutungen untereinander. Nicht allein als philosophische Behauptungen, sondern auch als Erfahrungen sind absolute Evidenz und Absurdität einander äquivalent".[17] Es gibt also Erfahrungen, die man nur machen, in die man aber keine Einsicht haben kann. Dazu gehört der absolute Kontakt des Ich mit sich selbst, weshalb sich Murphy aus aller Weltverhaftung löst, um den Punkt zu erreichen, an dem er im Verhalten zu sich selbst schließlich mit sich selbst zusammenfallen kann. Geschieht dies, dann entsteht eine für das Erkennen undurchdringbare Realität. Ein solcher Sachverhalt läßt sich dann nur noch im Modus der Absurdität darstellen, durch den

---

[16] Beckett, *Murphy*, p. 112.
[17] Maurice Merleau-Ponty, *Phänomenologie der Wahrnehmung*, übers. von R. Boehm, Berlin 1966, p. 343 f.

angezeigt ist, daß Evidenz und Wissen einander ausschließen, oder besser, daß es ein Wissen von Evidenz nicht gibt.

Es charakterisiert die Texte Becketts, daß sie sich von vornherein auf solche Erfahrungen beziehen, von denen man sagen muß, daß man von ihnen niemals etwas wissen kann. In *Murphy* ist dies der Zusammenfall des Ich mit sich selbst, in der Trilogie bereits die Erfahrung des Endes. Daher ist in den Beckettschen Romanen der Fiktion selbst der Anschein genommen, es ließe sich über eine dem Erkennen entzogene Realität überhaupt eine Aussage machen, und sei diese auch nur hypothetischer Natur. Deshalb wirken diese Romane in einem äußerlichen Sinne als absurd, denn ihrem Darstellungsvorgang ist das Bewußtsein eingezeichnet, daß angesichts des Darzustellenden das Leistungsvermögen der Fiktion überbeansprucht wird. Warum aber vermögen uns solche Überforderungen der Fiktion überhaupt zu berühren? Die Antwort darauf läßt sich mit einer Passage aus Kermodes *The Sense of an Ending* geben: ". . . the need we continue to feel is a need of concord, and we supply it by increasingly varied concord-fictions. They change as the reality from which we, in the middest, seek a show of satisfaction, changes . . . They find out about the changing world on our behalf; they arrange our complementarities. They do this, for some of us, perhaps better than history, perhaps better than theology, largely because they are consciously false".[18] Die Fiktion vermag deshalb so befriedigende Antworten auf menschliche Lagen zu geben, weil sie unwirklich ist. Als Kompensation für das Nicht-Sichtbare bleibt das von ihr vorgespiegelte Wissen 'bewußt falsch'. Doch gerade deshalb darf dieser Sachverhalt nicht aufgedeckt, darf die Fiktion selbst nicht 'falsifiziert' werden.

III

Das aber geschieht in der in den Jahren 1951 bis 1953 ursprünglich französisch erschienenen, danach von Beckett großenteils selbst

---

[18] Kermode, p. 63 f.

ins Englische übertragenen Romantrilogie *Molloy, Malone Dies* und *The Unnamable*. In ihr kehrt das Thema von *Murphy* wieder, doch die Dimension, in der es entfaltet wird, hat sich radikal verändert. Bereits die Benennung der einzelnen Teile der Trilogie macht auf den Rückzug des Ich-Erzählers in die Namenlosigkeit aufmerksam. Ist der Ich-Erzähler im dritten Roman der Unnennbare, so wirken die Namen der ersten beiden Romane wie Masken, die er angenommen hat. Vom Ende her scheinen die Masken des Unnennbaren auf bestimmte Beziehungen, Beschränkungen und Einstellungen hinzudeuten, die im letzten Roman gegenstandslos geworden sind. Dennoch ist der Unnennbare nicht gänzlich frei von den Namen, die er einst trug und die ihn nun daran hindern, sich in seiner Namenlosigkeit zu beruhigen.[19] Fiktionen kann man offensichtlich nicht loswerden. Darin zeigt sich ihr untergründiger Zusammenhang mit der menschlichen Existenz. Die Tendenz der Trilogie ließe sich durch eine Bemerkung von Nietzsche umschreiben: "Der interpretative Charakter alles Geschehens. Es giebt kein Ereigniss an sich. Was geschieht, ist eine Gruppe von Erscheinungen, ausgelesen und zusammengefasst von einem interpretirenden Wesen... Es giebt keine unmittelbaren Thatsachen! Es steht mit Gefühlen und Gedanken ebenso: indem ich mir ihrer bewusst werde, mache ich einen Auszug, eine Vereinfachung, einen Versuch der Gestaltung: das eben ist bewusst-werden: ein ganz actives Zurechtmachen".[20] Nun besitzen die Ich-Erzähler der Trilogie ein unüberbietbares Bewußtsein davon, was sich ereignet, wenn sie erzählen, bzw. was geschieht, wenn sie das fixieren, wovon sie schreiben möchten.

Dieses Bewußtsein strukturiert bereits die Satzfolge des ersten Romans. Sie besteht aus einem ständigen Alternieren von Behauptung und Einschränkung des jeweils Gesagten. Eine solche Bewegung indes gilt nicht, wie man vielleicht annehmen könnte, der zunehmenden Individualisierung einer Bedeutung, die sich normalerweise in Texten aus der Folge der Satzkorrelate ergibt, sondern viel

---

[19] Zu Einzelheiten vgl. "Reduktionsformen der Subjektivität", in diesem Band, p. 263 f.

[20] Friedrich Nietzsche, *Gesammelte Werke*, 16 (Musarionausgabe), München 1925, p. 59 f. u. 122.

eher einer mehr oder minder vollständigen Dementierung der getroffenen Feststellungen. Der Ich-Erzähler vermeidet jegliche Zuordnung der von ihm wahrgenommenen Dinge; er möchte diese nicht auf seinen Vorstellungshorizont einformen, sondern deren Verformungen aufdecken, die ihnen durch die Erfassungsakte widerfahren.[21] Das fortlaufende Dementi der Satzaussagen rückt daher die benannten Dinge und Ereignisse in einen Horizont wachsender Unbestimmtheit. Dieser bildet eine wesentliche Reizquelle für unsere Sinngebungsakte, die allerdings im Lichte der herrschenden Bewußtheit keinen Sinn hervorbringen, sondern nur ihren pragmatischen Charakter zu erkennen geben, der darin besteht, Fremdheit zu beseitigen.

Daraus folgt für Molloy die Einsicht:

> I could therefore puzzle over it endlessly without the least risk. For to know nothing is nothing, not to want to know anything likewise, but to be beyond knowing anything, to know you are beyond knowing anything, that is when peace enters in, to the soul of the incurious seeker.[22]

Zu wissen, daß man jenseits eines möglichen Wissens ist, zeigt den beginnenden Frieden des seiner Neugier abschwörenden Suchers an. In dieser Formulierung bleibt jedoch das Vokabular verräterisch. Molloy will den Frieden; er ist das Ziel seiner Suche. Dieser Friede läßt sich aber nicht sichern durch das, was man weiß, sondern nur durch ein Wissen, das weiß, daß alles Wißbare nichts ist. Eine solche Feststellung hat ihre Konsequenz in Beziehung auf jene Erfahrungen, von denen wir nur sagen können, daß es sie gibt, ohne zu wissen, was sie sind. Dazu gehört das Ende. Es fragt sich aber, ob wir uns angesichts einer solchen Situation in dem Wissen beruhigen können, davon nichts zu wissen. Brauchen wir nicht gerade hier die Fiktionen, die, obwohl bewußt 'falsch', ein Wissen des Nicht-Wißbaren vorspiegeln? Molloy ist trotz seiner Reflektiertheit nicht gänzlich frei von dem Wunsch, sich das Ende vorzustellen, und er verfällt gerade jener Versuchung, die zu unterdrücken das Gebot seiner Einsicht sein müßte.

---

[21] Zu Einzelheiten vgl. "Reduktionsformen der Subjektivität", p. 254 ff.
[22] Samuel Beckett, *Molloy* (Grove Press), New York °o. J., p. 86.

For what possible end to these wastes where true light never was, nor any upright thing, nor any true foundation, but only these leaning things, for ever lapsing and crumbling away, beneath a sky without memory of morning or hope of night. These things, what things, come from where, made of what? And it says that here nothing stirs, has never stirred, will never stir, except myself, who did not stir either, when I am there, but see and am seen. Yes, a world at an end, in spite of appearances, its end brought it forth, ending it began, is it clear enough? [23]

Das Ende ist hier noch mit recht detaillierten Bildern ausgestattet. Ein bilderloses Ende ist offensichtlich nicht vorstellbar. Doch gleichzeitig fragt Molloy, ob die Bilder tauglich sind, und dies in dem Augenblick, da das Ende die aus der Geschichte der Eschatologie vertrauten Züge eines Offenbarwerdens anzunehmen beginnt. Ist vielleicht der von Molloy gesuchte Friede nicht ohne Bilder von ihm möglich? Verhielte es sich so, dann wären die Bilder der eigentliche Hinderungsgrund seiner Verwirklichung; denn das Ende als ersehnter Zustand kann nur herbeigewünscht werden in den Ansichten, die man sich von ihm bildet, und in der Bedeutung, die man ihm gibt. Das aber heißt: Das Ende wird unter Bedingungen gesehen, die den gleichen Lebensrealitäten entstammen, von denen es befreien soll. Diese Dialektik entfalten die weiteren Romane der Trilogie.

In *Malone Dies* berichtet der Ich-Erzähler nicht mehr über Phasen seines Lebens, wie es Molloy noch getan hatte, sondern nur noch darüber, was geschieht, wenn man berichtet. Hatte Molloy schon gewußt, daß alle Darstellung ein 'Zurechtmachen' ist, das er auf die lapidare Formel *Saying is inventing* [24] brachte, so ist diese Einsicht für Malone angesichts der Erwartung seines Endes vorausgesetzt. Bis zu seinem Tode vertreibt er sich die Zeit mit Schreiben, doch dieses gilt dem Schreiben selbst. Er möchte den Punkt einholen, an dem er nur noch davon schreibt, daß er schreibt. Den unmittelbaren Akt des Schreibens zum Gegenstand des Schreibens zu machen, ist unmöglich, da das Schreiben selbst eine Vorgabe braucht, über die geschrieben wird. Malone entdeckt diese unaufhebbare Differenz, die es verhindert, daß der Akt selbst zur Sache des Schreibens wer-

[23] Ibid., p. 53.
[24] Ibid., p. 41.

den kann. Da aber dieser Akt zugleich eine Realität ist, heißt dies, daß das Schreiben Realitäten nicht einzuholen vermag. Dessen ist sich Malone bewußt. Er qualifiziert demzufolge das vom Schreiben Hervorgebrachte als Lüge. Ist diese Bewußtheit vorausgesetzt, dann kann das Schreiben selbst nur als eine fortwährende Distanzierung von jenen lügenhaften Bildern verstanden werden, die durch das Schreiben entstehen. Das unabschließbare Aufdecken der im Schreiben verfertigten Fiktionen bleibt daher die einzige Möglichkeit, sich durch das Schreiben selbst der Wahrheit über das Schreiben zu nähern.

Die Wahrheit des Schreibens besteht in der Entdeckung ihres fiktionalen Charakters. Warum aber muß diese zu einem sich ständig wiederholenden Akt ohne Ende gemacht werden? Die Antwort darauf läßt sich an der Alternative ablesen, in die Malone eingesperrt ist: *Live and invent. I have tried. I must have tried. Invent. It is not the word. Neither is live.*[25] Malones Alternative ist ein grundsätzliches Dilemma des Lebens selbst. Leben wir, so wissen wir nicht, was das ist, wenn wir leben. Versuchen wir zu wissen, was das ist, wenn wir leben, so sind wir gedrängt, den Sinn dessen zu erfinden, wovon wir kein Wissen haben können. Also ist das ständige Erfinden von Bildern und das gleichzeitige Dementi ihres Wahrheitsanspruchs die einzige Position, die das Dilemma gewährt. Wir verfallen damit nicht unseren Erfindungen und befriedigen doch bis zu einem gewissen Grade den Trieb, etwas darüber zu wissen, wovon es kein Wissen gibt. Deshalb können wir von den Fiktionen nicht lassen und sollten doch wissen, daß sie Fiktionen sind, weil nur dies das einzig sichere Wissen sein kann, nach dem wir verlangen.

Wenn wir geneigt sind, diesen Sachverhalt als absurd zu bezeichnen, so drückt diese Absurdität nur die Tatsache aus, daß wir auch dort noch Gewißheit haben wollen, wo wir wissen, daß es sie nicht geben kann, und daß wir trotz dieses Wissens den bloßen Bildcharakter solcher Gewißheit für Wahrheit halten. In *Malone Dies* wird unser Fiktionsbedürfnis ständig hintergangen. Was hier geschieht, darf eigentlich nicht sein, wenn die Fiktion ihrer Wirkung nicht be-

[25] Samuel Beckett, *Malone Dies* (Grove Press), New York ⁵1965, p. 18.

raubt werden soll. Malone deckt die Natur dieser Fiktion auf, die darin besteht, daß Fiktionen bewußt falsch sind. Fiktionen zu 'falsifizieren' ist aber mehr, als sie den wechselnden Bedürfnissen zu adaptieren. Gerade weil sie bewußt falsch sind, können sie den verschiedensten Lagen angepaßt werden; am besten solchen, die den Charakter von 'Grenzsituationen' haben.

Eine Anatomie der Fiktion, wie sie in Becketts Trilogie gegeben wird, deckt die von den Fiktionen immer bereitgestellten "complementarities" auf, die das ergänzen und formulieren, was in der jeweiligen Situation offen bleibt. Das Schließen solcher Lücken kann von sehr unterschiedlichem Ausmaß sein. Jede historische Epoche wird jeweils andere Lücken haben, zu denen "complementarities" bereitgestellt werden müssen. Es gibt aber auch Lücken im menschlichen Haushalt selbst, die nach einer solchen Bilanzierung verlangen. Das gilt nicht nur für die Ungewißheit des Endes, sondern ebenso für die unentwegte Fiktionsbildung, die im empirischen Weltverhalten notwendig ist. Hier werden Fiktionen am ehesten mit Realitäten verwechselt, einfach weil sie so nützlich sind. Beckett zerschlägt den Charakter der Fiktion als "concord-fiction" nicht um des Zerschlagens willen, sondern weil die Komposition seiner Texte darauf angelegt ist, dem ständigen Schließen von Situationen und Horizonten durch die "concord-fiction" entgegenzulaufen. Die Fiktionen zu hintergehen heißt, die Offenheit von Situationen wiederherzustellen. Diese Tendenz beherrscht dann das dritte Buch der Trilogie, den *Unnamable*.

Dieser Namenlose hat all die fiktiven Gestalten von sich abgestreift, durch die er sich selbst benannt hatte. Namen hatten sich für ihn immer dort eingestellt, wo er sich in der Gegebenheit von Situationen zu fassen versuchte. Diese *vice-exister(s)* [26] indes vermag er nur schwer wieder loszuwerden; sie laufen ihm nicht nur nach, sondern beginnen ihn immer wieder zu usurpieren, indem sie ihm sagen, wer er sei.[27] Gerade weil er dieses wissen möchte, spürt er, daß ihn die alten Fiktionen ständig neu erfinden möchten, um ihm seinen Wunsch zu erfüllen. Er ist sich aber gleichzeitig bewußt, daß

---

[26] Samuel Beckett, *The Unnamable* (Grove Press), New York 1958, p. 37.
[27] Vgl. ibid., p. 38.

alles, was er als Einflüsterung dieser Figuren niederschreibt, nur Fiktion sein kann. Allein dieses Wissen ermöglicht es ihm, dem ständigen Erfundenwerden wieder zu entgehen. Beinahe beglückt stellt er fest: *Dear incomprehension, it's thanks to you I'll be myself, in the end. Nothing will remain of all the lies they have glutted me with.*[28] Diese Äußerung ist in hohem Grade ambivalent. Sie bedeutet zunächst, daß nur im Hinnehmen von Unverstehbarem die Möglichkeit liegt, Fiktionen, die uns das Wissen von Nicht-Wißbarem vorspiegeln, zu durchschauen; das ist die Position des Unnennbaren im Augenblick der von ihm getroffenen Feststellung. Darüber hinaus aber bildet gerade die Unverstehbarkeit der Realität, ja des eigenen Selbst, den Antrieb zur Fiktionsbildung. Beide Bewegungen mehr oder minder gleichzeitig zu vollziehen, erscheint in hohem Grade als problematisch; doch genau dieses Problem versucht der Unnennbare auszutragen. Was die Fiktionen versprechen, hebt er durch seine Einsicht auf. Die dementierte Fiktion, ihre Entlarvung als Lüge, wird dann zur Bedingung dafür, den offenen Horizont des Lebens überhaupt herzustellen. Er wäre ohne ein solches Produzieren und Dementieren von Fiktionen unvorstellbar. Das aber heißt, daß sich selbst die entlarvte Fiktion angesichts ihrer Nützlichkeit nicht beseitigen läßt. Welch ein Trost für die Literatur, welch ein Ärgernis für die Ideologie!

Daraus ergeben sich zwei Konsequenzen. Sie ließen sich als zwei Grundstrukturen beschreiben, die sowohl in Becketts Prosa als auch in seiner Dramatik zu erkennen sind. Jedes einzelne Werk schafft sich selbst eine gewisse Vorgabe. Allein die Tatsache, daß geschrieben wird, bedeutet, daß eine Vorgabe gesetzt ist bzw. durch das Schreiben entsteht. Man schreibt immer über etwas. Daraus ergibt sich die erste Struktur dieser Texte: Sie zehren ihre eigene Vorgabe auf. Da aber diese Vorgabe selbst Thema des Schreibens ist, kann sie trotz aller Reduktion, die ihr widerfährt, niemals vollkommen verschwinden, wenngleich sie von Text zu Text immer minimaler wird. Daraus folgt die zweite Struktur der Beckettschen Texte. Wenn das Schreiben das Aufzehren der eigenen Vorgabe zum Inhalt

---

[28] Ibid., p. 51.

hat, dann kann es seiner Struktur nach nicht an sein Ende gelangen. Fiktionen, so meint Kermode, dienen dazu, die Gegebenheit der Welt für uns ausfindig zu machen. Die von Beckett ständig hinterfragte Fiktion zeigt, daß wir eigentlich davon leben, daß wir nichts Endgültiges ausmachen können. Dieses Nichts bleibt der nicht aufzuhaltende Antrieb unseres Tätigwerdens.

In diese Richtung zielt auch der kuriose Prosatext aus dem Jahre 1965, der die Überschrift trägt *Imagination Dead Imagine*. Die Vorstellung, daß das Vorstellungsvermögen selbst tot sei, ergeht an uns als Aufforderung, unseren interpretatorischen Weltzugriff selbst einmal auszublenden. Der Text beginnt mit dem Satz: *No trace anywhere of life, you say, pah, no difficulty there, imagination not dead yet, yes, dead, good, imagination dead imagine.*[29] Verschwinden die Lebensspuren überhaupt, wenn das Vorstellungsvermögen gelöscht ist? Im Gegenteil, der Text läßt erkennen, wie ein von der Welt abgetrenntes Vorstellungsvermögen gerade durch dieses Unfixiertsein eine dynamische Bewegtheit entfaltet, ständig Gestaltkonfigurationen hervorbringt und diese wieder aufschluckt. Das vorgestellte Totsein des Vorstellungsvermögens bringt seine Unauslöschbarkeit erst hervor. Doch immer dann, wenn sich dieses Vermögen im Weltzugriff fixiert, weil es gebraucht wird, um die Lücken zu schließen, entsteht Fiktion. Becketts Romane sind daher fiktionale Texte, die nicht von Fiktionen handeln, sondern diese ständig aufzuheben trachten. Der Akt der *decomposition* bildet den kreativen Antrieb dieser Texte; seine Umsetzung in Sprache verkörpert insofern eine paradoxe Leistung, als dafür Worte notwendig sind. Wie aber soll man etwas durch Sprache überhaupt fassen, das selbst die Quelle von Sprache ist und allein deshalb nicht in den Blick geraten kann, weil der intentionale Charakter der Sprache ständig Beziehungen entwirft, in denen das, woraus Sprache ist, nicht mehr zur Sprache kommt? Daher läßt sich der Ursprung der Worte nur durch die Streichung der Kontexte präsentieren, die die Bedeutung der Worte unentwegt suggerieren. Dieser Sachverhalt klingt im Text selbst an.

---

[29] Samuel Beckett, *Imagination Dead Imagine*, London 1965, p. 7.

Rediscovered miraculously after what absence in perfect voids it is no longer quite the same, from this point of view, but there is no other. Externally all is as before and the sighting of the little fabric quite as much a matter of chance, its whiteness merging in the surrounding whiteness.[30]

Was aus der Leere erzeugt wird, gewinnt deshalb keine identifizierbare Gestalt, weil die möglichen Bezugsrahmen, die der Text tatsächlich anbietet, von so offensichtlicher Willkür sind, daß sich Bedeutungen nicht zu stabilisieren vermögen.

So hindert der Text den Leser daran, selbst Synthesen zu erstellen, und sollte diese Sperre vom Leser durchbrochen werden, dann vermag er mit den von ihm erzeugten Gestalten deshalb nichts anzufangen, weil sie so völlig abstrus sind. Gleichzeitig aber fordert der Text den Leser zu Aktivitäten auf: *Go back out, move back, ...ascend ... descend, go back in*[31] und versucht, ihn zum Mitmachen zu bewegen, was ihm allerdings Erfahrungen bringt, deren Natur darin besteht, daß sie ihm jegliche Zuordnung verweigern. Folglich sieht sich der Leser in einen Prozeß verstrickt, von dem er sich nur gewaltsam losreißen kann, ohne in der Rückwendung auf das von ihm immer schon Gewußte Beruhigung zu finden. An manchen Stellen des Textes hat es den Anschein, als ob diese Folgen dem Autor bewußt seien. Er kommentiert eine seiner Feststellungen mit dem Zusatz *which may seem strange*[32] und bekundet mit dieser Konzession an das Vorstellungsvermögen seiner Leser, wie schwierig er selbst den Vorgang einschätzt, durch Worte das zu erfahren, was ihre Bedeutungen immer wieder verstellen. Deshalb negiert auch der Titel des Textes *Imagination Dead Imagine* durch seine Formulierung die eigene Bedeutung. Dennoch wirkt diese Negation wie eine Befreiung, die der Einbildungskraft ihr Potential restituiert. Was dieses Potential ist, gilt es durch den Text zu erfahren. Um diese Erfahrung zu gewährleisten, müssen selbst noch die reflexhaften Versuche eines diskursiven Verstehens blockiert werden, denn nur so wird man in die Erfahrung des Textes hineingeris-

---

[30] Ibid., p. 11.
[31] Ibid., p. 8.
[32] Ibid.

sen, von der man sich durch diskursives Verstehen lösen möchte, um die Herrschaft über sich selbst wieder zu erlangen. Was damit 'gewonnen' ist, ließe sich vielleicht mit einem Zitat von John Cage umschreiben, der in seinem Buch *Silence* feststellte: "Our intention is to affirm this life, not to bring order out of a chaos nor to suggest improvements in creation, but simply to wake up to the very life we're living, which is so excellent once one gets one's mind and one's desires out of its way and lets it act of its own accord".[33]

IV

Einem solchen Bewußtwerden indes stehen Schwierigkeiten in unserer Verhaltensdisposition entgegen. Das Drama Becketts hat diese hervorgetrieben und ihre Bedingungen vielleicht noch deutlicher gezeigt als manche seiner Romane. In einem Brief an seinen New Yorker Produzenten Alan Schneider bezeichnete Beckett sein Drama als *the power of the text to claw*.[34] Kein Zweifel, seine Stücke krallen sich ein; doch wir verspüren diesen Effekt vor allem dadurch, daß sie uns selbst in erhöhtem Maße zur Aktivität verlocken. Das gilt schon für das erste große Erfolgsstück Becketts, das im Jahre 1952 erschienene und im folgenden Jahr uraufgeführte *Waiting for Godot*. Auf die Frage, wer mit Godot gemeint sei und was er zu bedeuten habe, antwortete Beckett: *If I knew, I would have said so in the play*.[35] Was aber kann dann der Zuschauer wissen bzw. welche Erfahrung wird sich für ihn aus der vom Stück verweigerten 'Bedeutung' einstellen? In *Waiting for Godot*, wie übrigens auch in vielen anderen Stücken Becketts, ist nichts und wird nichts entschieden. Selbst das scheinbar so entschiedene Warten von Vladimir und Estra-

---

[33] John Cage, *Silence*, Cambridge/Mass. 1961, p. 95.
[34] Zitiert nach Hugh Kenner, *Samuel Beckett. A Critical Study*, New York 1961, p. 165.
[35] Zitiert nach Martin Esslin, *The Theatre of the Absurd*, New York 1961, p. 12.

gon auf Godot verliert immer mehr an Zielgerichtetheit, je weiter das 'Geschehen' vorankommt. Diese wachsende Unentschiedenheit provoziert den Zuschauer. Ein Warten, das sich von seinem Zweck löst, wirkt wie ein Mysterium und scheint doch bloße Mystifikation zu sein. Wenn das Warten selbstgenügsam wird, so entsteht die paradoxe Situation, daß sich das Spiel der Figuren, ihre Gestik und ihre Sprache mit einer zunehmenden Unbestimmtheit aufladen. Denn nun wird nicht nur das Warten ziellos, auch die Rede der Figuren meint nicht mehr, was kraft des intentionalen Charakters der Sprache intendiert ist.

Diese sich ausbreitende Unbestimmtheit wird zur Reizquelle für die Bestimmungsakte des Zuschauers. Läßt er sich darauf ein, dann verändern sich die Konstellationen des Spieles. Je mehr er geneigt ist, Sinn in das intentionslose Geschehen zu projizieren, desto mehr entfernt er sich von den Figuren und läuft auf die eigenen Vorstellungen zu, an die er sich in zunehmendem Maße zu halten beginnt, ja, an die er sich anklammert, wie es etwa die große Auseinandersetzung über *Waiting for Godot* in der *Times* gezeigt hat. Indem die weithin unbestimmten Situationen des Textes eine Auskunft darüber verweigern, wer Godot und was der Sinn des Wartens sei, wirkt dieses Stück so, als ob es seine Zuschauer vom Geschehen aussperren wolle. Das aber wird in der Regel als ein unerträglicher Zustand empfunden, so daß der aus dem Text hinausgedrängte Zuschauer mit gesteigerter Intensität in das Spiel hineinbricht und dabei alle Bedeutungen und Bestimmungen mitbringt, die ihm vorenthalten worden sind. Wenn das Stück ihm nicht sagt, was es bedeuten soll, dann wird er entscheiden, was es zu bedeuten hat. Das aber heißt: Die vom Stück ausgehende Wirkung beginnt den Charakter eines Sogs anzunehmen, den der Zuschauer in erhöhtem Maße als Interpretationszwang empfindet. Je stärker er diesem Zwang unterliegt, desto mehr entfernt er sich wieder vom Spiel der Figuren, in das er zunächst mit seinen Bedeutungsentscheidungen eingebrochen ist. Dabei stellt sich eine eigentümliche Erfahrung ein. Je weniger die Bedeutungsprojektionen des Zuschauers in der Lage sind, die Unbestimmtheit der Situationen zu beseitigen, desto sorgloser und freier wirken die beiden Hauptcharaktere. Sie scheinen sich um den vom Zuschauer vermuteten Ernst überhaupt nicht zu kümmern.

Diese Freiheit besitzen Vladimir und Estragon nicht von vornherein; sie wird verlebendigt, wenn nicht gar erst entfaltet durch die Entschiedenheit des Zuschauers, die offenen und unbestimmten Situationen des Spiels auf eine bestimmte Bedeutung zuzuordnen. Je mehr der Zuschauer diesem Zwang unterliegt, desto mehr wächst die Freiheit von Vladimir und Estragon. Das Interesse des Zuschauers an Godot ist ungleich größer als das der beiden Protagonisten. Bewegt sich der Zuschauer auf Godot zu, so entfernen sich die Protagonisten von ihm. Möchte der Zuschauer wissen, ob Godot nun wirklich Gott ist, so wirken die beiden Wartenden wie Clowns, weil sie den Ernst der Lage zu verfehlen scheinen. Doch solche Konfigurationen werden erst vom Zuschauer hervorgebracht, da die Entschiedenheit seiner Stellungnahme immer eine gegenbildliche Reaktion in der Textgestalt dieses Dramas heraustreibt. Ja, der Text ist so angelegt, daß Bestimmung ständig als Zwang erfahren wird, dem sich der Zuschauer nicht entziehen kann, obgleich ein solcher Interpretationszwang ihn fortwährend in seine Begrenztheit hineintreibt.

Damit aber kehrt das Fiktionsproblem in einer anderen, existentiell verschärften Weise wieder. Der Zuschauer Beckettscher Dramen erfährt an sich selbst die Nötigung und die Konsequenz der "concord-fiction", die eine Basis seiner Sinngebungsakte bildet. Der hohe Unbestimmtheitsgrad der auf Handeln angelegten Figuren zieht gerade wegen der Konsequenzlosigkeit solcher bloß simulierten Handlungen den Zuschauer in diese Stücke hinein, damit er ihnen Konsistenz, Intention und Sinn zu geben vermag. Dadurch aber wird der Zuschauer zur einzig wirklichen Person dieser Stücke. Die fiktionalen Texte haben ihn durch den hohen Grad ihrer Unentschiedenheit zu jenen Entscheidungen verlockt, die er für notwendig und sinnvoll hielt. Doch wenn dies geschieht, stehen die Figuren dieser Stücke gleichsam um den unter sie getretenen Zuschauer herum und 'erleben ihn' in seiner Frustration. Denn er hat sich um etwas bemüht, was sie hinter sich gelassen haben: durch Fiktionen offene Situationen zu schließen. In diesem Augenblick stellt sich die besondere und unnachahmliche Wirkung des Beckettschen Theaters ein, die Hugh Kenner einmal auf die lapidare Formel gebracht hat: "... for art has suddenly refused to be art and brought forward living pain".[36] Solche Reaktionen setzen eine erhebliche Beteiligung der Zuschauer am Geschehen voraus. Je intensiver sie erfolgt, desto fließender werden die Grenzen von Literatur und Wirklichkeit, und das ausgerechnet in einem Drama, dessen absurder Charakter darauf hinzudeuten scheint, daß es mit Wirklichkeit nichts zu tun hat. Am Ende nötigt es uns zu mehr als nur einer Revision dessen, was wir für real halten.

In eine solche Richtung zielt eines der aufregendsten Stücke Becketts, das *Endgame*. Der Titel hält, was er verspricht. Das Ende wird nicht dargestellt, sondern gespielt. *Me – (he yawns) – to play*[37], lautet Hamms erste Äußerung in diesem Stück, mit der er Clovs Feststellung beantwortet: *Finished, it's finished, nearly finished, it must be nearly finished.*[38] Wie sehr Clov und Hamm vom Spielgedanken beherrscht sind, läßt sich nicht nur daran ablesen, daß sie wiederholt ihre Tätigkeit als Spiel bezeichnen[39], sondern auch daran, daß alle ihre Handlungen konsequenzlos bleiben. Als Clov den Spielzeughund auf Hamms Kopf zerschlägt, bleibt die zu erwartende Reaktion aus – im Gegenteil: Hamm wünscht, daß Clov ihm nun einen Hieb mit der Axt versetze. Kein Wunder, daß beide angesichts solcher Handlungen darauf bedacht sind, ihrem Spiel jegliche Bedeutung zu nehmen.

> Hamm: We're not beginning to ... to ... mean something?
> Clov: Mean something! You and I, mean something! (Brief laugh.) Ah, that's a good one!
> Hamm: I wonder. (Pause.) Imagine if a rational being came back to earth, wouldn't he be liable to get ideas into his head if he observed us long enough.[40]

Genau solche Ideen schwirren dem Zuschauer durch den Kopf, und sollte er geneigt sein, das merkwürdige Geschehen als Spiel hinzunehmen, so werden ihm die Regeln vorenthalten, nach denen es

---

[36] Kenner, p. 174.
[37] Beckett, *Endgame*, p. 12.
[38] Ibid.
[39] Ibid., p. 44 u. 51.
[40] Ibid., p. 27.

verläuft. Er wird nicht umhin können, sie zu suchen, und dabei die Entdeckung machen, daß dieses Spiel verschiedene 'Regelsysteme' zuläßt, deren Ursprung allerdings weniger im Spielverlauf als vielmehr in den Bedeutungsprojektionen der Zuschauer zu liegen scheint. Sind aber dem *Endgame* die Regeln hinzuzudenken, nach denen es gespielt werden kann, so ist es nur folgerichtig, wenn der Text selbst keine der erdachten Spielmöglichkeiten als die gemeinte oder gar als die richtige bestätigt. Zwar läßt er verschiedenartige Konsistenzbildungen zu; doch gerade solche Sinngebungsakte zeigen an, daß damit nur eine der vorhandenen Textebenen gefaßt worden ist, so daß der Betrachter des *Endgame* seine eigenen Bedeutungsprojektionen dementieren muß, will er sich ebenfalls auf die von solchen Akten ausgeschlossenen Textebenen beziehen. So verlockt das *Endgame* seinen Betrachter zum Dementi der konstituierten Bedeutung; es vermittelt dadurch etwas von der Unabschließbarkeit des Endes und der Natur der Fiktionen, die wir immer wieder fabrizieren, um durch sie mit dem Ende fertig zu werden oder um durch sie die Lücken unseres Erfahrungshaushalts zu bilanzieren. Indem das *Endgame* seine Betrachter zu einem Dementi des vermuteten Sinnes nötigt, ermöglicht es eine moderne, wohl nur durch Literatur zu vermittelnde Erfahrung, die es erlaubt, die eigenen Bedeutungsprojektionen so weit zu hintergehen, daß man in ein Verhältnis zu den Dispositionen gelangen kann, die die je individuellen Sinngebungsakte steuern. Damit werden auch die Freiheitsgrade deutlich, die dem Dementi der eigenen Konsistenzbildung entspringen.

So besteht die Negativität der Beckettschen Texte darin, daß sie uns in den verwickelten Vorgang der Fiktionsbildung hineinziehen, um uns die Natur der Fiktion durchschaubar zu machen. "Die Negativität ist ... in ihrer Entschiedenheit ein schwarzer Engel der Verkündigung, das noch unentschiedene Positive in gefalteten Fittichen tragend; sie hat zum Horizont die andere Möglichkeit".[41] Sollte diese Bewußtheit für das 'alltägliche Leben' untauglich sein, so fragt es sich, wie das 'alltägliche Leben' eingeschätzt werden muß, wenn es diese Bewußtheit nicht aushält oder gar verdrängt.

---

[41] Fischer, p. 22.

BIBLIOGRAPHISCHE NACHWEISE

"Bunyans *Pilgrim's Progress*. Die kalvinistische Heilsgewißheit und die Form des Romans",
erschienen in: *Medium Aevum Vivum* (Festschrift für Walther Bulst), hrsg. von H. R. Jauss und D. Schaller, Heidelberg 1960, S. 279–304. Unveränderter Nachdruck in: *Interpretationen 7, Englische Literatur von Morus bis Sterne*, hrsg. von Willi Erzgräber, Frankfurt (Fischer Bücherei) 1970, S. 165 bis 193
(stark überarbeitete Fassung).

"Die Leserrolle in Fieldings *Joseph Andrews* und *Tom Jones*"
(Originalbeitrag).

"Realitätsvermittlung und Leserlenkung in Smolletts *Humphry Clinker*",
erschienen unter dem Titel "Wirklichkeit und Form in Smolletts *Humphry Clinker*", in: *Europäische Aufklärung* (Herbert Dieckmann zum 60. Geburtstag), hrsg. von Hugo Friedrich und Fritz Schalk, München 1967, S. 87–115.
Englische Übersetzung: "The Generic Control of the Aesthetic Response. An Examination of Smollett's *Humphry Clinker*", *Southern Humanities Review*, 3 (1969), S. 243–257.
(überarbeitete Fassung).

"Möglichkeiten der Illusion im historischen Roman. Sir Walter Scotts *Waverly*",
erschienen in: *Nachahmung und Illusion* (Poetik und Hermeneutik I), hrsg. von H. R. Jauss, München 1964, ²1969, S. 135–156
(überarbeitete Fassung).

"Der Leser als Kompositionselement im realistischen Roman. Wirkungsästhetische Betrachtung zu Thackerays *Vanity Fair*",
erschienen in: *Festschrift für Edgar Mertner*, hrsg. von Bernhard Fabian und Ulrich Suerbaum, München 1969, S. 273–292
(überarbeitete Fassung).

"Reduktionsformen der Subjektivität",
erschienen in: *Die nicht mehr schönen Künste* (Poetik und Hermeneutik III), hrsg. von H. R. Jauss, München 1968, S. 435–491
(redigierte Fassung).

"Historische Stilformen in Joyces *Ulysses*. Zur Interpretation des Kapitels *The Oxen of the Sun*",
erschienen in: *Mitteilungsblatt des Allgemeinen Deutschen Neuphilologenverbandes*, Heft 4 (1964), S. 1–11. Überarbeiteter Nachdruck in: *Lebende Antike* (Symposion für Rudolf Sühnel), hrsg. von Horst Meller und Hans-Joachim Zimmermann, Berlin 1967, S. 433–450
(stark überarbeitete Fassung).

"Der Archetyp als Leerform. Erzählmodalitäten und Kommunikation in Joyces *Ulysses*",
erschienen unter dem Titel "Der Archetyp als Leerform. Erzählschablonen und Kommunikation in Joyces *Ulysses*", in: *Terror und Spiel* (Poetik und Hermeneutik IV), hrsg. von M. Fuhrmann, München 1971, S. 369–408
(überarbeitete Fassung).

"Negativer Dialog. Ivy Compton-Burnett: *A Heritage and its History*",
erschienen unter dem Titel "Ivy Compton-Burnett: *A Heritage and its History*" in: *Der moderne englische Roman*, hrsg. von Horst Oppel, Berlin 1965, ²1971, S. 376–398
(stark überarbeitete Fassung).

"Ist das Ende hintergehbar? Fiktion bei Beckett",
erschienen unter dem Titel "Samuel Beckett. Ist das Ende hintergehbar? Bemerkungen zum Fiktionsproblem" in: *Englische Dichter der Moderne*, hrsg. von R. Sühnel und D. Riesner, Berlin 1971, S. 560–577
(überarbeitete Fassung).

Zur modernen englischen Literatur

Hans-Werner Ludwig: Barbarous in Beauty
Studien zum Vers in Gerard Manley Hopkins' Sonetten. Gr. 8⁰. 396 S. mit
zahlreichen Tabellen und Schemata im Text, Ln. DM 98.–

**Lothar Hönnighausen: Präraphaeliten
und Fin de Siècle**
Symbolistische Tendenzen in der englischen Spätromantik. 520 S. mit Fron-
tispiz und 46 Abb. auf Kunstdruck, Ln. mit Schutzumschlag DM 78.–

**Erika Dölle: Experiment und Tradition
in der Prosa Virginia Woolfs**
Zur Erkenntnis der Dichtung, Bd. 8. 135 S. Ln. DM 18.–

**Armin Paul Frank: Die Sehnsucht nach dem
unteilbaren Sein**
Motive und Motivation in der Literaturkritik T. S. Eliots. 364 S. Ln. DM 78.–

Horst Breuer: Samuel Beckett
Lernpsychologie und leibliche Determination. 182 S. kart. DM 19.80

Konrad Schoell: Das Theater Samuel Becketts
Freiburger Schriften zur Romanischen Philologie, Bd. 11. 179 S. Ln.
DM 19.80

Manfred Smuda: Becketts Prosa als Metasprache
Theorie und Geschichte der Literatur und der Schönen Künste, Bd. 10. 93 S.
Ln. DM 16.80

 WILHELM FINK VERLAG MÜNCHEN

POETIK UND HERMENEUTIK

„Von einem Gremium von Gelehrten, zu denen einige der besten Köpfe
gehören, die man in der Philologie aufzuweisen hat." *FAZ*

1. Hans Robert Jauß, Hrsg.: Nachahmung und Illusion

Kolloquium Gießen Juni 1963. 2. Aufl. 1969. Gr. 8⁰. 252 S. Ln. mit Schutzumschlag DM 28.–; Paperback DM 19.80

2. Wolfgang Iser, Hrsg.: Immanente Ästhetik – Ästhetische Reflexion

Lyrik als Paradigma der Moderne. Kolloquium Köln September 1964. 1966.
Gr. 8⁰. 543 S. und 6 Kunstdrucktafeln (davon 1 farbig), Ln. mit Schutzumschlag DM 48.–; Paperback DM 25.–

3. Hans Robert Jauß, Hrsg.: Die nicht mehr schönen Künste

Grenzphänomene des Ästhetischen. Kolloquium Lindau September 1966.
1968. Gr. 8⁰. 735 S. und 13 Abb. auf Kunstdruck. Ln. mit Schutzumschlag
DM 58.–; Paperback DM 36.–

4. Manfred Fuhrmann, Hrsg.: Terror und Spiel

Probleme der Mythenrezeption. Kolloquium Bielefeld Oktober 1968. 1971.
Gr. 8⁰. 732 S. und 3. Abb. auf Kunstdruck. Ln. mit Schutzumschlag DM 58.–;
Paperback DM 36.–

5. Reinhart Koselleck und Wolf-Dieter Stempel, Hrsg.: Ereignis und Prozeß

Bedingung und Möglichkeit zur Darstellung von Geschichte. Ca. 600 S.
Ln. DM 58.–; Paperback DM 36.–

 WILHELM FINK VERLAG MÜNCHEN

UTB

Uni-Taschenbücher GmbH Stuttgart

UTB

Uni-Taschenbücher GmbH Stuttgart

132. Science Fiction

Theorie und Geschichte. Hrsg. von Eike Barmeyer. 383 S. DM 16.80
ISBN 3–7705–0642–1 (W. Fink)

Science Fiction und utopische Phantastik machen seit ein paar Jahren dem Kriminalroman die Lesergunst streitig. Ein Wegweiser für dieses inzwischen weitverzweigte Genre fehlte bisher ganz. Dabei ist für den Laien der Überblick über die Produktion besonders Sowjetrußlands, Polens, Englands und Amerikas unmöglich zu gewinnen.

Eike Barmeyer, selbst ein ausgezeichneter Kenner auf diesem Gebiet, hat für seinen Aufsatzband die besten Spezialisten aus aller Welt, überwiegend mit Originalbeiträgen, gewonnen. So wird für das allmählich auch in Deutschland unübersehbare Angebot eine zuverlässige und zugleich packend zu lesende Orientierung erbracht.

Darüber kommen aber die Zusammenhänge, in denen die SF steht, nicht zu kurz. Behandelt werden z. B. auch die Lektoratsdirektiven der Groschenheft-Verlage und ihre ideologischen (überwiegend erzreaktionären, faschistoiden) Grundlagen, die Parallelen von psychotischen Traumbildern und den Visionen der SF, die Verbindungen mit dem Jahrhunderte alten utopischen Staatsroman (Th. Morus u. a.) und der modernen Anti-Utopie (Samjatin, Huxley, Orwell), der Einfluß wissenschaftlicher Futurologie wie auch die Formen der SF im Comic Strip und im Film.

Die umfangreiche Bibliographie (die erste ihrer Art in deutscher Sprache) und das Register ermöglichen die erste schnelle Information.

81. & 82. Der Kriminalroman

Zur Theorie und Geschichte einer Gattung. Hrsg. von Jochen Vogt. Zwei Bde. mit zus. 594 S. je DM 12.80
ISBN 3–7705–0625–1 / 0629–4 (W. Fink)

„Jeder Krimi-Freund wird nach diesem Band lechzen. Vorher war da nämlich die berühmte Lücke, die Waschzettelschreiber überall wittern: hier war sie wirklich!" *Frankfurter Neue Presse*

„Es ist das Beste und Umfassendste, was bisher zum Thema ‚Kriminalroman' vorgelegt worden ist." *Luzerner Tagblatt*

„Sie entdeckten entdeckenswerte Autoren und vermeiden die Bekanntschaft mit Krimis, die zu kennen sich nicht lohnt." *Saarländischer Rundfunk*

„... ein wichtiger Beitrag zur angewandten Literatursoziologie."

Arbeiterzeitung, Wien